中世楽書の基礎的研究

神田邦彦 著

和泉書院

目次

第三章　『続教訓鈔』の混入記事について　その一——日本古典全集底本の伝来と曼殊院本——……九七

第二部　『春日楽書』の研究

第四章　『舞楽手記』筆者・成立考　その二——跋文二の解釈と、狛近真以後の荒序継承について——……三三九

第三部　資料翻刻

凡例

一、本書は、二〇一四年六月に、二松学舎大学に提出した博士論文を刊行するものである。刊行にあたって、若干の加筆・修正を加え、これまで翻刻した資料の一部を第三部として収録した。

一、章立て、各章の配列は内容によった。発表の順序は巻末の初出一覧を参照のこと。

一、字体は原則として現行の字体に統一した。

一、書名の表記は次のように統一した。

(一)『教訓抄』…諸本に共通する内題によった。

(二)『続教訓鈔』…諸本に共通する内題によった。

(三)『春日楽書』…春日大社に蔵する七巻の佚名の楽書の通称で、従来、春日社に蔵する楽書の意で用いられているが、そもそも、この七巻の楽書は、至徳二年(一三八五)に春日社に奉納された楽書の一部と考えられ、その意味でも、『春日楽書』と称するのが妥当かと思われる。なお、『春日楽書』の由来については、本論第二部第一章に考察し、『春日楽書』の名称をめぐる問題については「おわりに——今後の課題と展望——」に述べた。詳しくはそちらを参照されたい。

また、『春日楽書』各巻の名称(『舞楽古記』『舞楽手記』など)については、春日社で登録されている名称に従った。これは、いずれも明治三十年(一八九七)の修補の際に付けられた名称かと思われ、必ずしも内容に沿ったものとは言い難いが、二松学舎大学二十一世紀COEプログラムの一環でこれを翻刻した際にその名称を用いたことと、『大日本史料』でもその名称が用いられていること、『春日楽書』について論考を発表しておられる宮崎和廣氏、中原香苗氏、櫻井利佳氏らがこの名称を用いていること等に従った。

(四)『楽所補任』…「楽人補任」、または単に「補任」とも呼ばれるが、『群書類従』には「楽所補任」の名称で収録され、研究者の間ではそれが一般的である。内容から見ても、大内楽所の補任を私的に記録したものであるから、「楽所補任」という名称で差し支えないものと思われ、この名称に従った。

（五）『羅陵王舞譜』…宮内庁書陵部伏見宮旧蔵楽書に写本が伝わる一巻一軸の孤本で、同部では内題をとって「陵王荒序」の名称で登録されているが、その内題は後代の修補で付けられたものであり、それが原題であったかは未詳である。これを最初に翻刻・紹介された中原香苗氏が「羅陵王舞譜」の名称で論を展開しておられるので、今回はこれに従った。

（六）『體源鈔』…現行の字体で「体源抄」と書かれることもあるが、豊原統秋の編纂にかかり、「體源」の字の旁に「豊原」の文字が隠されていると見られることから、これについては現行の字体に直さないでおくこととした。また「鈔」の字は、諸本に共通する内題に従った。

一、数詞の表記については、西暦は慣例に従い「二〇一三年」のように表記するが、月日は「十月十日」のように、「十」を用いる。その他、紙数を数える場合も「第十二紙」のようにし、どちらかに統一することはしなかった。

一、巻子本の裏面を、一般には「紙背」といい、本書でもこれに従うが、表面については、「紙表《かみおもて》」という術語がこれにあたるようである。しかし、それはあまり一般的でないように思われ、かと言って「表」では、「図表」のそれと混同するおそれがあるので、「オモテ」と片仮名表記とした。

一、「二松学舎大学」の表記は現行の字体に統一した。

はじめに

日本の古典文学を学ぶものにとって、音楽というのは盲点になっている場合が少なくない。筆者もそのことに気づかされた一人であるが、その音楽について知ろうというとき、参考になるのが楽書である。

楽書は、一般に「音楽に関する書籍、文献」（『日本国語大辞典』第二版）と説明されているが[1]、学界では所謂「雅楽」に関する文献をいう。広義には譜（楽譜や舞譜等）も含むが、通常譜は別にする。ここで扱う楽書もこれに従う[2]。しかし、ひとくちに楽書といっても、音楽に関する故実、口伝ばかりを載せる実用的なものから、音楽に関する記録・説話など、豊富な話題を提供するものまで、その態様はさまざまである。

ゆえに、楽書の研究によって得られるものは、ひとり音楽のことのみにとどまらない。文学や歴史の研究にも資するものである。

二〇一一年に刊行された『王朝文学文化歴史大事典』の、小町谷照彦氏の序文は、次のようにいう。

> 文学作品は、その成立した時代の文化や歴史に即して読み解くことが必要であることは言うまでもありません。（中略）近年の研究動向として、文学研究に際して、その背景や基盤となる文化や歴史についての視座の必要が認識され、その問題に真向から取り組もうとする姿勢が際立っていると思われます[3]。

ここでは、文学の研究が進むにつれ、隣接する諸分野の研究が必要とされていることが指摘されている。楽書の研究もまさにそうした求めに応じるものに違いない。

同事典には「音楽・舞楽」と題する一章があり、その中には「楽書」の項目もある。そこには、近年は福島和夫、磯水絵らによって、本格的な文献面での調査・翻刻、仏典、中国の典籍との影響関係の解析作業も進行しており、それらの作業をもとに、王朝文学、中世文学と結びつけられた新たな成果が期待されている。音楽学、歴史学、文学各分野からのアプローチによって、豊かな収穫を得られる沃野としての可能性が楽書諸文献には含まれている。

（原淳一氏解説、傍線筆者）

とあって、(4)楽書の研究に対する評価と期待とが述べられている。

因みに、この解説の後ろには参考文献として、「二松学舎大学二十一世紀COEプログラム「日本漢文学研究の世界的拠点の構築」『雅楽資料集』」が挙げられているのであるが、これは、傍線部に「福島和夫、磯水絵らによって、本格的な文献面での調査・翻刻、仏典、中国の典籍との影響関係の解析作業も進行しており」と指摘される、福島氏・磯先生を中心に進められていた二松学舎大学二十一世紀COEプログラム中世日本漢文班の研究成果報告書『雅楽資料集』（第一～四輯）(5)にほかならない。そして、その『雅楽資料集』に共同で行った「本格的な文献面での調査・翻刻」というのが、本書にも取り上げた『教訓抄』の古写本や『春日楽書』諸本のそれであり、本書に収録した論文の多くもその調査・翻刻にあわせて執筆したものであった（第一部第三・第四章の『続教訓鈔』の研究は同プログラム終了後の執筆(6)）。

ともあれ、音楽分野においては、とくにこうした楽書の研究が評価され、かつ期待されているわけである。どの分野もそうであろうが、隣接する分野との境界線は明確ではありえない。むしろ、重なる部分があるものである。

筆者が楽書を取り上げるのは、そうした重なり合う部分を、楽書という資料を研究することによって、埋めていくことができるのではないか、と考えるからである。またそうした部分にこそ、いま研究が求められていると見ているからである。

しかし、文学や歴史といった隣接する諸分野に比べ、楽書の研究は遅れている。本書で論じた資料の多くは国の重要文化財に指定されているが、未翻刻、未解明のものが多かった。主要な資料が出揃い、翻刻や総索引が整備され、注釈書や研究書が複数刊行されている古典文学の研究状況からはほど遠い。いきおい、筆者の研究が文献批判を中心としたものになったのはそうした事情による。

それに、そもそも、楽書がおよそどこにどのくらい伝存しているかが、充分に明らかだとはいえない。明治維新より前に成立した文献は『補訂版国書総目録』[7]やそれを引き継いだ日本古典籍総合目録データベース[8]等によっておよその概要を知ることが可能である。しかし、こと楽書については、もっとも豊富な楽書を所蔵する伏見宮家旧蔵楽書[9]や菊亭家旧蔵楽書[10]、狛（上・辻・芝）・多・豊・安倍・東儀・山井など諸楽家の楽書[11]がこれに登載されていない。

筆者は以前、前述のＣＯＥプログラムの一環で、当時研究員をしていた上野学園大学日本音楽史研究所（旧上野学園日本音楽資料室）所蔵の雅楽関係史料の目録を作成し、前述の『雅楽資料集』に発表させていただいたが、これも未登載である[12]。楽書はまず目録の整備が追いついていない。音楽の資料は未公開のものが多数存在するのである。

本書において、第一部に狛近真の『教訓抄』（天福元年〈一二三三〉成立、十巻）を取り上げたについては、同書が当時の舞楽、管絃、打物について総合的な内容を持つものであり、平安後期から鎌倉初期の音楽を知るにもっとも重要な文献のひとつと考えられること、また後世の楽書に与えた影響が非常に大きいと見られることなどによるが、それは日本音楽史研究所の所長であり、前述のＣＯＥプログラムの研究協力者でもあった福島和夫氏がつねにおっしゃっていることでもある。氏は「『教訓抄』断想」と題する文章においても次のように述べておられる。

> 第一には、楽書『教訓抄』の日本音楽史の史料としての重要性である。日本の音楽史は平安院政期から鎌倉前期にかけて、その頂点を形成するが、平安・鎌倉時代の音楽、殊に舞楽に関する知見は本書（※『教訓抄』）なしには考えられないといっても過言ではない。

我が国最初の総合的楽書であり、舞楽総説書である『教訓抄』は、日本最大の音楽家妙音院藤原師長（一一三八～九二）による二大楽譜集成『三五要録』、『仁智要録』、および平安・鎌倉音楽史ともいうべき『文机談』と『古今著聞集』等とともに、この時期の音楽文献の中枢を形成する。同時に『教訓抄』は、地下楽人最大の楽家である狛氏の嫡流に伝えられた群史料、楽譜・舞譜、奏演の記録、文書、口決等の中心的史料でもある。(13)

（傍線及び※以下は筆者）

「平安・鎌倉時代の音楽、殊に舞楽に関する知見は本書なしには考えられない」（傍線部）という。筆者は、博士後期課程に進学するにあたって、「雅楽に関する記録、文献の研究。主として『教訓抄』『続教訓抄（マヽ）』から音楽史を考究する」のテーマで、日本学術振興会より科研費（特別研究員奨励費）の交付を受けた（二〇〇六～二〇〇九年）。

筆者が『教訓抄』の研究において、まず古写本の研究を行ったについては、櫛笥節男氏（元宮内庁書陵部）が二〇〇六年三月に刊行された(14)『宮内庁書陵部書庫《ふみくら》渉猟――書写と装訂――』において、同部所蔵の『教訓抄』の古写本をはじめて公開されたことによる。それまで『教訓抄』の古写本はいずれも端本ばかりであったが、それは完本であり、大いに期待された。さっそく閲覧を申し入れ、調査したことであった。ちょうどその年は、筆者の所属する二松学舎大学においてCOEプログラムが推進され、恩師磯水絵先生がその中世日本漢文班のリーダーをつとめておられたから、先生がその調査結果を聞いて、すぐさま同班で全文の翻刻を決断された。そうして筆者は解題を任された。それが第一部第一章に収めた「『教訓抄』の古写本について」である。

『教訓抄』の本文については、福島氏が前引の「断想」において、

『教訓抄』の本文についてみると、今日では岩波の思想大系本がいわば「定本」のように広く用いられているが、問題がない訳ではない。第一に底本が今日では最善本とは言い難いこと。第二に研究本文が結果としては原文の改変となっている点。第三には校注、解説の典拠・論拠が、多く近世・近代のものに準拠する結果、

不適切な個処がある等である。

と指摘されるように、(15)現行の活字本には底本の選択、校訂の方針等に問題があるとされていた。しかも、これまで古写本は、

宮内庁書陵部所蔵本（巻五。のちに流出していた残り九巻が戻り、前述の櫛笥氏により完本として紹介された）

曼殊院所蔵本（巻二、三、七）

彦根城博物館井伊家旧蔵本（巻四）

国立公文書館内閣文庫蔵中御門家旧蔵本（巻十）

京都国立博物館蔵神田喜一郎旧蔵本（巻十）

の五本の存在が確認されていたが、翻刻は最後に挙げた神田喜一郎旧蔵本のみで、そのほかは手つかずであったから、これらを調査・研究して、『雅楽資料集』に共同で翻刻を発表した。神田喜一郎旧蔵本は現存する最古の写本といわれ、かつては唯一の翻刻であった（ただし、その翻刻には問題がある。詳細は後述）が、その調査結果や研究は発表されていなかった。第一部第二章に収めた論考はこれを詳細に検討してみたものである。福島氏は、ＣＯＥプログラムの活動を、

今回、磯水絵教授を中心に二松学舎大学のＣＯＥプログラムの一環として『教訓抄』翻刻を採り上げたことは、誠に時機を得た企画であり、私共、上野学園大学日本音楽史研究所としても、全面的協力を惜しまない所以である。

と評価してくださり、(16)当初から暖かいご支援とご教示をいただいた。

第一部の第三・第四章に述べた『続教訓鈔』と、第二部に取り上げた『春日楽書』については、それ自体、重要な楽書であり、単独で取り上げてよいものであるが、発端は『教訓抄』研究の一環であった。

『続教訓鈔』は、『教訓抄』の著者狛近真の孫朝葛が編纂した楽書であり、『教訓抄』の影響下に成立したものである。当初はこれと比較することによって、『教訓抄』の特徴や影響関係を考察することが目的であったが、一般に読まれている日本古典全集の『続教訓鈔』には他書からの混入記事が指摘されていた(17)。これを比較検討するためには、その混入記事の問題を解決し、『続教訓鈔』の原態をできるかぎり明らかにしておく必要があると思われた。第一部の第三・第四章はその問題に取り組んだものである。

第二部に取り上げた『春日楽書』は、奈良県春日大社に所蔵される鎌倉・南北朝期成立の楽書七巻の通称であり、『教訓抄』の著者近真が編纂や書写に関わったものを含み、福島先生より常々『教訓抄』の研究に資するものとご教示をいただいていたものである。いずれも、国の重要文化財に指定されているが、これまで翻刻や研究のないものが多かった。そこで、これも前述のCOEプログラム中世日本漢文班において、共同で調査・翻刻を進めることとなった。その活動は同プログラム終了後の現在も継続中である。進捗状況は以下のとおり。

『楽記』一巻

〈翻刻〉櫻井利佳・川野辺綾子・岸川佳恵・神田「〈楽記〉翻刻」(『雅楽資料集』第二輯に収録)

〈解題〉櫻井「春日大社蔵〈楽記〉について」(同右)

〈紙背文書翻刻〉櫻井「春日大社蔵〈打物譜〉(「楽記」紙背)翻刻」(同右)

『高麗曲』一巻

〈翻刻〉櫻井「春日大社蔵〈高麗曲〉翻刻」(『雅楽資料集』第三輯)

『舞楽古記』一巻

〈翻刻〉櫻井・川野辺・岸川・神田「春日大社蔵『舞楽古記』翻刻」(『雅楽資料集』第四輯)

〈研究〉神田「春日大社蔵『舞楽古記』概論」(同右)↓本書第二部第一章に収録。

『舞楽手記』一巻

〈翻刻〉岸川・神田「春日大社蔵『舞楽手記』翻刻　付解題」（『日本漢文学研究』第五号、二松学舎大学日本漢文教育研究プログラム）→本書第三部に翻刻を収録。

〈研究〉①神田「『舞楽手記』諸本考」（同右）→本書第二部第二章に収録。

②同「『舞楽手記』筆者・成立考　付、春日大社蔵『楽所補任』の筆者について」（磯水絵編『論集　文学と音楽史――詩歌管絃の世界――』）→本書第二部第三章に収録。

『輪台詠唱歌外楽記』一巻

翻刻・研究とも担当は神田だが未発表。

『楽所補任』上下二巻

福島氏が同プログラムとは別に以前から取り組んでおられる。

〈翻刻〉福島氏が所長を務める上野学園大学日本音楽史研究所において刊行を計画中。

〈研究〉福島氏「『楽所補任』とその逸文について」（『雅楽界』第五十四号、小野雅楽会、一九七八年四月）、同「貞永元年楽人交名「将軍家注進位階」について」（『日本音楽史研究』第四号、上野学園日本音楽資料室、二〇〇三年三月）。いずれも『日本音楽史叢』（和泉書院、二〇〇七年十一月）に収録。

右記のとおり、福島氏が同プログラム以前から取り組んでおられた『楽所補任』以外は共同で取り組んだものであるが、筆者にとっては上記の『教訓抄』の研究を深める意味で重要と考えられたから、右のうち筆者が翻刻に寄せた研究を担当した『舞楽古記』『舞楽手記』について、単独で諸本の研究、筆者・成立の問題、資料的価値等を検討させていただいたものである。

そもそも、筆者が『教訓抄』を研究の中心テーマにすることになったのは、筆者が博士後期課程に進学することになった二〇〇六年の早春、博士論文につながる研究テーマとして「何がいいでしょうか」と、磯先生とともに、福島氏に伺ったところ、「『教訓抄』がいいでしょう」とのお言葉をいただいたことが始まりであった。

そこで、筆者はそれまでまとまった研究のない『教訓抄』の研究計画をおよそ次のように描いた。

一、古写本をはじめとする伝本の研究
二、筆者狛近真の研究と成立の背景
三、『教訓抄』の先行楽書（出典・影響関係）
四、『教訓抄』の後代への影響
五、『教訓抄』の内容研究

気が遠くなるような計画であり、生涯を通して研究するに足るものであったが、本書第一部第一・第二章は一の古写本をはじめとする伝本の研究にあたり、同部第四章に『続教訓鈔』を取り上げたのは、前述のように、四の『教訓抄』の後代への影響を調査するためであった。また第二部に取り上げた『春日楽書』は、二の「筆者狛近真の研究と成立の背景」を考察するために取り組んだものであった。

本書は「中世楽書の基礎的研究」と題したものの、そのじつは『教訓抄』の研究の一部であり、しかもその長い道程のほんの入口に過ぎないものである。ただ、その道のりが長すぎるきらいがあるので、いま一区切りをつけることとした。これまで発表した論文をまとめてみたところ、中世を代表する楽書といってよい『教訓抄』『続教訓鈔』『春日楽書』の三書について、諸本研究を中心としたものが多かった。そこで、かく題した次第である。

注

（1）第三巻、日本国語大辞典第二版編集委員会・小学館国語辞典編集部編、小学館、二〇〇一年三月、四三九頁中段。
（2）このことは、遠藤徹氏が「楽譜と楽書」（『別冊太陽　雅楽』遠藤徹構成、平凡社、二〇〇四年八月、一一四〜一二三頁）と用いておられるように、日本音楽史の研究者の間では一般的なものである。
（3）小町谷照彦・倉田実編、笠間書院、二〇一一年十一月、一頁。
（4）注（3）の書、四一七頁下段。
（5）二松学舎大学二十一世紀COEプログラム事務局、二〇〇六年三月（第一輯）、二〇〇七年三月（第二輯）、二〇〇八年三月（第三輯）、二〇〇九年三月（第四輯）。
（6）『続教訓鈔』に関する論考は、二〇一三年執筆。
（7）全八巻、及び著者別索引。国書研究室編、岩波書店。初版は一九六三年十一月〜一九七六年十二月。補訂版は一九八九年九月〜一九九一年一月。
（8）国文学研究資料館ホームページの「電子資料館」にあり（http://base1.nijl.ac.jp/~tkoten/about.html）。
（9）大多数が宮内庁書陵部に所蔵される。まとまった目録としては、小倉慈司氏「宮内庁書陵部所蔵伏見宮本目録（稿）」（田島公編『禁裏・宮家・公家文庫収蔵古典籍のデジタル化による目録学的研究』東京大学史料編纂所、二〇〇六年三月）。また、これよりまえに、一部の楽書の翻刻が『図書寮叢刊　伏見宮旧蔵楽書集成』第一巻〜三巻（宮内庁書陵部編、明治書院、一九八九年三月・一九九五年三月・一九九八年三月）に収録されている。
（10）京都大学附属図書館、専修大学図書館ほか、諸方に伝存。京都大学のそれは目録などは公刊されておらず、同館のデータベースにもない。後者専修大学のそれは、『専修大学図書館　菊亭文庫目録』専修大学図書館、一九九五年七月、にある。
（11）上家旧蔵楽書は日本大学（非公開）、辻家旧蔵楽書は国立歴史民俗博物館に寄託（「南都楽人辻家資料」）。歴博、館蔵資料データベースに書誌データ公開。https://www.rekihaku.ac.jp/up-cgi/login.pl?p=param/syuz/db_param）、芝家所蔵楽書（非公開、前掲注4の①〜③に目録あり）、多氏本家所蔵楽書（非公開、前掲注4の④⑤に目録があり、上野学園大学日本音楽史研究所にマイクロフィルム及び写真紙焼きがある）、豊氏本家所蔵楽書（非公開、前掲注4の④⑤に目録があり、上野学園大学日本音楽史研究所にマイクロフィルム及び写真紙焼きがある）、安倍家所蔵楽書（非公開）、東儀氏所蔵楽書（非公開）、山井氏所蔵楽書（非公開、前掲注4⑧に目録あり）。なお、東儀氏は、嫡流・庶流など複数の家があり、詳細は未詳。因みに、『国書総目録』以下の目録・データベースに収録されている楽家の資料としては、林家旧蔵楽書（「四天王寺楽人林家楽書類」、京都大学附属図書館蔵）がある。

（12）「上野学園日本音楽資料室蔵書目録　雅楽関係史料目録稿」、『雅楽資料集』資料編、二松学舎大学ＣＯＥプログラム中世日本漢文班編、同プログラム事務局、二〇〇六年三月。

（13）『仏教声楽に聴く漢字音――梵唄に古韻を探る――』、二松学舎大学二十一世紀ＣＯＥプログラム「日本漢文学研究の世界的拠点の構築」、二〇〇八年国際シンポジウム報告書、同プログラム事務局、二〇〇九年三月、三八頁。

（14）おうふう、二〇〇六年二月、四七～四九頁。

（15）前掲注（13）に同じ。

（16）前掲注（13）に同じ。

（17）日本古典全集『続教訓鈔』上下（羽塚啓明校訂・正宗敦夫編、同集刊行会、一九三九年四月）の下巻解説、及び岸辺成雄博士古稀記念出版委員会編『日本古典音楽文献解題』（講談社、一九八七年九月）、『続教訓鈔』解題（福島和夫氏執筆）による。

第一部　『教訓抄』『続教訓鈔』の研究

第一章　『教訓抄』の古写本について

はじめに

狛近真の楽書『教訓抄』の古写本については、神田喜一郎旧蔵の巻第十零本が日本思想大系に収録されているのみで、その他の古写本は手付かずのままである。すなわち、これまでに曼殊院門跡、彦根城博物館、宮内庁書陵部で古写本が確認されているが、複製や影印、翻刻は発表されていない。つまり、古写本は存在するが、顧みられていない。このような状況を考えれば、『教訓抄』の諸本を、古写本を含めて調査し、いま一度本文を批判し直す必要があるのではないか、と推察する。(1)

そこで、筆者は二〇〇六年四月より『教訓抄』と『続教訓鈔』の研究で、科学研究費補助金の交付を受け、古写本を含めた同書の諸本調査を始めた。その途上、折しも二松学舎大学二十一世紀ＣＯＥプログラム中世日本漢文班のメンバーが中心となり、同年十二月より教訓抄研究会を組織することとなり、筆者も参加することになった。そこで、当初はすべての伝本を調査したうえで諸本の研究を発表し、次いで善本によって翻刻、校訂を行なうという方法も考えられたが、それにはかなりの時間がかかることが予想された。そこで、ひとまず古写本を共同で翻刻し、同プログラムの研究報告書に掲載して、今後の研究に期することとなった。

本稿は、その翻刻掲載に合わせて、『教訓抄』の古写本について解題を記すものである。

管見に入った『教訓抄』の古写本は、次の五本である。

1、宮内庁書陵部蔵本　十巻揃
2、曼殊院門跡蔵本　巻二・三・七
3、彦根城博物館蔵井伊家旧蔵本　巻四
4、国立公文書館内閣文庫蔵中御門家旧蔵本　巻十
5、京都国立博物館蔵神田喜一郎旧蔵本　巻十

以下、書陵部本から解題を記す。

諸本解題

1、宮内庁書陵部蔵本について

書陵部所蔵の古写本については、櫛笥節男氏の『宮内庁書陵部書庫渉猟――書写と装訂――』に解説があるから、はじめにそれを引いておく。

4『教訓抄』第一巻①　室町前期写　一〇軸の内　五〇三―二五五

縦三〇・九センチ、横五三・〇九センチ（※一紙あたりの大きさ）、巻子本。本文料紙は鳥の子紙。紺色鳥の子表紙。「教訓抄第（※「巻」字脱カ）（幾）」と書き題簽。見返は墨流《すみながし》に金泥で竹・草花・トンボなど各巻異なる絵を描く。朱点、書き入れなどあり。巻末に「写本云　天福元年（一二三三）癸巳七月日以自筆書写了　在判　正六位上行左近衛将監狛宿祢近真撰」等の本奥書《ほんおくがき》あり。

各紙は天（上）三条・地（下）一条の天地横界（界高第一条二四・七センチ、第二条二三・七センチ、第三条二二・六センチ）、二一行の界線。ただし、第二一行の界線は継目を兼ねる（写真1）。一紙二〇行、界幅約二・五センチ。天地横界と界線上にはこれらを引くための指示穴がある。界線を引くための上下の指示穴は、例えば巻一第二紙第一行の指示穴は第一条の横界から下二・五センチの所にあるが、第二〇行では一・七センチの所にあり、指示穴の位置は一紙の終わりに向って高くなっていく（写真2）。また界線の下の指示穴第一行は地の横界から上に二・七センチの所にあるが、六行目では二・九センチと高くなり（写真3）、第二〇行は二・五センチと低くなっていく。巻一全三二紙の天地横界と界線の指示穴は、第二紙の指示穴と同じ位置にある（各巻第一紙巻頭には三行から五行文《マヽ》の余白があるため第二紙から計測した）。また巻一と指示穴の位置は異なるが、巻二全二九紙も巻二の第二紙の指示穴と同じ位置にある。各巻の指示穴の位置は各々異なるが、各軸とも第二紙の位置と同じである（注一）。

　また天地横界は巻末から巻頭に向って細くなり、墨継ぎのところは再び太くなっている。界線は地の横界を越えたり、届かないところもある。これらから天地横界と界線の引き方について推測すると、最初に指示穴をあけた型紙を作り、型紙に合わせて料紙を裁断する。次に料紙を数枚重ね、この上に型紙を置き指示穴をあける。全紙に指示穴をあけると、料紙を継ぎ、先ず天地横界を巻末から巻頭に向かって引き、次に界線を上から下に引いたと思われる。また型紙は各巻異なるものが用いられていることから本書は寄合書《よりあいがき》と思われる（注二）。巻末の本奥書の筆跡が異なることはこのことを裏付けるものであろう。なお該書は既に修理されていた巻五を除き、書陵部で近年修理されたものである。裏打を行なわずに虫損《ちゅうそん》箇所を繕う、虫繕《むしつくろい》（書陵部では虫損直《ちゅうそんなおし》）という方法で修理されているが、シバンムシ科の害虫によって食害された小さな虫穴はそのまま残した。その理由の一つには、指示穴は針穴のように小さく、誤って繕ってしまうことを避けるためである。修理者にとっては、このような修理は手抜きと見られ嫌うものであるが、史料の修理は内容はもちろん、史料が持つ情報を残すことを最優先したためである。またシバンムシ科の害虫は丸い虫穴を穿ち、そこから貫通食害する。貫通食害による虫穴は長いもので一〇～一五センチに達する（注三）。従ってこの虫穴を全て虫繕いで修理すると、補修紙の厚みでこの部分が他の面より高くなり、料紙や表紙を摩損する原因となる（写真4）。虫損があっても保存・利用に支障がなければ修理の必要はない。換言すれば修理は必要最小限にとどめることが資料にとって有益である。

『教訓抄』は狛近真《こまのちかざね》が後代のために著した舞楽の口伝書。一〇軸から成り天福元年（一二三三）の成立とされる。本書は②中世後期の写本と推察され、③完本としては現存する諸写本のうち最も古いものである。(2)

（傍線・番号及び傍注※は筆者。写真及び注は省略）

この解説は「書写と道具」と題する章にあり、墨界がどのように引かれたかという問題を解説するに際して材にとられたものであるから、界線を引くための指示穴、型紙のことなどに詳しく言及しておられる。傍線部③に、『教訓抄』の完本としては最古の写本とあることから、筆者も閲覧するところとなった。以下はその調査結果である。

宮内庁書陵部所蔵の古写本は、請求番号「五五三―一二」。櫛笥氏の著書では「五〇三―一二五五」となっているが、現在はこの番号に変更されている。書陵部の池和田有紀氏の御教示によると、本書は戦前から書陵部に存したが、戦後の混乱期に巻五以外が流出。巻五は修補が施され、一九六八年（昭和四十三）、同部の『和漢図書分類目録増加一』に、「五〇三―一二五五」の番号で収録された。(3)その後、流出していた残り九巻が戻り、近年修補を終え、揃いで番号を新たにしたという。

本書は、十巻十軸からなる巻子本で、各一軸に一巻を収める。表紙は紺色の鳥の子紙で、法量は縦三一・一糎、横二六・二糎。本文料紙や見返しに共通する虫損が見られないから、後補されたものであろう。押さえ竹、巻緒もやはり後補と思われるが、表紙を含め、これらは近年の修補によるものではなかろう。見返しは墨流しに、金泥で草木や竹、蝶、蜻蛉など、各軸異なる絵を描く。こちらは虫損などの状態が本文料紙と同じであるので、元表紙のものであったと思しい。

外題は表紙左端上部にあり、各軸縦一四・一糎、横三・六糎の題簽に「教訓抄巻第一（〜十）」と墨書きする。ただし、軸によっては題簽の料紙に摩損、汚損が見られ、文字の判読できないところがある。また、題簽の右側に各軸縦八・一糎、横三・一糎の副題簽が添付され、「丁　共十巻／一（二）」と墨書きされている。なお、外題は本文と同筆と思われ（詳しくは後述）、状態等からも元表紙にあったのを張り直したものと思われる。なお、副題簽の文字は別筆で、こちらは料紙も比較的新しく、後補であろう。

本文料紙には虫損がかなりあるが、本文を判読するにはほとんど障害のない小さなもので、虫繕い、または裏打ち（第五軸のみ）が施されている。なお、第五軸のみ修補の方法が異なるのは、前述したように修補の時期が異なったためであろう。

料紙には薄墨で界幅約二・六糎の縦界、天三条、地一条の横界が引かれている。これは後述する他の古写本と同様の書式である。一紙は約三一×五三糎で、行数はおよそ二十行。各巻末は有界の余白一紙を置き、末尾に軸付紙（軸巻）を幾枚も後補して、軸を太くする。これは軸が細いことによる料紙の傷みを防ぐための処置であろう。各巻の墨付紙数は以下のとおり。

巻一　三十一紙　　巻二　二十八紙　　巻三　二十八紙　　巻四　三十紙　　巻五　二十九紙
巻六　二十七紙　　巻七　二十八紙　　巻八　二十一紙　　巻九　三十二紙　　巻十　三十一紙

書写は端正な楷書でなされ、巻一の筆者をAとすると、巻五のみBで、他はすべてAである。なお、各巻の外題と奥書の筆者もすべてAである。櫛笥氏は、「型紙は各巻異なるものが用いられていることから本書は寄合書と思われる。巻末の本奥書の筆跡が異なることはこのことを裏付けるものであろう」と述べておられるが、その書が寄合書か一筆であるかは、型紙の大きさからではなく、あくまで筆跡によって判断すべきかと思われる。なお、筆者は右のように各巻の筆者を推測したが、櫛笥氏はただ「寄合書」と書いているのみである。また、「本奥書の筆跡が異なる」というが、それは巻五のみで、ほかは本文と奥書は一筆である。次頁に奥書の文字と本文の文字を対照したとおりである。

内題は、「教訓抄巻第一（〜十）」。各巻首に「宮内省／図書印」の蔵書印がある。本奥書は、諸本に共通して見られる、天福元年（一二三三）、著者狛近真のもので、他に奥書はない。

本書の表記法は、自立語を大字で、付属語を小字の片仮名で書き下す片仮名宣命書きが主体である。ただし、付属語の表記については必ずしも一定せず、大字の片仮名で表される箇所もある。また、反読、再読が随所に、稀に置字も見え、変体漢文を交じえる。漢籍、古記録からの引用と思われる箇所も随所に散見するが、それらはそのまま漢文、変体漢文で表記される場合が多い。こういった特徴は、後述する古写本のすべてに共通して見られるものである。しかし、これを日本思想大系本の底本である内閣文庫蔵冊子本（江戸末期写、一九九一九八）などと比較すると、古写本では小字の片仮名で表記される部分が、この江戸末期の写本では大字で表される箇所が多く、片仮名宣命書きの原則が崩れているといえる。その意味では、本書のような古写本の方が概して古いかたちを留めており、原態に近いと思われる。

また、本書には「甲ト」「姿タ」などの捨て仮名、「乀」（キ）、「爪」（ス）、「ゝ」（ソ）、「川」（ツ）、「チ」（テ）、「卞」（ホ）、「ニ」（マ）、「乚」（レ）などの古体の片仮名が確認できる。こちらも他の古写本に共通する。近世の写本に比べると多く見られる特徴であり、この点も本書の方が古いかたちを残しているところだと思われる。

そのほか、本書には振り仮名、返り点、縦点（連続符、合符）、句読点（朱筆）、鉤点（朱筆）、声点、濁点（墨と朱、

宮内庁書陵部蔵本の筆跡（巻一の筆者をAとすると、巻五を除き、他は全てA。巻五は奥書のみAである。）

巻第一　内題および本文

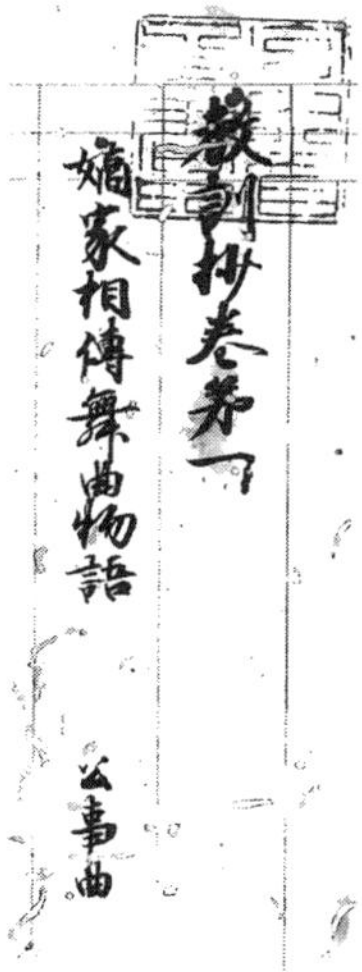
教訓抄巻第一
嫡家相傳舞曲物語
公事曲

巻第一　本文（「一、振桙」より）

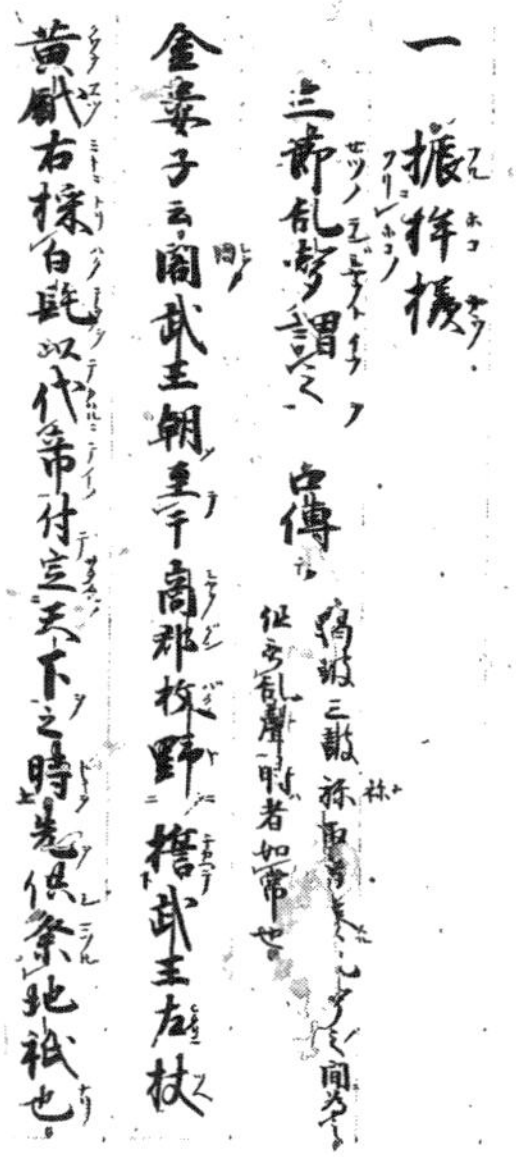
一 振桙様
三節乱聲ト謂ヘク　口傳有
舍婁子云闘武王朝ニ于商郡牧野ニ搆武王左杖
黄鉞右採白旄以代帝付定天下之時先供奈地祇也

巻第一　奥書

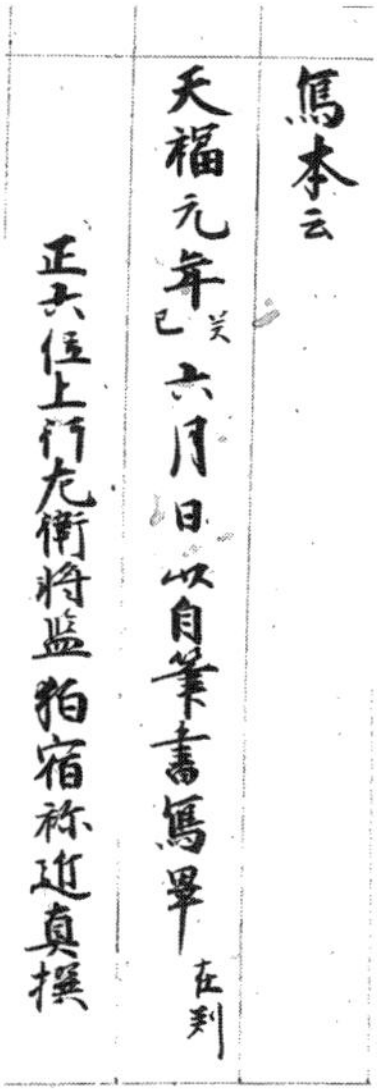
寫本云
天福元年癸巳六月日以自筆書寫畢　在判
正六位上行左衛将監狛宿祢近真撰

巻第五　内題および本文

教訓抄巻第五
高麗曲物語
壹越調曲

巻第五　本文

新鳥蘇　有面甲　大曲
謂之納序曲　拍子十二　舞間拍子百四十
先欲此曲奏時先吹納序ヲ　有二説
次古弾　如乱声物

巻第五　奥書

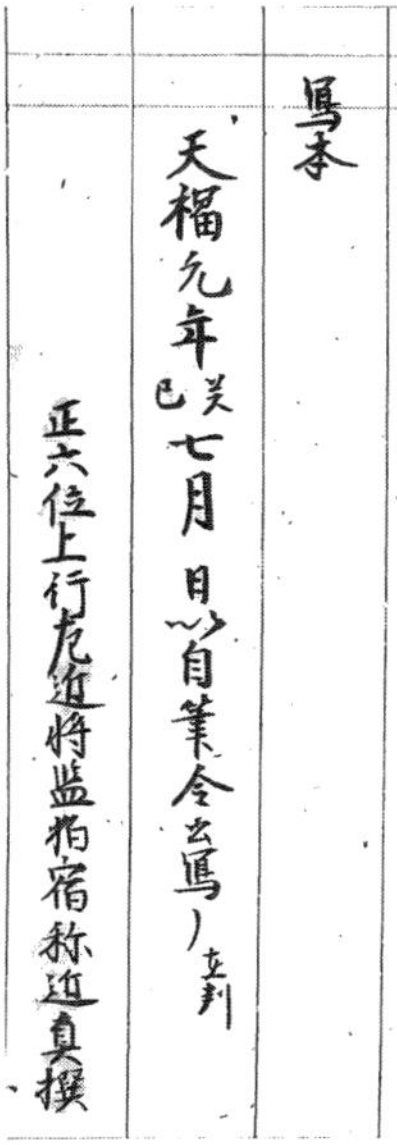
寫本
天福元年癸巳七月日以自筆令書寫了　在判
正六位上行左近将監狛宿祢近真撰

両様あり）、朱引（地名や人名等の固有名詞に上から朱線を引き、印を付したもの）などの訓点が全文にわたって加えられている。これらは墨の付き方などから、本文と同筆と見られるが、濁点、朱引を除く訓点には後述する古写本に共通して見られるものが多くある。したがって、それらは同一の祖本、あるいは原本から転写されてきた訓点であると考えられる。これら訓点がいつだれによって加えられたかが問題であるが、後述する3の井伊家旧蔵本（巻第四）に指摘されているように、著者近真によると見られる訓点もあるから、近真が付した訓点もあったことになろう。

本書にはこれらに加え、傍注、割注などの注記も散見される。また、頭注が巻七の冒頭に、異本注記（「イ」）が巻四「還城楽」条、巻五「狛犬」条に限り確認できる。この異本注記が何によるものか、とくに書写奥書や識語がないからわからない。親本にあったものをそのまま写した可能性もある。そのほか、書写の際に書かれたと見られるミセケチ、補入記号（文字を挿入する部分に「。」を記すもの）がある。

なお、本書には、巻第十の本文料紙の最終紙に、本文料紙より新しい料紙（近代のものか）が継がれ、そこへ二紙の紙片が貼られている。この紙片も本紙とは別紙であり、筆跡も別筆である。本文料紙の最終紙末尾には軸木が巻きつけられた跡もあることから、当初から継がれていたものではないと思われる。二紙のうち、ひとつは次のような内容で、これまで指摘されたことのないものである。

或管絃者問答師説曰

五鞨鼓有二説　皇帝三帖有二所之

一説来二 生三　一説来一 正四

生四之時如上悉細見此抄打物部

六鞨鼓有三説　大曲吹楽惣用之

一説来三生二　一説来一生五　一説来二生四
正四之時略第二生略応撥已上
（傍線筆者）

これは、後述する内閣文庫蔵の『教訓抄』巻第十零本の紙背、応永二年（一三九五）豊原量秋筆鳳笙譜の中に記されているものと同文である。この内閣文庫の方の記事は鳳笙譜中に記されているが、内容は鞨鼓に関するもので、この一文は鳳笙譜の一部というよりは、『教訓抄』巻第十打物案譜法に対する注記、すなわち裏書とみるべきもので、その裏書のあったところへ鳳笙譜が書かれたと解すべきものである。四行目傍線部に「見此抄打物部」と見え、それは『教訓抄』巻第十、打物案譜法を見よという指示かと解される。つまり、書陵部本のそれも本来は内閣文庫本のように、本文の紙背にある裏書であったものと思われる。しかし、書陵部本では本紙より新しい紙片に別筆で記され、巻第十の後に継いだ料紙に添付しているから、この記事は親本になかったと思しく、後人が他本により補ったものと考えられる。

二紙のうち、もうひとつは「嘉禎四年……」と始まる記事で、日本思想大系の翻刻では「裏書云」として、巻十の最後に書き足されているものである。思想大系では「裏書に云はく」とあるから、もとは紙背に記されてあったものを、本文のあとに続けて記したものと推測されるが、この紙片には「裏書云」の文字はなく、別紙に別筆で記されている。これも親本になかったため、後人が他本によって補ったものかと推察される。

さて、先述したように、本書には書写奥書がなく、正確な書写年代は不明である。櫛笥氏は、本書の状態などから、前掲の傍線部①では「室町前期写」、傍線部②では「中世後期写」と書いておられるが、「室町前期」と「中世後期」とは、厳密には同じではないであろう。その意味で、氏が書写年代についてどのように判断しておられるのか、わかりにくい。因みに、書陵部の『和漢図書分類目録　増加一』や閲覧室の図書カードには、単に「室町写」とある。(4)筆者は、本書の状態などから室町期書写という先賢の御判断に概ね従うが、「室町前期」とするには少し疑問もある。具体例を挙げれば、前述した傍注の中に、「爪《ス》」のごときものもある。これは、「爪」（字母は「受」という）が片仮名の「ス」であることを注記したものと思われるが、このことは書写当時の人々にとって「爪」という片仮名が珍しいものであったということなのではなかろうか。また、本書には他の古写本にはない濁点が随所に散見するという特徴がある。それも特殊な形状の濁点ではなく、文字の右肩に二つの点が付される現行の濁点と同様のものである（濁点は本文と同筆と見られる）。加えて、本書にはレ点が散見される。こうしたことを勘案すると、断定はできないが、本書は「室町前期」よりは下る室町後期、あるいは安土桃山期や江戸初期まで書写年代の推測範囲を引き下げる必要があるのでなかろうかと想像する。諸賢のご教示を御願いしたい。

江戸初期となれば古写本ではなくなるが、本書はなお表記法や仮名の字体などから古態を残していると思われ、後述する古写本とも書式や訓点などが共通する。このことから、これまで確認されている完本の中では書写年代がもっとも古く、有力な伝本のひとつではないかと推察される。これについては翻刻を共同で発表したので、今後本文の詳細な研究を期したい。

2、曼殊院蔵本について

京都、曼殊院門跡に所蔵する古写本は、『続教訓鈔』『尋問鈔』等と一具、全十一軸の巻子本で、巻二、三、七の残欠である。岩橋小弥太が一九三七年（昭和十二）に、「洛北曼殊院の続教訓抄《（マヽ）》について」で指摘し[5]、史料編纂所が『大日本史料』編纂に使用してきたものである。そのため、早くから写真帖が公開されており、部分的にではあるが『大日本史料』に翻刻がある。一九七七年（昭和五十二）には、「教訓鈔及続教訓鈔《（マヽ）》」という名称で、十一軸のうち九軸が国の重要文化財に指定されている[6]。このほど、原本の閲覧を申請したが、許可が下りない。そこで、上野学園大学日本音楽史研究所が撮影した写真の紙焼きを参照した。それによると、曼殊院本は全十一軸の巻子本で、表裏に記事が書写されている。いずれも外題はなく、内容も欠損がある。見たところ、修補が施され、表紙は新しいもののようである。各巻首に「曼殊／図書／之印」の蔵書印が捺されている。各軸の構成は以下のとおり。なお、便宜上『教訓抄』は日本思想大系の該当頁を、『続教訓鈔』は日本古典全集[7]の該当する巻次と頁とを記した。

曼殊院所蔵「教訓鈔及続教訓鈔」内容一覧

軸数	内容
第一軸表	**教訓抄巻第二**　三三頁上段七行「皇帝破陣楽」（首欠）～四八頁上段六行「万秋楽」（後欠、筆者未詳）
第一軸裏	**続教訓鈔第六冊**　二五四頁四行～三〇九頁八行（首尾欠、豊原量秋筆）
第二軸表	**教訓抄巻第三**　五二頁下段一行「秦王破陣楽」（首欠）～六九頁上段末尾 （奥書）「書写本云／天福元年□巳六月　日以自筆書写了在判／正六位上行左近衛将監狛宿祢近真撰」（以上、筆者未詳） 「（量秋筆注記）続教訓鈔巻第二上冊一ヨリ／二ノ上ヲクニアリ／詠事」
第二軸裏	**続教訓鈔第八冊**　三三四頁一行～三三九頁末尾 （首）「律呂事」 （奥書）「明徳元年（一三九〇）七月日　書写了／左近将監豊原朝臣量秋」 （以上量秋筆。書写の体裁等より『続教訓鈔』であるか疑問）
	続教訓鈔第七冊　三一二頁一行～三三一頁一行 （首）「続教訓抄巻第二下　一巻カキアマスアヒタ又此カク也／唐楽舞師狛宿祢朝葛撰」 （奥書）「以狛朝葛□□本書写畢　従五位下豊原朝臣量秋（花押）」 （以上量秋筆）
	明徳五年常楽会日記　三月十五日・十六日

	（首）「明徳五年（一三九四）常楽会日記／依室町殿仰下向被執行之」（量秋筆）
第三軸表	**教訓抄巻第七**　一二九頁下段二行～一四八頁末尾（首欠） （奥書）「写本云／天福元年癸巳七月　日以自筆令書写了在判／正六位上行左近衛将監狛宿祢近真撰」（以上筆者未詳）
第三軸裏	**続教訓鈔第九冊**　三五二頁一行～三九六頁末尾（尾欠） （首）「六調子」 （量秋筆。書写の体裁等より『続教訓鈔』であるか疑問）
第四軸表	**続教訓鈔第一冊**　二頁一行～五八頁末尾 （首）「続教訓鈔巻第四上／文永第七歳（一二七〇）庚午／唐楽舞師狛宿祢朝葛撰」（量秋筆。奥書なし）
第四軸裏	**続教訓鈔第十六冊**　六七八頁一行～六九八頁一二行（～「太鼓音秋」迄）（筆者未詳。内容は『豊原信秋日記』。『続教訓鈔』に非ず）
第五軸表	**続教訓鈔第十冊**　三九八頁一行～四四四頁末尾 （端裏書）「続教訓鈔巻第十一上」 （首）「続教訓鈔巻第十一上／文永第七歳庚午／唐楽舞師狛宿祢朝葛撰」（量秋筆。奥書なし）
第五軸裏	**尋問鈔巻下** （首）「尋問鈔下付大鞨壱鼓」 （奥書）「貞和四年（一三四八）八月　日　書写□」（以上量秋筆）
第六軸表	**続教訓鈔第三冊**　一三八頁一行～一九八頁一行 （首）「朝葛教訓鈔ノ第四上　一巻カキアマス事是ニかく所也」 （末尾、識語）「楽ノ名ヲハそうのよりハちとさけて／かくへし本さけてかきたる也」（以上量秋筆）
第六軸裏	**消息**
第七軸表	**続教訓鈔第十一冊**　四四六頁一行～四八五頁七行末尾

	(端裏書)「続教訓鈔巻第十一上」 (首)「朝葛撰十一上　一巻カキアマスアヒタ又次ヲカクモノ也」 (奥書)「明徳三年(一三九二)申七月十三日書写終了　朝葛自筆本也／正六位上行右近衛尉豊原朝臣量秋（花押）」（量秋筆） **笙譜** 「下無調渡物」海青楽、拾翠楽急、鳥急、蘇合急、越殿楽、千秋楽、「双調(マ、)」三台急、甘州、五常楽急、太平楽急、鶏徳、林歌、「□□□」海青楽、拾翠楽急、蘇合急、白柱、越殿急、千秋楽、「黄鐘調渡物」三台急、甘州、五常楽急、胡飲酒破、酒胡子、武徳楽、地久急、蘇合急、輪台、越殿楽、千秋楽、「盤渉調渡物」三台急、甘州、太平楽急（譜なし）、五常楽急、鶏徳、林歌。 (以上量秋筆。奥書なし。)
第七軸裏	**尋問鈔巻上** (首)「尋問鈔上　付大鞨鉦鼓」(奥書なし。量秋筆)
第八軸表	**続教訓鈔第十二冊**　四八八頁一行〜五四四頁末尾 (首)「続教訓鈔巻第十一下／文永第歳(マ、)七歳庚午／唐楽舞師狛宿祢朝葛撰」(量秋筆。奥書なし)
第八軸裏	**笙譜** 「大食調」調子、秦王破陣楽、傾坏楽破、急、散手破陣楽序、破、太平楽道行、破、急、賀王恩、打毬楽、還城楽破、天人楽、輪鼓褌脱、蘇芳菲、抜頭、仙遊霞、庶人三台、長慶子。 「壱越調」調子、春鶯囀、遊声、序、颯踏、入破、鳥声、急声、羅陵王破、玉樹後庭花、賀殿道行、破、急、北庭楽、承和楽、胡飲酒序、破、弄槍、十天楽、壱弄楽、河水楽、溢金楽、詔応楽、廻坏楽破、渋河鳥破、散手、迦陵頻序、半帖、破、急、安楽塩、壱徳塩、武徳楽、新羅陵王、酣酔楽、菩薩道行、半帖、序、半帖、酒胡子。 「双調」調子、春庭楽、柳花苑。 (奥書一)「建久四年(一一九三)三月廿七日／尊重護法寺為施入一校了／左近衛将監豊原朝臣利秋（花押※写し）」 (奥書二)「従五位下行右近将監豊原朝臣量秋（花押）」

	（以上量秋筆）
第九軸表	**続教訓鈔第八冊**　三四〇頁一行（含逸文）～三五〇頁末尾 （首）「第一音事」。（量秋筆。奥書なし。本軸は「律呂弁天地四方声」の名称で登録。『続教訓鈔』であるか疑問）
第九軸裏	**明徳元年（一三九〇）仮名暦**
第十軸表	**続教訓鈔第十五冊**　六五六頁一行～六七五頁末尾 （奥書）「以上／明徳四年（一三九三）卯月十三日書写之也／従五位下行右近将監豊原朝臣量秋（花押）」 （量秋筆。『體源鈔』に全文あり。次項と合わせ、「石清水八幡宮護国寺恒例仏神事」の名称で登録。『続教訓鈔』であるか疑問）
第十軸裏	**続教訓鈔第十六冊**　六九八頁一二行（首欠）～七〇〇頁末尾 （筆者未詳。古典全集本第十六冊末尾は「八月十六日巳後十二月迄御本ニ有之」と記して以下省略。奥書なし。内容は『豊原信秋日記』。第四軸裏に続くもの）
第十一軸表	**続教訓鈔第二冊**　六二頁五行（首欠）～一三六頁末尾 （奥書）「明徳四年（一三九三）十月十一日書写了　豊原朝臣量秋（花押）／ユメ〳〵コノ日記他人ミスヘカラス者也（マヽ）」 （量秋筆）
第十一軸裏	**明徳三年（一三九二）仮名暦**
断簡表	**教訓抄巻二「万秋楽」断簡**　四八頁上段七行～四九頁上段八行 （筆者未詳）
断簡裏	**続教訓鈔断簡**　第六冊前欠部分（逸文。量秋筆）

曼殊院本は、『教訓抄』と『続教訓鈔』の写本として知られるが、実際は『尋問鈔』、「笙譜」、「明徳五年常楽会

日記」、『豊原信秋日記』なども合写され、構成は複雑である。ここでは便宜上、日本古典全集の『続教訓鈔』によって、該当する巻次、頁を示したが、書写の体裁が異なることなどから、『続教訓鈔』とするには疑問の記事もある。『続教訓鈔』の詳細については第一部第三・第四章で検討することとして、ここでは『教訓抄』についてのみ述べておく。

『教訓抄』は、巻二が第一軸表、巻三が第二軸表、巻七が第三軸表に収められており、巻二後半の欠損部分が付属する断簡のオモテにある。うち、巻三と七は同筆であるが、三巻とも書写者は未詳。いずれも薄墨の縦界に、天三条、地一条の横界を引く、書陵部本と同様の書式である。表記は片仮名宣命書きを中心とし、捨て仮名や古体の片仮名等が散見される。この点も書陵部本と同じであり、古いかたちを留めているといえる。振り仮名、返り点、句読点、声点、鉤点等が付されている点も書陵部本と同様であるが、同本に較べ、曼殊院本は振り仮名、返り点の数がやや少ないのが特徴である。また、書陵部本とは異なり、濁点は見られない。奥書は他の諸本にも記されている天福元年（一二三三）、狛近真のもののみで、他に書写奥書はない。

この『教訓抄』の書写年代については、書写奥書がないので明確ではないが、明徳年間（一三九〇～九三）に豊原量秋が写した『続教訓鈔』や、同じく明徳年間の仮名暦や日記などが紙背にあることから、書写年代はそれを遡る鎌倉後期かと見られている（前述、岩橋論文）。したがって、巻二・三・七においては現存最古の写本ということになる。

因みに、この本の『続教訓鈔』について付言しておくと、それは明徳三年および四年の、豊原量秋の書写奥書を有する写本で、すべて量秋の一筆と思われる。残巻であるが、同書の現存最古の写本であり、著者狛朝葛の自筆本を写したと奥書にあることから、原本の写しであるという点で重要な伝本と見られる。また、この写本が看過できないのは、翻刻を収録する日本古典全集の底本となった羽塚啓明所蔵本との関係にある。羽塚本自体は明治期の写本であるが、奥書に「曼殊院宮旧本〈左近将監豊原量秋筆／古物殊勝之物也〉」をもって書写、校訂した旨の宝永三年（一七〇六）六月、野宮定基の識語が見え、曼殊院本が羽塚本の祖本にあたると推測される。羽塚本は十六冊の冊子本で、曼殊院本から幾度かの転写を経たものと見えて、曼殊院本の『教訓抄』巻二、三がそのまま羽塚本の第四、五冊に収録されている。また、羽塚本の第十五、十六冊は、曼殊院本の第十軸の表裏にあたるが、朝葛没後の記事を含み、『體源鈔』にもそのまま引かれているから、『続教訓鈔』であるかは疑わしい。このように、流布している羽塚本は、本来の『続教訓鈔』とは思えない記事も収めているから、内容を根本的に検証する必要があるものと推察する。その意味でもその祖本たる曼殊院本は重要であり、研究が俟たれるといえる（詳細は本書第一部第三・第四章を参照）。[8]

3、井伊家旧蔵本について

彦根城博物館所蔵井伊家文書のうち。一九九四年四月、「藝能史研究」一二五号、五島邦治氏の「井伊家伝来史料の楽書」で初めてその存在を指摘された。[9] 同本の書誌は五島氏の論文でも紹介されているが、後述するように、その後修補が加えられたようなので、左に筆者の調査結果を記しておく。

井伊家旧蔵本は彦根城博物館所蔵。請求番号はＶ四二。巻四のみの零本、巻子本一軸。縦四五・三糎、横三二・二糎の、江戸期のものと思われる厚い包み紙に入っており、表紙は近代の後補と思われる薄茶色無地の表紙であり、大きさは高さ二七・一糎、横二八・九糎。外題はない。見返しは金箔を散らしてある。本紙は高さ約二七・一糎で、界幅二・六糎の縦界と、天三条、地一条の横界を薄墨で引く。横界の界幅は上から一・〇、一・〇、二〇・五糎である。また、一紙あたり、およそ十六行である。なお、五島氏の解題によると、錯簡があり、「皇麞」の途中から「清上楽」の途中に至る一紙が、「伎楽」冒頭に移動しているということであるが、現在は正されている。また、第一紙のみ虫繕いと裏打ちが施されている。巻末に軸付紙を後補し、軸木も新しいものである。

　内容は『教訓抄』巻第四である。第一紙一行目に「教訓抄巻第四」と内題を記し、次いで「他家相伝舞曲物語中曲等」と副題を記して、目録、序を記す。巻尾は欠損しており、本文は「妓楽」の「大狐」の第一行目「次大狐次大鼓」までで、むろん書写奥書はない。書写は一筆で、本文の書式は、書陵部本や曼殊院本と同じく、縦界に、天三条、地一条の横界を施したものである。全文にわたり振り仮名、返り点、鉤点、句点、声点などの訓点が付されている。この点も他の古写本と共通するものである。五島氏は、①書式が曼殊院本や神田喜一郎本と同様であること、②片仮名宣命書きの体裁が残されていること、③朱注が数箇所あり、いずれも思想大系本に見られないものがあること、④思想大系本で一行に書かれている部分が井伊家本では二行割になっている箇所がかなりあること、⑤思想大系本で「ナレトモ」とある箇所を「ナレトン」、同様に「ナツテ」を「ナンテ」と表記するなど、「古い音韻《（マヽ）》をとどめている」箇所があること、⑥語句の大きな異同はないが、細かい部分で相違があり、概して井伊家本の本文が原本の本文に近いのではないかと思われること、などを挙げ、「古い形態を保ち、かつテキストとしても善本であると考えられる」としておられる（以上前掲五島論文）。筆者も同様の見解を覚えるものであるが、⑤の、「ナツテ」を「ナンテ」等と表記するについては、「古い音韻をとどめている」ものではなく、表記の方法が現行とは異なることによるものであろう。すなわち、「ナツテ」の促音「ツ」を「ン」と表記しているもので、促音の表記に揺れがあったことを示すものといえよう。なお、思想大系本との主要な異同については、氏の解説中に挙げられているので、そちらを参照されたい。ただし、その中に興味深い指摘があるから、次に引いておく。

　この段（筆者注、「放鷹楽」条）の一番最後に「秘説云、此曲ヲバ放鷹楽ト云ベシ、」（大系本）という一文がある。すでに段の最初の見出しに「放鷹楽」とあるのだから、これを「秘説」とするのは不可解といわざるをえない。ところが井伊家本には「放鷹楽」の横に「ハウワウ」の振り仮名が打たれており、見出しの「放鷹楽」の振り仮名「はうえうらく」の訓みに対する秘説、すなわち異説であることを述べた一文であったことがわかる。さらにはこの事実から、井伊家本を含めた『教訓抄』の古写本に共通するカタカナの振り仮名は、原本からすでにあったものであることも推測できるであろう。（前掲論文）

著者近真による振り仮名が含まれている可能性を指摘され、訓点の類が看過できないものであることを述べておられる。このことは、本文を校訂する上で注意すべき事柄になろう。

本書の書写年代については、五島氏が書体、紙質等から室町前期の古写本と推測されている。これに従えば、巻四としては現存する最古の写本となるであろう。

紙背は別筆の篳篥譜である。曲目を抜き出せば以下のとおり。

平調。音取、品玄、輪調子、三台塩、小娘子、郎君子、鶏徳、皇麞（破、八帖、九帖、急）、万歳楽、甘州、五常楽（序、詠三度、破、急）、裹頭楽、慶雲楽、想夫恋、扶南、林歌。

壹越調。音取、品玄、春鶯囀（遊声、序、颯踏、入破、鳥声、急声）、玉樹、賀殿、同急、迦陵頻、同破、同急、胡飲酒、同破、北庭楽、承和楽、菩薩、破、廻坏楽、一弄楽、河水楽、酒胡子、武徳楽。

沙陀調。調子、陵王破、新羅陵王、弄槍、渋河鳥。

太食調。音取、品玄、散手破陣楽、同破。

これにも書写奥書はなく、状態より見てこれも室町期のものと推測されるが、本邦最古の篳篥譜は鎌倉後期の書写とされる興福寺所蔵の『篳篥譜』（国重文）であるから、篳篥譜としてはそれに次いで古いものかと思われる。なお、成立がもっとも早い篳篥譜としては、伝本はいずれも江戸期の写しであるが、暦応四年（一三四一）から貞和二年（一三四六）の間に中原茂政が一色直氏へ伝授した『中原芦声抄』がある。

本書は料紙に大きな虫損があるが、現状では巻首から巻末に向かうにつれて虫穴が大きくなっている。通常、虫は外から内へと紙を食べるので、この虫損は、現在の紙背の篳篥譜をオモテにして仕立てられていたときに生じたものと推察される。巻首が内題部分から現存しているのに巻末が欠損しているのは、そのためであろう。つまり、おそらく本書は『教訓抄』巻第四を書写したのち、その紙背を利用して篳篥譜を書写した際、篳篥譜をオモテにして製本されていた時期があったのであろう。そうして現在はふたたび『教訓抄』をオモテにして仕立てられているわけである。

ちなみに、彦根城博物館学芸員の野田浩子氏のご教示によると、本書は井伊家第十二代直亮が入手したものとのことである。

4、国立公文書館内閣文庫蔵中御門家旧蔵本について

『改訂内閣文庫国書分類目録』には、「〔打物譜〕（楽譜）（豊原量秋手跋本）残巻／応永二写」と記載される(10)、一軸の巻子本である。また、『内閣文庫百年史』（増補版）には、次のように解説されている。

七七　楽　譜（打物譜紙背文書）応永二写　残巻　一軸

「打物譜」の紙背文書として伝わった楽書。雅楽の楽譜残巻。巻首を欠き「酒胡子」以下六曲・上無調として一八曲・壱越調として一二曲の曲名をあげ、旋律をあらわす譜と拍子をあらわす朱点をしるす。あいだには、「或管絃者問答師説曰」として羯鼓の諸説をあげる。巻末に、応永二年（一三九五）三月八日の豊原量秋の自跋がある。豊原氏は、平安時代後期から代々笙の名家として朝廷に仕えた家で、楽家として最上位を世襲した。紙高三五・八糎。孤本。中御門家旧蔵。（請求番号古三三一―五六二）(11)

これによると、オモテは打物譜で、紙背が鳳笙譜だという。しかし、打物譜とされる部分は、『教訓抄』巻第十、打物案譜法に同文であり、巻十の零本と思われる。原本を閲覧する機会を得たので、以下にその調査結果を記す。

内閣文庫所蔵「〔打物譜〕」は、請求番号「古三三一―五六二」、一軸の巻子本である。表紙は近代に改装されたもので、無地の白茶色である。法量は三五・九×二四・九糎。外題は、四周双辺の題簽に「楽譜豊原量秋撰　一軸」と墨書する。これは本文と別筆で、近代のものである。本文料紙は打紙で、かなりの汚損や破損があり、疲れた印象である。本紙の紙高は約三〇糎。全体にわたり、紙高約三六糎の楮紙で裏打ちが施されており、裏打ち紙は本文料紙の天地から大きくはみ出している。前述の書陵部本や曼殊院本と同様に、薄墨で縦界と天三条、地一条の横界を引く。縦界の界幅は二・七糎で、一紙あたり十八行。本紙は全五紙。一紙の長さは約四九糎である。巻首が欠けているため、内題はない。また、巻首・巻尾ほかに「内閣／文庫」の蔵書印がある。

内容は『教訓抄』巻第十、「打物案譜法」に同文で、首は「一　大鼓」の条に始まり、「蘇合三帖」の横笛と打物の譜の第一行目までを記す。思想大系本一八七頁上段八行目から一九一頁下段七行目に至る本文である。本書は、これまで『教訓抄』の伝本に数えられていないが、本文が巻第十に同文であること、改行の位置、振り仮名や返り点など訓点の類に書陵部本と共通する部分が多いこと、また縦界に天三条、地一条の横界を施すなど、『教訓抄』の古写本に共通してみられる体裁をもつことなどから、『教訓抄』巻第十の零本とみて誤らないであろう。しかも、次項に述べる神田喜一郎旧蔵の巻第十零本と比較すると、神田本は本書の欠損箇所の次行である「蘇合三帖」の譜第二行目から始まり、巻尾に至る。同本は紙背に豊原量秋の追記があるということで、その点においても本書と一致する。詳しくは次章に述べるが、内閣本と神田本の筆跡は同筆と判じられ、おそらく内閣本と神田本はもと一巻で、それが何らかの理由で分離したものではないかと推測される。

本書の紙背は、料紙の汚損や摩損に加え、裏打ちが施されているため読みにくいが、首欠の鳳笙譜で、本文とは別筆である。譜の順序は次のとおり。

名称不明曲、酒胡子、武徳楽、地久急、海青楽、拾翠急（マヽ）、鳥急、三台急、甘州、鶏徳、五常楽急、太平楽急、

林歌、賀殿急、陵王破、胡飲酒破、酒胡子、武徳楽、地久急、拾翠急（マヽ）、鳥急、蘇合急、白柱、越殿楽、千秋楽、
壱越調渡物、三台急、五常楽急、太平楽急、鶏徳、甘州、林歌、海青楽、拾翠楽急、（※）、蘇合楽急（マヽ）、白柱、
越殿楽、千秋楽

なお、※印部分は、前出書陵部本の「或管絃者問答師説曰」以下の鞨鼓に関する記述がある箇所である。書陵部本の項で述べたが、鳳笙譜の内容に照らして、この鞨鼓に関する記述はいささか唐突であり、また筆跡がオモテの本文と同筆である。したがって、鳳笙譜の一部ではなく、オモテの本文に対する注記、つまり裏書ではないかと思われる。この裏書は、従来活字本には翻刻されておらず、新出のものである。後述するように、この内閣文庫本の年代より見て、この裏書は鎌倉時代からすでにあったものと考えられ、あるいは著者近真のものである可能性もあろうが、なお存疑を残す。

さて、この紙背の鳳笙譜の末尾には奥書がある。料紙に汚損・摩損があり、裏打ちされているので判読しにくいが、「量秋（花押）」、「応永二年三月八日／従五位下右近将監豊原□□（朝臣カ）量秋撰」の文字が読みとれる。花押は真筆で、譜は豊原量秋の筆によるものであろう。したがって、オモテの『教訓抄』部分の書写年代は、応永二年（一三九五）を遡るもので、鎌倉後期頃の書写か。神田本ともと一軸であるとすると、巻十としては同本とともに最古の写本となる。また、以上のことから、本書ははじめ『教訓抄』が書かれ、のちにその紙背を利用して鳳笙譜が書かれたと理解される。前掲『内閣文庫百年史』には、この鳳笙譜を「「打物譜」(12)の紙背文書として伝わった楽書」と説明するが、紙背文書とは紙背を利用するため反故にされた文書・文献をいうのであるから、この場合「打物譜」、すなわち『教訓抄』が紙背文書であるというべきであろう。現在は、『教訓抄』がオモテになっているためわかりにくいが、鳳笙譜が書写された時点では、鳳笙譜をオモテにして仕立てられていたはずである。

5、神田喜一郎旧蔵本について

神田喜一郎旧蔵、京都国立博物館所蔵。国指定重要文化財。本書については、本稿の初出時は閲覧が叶わなかったが、その後閲覧が許可され、詳細に検討することができた。その検討は次章に述べたので、ここでは初出時と同じように、まず次に引く『国宝・重要文化財大全』所載の解説からその概略を簡単に眺めておく。

教訓抄（巻第十）　一巻　国（京都国立博物館）
縦三〇・七cm　全長九八三・〇cm
鎌倉時代　文保元年（一三一七）七月十日豊原兼秋書写奥書
紙背　応永元年（一三九四）七月十日豊原量秋追記当道相伝事
全十巻。天福元年（一二三三）狛近真撰、舞楽、管絃の故実を記したものである。巻第十は打物譜法を記す。文保元年豊原兼秋が書写したもので、紙背には応永元年量秋追記の当道相伝事がある。[13]

右のように解説されているが、同書に掲載された図版によると、奥書には、

天福元年癸巳十月　日以自筆令書
文保元年丁巳八月　日以自筆令書写之兼秋

とある。天福元年の年記は、他の諸本にも書かれている著者近真のものだが、ここには近真の署名がない。あるいは、近真の本奥書を書きかけてやめたものだろうか。解説では、次行の文保元年を書写年次と見ているようだが、「兼秋」の下に花押がないから、それだけでは兼秋の筆かどうか判断がむずかしい。ただし、紙背が応永元年（一三九四）、兼秋の子孫量秋筆のものであるから、本書は鎌倉、南北朝期の古写本で、兼秋筆の可能性は高いであろう。

内容は、巻首が欠けており、思想大系本「一太鼓」条以下の「蘇合三帖」の横笛と打物の譜第二行目（一九一頁下段八行目）から始まり、巻末に至る。前項に述べたように、内閣文庫蔵の巻第十零本とは同筆かと思われ、それ

は「蘇合三帖」の譜第一行目までで以下を欠損しているから、本書ともとは一巻ではなかったかと考えられる。

さて、本書に関連して、内閣文庫に、前項のものとは異なる、いまひとつ興味深い伝本が存する。それは「打物案譜法」（請求番号一九九―一四六）の書名で登録されている一冊の袋綴冊子本であるが、内題は「打物案譜法口伝記録」で、内容は『教訓抄』巻第十、打物案譜法である。その巻末に次のような二つの奥書がある。

（一）　天福元年癸巳十月　日以自筆令書

文保元年丁巳八月　日以自筆写之　兼秋判

（二）右之譜上家代々相伝之懇望令書写之畢上家本ハ廻録ト云上下

焼也文字残ル也

寛延二年乙巳十月令書写畢

従五位下行左近衛将監兼木工権助狛宿祢近教

（花押※写し）　（括弧内は筆者注）

便宜上、私に番号を付したが、（一）の部分は、先述した神田本の奥書と同じである。（一）に続き、（二）に寛延二年（一七四九）の年記で書写した旨が記されているので、この内閣文庫本は神田本を祖本とするものであることがわかる。ただし、（二）の奥書の花押は写しと思われるから、この本は寛延二年十月の、狛近教の書写本ではない。その写しか、その写しの系統に連なる写本であろう。なお、この内閣文庫本は『教訓抄』巻第十の巻首から巻末まで本文に欠損はない。筆者が推測するように、神田本が内閣文庫蔵の巻第十零本とは本来一軸で、のちに分離したものであるならば、本書はその分離以前に書写されたものということになる。分離したとすれば、それは寛延二年以降ということになるであろうか。

またもうひとつ、ここで注意されるのは、（二）の奥書である。それによれば、兼秋奥書本は「上家代々」相伝の本で、それは「廻録」、つまり火災に遭った。料紙の天地は焼けたが、文字は残ったというのである。このことから、神田本が零本であるのは、火災で他の九巻が焼失したためであるかもしれない。(二)の奥書では、神田本のことを「右之譜」といっているから、あるいは火事で巻首の内題部分を失ったため、打物の案譜法を記す本巻を『教訓抄』ではなく、別の打物譜と解したのではないか。

ともあれ、この奥書には神田本伝来の経緯が記されており、興味深い。とくに上家に伝来していたという。上家は狛氏の一庶流(一説に本家とも)であり、もとを糺せば、『教訓抄』の著者狛近真に行き着くが、なぜ豊原兼秋の書写本が狛氏の上家に伝わっているのか。江戸時代になり、民間に流出していた『教訓抄』の写本を、先祖の著作ということで、上家が購入したというのなら、不思議ではない(江戸期の楽人の中には楽書の収集に励んでいた者が少なくない)が、神田本の伝来を考える上では面白いといえる。

おわりに

以上、古写本について述べてきたが、各本に共通する点をまとめると、つぎのようになるであろう。

一、一軸に一巻を収める巻子本である。
一、縦界、及び天三条、地一条の横界がある。
一、片仮名宣命書きを主体とし、捨て仮名や古体の片仮名などが見られる。
一、振り仮名や返り点、句点など、多くの訓点が付されている。

このように、書式、表記法、訓点などの諸点で共通点が見られるということは、原本もこれに近いかたちであった可能性が高い。また、そうであるならば、本文の翻刻、校訂は、古写本に共通する表記法や訓点の状態に即して行なわれるべきである。とくに訓点の類は後人が訓読のために付したものと考えがちであるが、井伊家本の項で指摘したように、著者近真によるものもあるようだから、そこは注意が必要である。

今後の研究としては、これら古写本が、諸本の中でどのような位置付けになるのかが問題となる。古写本が近世以降の本――とくに流布している日本思想大系本――とどのように異なるかについても精査されなければならない。諸本の調査を進め、稿を改めて考察したい。ただし、近世の写本との相違点について見通しを述べておくと、近世の写本は、片仮名宣命書きの文体が崩れ、小字で書かれる部分が大字になっている箇所が多いこと、振り仮名や返り点などの訓点が少ないこと、などが挙げられる。また、これは近世に多い冊子本という形態によるものであろうが、改行の位置や文字の配置が、古写本とはかなり異なる。むろん、このことは本文の読解に影響することである。本文中に記される楽譜についても、書写者が音楽に精通していればよいが、そうでないと出鱈目なものを書いてしまう場合もあるであろう。楽譜の校訂については、さらに慎重でなければならない。このように、諸本を調査してゆくと、『教訓抄』の翻刻には注意すべき点がいくつもある。

本稿では、教訓抄研究会による古写本の翻刻に合わせて、同本の解題を試みた。ただし、原本の閲覧ができず、調査に至らなかった本もある。本来であれば、閲覧できないものは翻刻、解題をするべきでないのかもしれないが、この翻刻、解題が世に出ることにより、この分野の研究が発展することを期して、あえて記した。今後、閲覧の機会が得られれば、追って報告したい。

＊

最後に、以前から『教訓抄』の一異本といわれてきた国立公文書館内閣文庫蔵『舞楽雑録』について付記しておく。

内閣文庫蔵の『舞楽雑録』天地二巻二軸は、『改訂内閣文庫国書分類目録』では、

〔教訓抄〕（舞楽雑録）（異本）狛近真〔鎌倉〕写（紙背宝治・正元間文書）残巻　中　一軸　古三三　五五三[14]

と記載されており、登録上は『教訓抄』とされている。

また、この書の模写本が書陵部に存する。同部の『和漢図書分類目録　増加一』[15]には、

教訓抄上下異本（首尾欠）　昭和二六摸写（内閣文庫本）書陵部　二冊　一六三　六六五

とあり、こちらも『教訓抄』ということになっている。植木行宣氏は思想大系本解説において、

（前略）内閣文庫にいま一種興味深い伝本がある。「舞楽雑録」と題して収められる上下二軸である。構成その他大きな差があり異本と称するのも躊躇されるが、鎌倉時代の書写本で、注目すべきものである。今後の研究を待ちたい。

と述べられ[16]、『教訓抄』の一異本とするには疑問を呈しておられた。中原香苗氏はこれに取り組まれ、氏は「内閣文庫蔵『舞楽雑録』と『教訓抄』[17]」で、『教訓抄』との関係を論じ、「〔資料紹介〕内閣文庫蔵『舞楽雑録』[18]」で、同本の全文の翻刻を紹介された。

そこに氏は『舞楽雑録』と『教訓抄』との異同を確認され、『雑録』は『教訓抄』の巻一、二、三、四、六から楽曲に関する記事を抄出、これに加筆し、再構成したものであると考察された。その根拠として、本文中の「予」が狛近真であること、記事の末尾に「在乙」「在丁」などという注記があり、これは『教訓抄』の巻序を「甲、乙、丙、丁」と数えた際に記事が一致すること、などを挙げる。また、『雑録』の性格としては、

（前略）舞曲について記そうとしたものであること、『教訓抄』の秘事性を強調しようとしたものであること、狛家嫡流を意識したものであるらしいこと、また無味乾燥な知識よりも説話的なものに興味を示しているものであることなど（後略）

を指摘され[19]、編者を「狛朝葛のような『教訓抄』編者狛近真の子孫にあたる狛家嫡流の人物[20]」に想定されている。

氏が考察されるように、『雑録』は『教訓抄』と同文関係をもつ記事が多いものの、順序がまったく異なり、異本というよりは、これを再構成、加筆した、まったくの別書とみるべきものであろう。ただし、氏が指摘しておられることだが、鎌倉期の書写本と見られることから、『教訓抄』の本文校訂に参照できるものである。余談になるが、この『舞楽雑録』のように、狛氏やその周辺で編纂されたと思われる楽書は、たとえば春日社に蔵される楽書（所謂『春日楽書』）のように今日まで伝存しているものも少なくなく、今後『教訓抄』の研究はそういった楽書も視野に入れて行っていく必要を感じる。

なお、この『雑録』は、二〇一二年に『内閣文庫影印叢刊』に全文の影印が収録され、池和田有紀氏による解題が付された。前述の中原氏の論文と本稿（初出時のもの）とが引用され、そこでも同書は『教訓抄』の一伝本ではなく、別の楽書であろうとしておられる。

付記

本稿は、二〇〇七年二月に上野学園大学日本音楽史研究所で開かれた教訓抄研究会で発表したものに加筆、修正を加えたものである。会の席上、出席の諸先生方から有益な御指導を頂いた。また、宮内庁書陵部、上野学園大学日本音楽史研究所、彦根城博物館、国立公文書館の各機関には、原本の閲覧、紙焼き写真の頒布について御高配を賜り、書陵部で閲覧の折は、同部の池和田有紀氏より、彦根城博物館での閲覧の折は、同館の野田浩子氏よりご教示賜わった。また書陵部本については、櫛笥節男氏にもご示教いただいた。ここに厚く御礼申し上げる。

注

（1）『古代中世芸術論』（日本思想大系二三）、林屋辰三郎編、岩波書店、一九七三年十月。
（2）『宮内庁書陵部書庫渉猟——書写と装訂——』櫛笥節男著、おうふう、二〇〇六年二月、四七頁。
（3）『和漢図書分類目録　増加二』宮内庁書陵部編、同部刊、一九六八年三月、一〇六頁下段。

(4) 目録は注（3）に同じ。図書カードは閲覧時に参照した。
(5) 『日本演劇史論叢』東京帝国大学演劇史研究学会編、巧芸社刊、一九三七年五月。
(6) 「月刊文化財」一九七七年五月号、文化庁文化財部監修、第一法規。
(7) 日本古典全集『続教訓鈔』、上・下、正宗敦夫編、日本古典全集刊行会、一九三九年四月。
(8) 注（7）の書、羽塚啓明「続教訓鈔解説」より。
(9) 「藝能史研究」一二五号、藝能史研究會編・刊、一九九四年四月。
(10) 『改訂内閣文庫国書分類目録』上巻、国立公文書館編・刊、一九七四年十一月、三六七頁上段。
(11) 『内閣文庫百年史』増補版、国立公文書館編、汲古書院、一九八六年七月、五八頁。
(12) 『日本古典籍書誌学辞典』井上宗雄ほか編、岩波書店、一九九九年三月、「紙背文書」項（平林盛得氏解説、二七〇頁）による。
(13) 『国宝・重要文化財大全』七、書跡、上巻、文化庁監修、毎日新聞社図書編集部編、毎日新聞社、一九九八年七月、二九七頁。
(14) 注（10）の書、三六九頁下段。
(15) 注（3）の書、一〇七頁上段。
(16) 注（1）の書、七五三〜五四頁。
(17) 「語文」第六十四輯、大阪大学国語国文学会、一九九五年九月。
(18) 「詞林」第十八号、大阪大学古代中世文学研究会編、一九九五年十月。
(19) 注（17）の論文より。
(20) 注（17）の論文より。

第二章　神田喜一郎旧蔵の『教訓抄』について

はじめに

『教訓抄』は、狛近真《こまのちかざね》が天福元年（一二三三）に編纂した十巻の楽書であり、それには当時の舞楽、管絃、打物全般に及ぶ知識が収録されている点で貴重である。しかし、この書については従来諸本の研究がなかった。そこで、これに取り組んでいるが、これまでに現存古写本の紹介を前章「『教訓抄』の古写本について」に行い、古写本の翻刻を二松学舎大学二十一世紀COEプログラム刊行の『雅楽資料集』（第二～第四輯）に共同で収めた。本稿は、それら一連の研究に続くものである。

ここに述べる神田喜一郎旧蔵本も、前章に指摘した古写本のひとつであり、翻刻も『雅楽資料集』第四輯に行っているが、その折は原本の閲覧許可が下りていなかったから、翻刻は写真をもとに行った。しかし、その後原本の調査が叶ったので、調査結果を記し、内容について検証を試みようというのが本稿の目的である。

ちなみに、該本は一九七三年に植木行宣氏の校注で、日本思想大系『古代中世芸術論』に翻刻・頭注があり、広く知られているものといえるが、それを敢えて取り上げ、研究を進めようとするについては、次のような事情がある。

すなわち、この本は一九六九年に国の重要文化財に指定され、神田喜一郎没後は京都国立博物館の所蔵となっていたが、原本が公開されず、研究がなされてこなかったから、原本の状態について不明な点が多かった。前章にも二、三指摘したが、たとえばこうである。まず、翻刻を収録する思想大系の解説（植木行宣氏執筆）には、

> 近時重要文化財に指定された神田喜一郎氏蔵の巻子本は屈指の貴重本である。巻末に「文保元年丁巳八月日以自筆令書写之　兼秋」の奥書を有し、豊原兼秋の自筆本と知られるが、巻十のみで、しかも巻首がかなり欠けている。しかし、現在知られるかぎりの最古の書写本であり、今後の伝本研究に大いに役立つものである。

とのみあって(5)、指摘されていたのは巻末に文保元年（一三一七）の豊原兼秋の奥書を有する現存最古の写本であること、巻第十のみの零本であり、巻首に大きな欠損があることであり、「今後の伝本研究に大いに役立つもの」と、今後に期する旨を記すにとどまっていた。

一方、その後一九九八年に刊行された『国宝・重要文化財大全』七（書跡上）には、

> 教訓抄（巻第十）　一巻　国（京都国立博物館）
> 縦三〇・七cm　全長九八三・〇cm
> 鎌倉時代 文保元年（一三一七）七月十日（マヽ）豊原兼秋書写奥書
> 紙背　応永元年（一三九四）豊原量秋追記当道相伝事
> 全十巻。天福元年（一二三三）狛近真撰、舞楽、管絃の故実を記したものである。巻第十は打物案譜法を記す。文保元年豊原兼秋が書写したもので、紙背には応永元年量秋追記の当道相伝事がある。（傍線・傍注筆者）

とあって(6)、こちらは神田喜一郎没後、所蔵が京博に移ってからの解題であるが、ここでは紙背に豊原量秋《かずあき》の記事がある（傍線部）と指摘されている。このことは先の思想大系解説では触れられていないことであり、思想大系の翻刻の方にもこの紙背の記事は翻刻されていなかったから、これがどのような記事なのか、従来実態は窺えなかった。

つまり、この本については紙背を含めた調査・研究が必要であった。むろん、『教訓抄』の翻刻は思想大系が出

るまでは『続群書類従』所収本[7]しかなかったし、注釈は思想大系が唯一のものであるから、思想大系の果たした役割は大きいものがある。ただ、未解明の部分は究明が必要である。

そこで、神田本に照準を合わせて研究を進めてきたわけである。まず、以下に解題を記し、次いで内容の検証を行う。

一、神田喜一郎旧蔵本解題

1、書誌

神田喜一郎旧蔵。現京都国立博物館所蔵。国指定重要文化財。『教訓抄』巻第十の零本。巻子本一軸。巻首は大きく欠け、内題を欠く。表紙や軸木は近代の後補で、全紙に亘り虫繕いが施され、軸にはかぶせ軸（太巻）が付く。外題・印記はない。本文料紙は打紙で、高さは各紙三〇・〇～三〇・五糎、長さは各紙約四九糎。墨付一九紙。各紙を一八行に分かつ縦界と、天三条・地一条の横界を施す。界幅は、縦界が各二・七糎、横界が上欄から一・六、一・六、二一・六糎である。巻末に天福元年（一二三三）と文保元年（一三一七）の奥書がある（詳細は後述）。状態より見ても鎌倉後期頃の書写かと察せられる。また、紙背にも記事があるがこちらは無界であり、本文と同筆のものと異筆のものとがある（詳細は後述）。

2、内容

内容は『教訓抄』巻第十「打物案譜法《うちものあんぷほう》口伝記録」（括弧内の振り仮名は筆者。以下同）である。ただし、巻首は大きく欠けており、内題を欠き、本文は「蘇合《そこう》三帖」の譜の第二行目（思想大系の翻刻では一九一頁下段八行目）から巻末の奥書に至る。書写は一筆である。

また、紙背には次の四つの記事がある。巻末から順にその概略を記せば、次のようになる。

a、嘉禎四年（一二三八）・仁治二年（一二四一）の、著者近真の打物演奏の記録。他の伝本では「裏書云」として記される記事と同文である。本文と同筆。

b、「記録」と題し、「寛治五年相撲節」、「私所荒序《こうじょ》舞記」、「荒序旧記」の三つの記録からなる、舞楽「陵王荒序」の記録。他の『教訓抄』伝本には未見。本文と同筆。

c、「故英秋当道相伝事」と題する記事で、楽人豊原英秋（一三四七〜八七）が生れてから豊原氏の秘曲を悉く相伝するまでの記録である。筆跡は本文と異なり、末尾に「応永元年七月十日従五位下行右近衛将監豊原朝臣量秋（花押）」とあり、花押が真筆と見られることから、豊原量秋（?〜一四四二）の自筆と思われる。

d、「渡物譜《わたしものふ》 盤渉調《ばんしきちょう》」と題する笙の渡物譜。「賀殿急《かてんのきゅう》」、「陵王破《りょうおうのは》」、「胡飲酒破《こいんじゅのは》」の四曲からなるが、「胡飲酒破」は第一行目以下を料紙の欠損により欠く。筆跡はcの量秋筆と同筆。

a・bは本文と同筆であるから、裏書の可能性があり、思想大系の翻刻では、aのみが巻第十の本文のあとに「裏書云」として翻刻されている。aの記事は他の『教訓抄』の伝本にも見えるものであるが、bは他の伝本に見えず、従来未検討でもある。

c・dの記事は本文と別筆であり、cにある豊原量秋の奥書の花押が真筆と見られることから室町前期の楽人豊原量秋その人の自筆と見られる記事である。cの奥書の年記が応永元年（一三九四）であるから、本文奥書の年記文保元年（一三一七）より降るもので、本文が書写されたのちに『教訓抄』の紙背を利用して書かれたものだといえる。なお、cはほぼ全文が量秋の子孫にあたる豊原統秋《むねあき》の楽書『體源鈔』十二ノ上に引かれており、それには量秋自筆本に拠る由であるから、これが『體源鈔』編纂に用いられた原本ではないかと推察される。

以上が紙背の記事の概要であるが、本稿ではａ・ｂの記事を検討することとし、ｃ・ｄは『教訓抄』に直接関わるものではないから、詳細は別の機会に譲りたい。

３、奥書

巻末に、

　　天福元年癸巳十月　日以自筆令書
　文保元年丁巳八月　日以自筆令書写之兼秋（以上本文と同筆）
（一行余白）
「奥渡物譜」（別筆）

と見え、本文と同筆で天福元年（一二三三）・文保元年（一三一七）の奥書が記され、間に一行分の余白を隔てて、「奥渡物譜」と異筆で書き入れがある。この書き入れは、筆跡より見て紙背の豊原量秋のものであり、前述のように紙背には渡物譜がある（紙背ｄ）から、それを指すものと解される。巻末最終紙の上部にあることからして、端裏書であろう。なお、「奥」とあるのは、五四頁の**表4**に示すように、紙背の記事の中ではそれがもっとも奥に位置しているからであろう（紙背の記事は、表面の記事と異なり、巻末から巻首へ向かって進むので、「渡物譜」は紙背の記事の中ではもっとも奥に位置している）。

　さて、この奥書によれば、天福元年（一二三三）の写本を文保元年（一三一七）に写したということになるが、このうち天福元年の奥書は、他の『教訓抄』の伝本に共通する奥書であり、通常、

　天福元年癸十月　日以自筆令書写畢在判
　　正六位上行左近衛将監狛宿祢近真撰

と記される[8]ところであって、つまり著者近真が書写した際の奥書と知られる。しかし、これと神田本の奥書を比較すると、神田本には一行目末尾の「写畢在判」と二行目の一文がない。それは伝写の過程で落ちたのか、書写者が敢えて書かなかったのか、あるいは神田本の方がもとのかたちであり、以下を後人が書き加えたものなのか、複数の可能性が考えられるが、この点はまたあとで考える。

次の文保元年の奥書については、前章にも指摘したが、この奥書を有する伝本は、該本を江戸後期に写したと思しき二本が内閣文庫に確認されるのみで[9]、他には見えない。文末に「兼秋」と署名があり、前掲の思想大系解説や前掲『文化財大全』では、これを豊原兼秋とする。豊原兼秋は、豊原統秋が室町後期に撰した楽書『體源抄』十三所載の豊原氏系図に、「元弘三三八死四十七」と出ている楽人であり[10]、それにより生没年は弘安十年（一二八七）から元弘三年（一三三三）と知られ、文保元年には三十一歳となり、齟齬がない。また、荻美津夫氏が論じられるところによると、豊原氏の嫡流は兼秋ののち、兼秋の子には継承されず、兼秋の弟にあたる龍秋（のち豊秋の猶子という）に流れ、以後信秋・音秋・量秋の順に継承されてきたということであるから[11]、紙背のｃ・ｄの筆者豊原量秋とは嫡流の祖・子孫という関係であったことになり、この本が兼秋から代々嫡流に伝領され、量秋の手に渡ったことが想定できる。したがって、奥書の「兼秋」は豊原兼秋と見てよいであろう。兼秋の署名には花押がなく、他に筆跡を確かめるものが見当たらないから、兼秋自筆との断定はむずかしいが、原本の状態は鎌倉後期のものと見えて、文保元年の書写本として齟齬がなく、また紙背にその子孫にあたる量秋自筆の文書（ｃ・ｄ）があることから、兼秋書写本の可能性は高いといえよう。

因みに、思想大系の解説（前出）では神田本を現存最古の写本としているが、文保元年を遡る年記を有する写本は確認されていないから、同年の書写なら年記があるものの中では最古だといえる。書写奥書のない古写本としては曼殊院所蔵本（巻二・三・七の残欠）が鎌倉後期の写しと見られており、これにも紙背に豊原量秋の記事がある

（前掲稿に既述）から、神田本とはツレであるか（ただし、筆跡は異なる）、あるいはそれを遡る可能性があるが、曼殊院本は閲覧の許可が下りず、未調査であるから、いまはこのことを指摘するにとどめる。

4、兼秋について

ところで、狛近真編纂の『教訓抄』が、なぜ豊原家嫡流の兼秋の手に渡ることになったのだろうか。奥書に書写の経緯は記されていないが、興味深い問題である。

そこでその点を少し詮索してみると、**系図1**に示すように、『體源鈔』十三所収の豊原氏系図には、兼秋は豊原清秋の長子と出ており、左には引用していないが兼秋の勘物には「出仕常楽会十一才時為童体一者脩秋勅勘間也」と見え、(12) 当時勅勘を蒙っていた一者《いちのもの》（現在でいうところの主席奏者、頭領の類）の脩秋《（ながあきカ）》（一二七八〜一三三九）の代役として、「童体一者」として十一歳で興福寺常楽会に出仕したという。

系図1　豊原氏嫡流系図(13)（抜粋※勘物は除く）

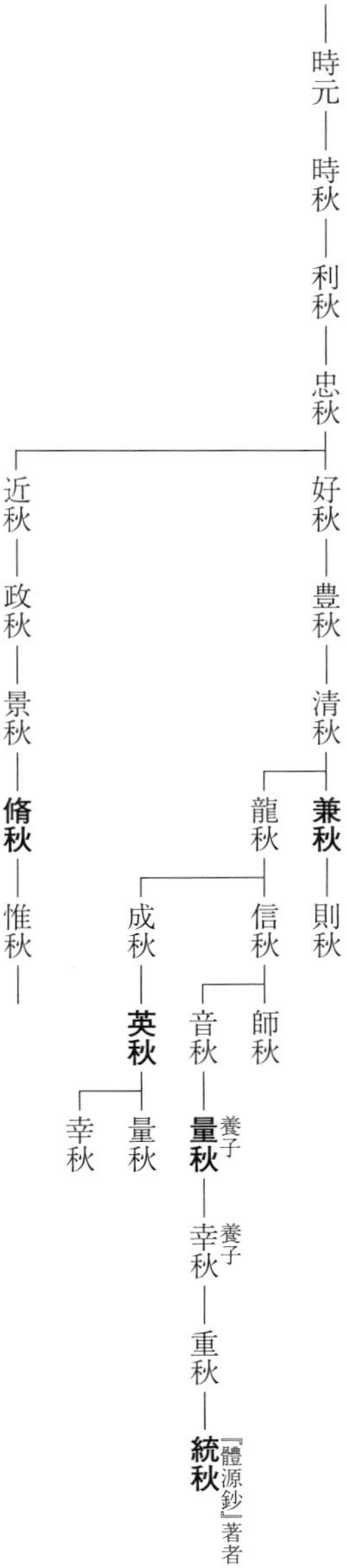

＊**ゴシック**は本稿に登場する人物

また、神田本の紙背にある量秋の「故英秋当道相伝事」（前述、紙背c）には兼秋について言及がある。「故英秋当道相伝事」は、豊原英秋が生まれてから十五歳までの間に豊原家の秘事・秘曲を悉く相伝するまでの日次記の体裁をもった伝記であり、英秋の神童ぶりを伝えるものであるが、その末尾に、

如此十五才ニテ道極ル事故兼秋幷英秋也。此両人之外更上古ニモ無之、況ヤ末代ニヲイテヲヤ。難有事共以堪能無比類者也。

と見え、十五歳で道を極めたのは兼秋と英秋のみであり、後にも先にもこうしたことは見えないと称えられている。兼秋の子孫である量秋が記したものであることは考慮しなければならないが、十一歳で「童体一者」になったという記録と相通ずるもので、十代のころから秀でていたらしいことが窺える。

また、彼の業績を種々の記録から**表1**にまとめてみると、正和五年（一三一六）の常楽会で初めて秘曲「陵王荒序」を吹いており、その後さまざまな行事で六度荒序吹奏の任に預かったほか、大鼓の演奏も行っている。

また、**系図2**（五〇頁）に示すように、『體源鈔』十三所収の笙の相承系図によって、兼秋の師弟関係を調べてみると、兼秋は後醍醐天皇の一子尊良親王、北畠親房らに笙の相伝を行っており、とくに源具行には秘曲「荒序」を伝授していたことがわかる。

これら兼秋の弟子については、荻美津夫氏が「南北朝期の楽人豊原氏」の第三節「兼秋とその相承者」に検討されており、兼秋が教えた貴顕は南朝方に属する人々が多く、それゆえか、その後南北朝の動乱に巻き込まれてゆくことになったのではないかと推察しておられる。(14) 前掲の**表1**にも記したとおり、『太平記』巻二によれば、元弘元年（一三三一）後醍醐天皇の笠置寺臨幸に御輿の担ぎ手として従ったとあり、また同書巻三にはその後幕府方との戦いに敗れ捕虜になったと見える。その際どのような罪に処されたかは不明であるが、『體源鈔』所載の系図によれば同三年に四十七歳で没したというから、亡くなったのは捕虜となって二年後のことであった。

表1　豊原兼秋年譜

＊引用書の出典は本稿末尾（九五頁）にまとめて記載

日時		齢	事項
弘安十年（一二八七）		1	生まれる。【『體源鈔』十三（豊原氏系図）】
永仁五年（一二九七）		11	興福寺常楽会で、勅勘の一者脩秋に代わり十一歳にして「童体一者」として笙を吹く。【同右】
正和五年（一三一六）	2・16	30	興福寺常楽会で初めて荒序を吹く。【『體源鈔』十三「代々公私荒序所作事」】
文保元年（一三一七）	8	31	『教訓抄』を書写する。【神田喜一郎旧蔵『教訓抄』巻第十奥書】
元亨三年（一三二三）	5・20	37	長講堂の阿弥陀講で笙を吹く。【『花園天皇宸記』】
同	5・29		安楽光院の阿弥陀講で笙を吹く。【同右】
同	6・25		持明院殿の持仏堂の妙音講の楽に笙を吹く。【同右】
同	10・1		旬節会の荒序で笙を吹く（第二度）。【『體源鈔』十三「代々公私荒序所作事」】
同	10・11		安楽光院の阿弥陀講で大鼓と笙を担当する。【『花園天皇宸記』】
同	7・7		禁裏七夕御楽に大鼓を奉仕する。【『體源鈔』十二ノ上「代々大鼓所作少々載之」】
元亨四年（一三二四）	2・21	38	北山殿舞御覧の荒序に笙を吹く（第三度）。【『體源鈔』十三「代々公私荒序所作事」】
同	5・3		内裏舞御覧の荒序で笙を吹く（第四度）。【同右】
同	10・1		内裏旬節会の荒序で笙を吹く（第五度）。【同右】
元徳元年（一三二九）	4・23	43	日吉塔供養の荒序に笙を吹く（第六度）。【同右】
元弘元年（一三三一）	8・24	45	後醍醐帝の皇居脱出に従い、御輿を担ぐ。【『太平記』巻二「主上御出奔師賢卿天子の号の事」】 後醍醐帝、その後笠置山に籠る。
同	9・29		28日、笠置落城。幕府方に捕らえられる。【同巻三「先帝囚はれ給ふ事」】
同	10・19		花園天皇、先日兼秋の許へ使いを遣わし、幾佐気絵、法華寺、交丸、白樺等、御所に保管されていた五管の笙について無事を確認する。【『花園天皇宸記』】
元弘三年（一三三三）	3・8	47	卒す。四十七歳。【『體源鈔』十三（豊原氏系図）】

系図2　鳳笙相承系図(15)

※は筆者注

兼秋
- 則秋
- 具秋
- 知秋
- 源中納言 具行　（※右注に「荒序相伝同所作」とあり）
- 四条大納言 隆資
- 土御門大納言 親房
- 樹王丸 松殿中納言冬房卿息
- 中務卿親王 後醍醐院第一御子　（※尊良親王）
- 九条少将 茂家
- 龍秋 実清秋三男

こうしてみると、まず注意されるのは、兼秋が十代のうちから笙に堪能であり、十一歳にして一者脩秋の代役を務めたという、その非凡さゆえであろうか、その後後醍醐帝の一子尊良親王をはじめとする南朝方の人々の笙の師範を務めており、秘曲「荒序」の相伝を行っていることである。こうした貴顕との師弟関係から『教訓抄』を見る機会を得た可能性はないだろうか。

また、いまひとつ注意されるのは、前掲**表1**の年譜に示したように、正和五年の初めての「荒序」の所作である。「荒序」は「陵王」（「蘭陵王」「羅陵王」とも）の楽章のひとつで、当時秘曲とされ、嫡流の一子相伝のものとされていた。天皇や貴顕の許しがなければ公けの場で演奏することは許されず、それゆえ「荒序」を所作することは一族の名誉でもあり、賞与も大きかった。正和五年に「荒序」を初めて吹いたということは、そのときまでに「荒序」を相伝していたことになり、また弟子に「荒序」を伝授したのもそれ以降のこととなる。「荒序」を初めて所作した翌年の文保元年にこの『教訓抄』を書写していることを勘案すると、この「荒序」の相伝が関係しているのではないかとも想像される。あるいはこの「荒序」の所作がきっかけとなり、南朝方の貴顕と師弟関係を結ぶに至り、『教訓抄』を借覧する機会を得た可能性はなかっただろうか。

こうしてみると、兼秋が『教訓抄』を写す機会を得た理由については、明確な記録は見出せないものの、南朝方の人々との師弟関係、そして書写の前年にあたる正和五年に初めて「荒序」を所作しているあたりにその契機があった可能性もありそうである。

なお、兼秋について付言しておくと、近藤静乃氏が「豊原英秋撰『瑞鳳集』について」(16)に、兼秋には『息毎譜』(『毎息譜』とも)、『豊兼抄』、『十三帖譜』という著書があったこと（いずれも散佚、『體源鈔』に逸文あり）が指摘されており、著作もあり、楽書・楽譜の編纂も行っていたらしいことがわかる。

＊

以上、神田本の概要について縷々述べてきたが、この神田本の片割れと思われるのが内閣文庫蔵〔打物譜〕である。次にこの内閣文庫本との関係について考えたい。

二、国立公文書館内閣文庫蔵中御門家旧蔵本との関係について

国立公文書館内閣文庫蔵中御門家旧蔵本（登録書名は「〔打物譜〕」、古二三一―五六二）については、前章において、登録書名は「〔打物譜〕」という仮の名称が付されているが、内容は『教訓抄』巻第十の残巻であり、神田本とは欠損箇所がつながることから、神田本とは一具の僚巻で、接続するのではないかと推測した。前章は、現存古写本の解題として執筆したものであるから、その点についての詳細な検討は見送ったが、ここで内閣文庫本と比較、検討

してみる。

表2に対照させると、どちらも巻数・装訂は一巻一軸の巻子本であり、料紙は楮紙である。高さは三〇・〇〜三〇・五糎、長さは各紙四九糎で、こちらも同じである。界線の引き様は天三条、地一条で、それぞれの界幅も一致する。内容は、内閣文庫本が巻首を欠いて、「一大鼓」（思想大系本一八七頁上段八行目）から「蘇合三帖」の譜の第一行目に至るのに対し、神田本はその「蘇合三帖」の譜の第二行目から始まり巻末の奥書に至るから、内閣文庫本

表2　内閣文庫本と神田本の比較

	内閣文庫本	神田本
巻数	一巻一軸	一巻一軸
装訂	巻子本（表紙は改装）	巻子本（表紙は改装）
料紙	楮紙　高さ各紙約三〇〜三〇・五糎 長さ各紙約四九糎　墨付五紙	楮紙　高さ各紙約三〇〜三〇・五糎 長さ各紙約四九糎　墨付一九紙
界線	縦界　各紙一八行　界幅約二・七糎 横界　天三条、地一条　界幅（上から一・六糎、一・六糎、二一・五糎）	縦界　各紙一八行　界幅約二・七糎 横界　天三条、地一条　界幅（上から一・六糎、一・六糎、二一・五糎）
内容	本文　『教訓抄』巻第十。巻首欠。「一大鼓」から「蘇合三帖」の譜の一行目まで。（以下欠）。 紙背　豊原量秋筆笙譜。冒頭欠。末尾に応永二年豊原量秋筆の奥書あり。	本文　『教訓抄』巻第十。巻首欠。「蘇合三帖」の譜の第二行目から巻末の奥書まで。 紙背　1嘉禎四年・仁治二年記事 2「記録」（三種） 3豊原量秋筆「故英秋当道相伝事」 4同笙渡物譜。途中で以下欠損。

の巻末と神田本の巻首はつながることがわかる。また紙背は、内閣文庫本が豊原量秋筆の笙譜であり、巻首が欠けているのに対し、神田本は最後の記事が量秋筆の笙譜で、「渡物譜」と題し、途中で以下を欠いていて、紙背の欠損部分も同じ量秋筆の笙譜であることがわかる。つまり、両者はもと同じ一巻ではなかったかと推測できる。

そこで、次に内閣文庫本と神田本の筆跡を比較してみると、**表3**のようになる。

内閣文庫本と神田本とに共通する文字を、それぞれ複数抽出してみると、両者の筆跡は同筆と判断される。わずかに異なる点を挙げれば、「拍子」の「子」の字と「鉦鼓」の「鉦」の字が、内閣文庫本では楷書で書かれるが、神田本では連綿で書かれるところもあるという点であろうか。神田本の方が連綿で書かれる部分が増えているわけだが、神田本は一巻のうちの後半にあたるから、書写者の筆の動きが後半になるにつれてよくなったためだと理解される。長い一巻の書物を書写する際に、それは当然起こりうることである。

表3　内閣文庫本と神田本の筆跡の比較

つまり、両者は料紙の大きさや界線の引き様、筆跡が一致し、欠損部分がつながることから、もと一巻の巻子本であったと推測される。そこで、試みに両者をつなぎ合わせてみると、次頁の**表4**のようになる。概念図に表してみると、本文はもとより、紙背の記事も接続することがわかる。神田本は豊原量秋筆の笙の渡物譜の途中で欠けていたわけであるが、そこへ内閣文庫本をつなげてみると、内閣文庫本の紙背巻末も同じ量秋筆の笙譜で、

表4　神田本と内閣文庫本の関係概念図

＊波線は料紙の断ち落とし位置

紙表（オモテ）

内閣文庫本（巻首欠）
〔教訓抄巻第十　打物案譜法口伝記録〕
（巻尾断ち落とし）蘇合三帖打物譜第一行目まで

神田本
（巻首断ち落とし）蘇合三帖打物譜第二行目より

一、予打物仕事
承元三年記録
同年記録
〜
承久四年記録
寛喜三年記録

天福元年（一二三三）近真書写奥書
文保元年（一三一七）兼秋書写奥書

紙背

応永三年豊原量秋跋
胡飲酒破第三行目から
胡飲酒破第二行目まで
渡物譜（豊原量秋筆）
応永元年豊原量秋跋
（紙背d）

故英秋当道相伝事（豊原量秋筆）
（紙背c）

荒序旧記
私所荒序舞記
寛治五年相撲節
記録（本文同筆）
（紙背b）

仁治二年近真記録
嘉禎四年近真記録（本文同筆）
（紙背a）

両者が接続するものであることがわかる。やはり、神田本と内閣文庫本はつながっていたと見てよいことになる。両者はもと一巻であったものが、いずれかの時期に何らかの理由で分離し、現在に至ったものだと解される。

なお、この内閣文庫本は思想大系の翻刻からは漏れていた。神田本に欠ける部分は、同じ内閣文庫に蔵する江戸末期の写本を底本にしていたのである。今後、そこはこの内閣文庫本によって校訂されるべきであるといえる。

以上のように、内閣文庫本との接続が判明したことで、神田本の全体像が明らかになった。そこで、次に従来未検討であったこの本の紙背の記事を考えてみることにする。**表4**にも示すように、とくに紙背a嘉禎四年・仁治二年記事と同b「記録」は、本文と同筆であるから裏書の可能性があり、『教訓抄』本文とは内容的に関係があることも想定される。

三、嘉禎四年・仁治二年の記事について

まず、標記の記事を引用してみる。

嘉禎四年戊戌三月十三日、（中略）

同十四日、（中略）依衆儀一者定近可打鞨鼓、一者近真可仕大鼓之（ママ）、被仰付了。仍近真打三台破ヲ。末二拍子加拍子。是成通卿秘説也。（中略）

抑及七旬、大鼓之便（役カ）不可勤仕事也。雖然依誰（難カ）背衆儀、慭取桴ヲ、向大鼓イヘトモ、東西モ不覚、於一拍子不可為尋常。爰無違礼（乱カ）、為喜悦処ニ、面目甚条、アマリサヘ名誉ヲホトコステウ忠事ニアラス。（中略）

仁治二年四月廿四日、今出川太政大臣入道殿往生講打大鼓事。

蘇合一帖十二拍子如常。但不打留桴ヲ為本説。而無舞故ナリ。

（後略、私に句読点を付した）

右にみるように、記事は嘉禎四年（一二三八）と仁治二年（一二四一）に近真が大鼓を奏した折の記録である。中間部に四字下げで、「そもそも七旬に及び大鼓の役勤仕すべからざる事なり。然りといへども衆儀に背き難きにより、慭ひに桴を取り、大鼓に向かふといへども……（後略）」と見え、七旬（六十一〜七十歳か）[17]に及びながら、大鼓を所作したことを述懐しており、治承元年（一一七七）生まれの近真は嘉禎四年には六十二歳であり、確かに七旬に相当し、記主は大鼓を勤めた近真自身であると解される。『教訓抄』の成立は、『教訓抄』の本文中最新の記事が天福元年（一二三三）正月の記事であり[18]、奥書に同年六月から十月にかけて近真が書写した旨を各巻末に記すので、成立は同年の正月以降六月までの間かと思われる。したがって、嘉禎四年・仁治二年はいずれも同書成立後のこととなり、これらは近真が同書の成立後、書き加えたものであったかと推察される。他の伝本では巻第十の奥書のあとに続けて、「裏書云」として記すから[19]、もとは巻子本の紙背に記される裏書であったことがわかるが、神田本ではまさに紙背に記されており、当該記事の原態を留めるものといえる。因みに、裏書は、「表面の本文に関係のある裏の記文・注文を裏書といい、ただたんに反故紙の裏面を利用して新写した、本文と裏面紙背の文書とが直接的に関係のない場合を裏文書、または紙背文書といって区別する」（『日本古文書学提要』[20]）ものであり、裏書は本文と対応する関係にある。「大鏡裏書」[21]などがよく知られる例であるが、裏書は紙背のどの位置に記載されているかが重要だといえる。

そこで、前掲**表4**を見ると、当該記事は「一　予打物仕事」と題する記事の紙背に記されていることがわかる。「予打物仕事」は、承元三年（一二〇九）から寛喜三年（一二三一）までの、近真の打物演奏の記録を部類したものであり、近真の打物の記録という点で、当該記事とは内容が共通しているといえる。つまり、この裏書が「予打物仕事」の紙背に記されたのは偶然ではなく、おそらく近真が意図してここに記したものと思われる。まさに本文に対応する裏の記文であり、裏書であったというわけである。

しかし、繰り返すが、神田本の翻刻を収録する思想大系では、巻十の奥書の後に十行ほどの余白を置いて、「〔裏書云〕」として記事を翻刻されており（二〇六頁）、それが紙背に記されているとは断りがない。したがって、読者には、裏書があたかも巻十の後に続けて記されているものと理解されるわけであるが、紙背裏書は本文に関係する裏の記文をいうわけだから、紙背のどの位置に記されているかが重要で、そのことは内容の解釈に影響する。それが紙背に記されているのなら、そうと断らなければならなかったし、どこに記されているかについても言及すべきであった。また、わざわざ他本から「裏書云」という一文を補ったのも誤りであったといえる。思想大系の翻刻・校訂の方法にはこうした問題がある。

ともあれ、神田本の裏書については、紙背に書かれている点が重要であり、古態を留めるものと思われる。また、神田本のようにこの裏書を紙背に記す伝本は他に見えず、その点でも貴重な伝本といえる。

四、荒序の記録について

では、次にbの記事を検討してみる。

bの記事、すなわち「荒序」の記録は、「記録」と題され、さらに「寛治五年相撲節」、「私所荒序舞記」、「荒序旧記」と題される、三種の荒序の部類記から成る。

「荒序」は、『教訓抄』巻第一「羅陵王」の条に、当曲の構成を「乱序《らんじょ》一帖、囀《さえずり》二度、嗔序《しんじょ》一帖、荒序《こうじょ》八帖、入破《じゅは》二帖拍子各十六[22]」と記すように、舞楽「陵王」（「蘭陵王」、「羅陵王」とも）を構成する楽章の一つである。

「荒序」の創始は明らかでないが、次に示すように、藤原定輔が承久二年（一二二〇）に撰進した『荒序舞相承』には、

系図3　『荒序舞相承』(23)より　＊姓の注記のあるもの以外は狛氏

○光高―則高―光季―光時―光近―（源）顕長―光重―光宗
　（光時より）則康
　（光時より）光則（光季子）―則助―光助―光行―近真
　（則助より）（藤原）為通

とあり、「荒序」の相承系譜を狛光高（九五九～一〇四八）(24)より始めているから、平安中期にはすでに行われていたことになるだろうか。

また、管見では応永二十六年（一四一九）九月十二日、北野宮で狛正葛が舞ったの(25)が記録上の最後かと思われ、永正八年（一五一一）成立の『體源鈔』三には「荒序近代絶畢。古譜ニハ明白ニ載之。ナゲカシキ（ハ脱カ）コトナリ(26)」とあるから、室町前期には断絶していたものと推察されるが、その間、舞は長く狛氏相伝の秘曲であった。(27)『教訓抄』の著者狛近真も建暦二年（一二一二）四月に「荒序」を相伝しており、(28)近真にとっても関わりの深いものであったといえる。

次に一例として「荒序旧記」冒頭の一条を引いてみる。

　天治元年正月廿九日賭弓
　於枇杷殿着装束
　勝負舞陵王光則　乱序皆悉　荒序八切　入破二切　納ソリ留畢
　依　院宣陵王始舞之依右勝五度延事
　楽人　笛清延　笙時秋　抑時秀吹荒序此不足言不当也仍則被止了

天治元年（一一二四）一月二十九日、賭弓《のりゆみ》における「荒序」である。読み下しと口語訳をあげれば次のようになるだろうか。

（読み下し）

天治元年正月二十九日、賭弓。

勝負の舞、「陵王」、光則（傍注、①枇杷殿に於いて装束を着す）。②「乱序」、皆悉くす。「荒序」、八切。「入破」、二切。「納曽利《なそり》」、留め畢んぬ。院宣によつて、陵王はじめてこれを舞ふ（右勝つによつて五度延ぶる事）。楽人、笛清延、笙時秋。そもそも、時秀荒序を吹くは、これ言ふに足らず、不当なり。よつてすなはち止められおはんぬ。

（口語訳）

天治元年正月二十九日の賭弓。

勝負の舞、陵王の舞人は〔狛〕光則である。乱序はすべての楽章を演奏した。荒序は八切を奏した。入破は二切を奏した。納曽利は中止となった。陵王を院宣によりはじめて舞った例である（右方が勝ち続けたので五度延引したのちのことである）。楽人は、笛が〔戸部〕清延、笙が〔豊原〕時秋である。そもそも〔豊原〕時秀が荒序を吹くのは、言うまでもなく、不当な配役であったから、直ちに中止させられた。

およそ日時、場所、「陵王」の演奏内容、舞人、楽人の順に変体漢文で記録されたものである。

因みに、賭弓とは、宮中行事のひとつで、毎年正月二十日前後に行われる賭弓と、不定期の殿上賭弓《てんじようののりゆみ》とがあるが、[29]右の賭弓は正月であるから、前者であろう。どちらも賭物を出して、左右に分かれて弓の勝負を行い、左方が勝てば左方が「乱声」を奏して舞を舞い、右方が勝てば右方が「乱声」を奏して舞を舞った。このときの舞を勝負の舞と称する。[30]ここでは左方の勝負の舞が「陵王」、右方のそれが「納曽利」である。

読み下し文傍線部②に、「乱序皆悉くす。荒序八切。入破二切」とあるが、これは「陵王」を構成する「乱序」「荒序」「入破」をどのように演奏したかについて記したものである。このように、舞の構成にまで言及した記録は、一般の古記録にはほとんど見られないものであり、専門性の高いものといえるが、近真編纂の「陵王」の舞譜である『羅陵王舞譜』（建暦二年〈一二一二〉八月跋、詳細は後述）によれば、「陵王」の当曲の各楽章はつぎのように構成されていた。

乱序一帖　第一段、第二段搔日手、第三段返桴手、第四段返蜻蛉手、
　第五段大膝巻（第一段～第三段）、第六段小膝巻（第一段～第三段）
囀〔二度〕第一段、第二段
嗔序一帖　第一段、第二段
荒序八帖　二四八説　　狛光則之家説　第一帖～第八帖
　八方八返様　　同右　　同右
　四方各二返様　狛光近之家説　同右
　八方各一返様　同右　　同右
　略説　　　　　　八切　向四方各二拍子
入破二帖　第一帖、同半帖、第二帖、同半帖
　第二切異説（二帖頭、半帖頭）
　　第二切半帖異説

これによれば、「乱序」は一帖であり、それは第一段から第六段までの全六段からなる。「囀」は第一段・第二段の全二段、「嗔序」は一帖で、第一段・第二段の二段からなる。「荒序」は八帖からなり、それは二四八説・八方八返様・四方各二返様・八方各一返様の都合四説があるほか、八切からなる略説もある。「入破」は二帖からなり、第一帖とその半帖、第二帖とその半帖という構成になっており、第二帖とその半帖にはそれぞれ異説もある。

こうしてみると、「乱序みな悉くす」というのは、「乱序」の第一段から第六段までのすべてを演奏したことを示し、「荒序、八切」というのは略説の八切、「入破二切」というのは、「入破」の第二帖を演奏したことをいうものかと解される。なお、記録中に「囀」と「嗔序」はないから、それらは行われなかったものと見られる。また、傍線部①の、当日舞人を勤めた光則について、「枇杷殿において装束を着す」と傍記があり、舞の装束をどこで身に着けたかについて記載がある。

こうした記述態度からみるに、この記録の記主（古記録の執筆者・記録者）は、「陵王」の舞の構成をよく知る人物であり、かつ当日舞に携わり、光則の動向についてもよく知り得た人物であったかと推測される。あるいは、舞人の光則自身による記録だろうか。

右は天治元年正月の例であるが、その他の記録も、およそこれと同じような体裁を持ち、「陵王」を誰が舞い、その各楽章をどのように舞ったかについて逐一記録されている。こうした記録を残す動機から見ても、やはり狛氏の舞人の手になる記録ではないかと想像される。

これら「荒序」の記録は、近真が編纂した別の文献にも記されている。そこで、次にそれらとの比較を通して、さらにこの記録について検討してみる。

五、『羅陵王舞譜』紙背の荒序記録との関係について

神田本紙背の「荒序」の記録について、一例を挙げてその内容を見たが、これとまったく同文の記事が、宮内庁書陵部蔵伏見宮家旧蔵の『羅陵王舞譜』（鎌倉後期写、一軸、伏一〇七六）の紙背と、春日大社所蔵『舞楽古記』（南北朝期成立、一軸、書第二十二ノ第一）に認められる。

『羅陵王舞譜』は、中原香苗氏がはじめて翻刻・解題と研究を発表された(31)（以下、これを中原論文と呼ぶ）ものであり、一方『舞楽古記』は、櫻井利佳・岸川佳恵・川野辺綾子の三氏と筆者が共同で翻刻を行い(32)、その研究を「春日大社蔵『舞楽古記』概論」に書いたもの(33)であって、『羅陵王舞譜』と『舞楽古記』の関係についても、拙稿（第二部第一章）に述べたところである。『羅陵王舞譜』の荒序の記録は、神田本のそれと同じように、寛治五年（一〇九一）から寛元二年（一二四四）に至るが、『舞楽古記』のそれは寛元二年以降も記録が続き、末尾は南北朝時代の元弘三年（一三三三）となっており、かつ『舞譜』紙背に見える記録以外の記事も含んでいることなどから、『古記』は、〔舞譜〕の紙背を写し、その後、記録を南北朝時代まで書き継いだものと判断され、神田本より後代の成立になる。したがって、『舞楽古記』の方の記録については拙稿（第二部第一章）を参照していただくこととし、ここでは専ら『羅陵王舞譜』との関係について考えてみたい。

なお、以下「荒序」の記録に関する検討は、前述の中原論文において行われたものを、筆者が『舞楽古記』との関係を論ずるにあたり、拙稿（第二部第一章）で再検討したところと一部重複するが、論の進行上、あらためてここに記す。

1、『羅陵王舞譜』紙背の記事について

『羅陵王舞譜』は、建暦二年（一二一二）八月に狛近真が編纂した「陵王」の舞譜（舞の所作を変体漢文と宣命書きとで記した譜）であり、書陵部に所蔵する伝本は、その鎌倉後期頃の写しであって、紙背の記事もすべて本文と同筆である(34)。いま、その内容を神田本と対照させて示すと、次の**表5**のようになる。この**表5**は、表裏の対応関係がわかるよう、上段に『羅陵王舞譜』のオモテと紙背、下段に神田本のオモテと紙背とを配した。――で囲った部分が両書に共通する「荒序」の記録である。なお、オモテの記事は巻首から巻末に向かって進む（右から左へ向かっ

て進む）が、紙背はその逆になるので、同一紙面上に示すと、紙背の記事は巻末から巻首へ向かって進む（左から右へ向かって進む）ことをご了解いただきたい（中原氏の論文では紙背の記事に巻首から巻末に向かって番号をふっているが、ここでは従わない）。また、巻子本におけるオモテは、紙背《かみうら》に対して紙表《かみおもて》というが、一般的用語ではないし、単に「表」としたのでは図表のそれと区別がつきにくいので、「オモテ」と片仮名書きにした。

表5　『羅陵王舞譜』と神田喜一郎旧蔵本『教訓抄』（巻第十零本）

＊▬は共通する記事、…は中略・後略の意。

	オモテ（紙表）	紙背
『羅陵王舞譜』	**「陵王荒序」**（内題異筆、料紙後補） （巻首欠） **〔目録〕**（以下陵王の構成か） **（乱序第一段か）** 第二段…第三段…第四段… 第五段…第六段…一説云… **囀三度**…一説云…一説云… **嗔序一帖**… **荒序八帖**… **入破二帖**… **入切一帖**… **抑昔善舞此曲者尾張浜主**… **〔舞譜〕** **舞出作法**…	**19尾張浜主之伝陵王舞時頌文**… （この間、余白） **18或書云**…（脂那国王陵王由来譚） **17兼丸説云**…　**16三宮御記云**…
神田喜一郎旧蔵『教訓抄』巻第十		

乱序一帖
第一段…
第二段搔日手…
第三段返桴手…
第四段返蜻蛉手…
第五段名大膝巻…
（第一段※標題なし）…
第二段…
第三帖（※「帖」字「段」か）…
第六段号小膝巻…
（第一段※標題なし）…
第二段…
第三段…

囀
第一段…囀詞…囀詞…
第二段…囀詞…囀詞…

嗔序
第一段…
第二段…

次伶人於楽屋祢取 有二説…

荒序二四八説 狛光則之家説…
第一帖…
第二帖…
第三帖…
第四帖…

15龍王之小面…

14内大臣宗輔生陵王御覧日記

（この間、余白）

13一説／東向天合掌シテ…

12囀三度舞様… 11口伝云崎（マヽ）取手者…

（この間、余白）

10古記云左馬属大友成通…

（この間、余白）

9筆篳者祢取行不吹…

（この間、余白）

（巻首欠、大鼓・鉦鼓の案譜法より）
蘇合三帖（笛・鞨鼓譜、途中より）
以下、同 四帖、同 唐急と続く。
以下、内容は煩雑を避け省略

胡飲酒破
陵王破
賀殿急

【紙背d】渡物譜（笙譜）
応永元年七月、豊原量秋跋

【紙背c】故英秋当道相伝事

第五帖…
第六帖…
第七帖…
第八帖…

一説八方八返様　同家説…
第一帖…
第二帖…
第三帖…
第四帖…
第五帖…
第六帖…
第七帖…
第八帖…

荒序四方各二返様　狛光近之家説…
第一帖…
第二帖…
第三帖…
第四帖…
第五帖…
第六帖…
第七帖…
第八帖…

一説八方各一返様　同家説…
第一帖…
第二帖…
第三帖…

---

(28) 寛元二年二月十五日
(27) 仁治三年八月廿八日
(26) 仁治三年五月十一日
(25) 仁治三年五月十日
(24) 仁治二年四月四日
(23) 仁治二年二月十五日
(22) 仁治元年十二月十三日
(21) 承久二年九月十九日
(20) 建保五年二月十六日
(19) 建保五年二月十五日
(18) 建保五年正月七日
(17) 建保四年六月廿七日
(16) 建暦二年四月八日
(15) 治承二年正月十八日
(14) 仁安三年正月十九日
(13) 保延三年三月十二日
(12) 保延二年三月十日
(11) 保延二年二月九日
(10) 保延二年正月廿三日
(9) 長承三年後十二月十四日
(8) 長承三年二月廿日
(7) 長承二年三月廿六日
(6) 長承二年三月七日

一、指鼓

一、三鼓

一、鉦鼓

一、打物正楽程事

一、予打物仕事（近真大鼓の記録）
承元三年十一月七日

（この間省略）

（この間、二紙分余白）

(28) 寛元二年二月十五日
(27) 仁治三年八月廿八日
(26) 仁治三年五月十一日
(25) 仁治三年五月十日
(24) 仁治二年四月四日
(23) 仁治二年二月十五日
(22) 仁治元年十二月十三日
(21) 承久二年九月十九日
(20) 建保五年二月十六日
(19) 建保五年二月十五日
(18) 建保五年正月七日
(17) 建保四年六月廿七日
(16) 建暦二年四月八日
(15) 治承二年正月十八日
(14) 仁安三年正月十九日
(13) 保延三年三月十二日
(12) 保延二年三月十日
(11) 保延二年二月九日
(10) 保延二年正月廿三日
(9) 長承三年後十二月十四日
(8) 長承三年二月廿日
(7) 長承二年三月廿六日
(6) 長承二年三月七日

第四帖…
第五帖…
第六帖…
第七帖…
第八帖…
略説八切 向四方各二拍子…
入破
第一帖…
半帖…
第二帖…
半帖…
入破第二切異説
二帖頭…
半帖頭…
入様…
入綾手大鼓前舞之…
勅禄手向御前舞之…
抑当曲者継尾張浜主之伝…
龍笛荒序曲…（以下両脇に笙・篳篥譜を備えた龍笛譜）
一帖…
二帖…
三帖…
四帖…
五帖…
六帖…
七帖…

（5）長承二年三月六日
（4）長承元年八月廿二日
（3）大治二年正月廿日
（2）天治二年正月十八日
（1）天治元年正月廿九日
8荒序旧記
7入破半帖舞例…
6上下賭弓…
（この間、余白）
5入破第二切半帖異説…
⑥長寛二年閏十月廿三日
⑤長承三年閏七月廿四日
④保延元年十月二日
③保延元年九月十三日
②保延三年十一月十八日
①保延二年三月七日
4私所荒序舞記
3寛治五年相撲節…
（この間、余白）
2八帖異説…（笙・篳篥譜を備えた笛譜）

建保六年十二月三日
建保六年十二月四日
承久元年正月十四日
承久二年正月十日
承久二年八月廿日
承久三年二月十五日
十六日
十七日
承久二年五月廿九日
承久四年二月廿八日
寛喜三年九月廿九日

（5）長承二年三月六日
（4）長承元年八月廿二日
（3）大治二年正月廿日
（2）天治二年正月十八日
（1）天治元年正月廿九日
荒序旧記
⑥長寛二年閏十月廿三日
⑤長承三年閏七月廿四日
④保延元年十月二日
③保延元年九月十三日
②保延三年十一月十八日
①保延二年三月七日
私所荒序舞記
寛治五年相撲節…
「記録」
【紙背b】
仁治二年四月廿四日（近真大鼓記録）
嘉禎四年三月十三日（近真大鼓記録）
【紙背a】

八帖… 八方荒序之時其詞云…（同右） （奥書） 建暦二年八月十日… …左近衛将監狛宿祢在判	1口伝云八方ノ舞ノ時ハ…	（奥書） 天福元年、近真奥書 文保元年、兼秋書写奥書

表5に示すように、『羅陵王舞譜』の紙背の記事に、巻末から巻首へ向かって番号を付けると、1~19の、計19条となるが、このような巻子本の紙背の記事は、ふつう裏書と紙背文書とに区別して考える。本稿第三節にも既述したように、裏書はオモテの本文に対する追注や補記、関連記事をいい、紙背文書は、反故紙の裏面を利用して新写した、オモテの本文とは内容的に関連しない文書をいうのであるが、中原氏の論考では、紙背に書かれている記事を「裏書」と呼んでおられるものの、オモテの本文との対応関係については言及がない。そこで、この『舞譜』紙背の記事が裏書なのかを先に検討しておく。

まず、表裏の対応関係を見ていくと、1の「口伝云八方ノ舞ノ時ハ」と始める記事は、「八方荒序」の笛に関する口伝であるが、これは「八方荒序之時、其詞云」にはじまる「八方荒序」の笛譜の紙背に記されているから、笛譜の参考資料として、その口伝を紙背に記したものといえて、これは裏書であると解される。

また、2の「八帖異説」と題する笛譜は、「龍笛荒序曲」と題して一帖から八帖まで記す笛譜の七帖から八帖の紙背に記されている。したがって、これもオモテに対する注記、補記として記された裏書であるといえる。

同様に、5の「入破第二切半帖異説」というのは、入破第二帖の半帖異説の舞譜であるが、これはちょうど入破第二帖の半帖の舞譜の紙背に記されており、オモテの本説に対し、紙背にその異説を注記したものといえて、これも裏書といえる。

6は、「上下賭弓、自加此所拍子、略説也」という記事で、「上下の賭弓の時は、この所から拍子を加える。略説である」という内容であるが、そのオモテには、

　　　口伝云能略定時半帖舞時加拍子也
（前略）引上随拍子躍右下　　（後略）

のように合点が付され、そこに「口伝云、能略定時、半帖舞時加拍子也」と傍注があるから、合点の箇所から拍子を加えるということかと理解される。つまり、これもオモテの本文に対する注記であり、裏書であると思われる。

7の「入破半帖舞例」は、保安二年（一一二一）三月三十日に、狛光則が入破の半帖を舞った記録を記したものであるが、オモテは入破の冒頭にあたるから、これもオモテの本文に対する参考資料として記された裏書であるといえる。

9以下の記事も、その対応関係を示せば、次のようになる。

・9篳篥者祢取…篳篥の祢取に関する口伝
　↓祢取（音取）の譜の紙背【参考資料としての裏書】
・10古記云…大友成通の髭取手などを批判した翁の話
　↓嗔序第一段の髭取手から囀の第二段の紙背【参考資料としての裏書】
・11口伝云…髭取手に関する口伝
　↓前の「古記云」に続けて記される【前項に関連する参考資料】
・12囀第三度舞様…囀の第三度を舞う場合の舞譜
　↓囀第一段の紙背【参考資料としての裏書】
・13一説…囀の異説（舞譜）
　↓前の「囀第三度舞様」に続けて記される【前項に関連する参考資料】

・14内大臣宗輔生陵王御覧日記…藤原宗輔が夜中陵王の乱序を吹きながら車を走らせていたところ、生陵王に逢ったという説話
　↓乱序の第一段の紙背【参考資料としての裏書】
・15龍王之小面…陵王の小面（仮面）に関する伝承
・16三宮御記云…（陵王の入場に用いる）新楽乱声と陵王乱序は双調の曲であること、荒序と入破は沙陀調の曲であること
・17兼丸説云…陵王の入場では安摩の鹿楼を吹くこと
　↓以上三条は陵王の舞出作法から乱序の紙背【陵王の舞の冒頭部分に関連した参考資料としての裏書】
・18或書云…中国における陵王の舞の濫觴
　↓本邦における陵王の舞の濫觴を記した部分の紙背【参考資料としての裏書】
・19尾張浜主之伝陵王舞時頌文…本邦における陵王相伝の祖尾張浜主の囀・詠の説
　↓『舞譜』の目録の囀の紙背【参考資料としての裏書】

以上のように、これらはいずれもオモテの本文の参考資料に相当するものであり、いずれも裏書であると判断される。つまり、これらはオモテの記事と一体のものといえる。

2、『羅陵王舞譜』と神田本に共通する「荒序」の記録について

では『羅陵王舞譜』と神田本に共通する「荒序」の記録、すなわち3・4・8についてはどうであろうか。『舞譜』においては、オモテの「陵王」の舞譜に対して、その裏にその記録を記したものといえて、表裏は密接な関係をもつものといえる。

では、神田本の「荒序」の記録はどうか。神田本の場合はオモテが『教訓抄』巻第十「打物案譜法口伝記録」という、打物の案譜法（各奏法の譜を記したもの）とその他打物の口伝や記録を記した巻であるが、前掲**表5**でその位置関係を確認すると、「荒序」の記録は「一、予打物仕事」と題する、近真の打物に関する記録を記した部分の紙背に記されており、記録という点で表裏は共通しているといえる。

　つまり、どちらも表裏は関係性があるといえて、裏書の可能性が高いといえる。そこで次に、記録の内容を検討するべく、記録を分析してみると、次の**表6**のようになる。

表6　荒序の記録の内容

日　時	場　所	陵王荒序の舞人
A寛治五年（一〇九一）相撲節	相撲節	成兼
B私所荒序舞記		
①保延二（一一三六）三・七	御室舞御覧	光時
②同　三（一一三七）十一・十八	熊野別当長範堂供養	光時
③保延元（一一三五）九・十三	住吉社宿願	光則
④同　十・二	宇治離宮宿願	光則
⑤長承三（一一三四）閏七・廿四	有一於一宮御前	光近
⑥長寛二（一一六三）閏十・廿三	於中川山寺	光近
C荒序旧記		
1天治元（一一二四）正・廿九	賭弓	光則
2同　二（一一二五）正・十八	賭弓	光時
3大治二（一一二六）正・廿	賭弓	光時
4長承元（一一三二）八・廿二	内裏舞御覧	光時
5同　二（一一三三）三・六	賭弓	光時
6同　三・七	内裏舞御覧	光時

　まず、A「寛治五年相撲節」については、中原論文では触れられていないが、成兼（姓未詳）が寛治五年（一〇九一）の相撲節で荒序を舞った記録であり、記録中もっとも古いものである。成兼は伝未詳で、狛氏の系図には見当たらないから、これらの記録の中では、13の保延二年三月十二日殿上賭弓で、狛光則が御師をつとめ、藤原為通が「荒序」を舞った記事を除けば、唯一狛氏以外の舞人の記録かと思われる。その記事は、

　寛治五年相撲節或賭弓云々

成兼陵王舞荒序之時膝突居不知荒序

7	同	三・廿六	内裏殿上人小弓合	光則
8	同　三（一一三四）	二・廿	院舞御覧	則助・光則・光近 光時・行貞
9	同	後十二・十四	舞御覧	光則・光時・則助 光近・藤原為道
10	保延二（一一三六）	正・廿三	舞御覧	光近
11	同	二・九	舞御覧	光近
12	同	三・十	賭弓	光近
13	同	三・十二	殿上賭弓	藤原為通光則御師
14	仁安三（一一六八）	正・十九	賭弓	光近
15	治承二（一一七八）	正・十八	賭弓	光近
16	建暦二（一二一二）	四・八	三宮御前	近真
17	建保四（一二一六）	六・廿七	内裏舞御覧	近真
18	同　五（一二一七）	正・七	八幡宮寺（依宿願）	近真
19	同	二・十五	興福寺常楽会	近真
20	同	二・十六	春日御宝前（抛年来宿願）	近真
21	承久二（一二二〇）	九・十九	水無瀬殿舞御覧	近真
22	仁治元（一二四〇）	十二・十三	仁和寺御室御所神殿	近真
23	同　二（一二四一）	二・十五	興福寺常楽会	近真
24	同	四・四	今出川公経家荒序御覧	近真
25	同　三（一二四二）	五・十	今出川公経家荒序御覧	真葛
26	同	五・十一	今出川公経家荒序御覧	真葛・光葛
27	同	八・廿八	今出川公経家荒序御覧	真葛・光葛
28	寛元二（一二四四）	二・十五	興福寺常楽会	真葛

舞故也
笛吹不分明但惟季正清等間也忠四
切吹云々

となっており、成兼が「荒序」の時に、膝を突いて落居して終ったことについて、「荒序」の舞を知らないからであろうと記している。つまり、これは失敗談として記されたものといえる。また、笛吹の姓名は「不分明」だとしており、その他の所作人も記されていない。このような断片的な内容をもつのは、唯一これだけである。

B「私所荒序舞記」は文字どおり、私的な催しで舞われた荒序の記録である。これも中原論文では検討されていないが、年次を追ってみると、保延二年（一一三六）、同三年（一一三七）、同元年（一一三五）、長承三年（一一三四）、長寛二年（一一六四）と年次は順不同であるが、舞人は狛光時・同光則・同光近の順に記されていることがわかる。**系図4**に示すように、彼らはいずれも狛氏の舞人で、『教訓抄』及び『羅陵王舞譜』の著者である近真から見てその祖にあたることがわかる。つまり、Bは近真より前代の記録であるといえて、その記録を、編年に並べたものではなく、光時・光則・光近という舞人の順に配したものだといえる。

次に、Cの「荒序旧記」は、Bと異なり、年次順に記されている。うち、1から15までは、光則・光時・光近らが舞人を勤めた記録であり（一部に公卿が一緒に舞った例と光則が御師を勤めた例も含まれる）、中原氏は近真より前の舞人の記録であると指摘しておられるが、左の**系図4**に示すように、たしかにいずれの舞人も近真より前の舞人である。

系図4　狛氏略系図(35)

光季┬光貞─**光時**─**光近**─光真─**近真**┬光継
　　└**光則**─（以下略）
　　　　　　　　　　　　　　　　　　├光葛─朝葛─
　　　　　　　　　　　　　　　　　　└**真葛**┬繁真─久繁─
　　　　　　　　　　　　　　　　　　　　　　└季真─真仲─真村

＊**ゴシック**は本稿で触れる人物

また、これに付け加えるならば、「荒序」が行われた場所に注目すると、賭弓や内裏舞御覧など、宮中等における公的な場での記録であるといえる。つまり、私的な催しの部類記であるBの「私所……」とは、対を成しているといえる。中原論文ではこの点に言及されておられないが、その対比から、ここには記録を公私に分類するという編纂の手が加えられているものと見てよい。

他方、16から24は近真自身の記録、25から28は近真の三男真葛《さねかず》の記録であり（26・27は近真二男光葛と競演）、これらも年次順に記されているが、賭弓や内裏舞御覧などの公的な場における記録だけでなく、今出川公経家における舞御覧など、私的な場での記録も含まれており、右の1から15までとは異なり、公けの場と私的な場との区別なく記している点が特徴であるといえる。

つまり、これら「荒序旧記」の記録を分析してみると、それらは近真より前代の舞人の記録・近真の記録・近真三男真葛の記録、の三つに分けられる。このことから、中原氏はこれらを「荒序の伝承者ごとに数次にわたって書き継がれたものである」としておられ（中原論文、一〇五頁）、首肯される。ただし、近真以前の記録（1～15）については、記録を公私に分類して記しているから、記録を抄出、部類したものであることを示しており、後人によって編集の手も加えられているといえる。

また、16～24の近真の記録については、中原氏が、次に示す近真の記録の21承久二年（一二二〇）の条に登場する一人称が、近真を指すと解されることから、近真が書き継いだものだと考察しておられる（中原論文、一〇六頁）。

承久二年九月十九日水無瀬殿ニ天一院舞御覧荒序
陵王近真第六如本体舞之　依院宣光近之説ヲ仕之
笛　前右衛門督藤原親兼　右近将監大神式賢弟子
大鼓　但馬守源朝臣家長打之散位大神景賢弟子
笙左近将監豊原忠秋
抑御笛二帖ヲ被吹落畢仍舞留サレテ第八帖舞止了
其間楽ト舞トノ長短雖難合ト如此正二位中納言　笛令給事
依無先例神妙舞合了　愚身高名也不可有披露事
此上女房以京極局蒙　御感上無子細者歟
依荒序御感召御前重御衣給菊五ニ紅単衣
四条少将隆親取之御前遣水ノ橋本ニ天右膝突天係

左肩退袍尻ヲ下テ二拝畢　（傍線筆者）

承久二年九月十九日の水無瀬殿舞御覧で近真が「荒序」を舞った記録であるが、傍線部に、陵王の舞と楽とを神妙に舞い合わせたことを「愚身高名也」と書いて、自身を「愚身」と述べていることから、中原氏の指摘されるとおり、この記録はこの時の舞人であった近真が書いたものと見てよい。

こうしてみると、近真の記録において公私の区別がなされなくなったのは、公私の区別がなされて記してあったところへ、その都度記録を書き足していったからではないかと推測できる。

近真の記録に続く25～28の真葛の記録も、編年に記しており、中原氏はこれもその都度書き継がれていったものとされる（中原論文、一〇六頁）が、従うべきであろう。ただし、付け加えれば、これも公私の区別がなされていないのは、近真の場合と同じくその都度記録を書き足していったためであると推察される。文中、真葛を「春福丸近葛」と記し、真葛の幼名と真葛と改名する前の当時の呼称（近葛）を併記している[36]こともその証左と見てよい。

なお、氏は、この真葛の記録が、真葛が十一～十三歳時の記録であることから、幼い真葛がこれらを自ら書き継いだとは考えにくく、「狛氏に関わりの深い人物」が、彼に代わって書いたものかとされておられる（中原論文、一〇六頁）。筆者もそのように考えるが、その「人物」には順良房聖宣があたるのではないかと推察する。聖宣については福島和夫氏が「狛近真の臨終と順良房聖宣」に、近真没後、近真の蔵書を預かり、真葛に音楽を指導していた人物と述べておられ[37]、同氏が指摘されるように、聖宣編の『舞楽府合抄』序文には、

（前略）近真、去仁治三年正月廿五日逝去之後、自寺家蒙仰、守護彼遺書日記等。（後略）

と見え[38]、聖宣は寺家（興福寺）の命で、近真の遺した書を守護する役目を負っていた。また、春日大社所蔵の『舞楽手記』巻末に記された聖宣の跋文にも、

故判官近真、去正月廿五日早世之後者、陵王荒序事、披譜、啐向テ春福幷光葛等、授読様了。（後略）

とあり、[39] 聖宣は近真の死後、春福（真葛の幼名）や光葛に荒序の譜の読み方を教授していた。

このように、聖宣は近真の死後、近真の蔵書を預かり、近真の息子たちへ音楽の指導も行っていた。したがって、近真の『羅陵王舞譜』や『教訓抄』もしばらくは聖宣の手許にあったかと思われ、幼い真葛に代わって記録を付けることができたのも聖宣であったかと推察される。

以上、一連の「荒序」の記録について検討した結果を記せば、これらの記録は、近真以前の記録を公私に部類したものに、近真が自身の記録を書き継ぎ、近真没後は真葛らの記録を聖宣が書き継いだものと考察される。つまり、これは狛氏の舞人の荒序演奏の記録であり、同時に荒序継承の流れを示す史料といえる。このことから、近真より前代の舞人の記録を部類したのは、記録を書き継いだ近真であった可能性が高いと思われる。

3、『羅陵王舞譜』と神田本の関係

こうしてみると、「荒序」の記録は、狛氏の舞人が代々書き継いだ記録であって、とくに近真が大きく関与しているといえるから、『羅陵王舞譜』や神田本の紙背にそれを記したのも近真とその跡を継いだ聖宣であったかと推察される。つまり、いずれも裏書ではないかと考えられる。

では、どちらも裏書であるとなると、どちらが先なのであろうか。前述のように、『羅陵王舞譜』が編纂されたのは建暦二年（一二一二）の八月であるから、天福元年（一二三三）成立の『教訓抄』に二十年余り先行する。したがって、近真がそれらをその都度書き継いだのであれば、それは『羅陵王舞譜』の方であったはずである。先にも述べたように、近真は建暦二年四月八日に荒序を継承しており、彼の荒序の記録もそのときに始まるから、同年八月に『舞譜』を編纂して、記録もまもなく書き始められたと考えられる。

つまり、荒序の記録は、はじめ『舞譜』の方に記されており、近真没後、聖宣が真葛の記録を書き継いだのも、

当初は『舞譜』の方であったと解すべきである。したがって、神田本『教訓抄』の紙背に見える荒序の記録は、『舞譜』の方から転写されたものと見るのが穏当であろう。

では、なぜ『羅陵王舞譜』から『教訓抄』へ写されたのかについて、筆者は、この記録を有する『教訓抄』の伝本が神田本のみであるという点に注意したい。そもそも、『教訓抄』は近真没後、その男真葛や光葛らへと伝えられたといわれているが、[40]そうであるなら『教訓抄』の他の伝本にも「荒序」の記録が記されていてよいはずである。

しかし、実際にはそれがなく、真葛の流れに伝えられた方の「荒序」の記録は、前述の『舞楽古記』の方にある。『古記』の記録は真葛の記録をその亡くなる弘安十一年（一二八八）まで書き継ぎ、その後さらに真葛の次男季真の記録を書き継いだものであるが、この記録は、神田本紙背の記録と異なり、『舞譜』にある記録以外の裏書も一緒に写されているのである。つまり、真葛の方へ伝えられた「荒序」の記録は、『教訓抄』の紙背に記されて伝えられたのではなく、「陵王」の舞譜の紙背から転写されたものが伝えられていたのである。

こうしてみると、神田本は、真葛ら近真の子孫に伝えられた方の『教訓抄』ではない可能性もあるかと思われる。神田本は豊原兼秋によって写されたものであるが、筆者は本稿第一節第四項において、兼秋が『教訓抄』を書写する機会を得られたのには、兼秋が後醍醐天皇をはじめとする南朝方の人々に仕えた人であり、彼らの笙の師範を務めていた等の関係から、そうした南朝方の貴顕から『教訓抄』を借り得たのではないかと推察した。つまり、兼秋が見た『教訓抄』は、おそらく狛氏（または興福寺）より天皇乃至は貴顕に献上されたものではなかったかと考えられるわけである。それゆえ、これには狛氏が代々継承していた「荒序」の記録を、その証として書き添えてあったのではないか。いまはこのように推測しておきたい。

ともあれ、荒序の記録が近真ら狛氏の舞人によって書き継がれたものと見られることから、これは裏書と見てよいと結論する。ただし、こうした裏書を有するのは神田本のみであり、筆者はその理由を右のように考えるが、いずれにしても他の伝本とは異なる形態を有する点で貴重なものと思われる。

六、他本との比較　付、思想大系本の問題点

1、古写本の特徴と神田本

前節では、従来未検討であった神田本紙背の荒序の記録について考察を加えたが、ここでは他の伝本との比較をとおして、神田本の資料的価値を検証してみたい。

筆者は前章「『教訓抄』の古写本について」において、古写本に共通する特徴を次のように指摘した。

一、一軸に一巻を収める巻子本である。

二、縦界、及び天三条・地一条の横界がある。

三、片仮名宣命書きを主体とし、捨て仮名や古体の片仮名などが見られる。

四、振り仮名や返り点、句点など、多くの訓点が付されている。

そして、

このように、書式、表記法、訓点などの諸点で共通点が見られるということは、原本もこれに近いかたちであった可能性が高い

と推察した。それは、宮内庁書陵部所蔵の室町期書写本、曼殊院所蔵の鎌倉後期書写本、彦根城博物館所蔵の室町前期書写本等から得た成果であったが、神田本はどうだろうか。

一、二については本稿第一節第一項に既述したとおり、神田本もこの特徴に該当する。では三、四はどうか。次に本文を見てみる（以下、神田本の翻刻は写真により、末尾に参考として本書収録の翻刻の頁・行数を付記する。また、

字体は現行のそれを用いた。なお、傍線は筆者による。以下同）。

図版1

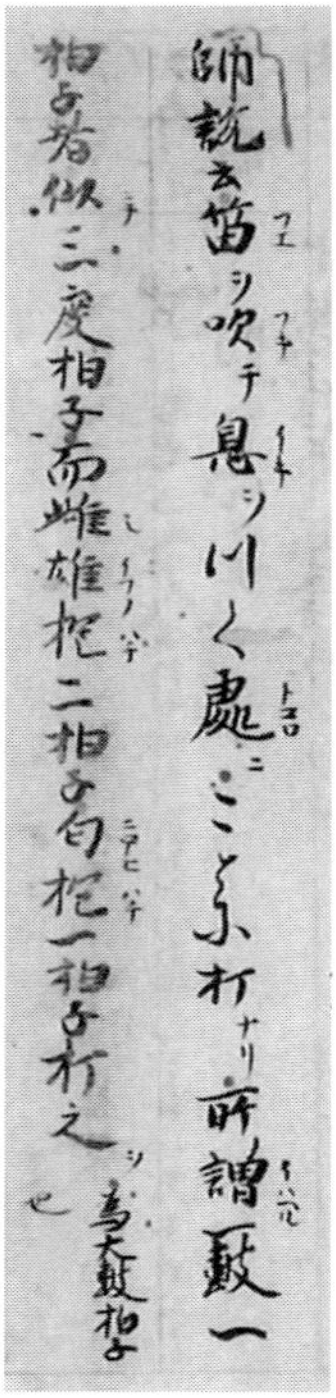

（翻刻）

師説云●笛《フエ》ヲ吹《フキ》テ息《イキ》ヲつく処《トコロ》ニ●ことに打ナリ●所謂《イハヘル》一鼓一拍子者●似《ニテ》三度拍子ニ●而雌雄《シイフノハチ》桴二拍子●匂《ニホヒバチ》桴一拍子打之ヲ●為大鼓拍子也

（5大鼓、鉦鼓　十八〜十九行目　本書四三四〜三五頁）

自立語を大字で、付属語を小字の片仮名で書き、所々に返読を交えており、片仮名宣命書きが主体であるといえる。振り仮名や返り点、句点等の訓点が施されており、また「匂」字のルビ「ニホヒ」の「ホ」は古体の片仮名「早」で記される。したがって、神田本も前掲の特徴を有しており、他の古写本と共通するものであるといえる。このような特徴が古写本に共通して見られるということは、それが『教訓抄』の原態であった可能性は高いと思われ、その点で神田本は貴重な伝本の一つであるといえよう。

2、思想大系収録の翻刻について

一方、神田本の翻刻を収録する日本思想大系『古代中世芸術論』(41)の当該箇所を引いてみると、

師説云、笛《フエ》ヲ吹《フキ》テ息《イキ》ヲツク処《トコロ》ニ、コトニ打ナリ。所謂《イハヘル》一鼓一拍子者、似《ニテ》二三度拍子一、而雌雄桴《シイフノバチ》二拍子、匂桴《ニホヒバチ》一

拍子打レ之ヲ。為二太鼓拍子一也。　（一九三頁下段）

となっており、片仮名宣命書きの原則が崩され、小書きの片仮名は大書きにされている。このことは些末なことのようであるが、たとえば、同じ巻第十の中で、神田本では、

図版2

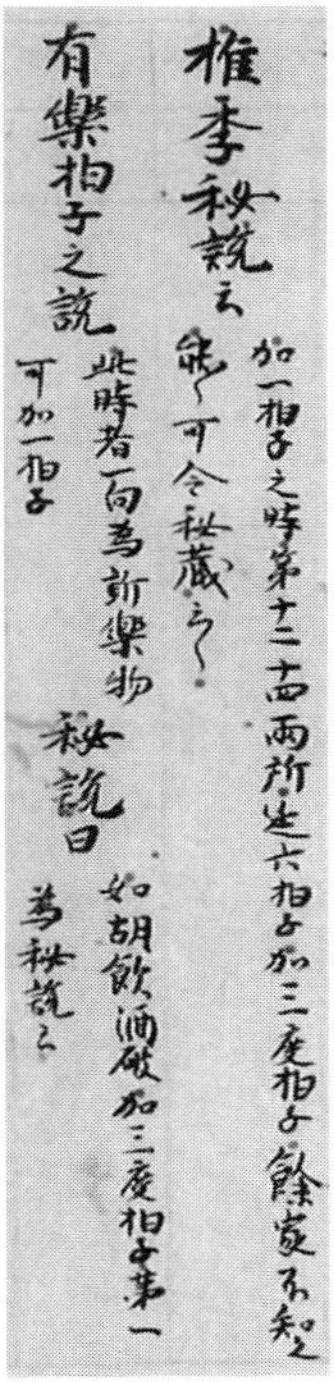

（同右、六十八〜六十九行目　本書四三九頁）

（翻刻）

●惟季秘説云●加一拍子之時●第十二十四両所●延六拍子●加三度拍子●余家不知之 ●能々可令秘蔵云々●

●有楽拍子之説●此時者一向為新楽物 可加一拍子●秘記曰●如胡飲酒破●加三度拍子●第一 為秘説云●

とある箇所を、思想大系の翻刻では、

惟季秘説云、加一拍子之時、第十二・十四両所延六拍子、加三度拍子余家不知之。能々可令秘蔵云々。有楽拍子之説此時者一向為新楽物可加一拍子秘説曰如胡飲酒破加三度拍子第一為秘説云〔々〕。　（一九六頁上段）

とする。神田本の実際は、「惟季秘説云」、「有楽拍子之説」、「秘記曰」の三つが大書きにされ、他は小書きにされており、「惟季秘説」は小書きにされた「加一拍子之時」から「能々可令秘蔵云々」まで（傍線部）であることがわかる。つまりこの場合、小書きであることで、どこまでが「惟季秘説」であるかが明確になるといえる。これと同様に、「有楽拍子之説」は「此時者」から「可加一拍子」までであり、「秘記」にいうところは「如胡飲酒破」か

ら「第一為秘説云」までであることがわかる。

しかし、思想大系の翻刻ではすべて大字になっているから、「惟季秘説」がどこまで係るのかは明確でない。あるいは「有楽拍子之説」以下も「惟季秘説」に含まれると誤解される可能性もあるかもしれない。校注者は、「惟季の秘説に云はく」として以下に文が続いているから、その下に続く部分を割書きにするのはおかしい、と判断したのではないかと推測するが、かえって理解を妨げることになる場合もあるといえる。『教訓抄』の、こうした小書きは枚挙に遑がない。右の引用部分に続く「倍臚」では、

図版3

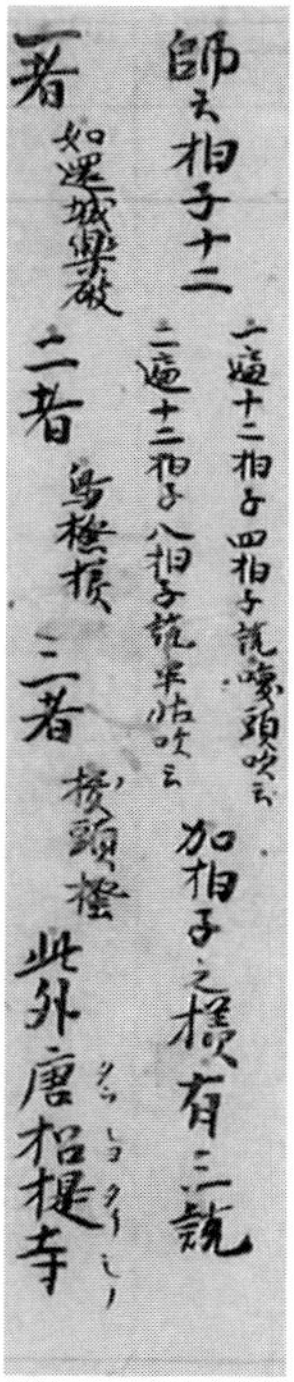
師云拍子十二 一遍十二拍子四拍子説喚頭吹云 二遍十二拍子八拍子説半帖吹云 加拍子之様有三説
一者 如還城楽破 二者 鳥搔様 三者 抜頭搔 此外唐招提寺

（同右、七十三～七十四行目　本書四四〇頁）

（翻刻）

師云拍子十二〔・一遍十二拍子四拍子説・喚頭吹云／・二遍十二拍子八拍子説・半帖吹云〕加拍子之様・有三説

・一者・如還城楽破・二者・鳥搔様・三者・抜頭搔（後略）

とある。こちらは、一行目後半の「拍子を加ふるの様」以下は、「三説あり。一は還城楽の破のごとし。二は鳥の搔き様。三は抜頭搔き」と読めるが、「還城楽の破のごとし」「鳥の搔き様」「抜頭搔き」部分は小書きにされている。ここの場合も、大書きと小書きとを使い分け、大書き部分の説明を小書きですることによって、どこで文が切れるかを明確にしているものと解される。

こうしてみると、『教訓抄』における大字・小字は、明確に使い分けられているといえる。ふつう、割書き（小

字双行）というのは直前の大字部分の注釈・補記の類を記すときに使われる書き方であるが、『教訓抄』では主語を大字で記し、以下（述語等）を小字で記すという方式が用いられている箇所がある。こうした書き方は当時の男性の漢文日記（古記録）に見えるようである。文の切れ目が明らかになるなど、長所もあるから、こうした文字の大小も翻刻に反映したほうがよいと思われる。

また、原本にある振り仮名については、前章にも紹介したが、彦根城博物館所蔵の井伊家旧蔵本『教訓抄』（巻四零本・室町前期写）を紹介された五島邦治氏は、振り仮名がなければ文意の通じない箇所を指摘され、「振り仮名は、原本からすでにあったものであることも推測できる」としておられる。[42] これによれば、訓点には著者近真のそれが含まれていることになり、訓点についても、慎重に翻刻すべきで、校注者が私に加える場合は区別できるようにすべきかと思われる。

では、次に譜はどうであろうか。**図版４・５**に原本と思想大系の翻刻とを比較してみると、思想大系では、譜は活字に直されているが、それを原本の写真と見比べれば、印刷の都合上、朱と墨の区別を表わすことはできていない（写真の色の薄い文字が朱筆）。なお、本書所収の翻刻では、譜の部分は写真を入れて、原本の状態がなるべく正

図版４・５「囀鉦鼓」より「陵王」「安摩」（上　神田本写真／下　思想大系翻刻）

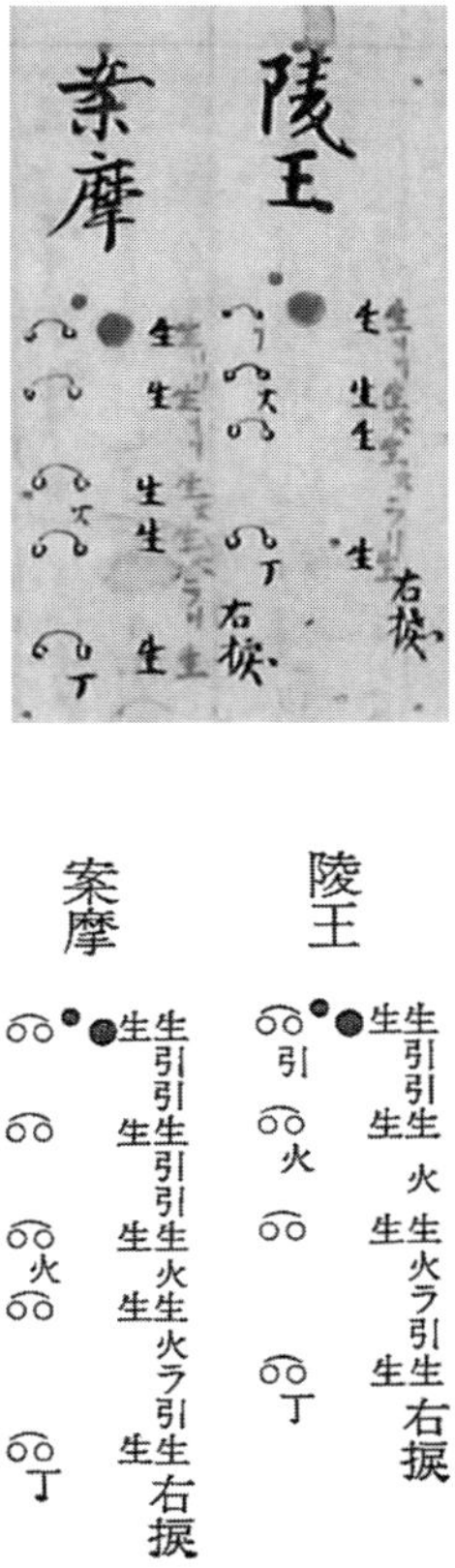

確に伝わるよう、配慮した。

3、江戸期の写本との比較

では、神田本を江戸期の写本と比較してみるとどうか。試みに、思想大系の巻一から巻十前半までの底本である内閣文庫蔵四冊本（『続教訓鈔』と合十四冊、一九九―九八）を引いてみる。左は前掲**図版1**「師説云」以下に該当する部分。

図版6

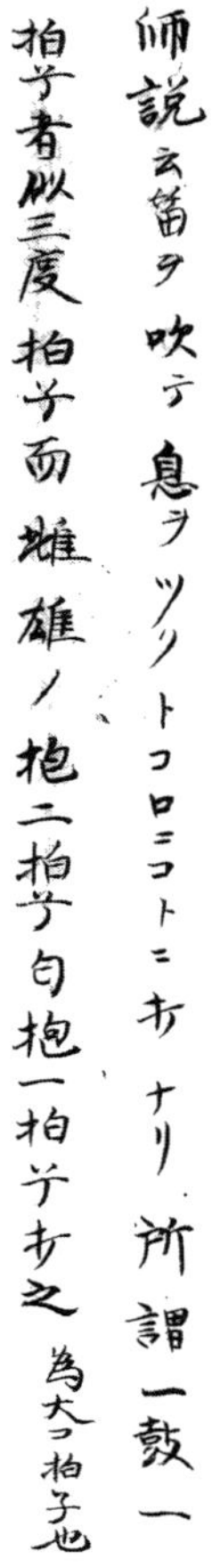
師説云笛ヲ吹テ息ヲツクトコロニコトニ打ナリ所謂一鼓一拍子者似三度拍子而雌雄ノ枹二拍子匂枹一拍子打之為大コ拍子也

（翻刻）

師説云笛ヲ吹テ息ヲツクトコロニコトニ打ナリ所謂一鼓一拍子者似三度拍子而雌雄ノ枹二拍子匂枹一拍子打之
為大コ拍子也

一瞥して、片仮名宣命書きの原則が崩れ、小書きであった片仮名が大書きになっていることがわかる。また、振り仮名や返り点などの訓点が見られないということも挙げられる。比較的訓点が多いといえる古写本が原態に近いとすれば、近世の写本の訓点は、転写の過程で減じたものかと思われる。

譜についてはどうであろうか。先の**図版4・5**に対応する部分を、次頁の**図版7・8**に示してみると、こちらも異なっており、神田本に見える朱筆注記がなく、また「安摩」の譜の末尾に「右枹」の文字がない。また、大鼓の打つ位置を示す「・」「・」が見えないことがわかる（写真の文字はすべて墨書）。譜はそれを理解できている者でなければ正確に書写することはむずかしいから、転写が繰り返される過程で落ちてしまったのであろう。平安・鎌倉期以来の伝承は室町期に絶えたとされるから、(43) 江戸期の写本については正確に理解して写し得ているかは定かでない。その意味でも、古写本の譜は貴重であるといえる。

図版7・8「囀鉦鼓」より「陵王」「安摩」（上下とも内閣文庫蔵本38オ5行目）

次に、神田本と内閣文庫蔵四冊本との主な異同を検討してみる。なお、引用本文は神田本。

①（5大鼓、鉦鼓条　三十一～三十二行目　本書四三六頁）

抑《ソモ〳〵》荒序大鼓又説・破《ハノ》奈良《ナラ》様者《ヤウハ》・尤為《ス》二秘事《ト》一・殊可用《ヨウス》二八方荒序之時一・云々

傍線部、内閣文庫本は欠けており、文意が通らない。

②（同、六十六行目　本書四三九頁）

四者還城楽破打様・但第十五拍子所ニ可有籠拍子・此説殊為秘事・

傍線部、内閣は「但第十五拍子所ニ可有籠拍子秘事也」に作り、「此説殊為」部分を欠く。

③（7三鼓、三十～三十一行目　本書四四四頁）

・舞ニ付テ皆《ミナ》家々之説モ有二相違一・仍難《カタシ》指《シ》南《ナムシ》

神田本では「舞に付て皆家々の説も相違あり。仍つて指南し難し」と読めるが、傍線部、内閣は「説モアリ　相違仍」としており、意味が通じない。

④（9打物正楽程事、三十〜三十一行目　本書四四八頁）

●妓女《キ》舞乃ありしにハ●乍置《ナカラヲキ》二名誉《メイヨ》之伶人《レイシム》一等●被打《ラレウタセ》于助遠タリキ●

傍線部、神田本は「助遠に打たせられたりき」と読めるが、内閣文庫本では誤写があったか、「被シ打セテ助遠タリキ」としており、読めない。

⑤（10予打物仕事、三十〜三十二行目　本書四四五頁）

先参音声万秋楽破（●鶏婁忠綱●一鼓清則）雞婁一曲之後●向《ムキテ》二御前一居（●右膝突）●立時加拍子（●古楽揚拍子●近真教所秘事ナリ）●舞人（●左忠綱●清実●朝成●仲朝●右清則●宣仲●信説●政則）●鞨鼓孝通●三鼓兵庫頭

神田本は「舞人」以下の所作人を、左の舞人から始めて、右の舞人、鞨鼓、三鼓と続ける。しかし、内閣文庫本は傍線部を、「古楽揚拍子近真教所舞人（左忠綱 朝成 仲朝 鞨コ孝道 右清則 清実 宣仲 信説 政則 兵庫頭）」とし、割注内の順序が前後しており、左の舞人、鞨鼓、右の舞人の順になっていて、「三鼓」が欠けているから、兵庫頭が右の舞人であるかのように読めるが、それでは順序がおかしいし、右の舞人が左より一人多いことになる。また、「秘事ナリ」の字も欠けている。錯誤と脱字によって、内閣文庫本には誤りが生じているといえる。

こうして神田本と内閣文庫本の異同をみると、総じて前者の方が妥当で、文意が通じる。後者は脱落や、書写時の錯誤があるように察せられ、その点で神田本が優位にあるといえよう。

以上、文体・訓点・異同等の諸点で比較してみたが、詮ずるところ、神田本と江戸期の写本との差異は明らかで、前者が原態に近いことは言い得るであろう。

4、続群書類従・日本古典全集所収本について

では、思想大系に先行する『続群書類従』管絃部所収の翻刻はどうか。こちらは、経済雑誌社版には収録されて

おらず、昭和二年（一九二七）刊行の続群書類従完成会版に掲載されている。[44] 巻十巻末に、大正十三年（一九二四）の山田孝雄の奥書があり、山田が書写・校合した手沢本を翻刻したものであるが、この『続群書類従』が刊行された翌年の昭和三年（一九二八）に、日本古典全集からこの山田本の影印本が出ており、[45] その影印本に寄せた正宗敦夫の緒言「教訓抄のはしに」に、

此教訓抄は従来善本が無い。先生が永い年月と諸本に拠つて校訂せられて始めて原本に近づいた本が出来たと云ふべきである。然し此の書は異同有り、又種々の符合ありて活版にて組んでは誤を生じやすい。其で先生の御校訂本を拝借して其のまゝ思ひ切つて写真凸版で出版した。（中略）猶是れと大体同じ筈で有るのが完成会出版の続群書類従に編入せられて有るから、其を参考して見給はゞ不明の点を読下すに益を得給うで有らう。

（丁付・頁数なし）

とあって、『続群書類従』の翻刻が山田本の状態を反映していないから敢えて影印で出版したらしいことが察せられる。そこで、山田本の影印と『続群書類従』とを比較してみると、『続群書類従』の翻刻は山田本の状態を大きく改変したものであることがわかる。たとえば、前掲**図版1**で引いた神田本の「師説云」以下に該当する部分を山田本から引いてみると、

師説云・笛ヲ吹テ息ヲツク処・コトニ打ナリ・所謂《イハエル》一鼓一拍子者似ニテ三度拍子・而雌雄《シイフ》ノ枹二拍子・匂枹《ヒチ》一拍子打レ之ヲ・為大鼓拍子一也

と出ており、こちらは神田本と大差ないが、『続群書類従』の翻刻では、

師説云。笛ヲ吹テ。息ヲツク処コトニ打ナリ。所謂《イハユル》一鼓一拍子者。似ニテ二三度拍子一。而雌雄ノ抱二拍子。匂抱《ヒチ》一拍子打レ之ヲ。為二大鼓拍子一也。

（三五九頁下段）

となっており、助詞などを小書きにする片仮名宣命書の文体が崩され、振り仮名や返り点が改められていることが

わかる。このほか、例は挙げないが、改行位置や字下げ位置が変えられる、各巻末にある山田の校合奥書が削除されるなど、つぶさに比較してみると其処此処に改変が加えられている。また、譜も活字に変えられており、原態からは遠のいている。つまり、『続群書類従』本は、その翻刻の方針に種々の問題がある、といえる。それは、割書きや訓点など活字に組むに困難な事情が重なったことも加わってのことであろうが、神田本とも文体表記・訓点などの点で大きく異なっていることがわかる。

他方、山田本の方はむしろ神田本に近いといえて、小書きや訓点などにおいて似通っていると判じられる。山田校訂本は、その解題に、

　文学博士高野辰之氏蔵旧鷹司家蔵巻子本及東京帝国大学蔵旧正親町家蔵巻子本を基とし、なほ高野氏蔵冊子本二種、東京音楽学校蔵旧阿波文庫本、芝葛盛氏蔵幷に東北帝国大学蔵本を参照して校訂したるものなり。

（丁付、頁数等なし）

とあって、鷹司・正親町両家旧蔵の巻子本を底本にしていると知られる。ここにいう鷹司家旧蔵本は現在宮内庁書陵部に、正親町家旧蔵本は東京大学総合図書館、高野辰之蔵冊子本は国会図書館、阿波文庫旧蔵本は東京芸術大学附属図書館に、それぞれ確認されるが、山田は巻十の奥書の中で、正親町家旧蔵本について、

　書写ハ元禄以前トミエ頗ル証トスルニ足レリ鷹司旧蔵本ト相補ヒテ教訓抄原著ノ面目髣髴トシ眼前ニアルヲ覚ユ

（下巻、巻十巻末より。丁付、頁数等なし）

としている。たしかに、鷹司・正親町旧蔵の本はいずれも巻子本で、近世前期と見られる書写本であるが、界線が施され、改行位置・字下げ位置、振り仮名・返り点など、いずれも先に引いた思想大系巻一～十途中までの底本である江戸期冊子本よりも古写本の体裁に近いものであり、筆者も善本かと想像する。上述のように、『続群書類従』所収本は翻刻自体に問題があり、その底本である山田孝雄校訂本は山田が諸本を収集・校合した本であるから、

いまそれとは比較しない。今後その底本となった鷹司・正親町家旧蔵の二本を詳細に検討することとしたい。

5、古写本（宮内庁書陵部本）との異同について

最後に、神田本と他の古写本との異同について検討しておく。巻十を有する古写本は宮内庁書陵部に蔵する室町後期の写本が確認される唯一のものである（前章に既述）が、総じて異同は小異で、書陵部本の方が振り仮名がやや少なく、返り点の付く位置が異なる箇所が稀に見られる程度で、字句が大きく異なるのは次に引く部分である。なお、引用本文は神田本。

①（7 三鼓　三十一行目　本書四四四頁）

皆《ミナ》家々之説《モ》有二相違一仍難《カタシ》指南《シナムシ》可付《ツク》二舞人之説一云々

神田本は「仍って指南し難し」と読めるが、傍線部、書陵部本は「仍難シ指南也」とする。読み下すと「仍って指南し難しなり」となるが、「し難きなり」と読みたいところである。ここは「指南」の振り仮名「シナムシ」の「シ」が「也」に誤写されたものだろうか。どのような誤写過程が想定できるか未解明だが、いずれにせよ、ここは神田本に妥当性があるといえる。

②（10 予打物仕事　三十～三十二行目　本書四五一頁）

先参音声万秋楽破 鶏妻忠綱 一鼓清則 雞妻一曲之後向《ムキテ》二御前一居 右膝突 立時加拍子 古楽揚拍子 近真教所 秘事ナリ 舞人 左忠綱 清実 朝成 仲朝 右清則 宣仲 信説 政則 鞨鼓孝通 三鼓兵庫頭

神田本では「立つ時、拍子を加ふ。古楽揚拍子。近真教ふる所の秘事なり」と読め、「古楽」から「秘事なり（マヽ）」までは「立つ時、拍子を加ふ」の割注だと解される。が、傍線部を書陵部本では「立時加拍子・古楽揭拍子・近真教所・舞人」とするから、「近真教所」が本文化しており、意味が通らなくなっている。こうした割書きの異同はほかにもいくつか散見するが、次の例は誤写かどうか、判断がむずかしい。

③（10予打物仕事　四十四～五十一行目　本書四五二～五三頁）

同六年十二月三日●閑院内裏●有船楽●西釣殿行幸　殿上人地下楽人等乗之●平調々子及入調了●輪鼓褌脱之時●大神景賢云可「輪鼓褌脱大鼓」加一拍子而予思ハク船楽ならぬ時●一拍子つねならす況船楽也●此事予ヲ心みむとするか●又はちをか丶せんと存カト●思維《シユイ》シテ掻《カ》つ丶けの●古楽物ニ上了《アケ》●景賢ハ本意《ホイ》相違《アヒタカ》ヒタリキ●天気《テムキ》ハ目出仕タリト●有ニ御感ニ云々●伶人退散之後●近真慶雲楽可仕●笛ニ之由依有　勅定●忠拍子吹了以頭中将雅清●頗仰《ス》ニ御感ニ了●●人数●箏敦通●鞨鼓康光●笙忠秋好秋●篳篥季国●笛景賢景基●大鼓近真●鉦鼓有賢●万秋楽●三台急●甘州●輪鼓褌脱●勇勝急●廻忽　＊

右は建保六年（一二一八）十二月三日、閑院の内裏で船楽があった時の記録で、傍線部はその折の輪鼓褌脱にまつわる逸話であるが、書陵部本ではこの逸話を、＊印以下に記しており、順序が異なる。神田本では逸話を記したのちに、「人数」として、この日の所作人と曲名を小書きにするが、書陵部本は二行目の「平調々子及入調了」のあとに所作人と曲名を大書きにし、そのあとに逸話を挙げる。要するに、所作人と曲名とを記したのちに逸話を記すのか否か、ということになるが、逸話の冒頭に「輪鼓褌脱之時」とあるから、その日の演奏曲目はその前の部分で記す方が、話は通じやすい。だから、文意としては書陵部本の方にやや妥当性があるといえるが、同本は「人数」の文字を欠いており、また所作人と曲名をすべて大字で記す。巻十の中で所作人・曲名を大書きにする例は少ないから、書陵部本の方が古態かどうかはわからない。むしろ、神田本の方が古態を残すか。この点は後考を俟つ。

このように、書陵部本との比較では、異同が少なく、また③のようにどちらが古態か判断がむずかしい例も見られるが、総合すればやや神田本に分があるといえて、その資料性の高さは認めてよいと考察する。

以上、思想大系の翻刻や江戸期の写本、他の古写本との比較を総括すれば、神田本をはじめとする古写本が原態により近いと思われ、それらが研究に活用されることを願うが、同時に神田本の翻刻を収録する思想大系には問題点も少なくないことがわかった。また、山田孝雄校訂本の翻刻を収録する続群書類従本にも問題は認められる。そうした状況を踏まえると、古写本を含めた新しい本文の校訂がなされるべきではないかと考察する。

七、神田本検証のまとめ

ここに述べた神田本は、本稿冒頭でも指摘したように、一九七三年に日本思想大系に翻刻され、利用されてきたものである。それまで活字本といえば、かの『続群書類従』しかなかった（前述）から、それに代わるものとして、もっとも広く使われてきた。その思想大系の功績は大きい。

しかし、本稿第一節以降で述べたことの多くは筆者の調査で明らかになったところであり、つまりそれだけ神田本の実態は長く知られていなかった。わからないまま、翻刻だけが一人歩きしていたともいえる。原本の詳しい書誌は知られていなかったし、内閣文庫蔵〔打物譜〕とは接続するものであった。また、紙背の記事も翻刻がなく、明らかでなかった。紙背の嘉禎四年・仁治二年の記事は裏書であり、近真が『教訓抄』成立後に書き加えたものであった。彼は同書を書き上げたのちも、紙背に記録を加えていたのである。紙背の荒序の記録も裏書であり、本文に対する参考資料として記されたものと判断された。つまり、表裏は一体のものであり、看過されるべきものではなかったといえる。

また、神田本を検証することは、同時にその翻刻である思想大系本を検証していくことともなった。思想大系の翻刻については、種々の問題があることが明らかになった。片仮名宣命書きの文体が崩されていること、返り点や振り仮名などの訓点が私に改められていること、譜が正確に表わされていないこと、などが挙げられるが、そのことは『教訓抄』の解釈にも影響するであろう。また、思想大系本の巻一から巻十の途中までの底本である内閣文庫蔵冊子本との比較によって、同本が古態からは遠いものであることも確認された。思想大系本には、底本の選択にも問題があると思われる。思想大系によって『教訓抄』が広く活用されるようになった、その功績は大きいものであるが、紙背の問題も合わせて考えると、『教訓抄』においては、思想大系に代わる新しい校訂本が作られるべきだと感じる。

ところで、ここでは豊原量秋の記事については検討しなかった。『教訓抄』の本文とは直接関係するものではないから、紙幅の関係上検討の対象から外したのであるが、気がついたことをいくつか記しておくと、まず神田本に接続する内閣文庫蔵本の紙背にある文書、笙の渡物譜末尾の応永二年（一三九五）三月の奥書については、原本の摩損がひどく、前述『雅楽資料集』第四輯に収めた翻刻では文字が判読できなかったが、専修大学附属図書館に蔵する菊亭家旧蔵書の中に、この渡物譜の写しと思しき断簡（二四七／第三函〇四七）が認められ、そちらには次のようにあった。

量秋（花押）／渡物譜努々他不可有拝見且又不可有口外者也／応永二年三月八日／従五位下右近将監豊原朝臣量秋撰(46)

また、神田本の紙背cの「故英秋当道相伝事」については、本稿で指摘したとおり、『體源鈔』に引かれており、従来は『體源鈔』所引のもののみが知られ、三島暁子氏の「豊原嫡流家の継承をめぐって——豊原英秋の偉人説話——」（『東京大学史料編纂所研究紀要』十七号、二〇〇七年三月、のちに同氏著『天皇・将軍・地下楽家の室町音楽史』吉川弘文館、二〇一二年二月）でも『體源鈔』所引記事を扱っておられる。ただし、量秋自筆である神田本の方がもとの記事であり、『體源鈔』所引のものと神田本所載の量秋自筆のものとは、記事の末尾の量秋の評語に異同が存する。おそらく豊原統秋が『體源鈔』収録に際して、量秋の評語に手を加えたためと思われるが、そこはこの「故英秋当道相伝事」を解釈する上で、少し注意する必要があるところかと推察する。

以上、神田本については、前章から引き続き検討を加えてきたが、右に述べてきたように、『教訓抄』の諸本を問いただすことは必要である。これまで筆者は古写本に焦点を合わせてきたが、古写本に完本はほとんどない。今後は近世以降の写本についても論じていきたい。

付記

本稿は、二〇一〇年五月三十日（日）に、法政大学で行われた平成二十二年度中世文学会春季大会において発表したものに基づく。会の席上、ご教示を賜りました諸先生方に御礼申し上げます。

また、神田本の閲覧に際し、閲覧を許可くださった京都国立博物館と、ご指導をいただきました、同館の羽田聡先生に深く感謝申し上げます。

注

（1）本文中、最新の年記が、巻一・万歳楽の貞永二年（天福元年、一二三三年）正月一日の朝拝の記事で、近真の奥書が、巻一は同年六月、最終巻十は同十月であるから、成立は天福元年正月から六月のうちに求められる。

（2）『雅楽資料集』第三輯、二松学舎大学二十一世紀COEプログラム中世日本漢文班編、同プログラム事務局刊、二〇〇八年三月。紹介した古写本は、①宮内庁書陵部蔵十軸（室町後期写）、②曼殊院蔵三軸（鎌倉後期写、巻二・三・七）、③彦根城博物館蔵井伊家旧蔵一軸（室町中期写、巻四）、④国立公文書館内閣文庫蔵中御門家旧蔵一軸（鎌倉後期写、巻十）、⑤京都国立博物館蔵神田喜一郎旧蔵一軸（鎌倉後期写、巻十）の五本。本書第一部第一章に収録。

（3）第二輯には注（2）①の巻一～三と②の巻二・三。第三輯には、注（2）①の巻四～七と②の巻七。第四輯には注（2）①の巻八～十と③④⑤の全巻を収録。なお、③④⑤の翻刻は、本書第三部に収録した。

（4）林屋辰三郎編、岩波書店、一九七三年十月。

（5）注（4）の書、七五三頁。

（6）文化庁監修、毎日新聞社図書編集部編、毎日新聞社、一九九八年七月、二九七頁。ちなみに、現在、文化庁が運営する国指定文化財等データベースに、本稿で扱った神田本も収められている（http://kunishitei.bunka.go.jp/bsys/maindetails.asp）が、その「解説文」には誤りと思われる箇所があるので指摘しておく。

「教訓抄」（十巻）は鎌倉時代狛近真【こまのちかざね】が著したわが国最古の舞楽書。楽曲や楽器の由来・奏法・逸話などを蒐録してあり、雅楽研究上重要な典籍となっている。本巻は巻第十の打物案譜法を書写したもので、太鼓・鉦鼓・揩鼓などの譜や奏法・口伝等が記されている。書写年代は鎌倉後期の文保元年（一三一七）で、①筆者の豊原兼秋は後醍醐天皇の笙師であった。紙背には②豊原家相伝の荒序舞の古記録二種の抄記や応永元年豊原量秋【かずあき】追記の当道相伝事などがある。雅楽書の古写本として注目されるものである。（傍線・番号筆者）

傍線部①に兼秋は後醍醐帝の笙の師範であった由を記すが、本稿の中で兼秋の師弟関係を指摘したように、兼秋が教えたのは後醍醐帝の第一子尊良親王（中務卿親王）であり、それの誤りではなかろうか。なお、後醍醐院と音楽の関係については、豊永聡美氏が「後醍醐天皇と音楽」にまとめておられる（同氏『中世の天皇と音楽』吉川弘文館、二〇〇六年十二月）が、院がとくに習っていたのは笛、琵琶、郢曲であった。また、傍線部②に「豊原家相伝の荒序舞」とあるが、荒序の舞を相伝していたのは狛氏であり、豊原氏が伝えていたのは荒序の笙である。

（7）『続群書類従』第十九輯上・管絃部（塙保己一編・太田藤四郎補、続群書類従完成会刊、一九二七年二月）に山田孝雄校訂本の翻刻が収録されている。ただし、この翻刻には誤りが多く、のちに山田孝雄校訂本の影印（日本古典全集『教訓抄』上下、正宗敦夫編、同刊行会刊、一九二八年四月）が出ている。

（8）たとえば、注（2）の①書陵部本や注（4）の書に所収の翻刻の巻一～九までの底本となった国立公文書館内閣文庫蔵、江戸後期写四冊本、注（7）の書所収の底本がそうである。

（9）「打物案譜法」一冊（一九九―一四六）及び「(同)」一冊（一九九―一四七）。うち、前者は注（2）の論文「『教訓抄』の古写本について」に紹介。いずれも、天福元年と文保元年の奥書のあとに寛延二年（一七四九）十月狛近教の奥書を有し、蔵書印から前者は昌平坂学問所旧蔵本、後者は和学講談所旧蔵本と知られる。

（10）日本古典全集『體源鈔』四、正宗敦夫校訂、日本古典全集刊行会刊、一九三三年十一月、一七八七頁。

（11）「南北朝期における楽人豊原氏」、「雅楽界」第五十九号、小野雅楽会編、一九八六年三月。のち、同氏著『古代中世音楽史の研究』吉川弘文館、二〇〇七年二月に収録。

（12）注（10）の書、一七八七頁。

（13）注（10）の書、一七八六～八九頁。

（14）注（11）の論文、二九四～三〇一頁。

(15) 注(10)の書、一七九五～九八頁。
(16) 「芸能の科学」第三十二号、東京文化財研究所、二〇〇五年三月。
(17) 当時六十二歳の近真は自身を「七旬」と称しているが、高田信敬氏の「年齢表記法について――「旬・ぢ」の場合――(一)～(四)」(「鶴見大学国語教育研究」第五十七～六十号、二〇〇八年七月・二〇一〇年一月・十月)を参観すると、「七旬」は「六十一～七十歳」を示す場合があるとのことである。
(18) 注(1)参照。
(19) 注(4)思想大系の翻刻のうち、巻一～十の途中までの底本となった国立公文書館内閣文庫蔵、江戸後期写四冊本がそうである。また、注(7)の書所収の底本もそうである。
(20) 伊地知鐵男編、新生社、一九六六年八月。上巻、五四頁。
(21) 『大鏡』(日本古典文学大系)、松村博司校注、岩波書店、一九六〇年九月を参照。
(22) 宮内庁書陵部蔵本(室町写、十巻十軸、五〇三―二五五)巻一による。
(23) 福島和夫「『音楽相承系図集』考　付翻刻」(『日本音楽史研究』第一号、福島和夫編、上野学園日本音楽資料室刊、一九九六年五月、一〇三頁)。のちに福島著『日本音楽史叢』和泉書院、二〇〇七年十一月に収録(二〇一頁)。なお、この系図では、光季の子である光則がどこからも吊られていないので、誰から継承しているのか明らかでない。
(24) 光高については、荻美津夫「狛氏の系譜とその活動」(『平安朝音楽制度史』吉川弘文館、一九九四年十二月、二八一頁)に言及がある。
(25) 『體源鈔』十三「代々公私荒序所作事」による。日本古典全集『體源鈔』四、正宗敦夫編、同全集刊行会、一九三三年十一月、一八三一頁。
(26) 『體源鈔』三「羅陵王」による。日本古典全集『體源鈔』一、正宗敦夫編、同全集刊行会、一九三三年四月、二五二頁。
(27) 狛氏継承の秘曲については、東儀鉄笛著『日本音楽史考』第四期鎌倉時代の音楽　七、楽舞の継承、第一(『雅楽資料集』第四輯、二松学舎大学二十一世紀COEプログラム中世日本漢文班編、同プログラム事務局、二〇〇九年三月、二九四頁)や、荻美津夫「狛氏の系譜とその活動」(前掲注24、二八三頁)等に指摘がある。

(28) 『舞楽手記』巻末の「故判官蒙勅許事」による。翻刻は本書第三部に、その解釈は本書第二部第三章に述べた。

(29) 賭弓については、『古代国家と年中行事』（講談社学術文庫）、大日方克己著、講談社、二〇〇八年二月、第一章、二「賭弓と弓場始」、「1　賭弓」（三八～四四頁）を参照。

(30) 『中世藝能史の研究』林屋辰三郎著、岩波書店、一九六〇年六月、第一章「雅楽の伝統と楽所」、第五節「勝負の楽――競合的性質」（二二一～二四頁）参照。

(31) 「日本伝統音楽研究」第一号、京都市立芸術大学日本伝統音楽研究センター、二〇〇四年三月。以下、中原氏の論の引用はこれによる。なお、同氏は「宮内庁書陵部蔵『陵王荒序』考――『教訓抄』との関係について――」（『論集説話と説話集』池上洵一編、和泉書院、二〇〇一年五月）にも論じておられる。

(32) 櫻井利佳・川野辺綾子・岸川佳恵・神田「春日大社蔵『舞楽古記』翻刻」（『雅楽資料集』第四輯、二松学舎大学二十一世紀COEプログラム中世日本漢文班編、同プログラム事務局、二〇〇九年三月）。

(33) 注（32）の『雅楽資料集』第四輯初出。本書第二部第一章を参照。

(34) 中原香苗氏が注（31）の論文で述べておられる。

(35) 狛氏の系図は、『図書寮叢刊』（伏見宮旧蔵楽書集成三、宮内庁書陵部編、明治書院、一九九八年三月）所収『楽家系図』（二一〇～二一二）、『體源抄』十三所収の狛氏系図（注25の書、一八三二～三六頁）より作成。

(36) 『楽所補任』下巻、寛元二年（一二四四）条によると同年四月五日に近葛を真葛と改名したという。

(37) 「古代文化」第三四巻第一一号、古代学協会、一九八二年十一月。のち、同氏著『日本音楽史叢』和泉書院、二〇〇七年十一月に収録。以下、引用は後者による。

(38) 上野学園大学日本音楽史研究所蔵窪家旧蔵本（一冊、江戸末期写）墨付第一丁裏による。『舞楽府合抄』は、興福寺僧侶順良房聖宣撰の楽書。序文によれば、近真の死後、近真の遺した楽書から打物の秘説をまとめたものという。因みに序文の翻刻は、『大日本史料』第五編之十四、東京大学史料編纂所、一九八二年四月、狛近真卒伝、一二四・一二五頁に収載（書名は「舞楽符合抄」に作る）するほか、本書第二部第四章にも原文と訓読を収録。

(39) 本書第三部収録の翻刻参照。『舞楽手記』は春日大社所蔵の所謂『春日楽書』七巻のうちの一巻。国指定重要文化財「楽所補任附属楽書五巻」のうち。詳しくは本書第二部第三章を参照されたいが、同書は荒序部分を除く陵王の舞譜で、奥書は聖宣筆。奥書の内容によれば同書は近真と聖宣とが真葛のために写した陵王の舞譜で、文中真葛を春福丸と呼んでいるから、彼が真葛と改名する寛元二年（一二四四）までの成立と見られる。

(40)『日本音楽教育事典』日本音楽教育学会編、音楽之友社、二〇〇四年三月、三〇八頁「教訓抄」項。

(41)注（4）参照。

(42)「井伊家伝来史料の楽書」、「藝能史研究」一二五号、藝能史研究會編・刊、一九九四年四月、五四頁下段。

(43)『説話と音楽伝承』磯水絵著、和泉書院、二〇〇〇年十二月、「序にかえて」より。

(44)『続群書類従』第十九輯上・管絃部、塙保己一編・太田藤四郎補、続群書類従完成会、一九二七年二月初版。

(45)日本古典全集『教訓抄』上下、正宗敦夫編・山田孝雄校訂、同全集刊行会、一九二八年四月。

(46)『専修大学図書館所蔵菊亭文庫目録』、同図書館編・刊、一九九五年七月、四一頁による。

※表1（四九頁）の「豊原兼秋年譜」の出典引用元は以下のとおり。

a『體源鈔』十三（豊原氏系図）…『體源鈔』第四巻、日本古典全集、正宗敦夫編、同全集刊行会、一九三三年十一月、一七八七頁。

b『體源鈔』十三「代々公私荒序所作事」…同右、一八二二頁。

c 神田喜一郎旧蔵『教訓抄』巻第十奥書…神田本写真より翻刻。

d『花園天皇宸記』…『増補史料大成』花園天皇宸記二・伏見天皇宸記、同大成刊行会編、臨川書店、一九六五年九月。

e『體源鈔』十二ノ上「代々大鼓所作少々載之」…aの書、一六四八・四九頁。

f『太平記』巻二「主上御出奔師賢卿天子の号の事」…『太平記①』新編日本古典文学全集、長谷川端校注・訳、小学館、一九九四年十月、一〇五頁

g『太平記』巻三「先帝囚はれ給ふ事」…fの書、一四六頁。

第三章　『続教訓鈔』の混入記事について　その一

――日本古典全集底本の伝来と曼殊院本――

はじめに

『続教訓鈔』は、『教訓抄』著者狛近真《こまのちかざね》の孫朝葛《ともかず》（系図参照）の編纂になる楽書である。本文中最新の記事が元亨二年（一三二二）であるから、それが一応成立の上限になるが、完本は伝わらず、伝本はいずれも残闕[1]。巻二十二が伝存しているのでそこまでの内容は構想されていたと推察される[2]が、はたして完成していたかどうかは定かでない。

〔参考〕狛氏略系図[3]

＊括弧内筆者注

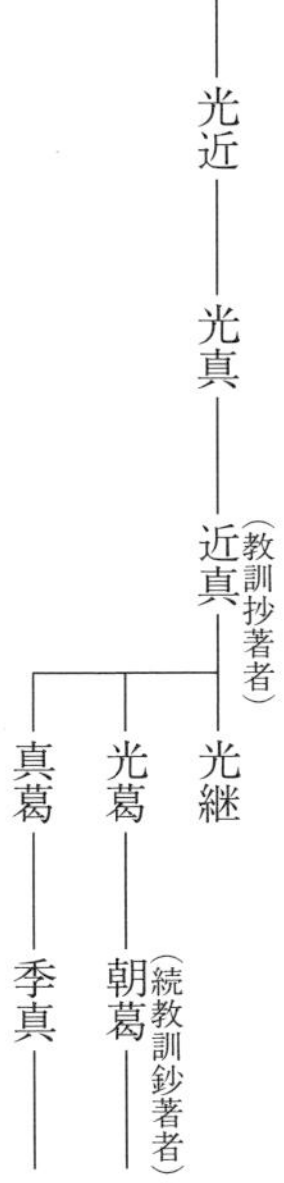

しかし、その影響は、室町前期成立の楽書『體源鈔』（豊原統秋撰、十三巻）にすでに認められ、「朝葛教訓抄云」などとして随所に引かれており、その量は『続教訓鈔』の音楽記事全体の約三分の一にのぼるという[4]。また、元禄頃成立の楽書『楽家録』（安倍季尚撰、五十巻）巻末の引用書目にも『続教訓鈔』の名が見え[5]、その後世に与えた影

響は大きかった。近代以降は日本古典全集（同刊行会、大正十四年～昭和十九年、全二六七冊）に翻刻が収められて多くの研究者の触れるところとなり、戦後はとくに今野達・稲垣泰一両氏の研究により、この書が豊富な説話資料、文学資料を含み、説話その他文学の研究に「欠くべからざる資料」であることが指摘された(6)。現在は文学・音楽史の両面から研究が進められている(7)。

ところで、この書の翻刻が前述の日本古典全集（第六期、上下二冊、昭和十四年）のみであり、こんにちの研究でもこの翻刻に負うところが大きいのであるが、これに他書からの混入記事があることは、後述の二氏を除いてほとんど問題にされていない。

すなわち、その日本古典全集の『続教訓鈔』に付された羽塚啓明の解説（以下、「羽塚解説」）によると、本書は完本が伝わらず、伝本によって巻数が異なり、原本の構成が明らかでない。日本古典全集の底本である羽塚架蔵本も十六冊の端本であるということであるが、内容を検すれば、その十六冊のうち、第四・第五・第十五・第十六の四冊が他書からの混入であるという(8)。

また、福島和夫氏も『日本古典音楽文献解題』に執筆された『続教訓鈔』解題において、右の四冊に加え、なお第八冊前半も混入かとされ、活字本のうち「他本よりの混入一〇〇頁余」にのぼるという(9)。

いま、両氏の指摘をまとめると、次の**表1**のようになる。

すなわち、第四・第五冊は、巻首が欠けていて内題がなく、内容は『教訓抄』の巻二・巻三であるといい、第八冊も内題がなく、題名未詳であるが、その前半は『続教訓鈔』とは異なる楽書ではないかとのことである。第十五冊は、「続教訓鈔」という内題があるが、本文冒頭は欠けていて、その本文は『體源鈔』にも引かれる『宮寺恒例神事八幡宮次第略記』に一致しており、第十六冊も首欠で、内題がないが、内容は『豊原信秋日記』応安七年（一三七四、正月～八月条）であって、これらが混入したものであるという。

表1　日本古典全集『続教訓鈔』の内容

第一冊	内題「続教訓鈔巻第四中」
第二冊	内題「続教訓鈔」
第三冊	内題「朝葛教訓抄巻第四上」
第四冊	巻首欠　内題なし　**↓『教訓抄』巻二**
第五冊	巻首欠　内題なし　**↓『教訓抄』巻三**
第六冊	内題「続教訓鈔」
第七冊	内題「続教訓鈔巻二」
第八冊	巻首欠　内題なし　**↓前半は題名未詳の楽書か**
第九冊	巻首欠　内題なし
第十冊	内題「続教訓鈔第十一上」
第十一冊	内題「　｜　十一中」
第十二冊	内題「続教訓鈔第十一下」
第十三冊	内題「続教訓鈔巻二十二」
第十四冊	内題「続教訓鈔　廿二下」
第十五冊	冒頭欠　但し「続教訓鈔」という内題あり　**↓『體源鈔』十一ノ上所引『宮寺恒例神事八幡宮次第略記』**
第十六冊	巻首欠　内題なし　**↓『豊原信秋日記』応安七年正月～八月条**

なぜであろうか。いや、両氏の指摘は解題であるがゆえに、紙幅の制限から根拠を示しておられない部分もあり、かつ両氏が指摘されて以来、誰もこれを論じた者がいないようであるから、まず、混入であるかどうか、検証が必要であると思われる。

そもそも『続教訓鈔』の本文批判については、福島氏が「散佚本文の探索と文献学的研究が待望される」（前述解題）と指摘されるとおりで、古典全集の刊行以降は進んでいない。諸本の調査も、福島氏が上野学園大学日本音楽史研究所に所蔵される八本の整理を行っておられる(10)ほかは、中原香苗氏が二〇〇七年度科研（特別研究員奨励費）に、「中世楽書の基礎的研究」と題して「『続教訓鈔』伝本の調査と資料収集」をされた（http://kaken.nii.ac.jp/d/p/07J45133.en.html）とのことであるが、論文等の成果は公表されていない。すでにこれら混入の指摘される記事が『続教訓鈔』として論文に引かれている場合があるから[11]、このことは急を要する課題であるといえる。

一、日本古典全集本の底本・校本について

混入が指摘される日本古典全集の『続教訓鈔』は、前述のように底本が羽塚啓明所蔵本であり、それは現在もご子息が所蔵されているとのことである。原本の調査が実施できないので、検討は日本古典全集に拠ることとするが、これは底本をそのまま翻刻したものであり（ただし、句読点・濁点は除く）、奥書はもとより、本文中に書き入れられた他本との異同注記や、表紙外題や付箋まで翻刻されているから、原本の状態をできる限り活字に起こし、刊行したものと見て（いま、翻刻時の誤字、誤植は除く）、本稿ではこれを「古典全集本」と呼んでおく。

この古典全集本の底本と校本についていては、前述の羽塚解説に、

本書の校訂に当りて底本としたるは、各巻尾の識語にて知らるゝ如く、明治時代に故郁岡良弼翁が水戸彰考館本を写し、伶人多氏の蔵本もて対校せりしを、其の門人清水文雄氏が影写し、そを上野帝国図書館本に比校して、水戸本の不足を補ひたる本の、清水氏の歿後予の手に入りてありしものなり。

右の本に今また、高野博士蔵本八冊、正宗敦夫氏蔵本八冊、平出久雄氏蔵本十二冊、石田元季氏蔵本十三冊、東儀和太郎《まさたろう》氏蔵本六軸七冊、幷に家蔵零本三冊をもて参照校訂せり。（括弧内の振り仮名は筆者）

と解説されており[12]、底本の伝来を図式に示すと、

彰考館本―村岡良弼写本―清水文雄影写本（＝羽塚啓明所蔵本＝古典全集本底本）

となって、底本の羽塚啓明所蔵本は、清水文雄が村岡良弼の写本を影写したもので、村岡本の親本は彰考館本だと

いうことになる。

しかし、実際に各冊の奥書を検すると、底本は確かに村岡の写本を清水が影写したものと知られるが、村岡本は、彰考館本に欠く巻を多忠孝本に依った所謂取り合わせ本であって、巻によって伝来を異にするようであるから、次に各冊の奥書を検討して、その伝来経路を整理しておく。混入記事を検討するにあたっては、まずその本の素性を調べておく必要があるであろう。

なお、各冊の奥書の検討は、論の進行上の理由から、任意の順序で進めていくことをお断りする。

二、古典全集本各冊の奥書の検討

1、第一冊奥書

①右以彰考館本写之

　明治廿八年十一月十五日　村岡良弼識於牛籠山里小屠廱

　②(藍)同十二月以多氏本校之　弼又志

③(藍)明治四十一年三月上旬以郗岡翁本影写之　源文雄識

④(朱)同四十四年夏八月中院(※浣カ)以帝国図書館本比校

⑤　昭和十二年十一月初旬以高野博士蔵本校之　羽塚啓明誌

(以下奥書はすべて注8の書による。①②などの番号及び※以下は筆者注。「(藍)」等の注記は原文ママ。以下同)

①は、村岡良弼が、明治二十八年（一八九五）十一月に彰考館本を写した旨の識語であり、このことは前掲の羽塚解説に「明治時代に故郗岡良弼翁が水戸彰考館本を写し」とあるとおりである。

②は「弼又志」（弼、また志す）とあるから、村岡の奥書であり、「多氏本」をもって校した旨が記されている。これも前掲羽塚解説に「伶人多氏の蔵本もて対校せりし」と見えるとおりである。

また、③は明治四十一年（一九〇八）三月に、清水文雄（「源文雄」）が村岡本（「郁岡翁本」）を影写した旨の識語であり、前掲羽塚解説にも「其の門人清水文雄が影写し」とあるところのものである。

④は同四十四年（一九一一）八月に、帝国図書館本をもって比校したとの識語で、これには署名がないが、羽塚解説に「清水文雄氏が（中略）そを上野帝国図書館本に比校して」とあり、後述の第三冊奥書にも「同四十四年夏七月以上野図書館本対校　文雄識」と書いてあるから、これも清水のもので、上野図書館本と校合した際の識語だと解される。

⑤は、昭和十二年（一九三七）十一月に羽塚が「高野博士蔵本」をもって校した旨の識語である。前掲羽塚解説に「清水氏の歿後予の手に入りてありしもの」に、「高野博士蔵本八冊」をもって「参照校訂」したとあるから、清水文雄の影写本が羽塚の所蔵となり、そこへ高野本を対校したもので、これはその折の識語と理解される。なお、「高野博士」というのは、後述第四冊の、同じ羽塚の識語に「昭和十三年二月以斑山文庫本及平出本校合　羽塚啓明」とあるように、斑山文庫主人高野辰之のことであろう。因みに、この高野蔵本と校合しているのは、この第一冊のほか、第四、第五、第六、第十一、第十五の六冊であり、この高野本は現在国立国会図書館に蔵する（写・九冊、わ七六八函四号）。

ともあれ、こうしてみると、この第一冊の底本の伝来過程は、

彰考館本―村岡本―清水本（＝羽塚蔵本＝古典全集本底本）

のようになって、彰考館本を写した村岡の写本を、清水文雄が影写したのが、羽塚啓明の所蔵となり、それが古典全集に翻刻されたと解され、この巻については、たしかに前述の羽塚解説のとおりであることがわかる。

このように、この第一冊と同じ伝来経路を辿ったと解されるものに、第三・第四・第六・第十二・第十三・第十四の計六冊がある。煩瑣を避け、それぞれの奥書は引用しないが、いずれも第一冊と同じように、村岡・清水・羽塚の奥書を有する。

また、次の第八冊は、羽塚の校合奥書がないが、右の各冊と同じ彰考館本―村岡本―清水本という流れにあるものと認められるものである。

2、第八冊奥書

明治廿八年十二月七日以彰考館本写之　　村岡良弼志

同四十一年正月念八日以郇岡氏本写之　　志水文雄

これも、村岡が彰考館本を写し、次いで清水が村岡本を写した由を記しており、前掲の羽塚解説と齟齬するところがないから、上記の各冊と同じ伝来経路を辿ったものと思われる。

ただし、本冊の扉には次のような注記があって、注意される。

【館本付箋】

> 朱突合ノ為メニ仮ニ此
> 本ヲ十三巻本続教訓抄ト号ス

朱此巻別本ニナシ　　（網掛けは筆者）

「館本」に付けられていた付箋を写したもののようであり、それは「突き合わせのために、仮にこの本を十三巻本続教訓抄と号す」と読めるから、「館本」は十三巻の本だとわかる。「館本」とは、村岡が写したという彰考館本なのか、それとも清水が対校したという帝国図書館本なのか、これだけではにわかにわからないが、『彰考館図書目録　付焼失目録』によると、彰考館所蔵の『続教訓鈔』は、

続教訓鈔　狛朝葛撰　　二部十一冊　写
続教訓鈔　同上　寛政年代写　十三冊　写
続教訓鈔抜書　　一冊　写

と著録されており[13]、二部十一冊の本と、十三冊の本、抜書と題する一冊本の三種があり、また、これら三本はすべて先の大戦で烏有に帰したものであるということで、原本が確認できないが、「十三巻本続教訓抄」とは、十三冊の「寛政年代写」とされる写本であった可能性が高いと推察される。またそうなると、付箋の左にある注記の「別本」（網掛け部分）とは二部十一冊のものであろうかと想像される。

因みに、明治三十二年十二月刊行の『帝国図書館和漢図書書名目録』によると、当時同館の『続教訓鈔』は、

続教訓鈔 笛譜付　写本　十二（冊）一九五（函）四五（号）　（括弧内は筆者注）

の一本で[14]、これは現在も国立国会図書館に蔵し、原本を確認すると、笛譜一冊（江戸期の仮名譜）を付属する十一冊本である（請求番号は現在も同じ）。したがって、やはり「館本」とは彰考館の十三冊本を指すものと考えられ、また「別本」も、やはり同館の二部十一冊本を指すものと推察される。

3、第九冊奥書

第九冊には、上述の各冊に見える村岡・清水の奥書がなく、

昭和十三年六月以東儀和太郎氏蔵本比校　　羽塚啓明

という羽塚の校合奥書のみであるが、本文の途中三九五頁一行目に、

（以下彰考館本欠）
以多忠古本補写ス〔東儀本以下無〕
御本アリ

とあって、ここから下の本文が彰考館本にはなく、多忠古本によって補写した由であるから、これも前述の各冊と同様に、村岡が彰考館本を写し、多本を対校させたもので、それを清水が影写したものと見てよい（なお、ここには「御本アリ」との注記もある。「御本」は後述する曼殊院本のことかと察せられるが、いまは話題がそれるのでこれ以上立ち入らない）。

因みに、岸辺成雄氏の『唐代音楽の歴史的研究』続巻収録の「唐の俗楽二十八調の成立年代について」の注（四一）に「前田尊経閣文庫蔵本の『続教訓抄』（明治二十七年村岡良弼が彰考館本を底本とし多忠孝本により校訂せるもの）」（八〇頁）との指摘があり(15)（猪瀬千尋氏示教）、尊経閣に所蔵する本が、明治二十七年に村岡が彰考館本を底本とし、多本をもって校訂した本であると解され、これが古典全集本の親本にあたる村岡本ではないかと察せられる。

そこで、この尊経閣所蔵本を調査してみると、各冊末に古典全集本のものと同じ村岡の書写奥書があり、かつ各冊本文冒頭に、村岡の蔵書印である「邨岡／良弼」の方形朱印(16)が捺されてあり、尊経閣本は確かに古典全集本の親本にあたる村岡本であると認められる。

次に、これを古典全集本と対照させてみると、単純な誤写などに基づくと思われる小異がままあるものの、内容に相違・出入りは見えない。次頁の**表2**に、各冊の対応を示すと、冊数は同じ十六冊で、順序は異なるが、すべてが対応しており、本項で問題になっている古典全集本第九冊も、尊経閣の村岡本に対応する巻がある（第2冊に対応）から、やはりこれも村岡本から清水本という流れを経たものであると解される。

表2　村岡本と古典全集本の対応関係

第1冊　第八冊	第2冊　第九冊	第3冊　第五冊	第4冊　第七冊
第5冊　第四冊	第6冊　第十五冊	第7冊　第十六冊	第8冊　第三冊
第9冊　第一冊	第10冊　第二冊	第11冊　第十冊	第12冊　第十一冊
第13冊　第十二冊	第14冊　第六冊	第15冊　第十三冊	第16冊　第十四冊

＊算用数字は村岡本の冊次
＊漢数字は古典全集本の冊次

4、第二冊奥書

①明徳四年十月十一日書写了　豊原朝臣量秋在判
　ユメ〳〵コノ日記他人ニミスヘカラズ（※マヽ）者也
②昭和十二年十一月以高野博士蔵本比校　羽塚啓明

第二冊の奥書は次の二つである。①は、明徳四年（一三九三）に豊原量秋が書写した旨の奥書であり、この量秋の写本がこの巻の祖本と考えられるが、これは前掲の羽塚解説では触れていない。「在判」とあるから、これはその写しである。二つ目は、高野蔵本を校合した旨の羽塚の奥書であり、これは前項1第一冊の⑤（一〇一頁）と同じ内容のものである。

つまり、第二冊は、羽塚解説にいうような、村岡や清水の奥書がないのであるが、この第二冊の冒頭に「続教訓抄（朱）七（彰考館本外題如此）」とあって、彰考館本の外題が翻刻されており、さらにその下に「朱書ハ上野本ヲ以テ対校セシモノ也」との注記があって、全文にわたって帝国図書館本の異同が傍記されているから、これも村岡が彰考館本を写し、それを清水が影写して、帝国図書館本を対校したものが、羽塚の所蔵になったものと思われる。したがって、これは、

量秋書写本…□…彰考館本―村岡本―清水本（＝羽塚本）

（破線は直接の関係か未詳であることを示す。□はそこに一つ、乃至複数の伝本が介在する可能性を示す。以下同）

という伝来を辿ったものといえて、彰考館本以下は前項1以下と同様のものと解されるが、彰考館本と量秋書写本の関係が明らかでない。彰考館本は、前項2で既述したように、寛政頃の写本ということであるから、彰考館本が量秋の書写本であるということはないと判断されるが、問題は彰考館本の親本なのかどうか。あるいは間に一本ないし複数の伝本が介在するのか、いまは不明としておく。

5、第十一冊奥書

①明徳三年申七月十三日書写終畢朝葛自筆本也

正六位上行右近衛尉豊原朝臣量秋

②（朱）右借彰考館本闕（※関カ）氏名銚子写之

明治廿八年十二月十二日小函山房主人弼識

③（藍）多氏本奥書

右鈔者ハ、年来深ク望事幾也。于茲、因幡守狛近定聞二所持一、甲斐守近純訊二彼亭一、手束テ懇望二即座ニ有二同心一、厚志ノ程、欣然トシテ祝而令借受、則此一冊ヲ懐シテ帰宅。而令見予此書聞名未挙手今夜初也。拝シテ見レ開レ巻ヲ、駭二愚胸一ブ、朝葛ノ揮毫誠ニ慨切也。于レ時近純、我ニ命ジテ云レ写レ之。以拙松墨書ルコト堪二後見ノ嘲一。又云家業書ナレ者他之無レ以ルコト二能筆一云、又非各染□筆書写畢

延宝八庚申歳十月十四日

従五位下行右兵衛尉狛宿祢近孝書

④明治廿八年十二月十三日以多忠孝蔵本対校了良弼又識

⑤（朱）明治　年　　以郁岡翁本影写

⑥明治四十四年拠帝国図書館本対校于時立秋後一日也

源　文雄

⑦昭和十二年十二月四日以高野博士蔵本校了　羽塚啓明

⑧同十三年二月以平出氏蔵本比校　啓明又志

⑨同年六月以東儀氏蔵本対校　　啓明復誌

①は明徳三年（一三九二）七月に、朝葛自筆本を写したと記す豊原量秋の書写奥書である。この奥書については羽塚解説に言及がないが、これによれば、この本の祖本は著者朝葛の自筆本だということになる。

②は、彰考館本を人に写させた旨の、村岡の奥書である。これは、繰り返し述べているように、前掲の羽塚解説と一致するものである。

③は「多氏本奥書」と題され、以下に延宝八年（一六八〇）十月の狛近孝の奥書が記され、続いて④に多忠孝本を対校した旨の村岡の奥書があるから、これは村岡が多本を対校した折に、その多本の奥書を転写しておいたものと解される。

⑤は年月日が空欄で、署名もないが、村岡本を影写した由であり、続いて⑥に帝国図書館本を対校した旨の清水文雄の奥書があるので、これは前掲羽塚解説にあるように、清水文雄が村岡本を影写し、帝国図書館本と比校した折の奥書と解される。

⑦から⑨は、いずれも羽塚啓明の奥書で、前掲の羽塚解説にある内容と一致し、高野辰之・平出久雄・東儀和太郎の各蔵本をもって対校した折のものと解される。

こうしてみると、この第十一冊の伝来は、次のように推定される。

朝葛自筆本―豊原量秋書写本…□…彰考館本―村岡良弼書写本―清水文雄影写本（＝羽塚啓明蔵本）

彰考館本から村岡本、村岡本から清水本という流れは、前掲羽塚解説に説明されているところである。しかし、量秋書写本を写した旨の奥書がないので、この奥書だけでは量秋書写本と彰考館本の関係が直接の親子関係なのか、間に一本ないし複数の伝本が介在するのか、不明瞭であることは、前項4と同じである。

6、第十五冊奥書

①従《一本後》五位下行右近将監豊原朝臣量秋
在判（イアリ）

②明《一本前》徳四歳《年イ》卯月十三日書写之也

③「続教訓《イナシ》鈔巻第四上」（※「」ハ原本ママ）

④（朱）明治廿八年十二月卅日以彰考館本写之　良弼

⑤（藍）卅　日以多本校（※尊経閣本では卅一日）

⑥同四十一年二月以良弼先生本影写之　文雄識

⑦昭和十三年三月以高野本幷平出本対校　羽塚啓明

⑧又六月東儀氏蔵本比校

第十五冊の奥書は、冒頭①に豊原量秋の署名があり（「在判」とあるからその写しである）、②に明徳四年（一三九三）四月の書写奥書があって、①と②に付された傍注によれば、「一本」（いずれの本であるか未詳）では①と②の順序が逆であるということだが、前項5の第十一冊に、明徳三年の豊原量秋の書写奥書があるから、これも量秋が明徳年間に写した巻の一つではないかと思われ、「一本」の順序の方が妥当であると思われる。

③は、「「続教訓鈔巻第四上」」とあって、何の注記もないから、これだけでは何を指すものか判然としない。因みに、この第十五冊は、本稿冒頭で既述したように、巻首が欠けているものの、「続教訓抄（マヽ）」と内題があるが、内容は『體源鈔』に引かれる『宮寺恒例神事八幡宮次第略記』に同文であり、羽塚・福島両氏の解題では他書の混入と指摘されているものである。また、『続教訓鈔』の巻第四上というのは前掲**表1**に示したように第三冊の内容であるから、これはこの第十五冊の巻の尾題ではない。あるいはこの親本ないし祖本が巻子本で、巻第四上と表裏の関係にあったとすれば、これは端裏書で、それがそのまま写されてしまったものかと想像できるが、これだけでは何ともいえない。この点は追って検討する必要がある。

④から⑦の奥書は、村岡・清水・羽塚のそれで、前項までと内容はおよそ同じものである。

こうしてみると、この第十五冊は、量秋の書写年次が明徳四年であるほかは前項5と同じであり、同じ伝来のものといえる。

7、第五冊奥書

①量秋自筆本奥書在之御本ヨリ改之

②続教訓鈔巻第二上卅一ヨリ

③書写本云

天福元年巳六月日以自筆書写――在判

正六位下行（一本無）左近衛将監狛宿祢近真撰

④上野本奥書

狛宿祢朝葛所撰続教訓抄（※マヽ）第二上、先年以或本謄写之。凡此抄世間流布之諸本伝写之違失不烏焉之類、篇々章々殆不勝計。仍申請曼《（※マヽ）》珠院宮、旧本（左近将監豊原景《（※マヽ）》秋筆古物殊勝之物也）、又伯耆守近家所蓄之新写之本、及先年所写之愚本、相合已本勘所引用周礼等文献通考之本文参互而改正之試馳禿筆。此巻諸本闕巻首数枚不能補之、可恨之甚也

宝永三年六月廿三日　洛陽松堂閑士藤原花押 卅八オ

⑤二ノ上ヲクニアリ

⑥明治廿九年丙申一月借多忠孝本課関銚子写之

散位前大外記平朝臣良弼識於牛門晩晴楼南栄

彰考館本闕

⑦同四十一年三月借郈岡大人蔵本影写之　源文雄

⑧昭和十三年四月以高野本幷平出本校了

この第五冊は前述のように、本文は『教訓抄』巻三と同文であり、その混入と指摘されているものであるが、その奥書にはわかりにくい部分がある。すなわち、①は「量秋自筆本の奥書これあり。御本よりこれを改む」（あるいは「量秋自筆の本奥書これあり（後略）」か）と読め、②には「続教訓鈔巻第二上卅一ヨリ」、⑤には「二ノ上ヲクニアリ」とあるが、これらは何のことか、これだけではにわかに解しがたい。「続教訓鈔巻第二上卅一」というのは、「巻二」と題し、「第卅一　舞詠事」と題する記事から始まる後述の第9項の第七冊のことかと察せられるから、この第五冊の親本ないし祖本が巻子本で巻二上と表裏の関係にあったとすれば、これらは端裏書の類と捉えることが可能であろうかと思う。ただ、これだけではまだ想像の域を出ない。この点については別に検討する必要がある。

③は、他の『教訓抄』巻三の諸本にも見える著者近真の奥書とほぼ同文であり、本冊の本文が『教訓抄』巻三と同文であると指摘されている点と符合するから、これはもともと『教訓抄』巻三の写本であった可能性がある。この点も追って検討することとする。

④は「上野本奥書」と題されているから、帝国図書館本の奥書を写したものと解される。前述羽塚解説によれば、清水文雄が帝国図書館本と対校した由であるから、清水がこの余白に書き入れたものであろう。内容は、宝永三年（一七〇六）に、松堂閑士すなわち野宮定基が、曼殊院門跡の「旧本」を写した由である（なお、「景秋」とある部分は「量秋」の誤記であろう）。

⑤は、④の野宮の奥書の上にある。「二ノ上ヲクニアリ」とあって、『続教訓鈔』巻二上が奥にあるの意ならば、この巻の祖本が『続教訓鈔』巻二下と同一巻に収められているか、紙背に書かれたのちに付けられた注記、端裏書の類と見ることができそうである。この点も今後の検討としたい。

⑥は、他の冊にも見える村岡の奥書であり、多忠孝より借りて写させた由である。「彰考館本闕」とあるから、この巻は彰考館本にないため、多本より写したということであろう。

⑦と⑧も、他冊にも見える清水・羽塚の奥書である。

こうしてみると、本冊の①②については、なお検討が必要であるが、書写奥書ではないようである。③は、他の『教訓抄』巻三の諸本に共通する、著者近真の奥書であり、本冊の本文が『教訓抄』の巻三と同文であると指摘されていることと考え合わせれば、これは『教訓抄』巻三の写本である可能性がある。むろん、これだけではまだ『続教訓鈔』に『教訓抄』の巻三の全文が引かれた可能性もあって、これがなぜ『続教訓鈔』の一部として伝えられているのか定かでないし、さらに検討が必要である。また、本冊には多本を写した旨の明治の村岡の書写奥書と、清水の影写奥書があるから、多本を祖本とするものだといえて、その伝来は次のように考えられることになる。

『教訓抄』巻三（近真自筆本）…□…多忠孝本―村岡良弼写本―清水文雄影写本（＝羽塚啓明蔵本）

多本以下の伝来は、奥書から明らかであるが、多本と『教訓抄』巻三との関係は明らかでない。また、『教訓抄』巻三の近真の奥書をどう解するかによっても、この巻の位置づけは変わってくることになる。

8、第十冊奥書

①(藍)明治廿八年十二月三十日以多忠孝本写之　良弼志

　②(朱)此巻彰考館本闕

③(藍)同四十一年二月課山内英令影写之　香雨山人雄識

④(朱)同四十四年八月下浣以帝国図書館本比校　文雄志

⑤昭和十三年二月　以(出カ)平手本校合　啓明誌

①は多忠孝本を写した際の村岡の奥書で、②に「此巻彰考館本闕」とあるから、彰考館本にない巻を多本によったというわけである。③は清水がこれを写し、④は清水が帝国図書館本を比校した折のものである。⑤は羽塚の校合奥書である。したがって、この巻の伝来経路も前項7の第五冊と同じで、村岡が彰考館本にない巻を多本によって写したものの系統である。ただ、これも多本の親本や祖本については記されていない。

9、第七冊奥書

①以狛朝葛自筆本書写畢従五位下豊原朝臣(※マヽ)景秋判

②右曼(※マヽ)珠院宮古本書写之此巻依類本不能詳改正之

　宝永三年七月三日写切畢(マヽ)　同校合加朱

　　(※野宮定基)松堂閑士藤原花押　卅八才

③明治四十一年三月上旬借邨岡翁影写

④同年五月以上野図書館本比校了

⑤四十四年夏七月再上野本対校了　源文雄識

⑥昭和十三年六月以石田元季氏蔵本校了　羽塚啓明

第七冊は、内題に「続教訓鈔巻二」（異本に「巻二下」）とある冊である。

①は、朝葛自筆本を写した由であり、署名には「豊原朝臣景秋」とあるが、前項5第十一冊と6第十五冊に明徳年間に豊原量秋が朝葛自筆本を写した旨の奥書があるように、「景秋」は「量秋」の誤写で、これも同じ明徳年間の量秋の書写奥書ではないかと推察される。

②は、前項7第五冊にも写されていた帝国図書館本の奥書と同じ野宮定基（松堂閑士）の奥書であるが、これは第五冊と同様に清水が国会本と対校した際に加えたものなのか、それとももともと記されてあったものなのか、これだけではわからない。

そこで、前項3に紹介した尊経閣本（村岡本）において、本冊に該当する第4冊を見てみると、奥書は①の量秋の奥書のみであるから、これは清水が国会本と対校した際に加えたものと推察される。

そこでさらに国会本も確認してみると、国会本（前項2に既述）では、次に示すように、古典全集本の第五冊相当本文、第七冊相当本文の順序で巻が一冊にまとめて書写されている（国会本の冊次は第6冊）。

第五冊相当本文（『教訓抄』巻三に同文）

　奥書　宝永三年六月野宮定基書写奥書

第七冊相当本文（内題「続教訓鈔巻二上」）

　奥書　宝永三年七月野宮定基書写奥書

したがって、おそらくこの②の奥書も、清水が国会本と対校した折に、ここに加えたものかと解される。前掲第7項で述べた、第五冊奥書では、なぜそこに『続教訓鈔』巻二下についての識語があるのかわからなかったが、国会本では、この第五冊と第七冊相当巻とが、一冊に合写されているから、野宮はそこでも巻二下について触れたものと想像され、得心がいく。

一方、③④⑤⑥は他冊にも見える、清水と羽塚の奥書である。

こうしてみると、この冊には、他冊に見えていた明治二十八年の村岡の書写奥書がないが、清水が村岡本を影写した旨の奥書はあるから、これも村岡本を影写した本であることは確かである。また、本冊の扉には、「館本云／此巻別本ニナシ」との注記があって、前項2第八冊で述べたように、「館本」とは彰考館の十三冊本を指すから、本冊も村岡が彰考館本を写したものが親本であると判断される。

以上のことから、本冊の伝来は、

朝葛自筆本―豊原量秋書写本…□…彰考館本―村岡写本―清水影写本（＝羽塚本）

となり、彰考館本以下の伝来は明らかになるが、彰考館本と量秋本の関係が直接の親子関係なのかどうかは未詳であるといえる。

10、第十六冊奥書

昭和十三年四月　以平出本幷家蔵一本比校

羽塚啓明

第十六冊は、右に記すように、ただ羽塚の校合奥書のみで、村岡・清水の書写奥書がない。しかし、尊経閣所蔵の村岡本（前述）を見てみると、本冊に該当する巻（第7冊）があるから、これも、

村岡本―清水本（＝羽塚本）

という伝来経路を辿ったものと解される。ただし、村岡本の親本が明らかでない。このことについて詮索してみると、東北大学附属図書館狩野文庫に、「水府潜龍閣本」を写したと記す、明治二十六年の神津仙三郎の写本十三冊

がある。「水府潜龍閣」は、水戸藩主徳川斉昭の文庫であり、同じ水戸の彰考館本とは、冊数が同じ十三冊であることより見て、同じ系統の写本ではないかと想像される。いま、上野学園大学日本音楽史研究所所蔵のマイクロフィルムによって、各冊の内容を古典全集本に対応させると、左の**表3**のようになる。

表3　狩野文庫本と古典全集本の対応関係

第1冊　第七冊	第2冊　第一冊	第3冊　第十二冊	第4冊　第三冊	第5冊　第十三冊
第6冊　第十四冊	第7冊　第十一冊	第8冊　第十五冊	第9冊　第二冊	第10冊　第九冊
第11冊　第八冊	第12冊　第六冊	第13冊　第四冊		

＊算用数字は狩野文庫本の冊次
＊漢数字は古典全集本の冊次
＊古典全集本第五・第十・第十六冊の該当巻なし

　両者の対応を見てみると、彰考館本の欠巻を多本に拠った第五・第十の二冊とこの第十六冊を除く十三冊は一致することがわかる。したがって、この狩野文庫本は彰考館本と同じ構成をもつ本である可能性が高いと推察される。したがって、本項第十六冊は彰考館本とは別の本に拠ったもののようである。

　そうしてみるとそれは、彰考館の二部十一冊の「別本」に拠ったのでは、という憶測も出てこようが、尊経閣の村岡本第十三冊の扉の、「別本　十一ノ下ト同巻」という注記に、村岡が「館本二本アリトミユ、余未タ借観スルコトヲ得ズ憾ム可シ」と記しているので、村岡は「別本」を見ていなかった。

　では多本はどうかというに、これは行方が知れない。古典全集本の奥書に登場する多本は、第五冊が多忠孝本、第六冊が多忠得本、第九冊が多忠古本、第十冊が多忠孝本となっており、その他はすべて「多本」「多氏本」となっているが、いずれも所在がわからない。この第十六冊の奥書に、村岡が何も記していないところからすると、親本は多本である可能性があると推量するが、多本の原本が確認できないいまはこの冊の伝来（村岡本の親本・祖本）は保留としておく。

三、古典全集本と曼殊院本

最後に、古典全集本の伝来について、本稿で検討したところをまとめると、次頁の**表4**のようになる。

表4に整理してみると、古典全集本の底本である羽塚啓明所蔵本は、清水文雄が村岡良弼本を影写したものであり、村岡本は彰考館本及び多本に拠ったものであって（ただし、第十六冊は未詳）、およそ、その親本の親まで明らかになる。

また、前述の羽塚解説ではまったく触れられていないが、これらの中に、明徳年間に豊原量秋が書写した古写本を祖本とするものがある（B・C・D・E）ことがわかる。うちCとDについては、朝葛自筆本を写したということであるから、著者の自筆原本までの経路がおおよそ明らかになったといえる。

そこで、注意されるのは、第五冊と第七冊にひかれていた上野帝国図書館本（前述）の野宮定基の奥書である。もう一度、ここに引用すると、そこには、

　仍申請曼珠《(※マヽ)》院宮、旧本（左近将監豊原景《(※マヽ)》秋筆古物殊勝之物也）

とあって、「景秋」というのは量秋の誤記であろうが、この量秋の写本が曼殊院にあるということである。現在も曼殊院門跡には明徳年間に豊原量秋が書写した『続教訓鈔』の古写本（『教訓抄』巻二・三・七の古写本を含む、全十一軸）があるから、それがここにいう量秋の写本であり、古典全集本の祖本にあたるのではないかと察せられる。

この曼殊院本については、次章に詳しく論じるが、岩橋小弥太の「洛北曼殊院の続教訓鈔」に概要が紹介されて

表4　古典全集本底本の伝来経路

＊直接転写の関係と認められるものは実線で示し、直接関係かわからないもの、あるいはその間に一本乃至複数の伝本が介在すると見られるものは破線で示した。

A	第1 3 4 6 8 9 12 13 14冊	寛政頃写 彰考館本――明治二十八年写 村岡良弼本――明治四十一年写 清水文雄本（＝底本 羽塚啓明本）
B	第2冊	明徳四年写 豊原量秋本……彰考館本――村岡本――清水本（＝羽塚本）
C	第7冊	著者自筆原本 朝葛自筆本――量秋本……彰考館本――村岡本――清水本（＝羽塚本）
D	第11冊	朝葛自筆本――量秋本……彰考館本――村岡本――清水本（＝羽塚本）
E	第15冊	量秋本……彰考館本――村岡本――清水本（＝羽塚本）
F	第5冊	天福元年・狛近真奥書 教訓抄巻三……多忠孝本――村岡本――清水本（＝羽塚本）
G	第10冊	多忠孝本――村岡本――清水本（＝羽塚本）
H	第16冊	村岡本――清水本（＝羽塚本）

おり[17]、東京大学史料編纂所では写真帳も公開されていて、それには編纂所所員によると思われる解説も付いている[18]。また、上野学園日本音楽史研究所にも編纂所のものとは別に撮影された写真の紙焼きがあり、前掲第一章「『教訓抄』の古写本について」で簡単ではあるが紹介したとおりである。

いま、岩橋と写真帳の解説を総合すると、曼殊院本は十一軸の巻子本で、『続教訓鈔』の伝本としては現存最古のものであり、しかも朝葛自筆本を写した旨の豊原量秋の奥書を有して資料的価値が高いとのことであるが、写真によって内容を確認してみると、曼殊院本は『教訓抄』巻二・巻三・巻七の零巻と『石清水八幡宮護国寺恒例仏神事次第』という石清水八幡の年中行事の次第書、『豊原信秋日記』等が合写されている。古典全集本に『教訓抄』巻二・巻三、『宮寺恒例神事八幡宮次第略記』、『豊原信秋日記』等の混入が指摘されていたこと（前述）を思い合わせると、これらの混入は曼殊院本を書写する際に生じたものではないかと想像される。

つまり、古典全集本における混入記事の問題については、曼殊院本と古典全集本との比較・検討が必要であると推察される。その検討は次章で行う。

付記

本稿は、二〇一三年六月二日、日本大学文理学部キャンパスで行われた、中世文学会平成二十五年度春季大会での発表に基づく。ただし、本稿の内容は、当該発表において、発表時間や資料の制約から、詳しい論証を省略した部分である。今回、成稿にあたって、新たに尊経閣本と狩野文庫本とを閲覧して、論を一部補訂した。原本の閲覧をご許可くださった前田育徳会、並びに狩野文庫本のマイクロフィルムを閲覧させてくださった上野学園大学日本音楽史研究所に厚く御礼申し上げる。

注

（1）日本古典全集『続教訓鈔』上下（羽塚啓明校訂・正宗敦夫編、同集刊行会、一九三九年四月）の下巻解説、及び『日本古典音楽文献解題』（岸辺成雄博士古稀記念出版委員会編、講談社、一九八七年九月）の『続教訓鈔』解題（福島和夫氏執筆）による。

（2）注（1）に同じ。

（3）『図書寮叢刊』伏見宮旧蔵楽書集成三（宮内庁書陵部編、明治書院、一九九八年三月）収録の『楽家系図』より抜粋。

（4）注（1）の解題（福島和夫氏執筆）に、「『體源鈔』には、本書《続教訓鈔》の吹物部の大部分のほか現存音楽関係本文の約三分の一が収録されている」（二三八頁、傍注筆者）と指摘がある。

（5）日本古典全集『楽家録』五、正宗敦夫編、日本古典全集刊行会、一九三六年六月、一六八四頁。

（6）今野達「続教訓鈔と宝物集――宝物集伝流考補遺――」（『馬淵和夫博士退官記念論集　説話文学論集』同刊行会編、大修館書店、一九八一年七月）及び「童子教の成立と注好選集――古教訓から説話集への一パターン」（『今野達説話文学論集』同論集刊行会、勉誠出版、二〇〇八年四月）。稲垣泰一「『続教訓鈔』と中世説話集」、「説話」第七号、（筑波大学）説話研究会、一九八三年八月。

（7）中原香苗氏が「『體源鈔』の構成――楽書研究の現状をふまえて――」（『日本古典文学史の課題と方法――漢詩　和歌　物語から説話　唱導へ――』伊井春樹先生御退官記念論集刊行会編、和泉書院、二〇〇四年三月）「一　楽書研究の現状――『教訓抄』『続教訓抄』『體源鈔』――」の中で、稲垣泰一・今野達・内田澪子・黒田彰・菅野扶美・太田次男・牧野和夫の各氏の論考を紹介しておられる。

また、『続教訓鈔』の記事を主題にした論考ではないが、近年、スティーヴン・G・ネルソン氏が、「工尺譜の起源をめぐって――唐代の文字譜との関係――」（『論集　文学と音楽史――詩歌管絃の世界――』磯水絵編、和泉書院、二〇一三年六月）において、日本古典全集本『続教訓鈔』第九冊相当の記事を活用しておられる。なお、氏は、本文を古典全集本に拠らず、上野学園大学日本音楽史研究所楽歳堂旧蔵本（江戸期写、七冊＋四冊、計十一冊）、同窪家旧蔵本（江戸期写本※筆者注、十五冊本か）に拠っておられる。

（8）注（1）の日本古典全集解説二～六頁。

（9）注（1）の解題（福島和夫氏執筆）による。

（10）『日本音楽資料展出陳目録』（上野学園日本音楽資料室第五回特別展観、同室編・刊、一九七九年十月）、二三～二五頁。

（11）太田次男氏は編著『五常内義抄』下（古典文庫第三九一冊、古典文庫、一九七九年四月）の解題（三〇四頁以下）で、日本古典全集『続教訓鈔』の第八冊の「五音事」（三四六頁）が『五常内義抄』の内容に近いとして、同書の著者を『続教訓鈔』著者の狛朝葛かともしており、牧野和夫氏は「中世における仏典註疏類受容の一形態――『鏡水抄』のこと――」（『中世の説話と学問』和泉書院、一九九一年十一月）で、日本古典全集の『続教訓鈔』第八冊（三四〇頁）に引かれた『鏡水抄』を『続教訓鈔』所引と解しておられるが、前述のように、第八冊前半は、具体的にどこからどこまでを指すのかは福島氏の解題に示されていないものの、他書からの混入が指摘されている。第八冊の是非については次章で検討する。

(12) 注（1）の日本古典全集解説、一四頁。

(13) 彰考館文庫編・刊、一九一八年十一月初版。八潮書店、一九七七年十一月改訂版。

(14) 帝国図書館編・刊、一八九九年十二月初版。汲古書院、一九八二年十一月訂補縮刷版。

(15) 和泉書院、二〇〇五年五月。

(16) 『新編蔵書印譜』（日本書誌学大系七九、渡辺守邦・後藤憲二編、青裳堂書店、二〇〇一年一月）の「村岡良弼」項による。

(17) 『日本演劇史論叢』東京帝国大学演劇史研究学会編、巧芸社、一九三七年五月。

(18) 「教訓鈔及続教訓鈔」写真帳（五冊、請求記号六一八六―一六）

第四章　『続教訓鈔』の混入記事について　その二

——曼殊院本と日本古典全集本の比較——

はじめに

『続教訓鈔』における混入記事の問題を検証するべく、前章において、現在流布している古典全集本の底本の伝来について考察したが、そこで曼殊院本との関係が想起された。本稿で、その曼殊院本と古典全集本の比較・検討を行い、この問題についての私見を示したい。

一、曼殊院本に関する先行研究について

曼殊院本については、一九七七年に国の重要文化財に指定された際、「月刊文化財」同年七月号に解題が掲載され(1)、その後も重要文化財関連の書籍には簡単な解説を付けて紹介されているが、最初にこれを指摘したのは、一九三七年、岩橋小弥太の「洛北曼殊院の続教訓鈔について」であったかと思われる(2)。前述の古典全集本が刊行される前のことであり、岩橋は、江戸期書写の国会図書館本(3)を流布本の代表的なものとして曼殊院本と比較しつつ曼殊院本の内容を紹介している。ただし、残念なことは、この論考が古典全集本の編纂（二年後の一九三九年）には活かされなかったらしい（古典全集本の解題には言及がない(4)）ことと、岩橋が現地で調査した折は十一軸あったのに、

撮影のため、東京大学史料編纂所へ送られてきたときには十軸であり、岩橋の論考はその十軸について述べたもので、残る一軸については不明のままであったことである。

この岩橋の解説を受けついだのが、東京大学史料編纂所に所蔵される曼殊院本の写真帳（全五冊、一九七七年撮影、請求番号六一八六―一六、以下「編纂所写真帳」と呼ぶ）に付された解説である。内容はほとんど岩橋のものに一致するが、こちらの写真は岩橋の論考で欠けていた一軸を備えており、かつ付属の解説に各巻の紙高、全長、紙数など書誌の記載もあり、その点で価値がある。ただし、岩橋が調査したのち、いずれかの時点で原本に修補が施されたのか、裏打ちのため、この編纂所写真帳には撮影されていない紙背が三軸分あり、その部分については内容を窺うことができない。

このように、岩橋の解説と編纂所写真帳とには調査上ないし撮影上の欠落がある。現在、曼殊院本は閲覧の許可が下りず、原本の調査が叶わない状況であるから、この点は研究の障害になっている。

ただし、上野学園大学日本音楽史研究所に所蔵される紙焼き写真（以下「研究所写真版」と呼ぶ）は、一九九四年に同研究所長の福島和夫氏が、古文書複製社の幸田彰氏とともに調査・撮影されたもの（福島氏示教）で、新たに修補が加えられたのか、編纂所写真帳には写っていた裏打ち紙が取り除かれており、十一軸すべての内容を見ることができる点で貴重である。しかも、岩橋論文・編纂所写真帳では触れられていない断簡（二紙継ぎ、紙背あり）が付属しており、その点でも注目される。筆者は前掲第一章「『教訓抄』の古写本について」で、曼殊院本収録の『教訓抄』零本（巻二・三・七）を検討するにあたり、この研究所写真版を一度紹介したが、そこでは、『教訓抄』を対象としていたから、『続教訓鈔』には簡単に触れた程度であった。

そこで、いま、岩橋論文・編纂所写真帳・研究所写真版の三種によって、あらためて曼殊院本の内容を窺うと、編纂所写真帳撮影時の旧表紙にも、研究所写真版の現表紙にも外題はなく、巻次が不明であるためか、調査者が思い思い仮の順序を付けたもののようで、岩橋・編纂所・研究所の三者はいずれも巻の順序が異なっている。そこで、三者の巻次の対応を示すと、**表1**のようになる。なお、ここでは便宜上、編纂所写真帳の巻次を基準とし、三者を横断する呼称として、全十一軸と付属の断簡にA～Lのアルファベットをあてた。

表1に示すように、三者の巻次は**G**・**H**を除き、いずれも異なっている。編纂所写真帳の巻次は、『教訓抄』、『続教訓鈔』、その他の文献の順序で並べてあり、その他の文献にあたる二巻（**J**・**K**）は「附巻1」「附巻2」のように、附属の巻という扱いにしている（なお、この二巻は重文に指定されていない）。

一方、岩橋の巻次は、『教訓抄』、『続教訓鈔』、その他の文献の三つが混在しており、どのような基準でこうした

表1　編纂所写真帳・岩橋論文・研究所写真帳の巻次対応表

	編纂所写真帳（※全十一軸の写真を五冊に製本してある。内容は付属の解説による）一九七七年撮影	岩橋論文　一九三七年発表	研究所写真版　一九九四年撮影
A	**第一冊**（**第1軸**）教訓鈔巻3、附紙背（某抄鈔、続教訓鈔巻2下、明徳五年常楽会日記）	**第一軸**　同上	**第二軸**
B	（**第2軸**）教訓鈔巻7、附紙背（散位有安注進諸楽譜）	**第九軸**　同上	**第三軸**
C	**第二冊**（**第3軸**）続教訓鈔、附紙背（教訓鈔巻2）	**第五軸**　同上	**第一軸**（※修補により表裏逆転）
D	（**第4軸**）続教訓鈔巻4上前半、附紙背（※裏打ちにより写真なし）	**第二軸**　同上、紙背は豊原信秋応安七年日記	**第四軸**（※裏打ちなし）
E	**第三冊**（**第5軸**）続教訓鈔巻4上後半、附紙背文書	**第三軸**　同上	**第六軸**
F	（**第6軸**）続教訓鈔巻11上前半、附紙背（尋問鈔巻下）	**第六軸**　同上	**第五軸**
G	**第四冊**（**第7軸**）続教訓鈔巻11上後半、［※笙譜］、附紙背（尋問鈔巻上）	**第七軸**　同上	**第七軸**
H	（**第8軸**）続教訓鈔巻11下、附紙背（※裏打ちにより写真なし）	**第八軸**　同上、紙背は笙譜（建久四年三月豊原利秋奥書）	**第八軸**（※裏打ちなし）
I	**第五冊**（**第9軸**）続教訓鈔、附紙背（明徳三年仮名具注暦）	**第四軸**　同上	**第十一軸**
J	（**附巻1**）石清水八幡宮護国寺恒例仏神事、附紙背（※裏打ちにより写真なし）	**第十軸**　同上、紙背は豊原信秋応安七年日記	**第十軸**（※裏打ちなし）
K	（**附巻2**）律呂弁天地四方声、附紙背（明徳元年仮名具注暦）	**なし**（※現地で確認したが、編纂所には送られてこなかったという）	**第九軸**
L	**なし**	**なし**	**断簡**（※新出・逸文）

巻次にしたものか、わからない。あるいは曼殊院から送られてきたそのままの順序かもしれない。論文中にも順序については触れていない。

また、研究所写真版の巻次は、紙片に鉛筆で番号を書いたものを、表紙見返し右肩に置いて撮影してある。解説等は何もついていないから、これも何によったものか、不明である。

次に、編纂所写真帳に付属する解説と岩橋論文に示された曼殊院本の内容を見るに、編纂所写真帳に見られる裏打ち箇所を除き、両者はほとんど同じ内容であり、認識に相違は見られない。

ただし、**C**は編纂所写真帳・岩橋論文ともオモテが『続教訓鈔』、ウラが『教訓抄』になっているが、研究所写真帳では、その後修補が施されたのか、表裏が逆転し、オモテが『教訓抄』、ウラが『続教訓鈔』となっている。この点はあとで詳しく述べるが、曼殊院本の『続教訓鈔』は紙背を利用して写されたものであり、研究所写真版撮影時の表裏の関係が原態どおりであったかと思われる。その意味でこの修補は妥当なものと推察される。

ともあれ、これが三者の対応状況である。そこで、次に、この岩橋論文と編纂所写真帳付属の解説、及び研究所写真版によって曼殊院本の内容を、古典全集本の内容と対照させてみると、次の**表2**のようになる。以下、この**表2**とともに曼殊院本の内容を確認しながら、古典全集本との比較を行い、両者の関係と混入の問題について検証してみる。

表2　曼殊院本・古典全集本対照表

＊…は中略、／は改行の意。※と括弧内は筆者注。

曼殊院本	古典全集本
Aオ　岩橋・編纂所写真帳…『教訓抄』巻三（鎌倉後期写） 料紙に縦界と天三条・地一条の横界あり。 首欠　冒頭「太宗謂侍臣曰…」	**第五冊　羽塚・福島氏解題→混入** 首欠　冒頭「秦王破陣楽／太宗謂侍臣曰…」

奥書「書写本云／天福元年巳□六月日以自筆書写了在判／□□□行左近衛将監狛宿祢近真撰」（以上豊原量秋とは別筆） 豊原量秋筆端裏書「続教訓鈔巻第二上冊一ヨリ／二ノ上ヲクニアリ／詠事」	奥書①「量秋自筆本奥書在之御本ヨリ改之／続教訓鈔巻第二上冊一ヨリ／書写本云／天福元年巳六月日以自筆書写┃在判／正六位上行左近衛将監狛宿祢近真撰／二ノ上ヲクニアリ」奥書②明治28多氏本書写（村岡良弼）以下省略
Aウ　①岩橋「何の書の抄録であるか明でない」（七頁） **編纂所写真帳「某抄鈔」** 首「律呂事」（冒頭余白一紙あり）～「凡六調子十三絃合様」 奥書「明徳元年七月日　書写了／左近衛将監豊原朝臣量秋」（以上量秋筆）	**第八冊前半（三三四～三九頁）　福島氏前掲解題…混入か** 首「律呂事」、以下曼殊院本に同じ。 奥書「明徳元年七月日　書写了／左近衛将監豊原朝臣量秋」
②岩橋・編纂所写真帳…『続教訓鈔』巻二下 **→巻二下後半か** 首「続教訓鈔巻第二下　一巻カキアマスアヒタ又此カク也」 次「第卅一　舞詠事／或人云ク、舞楽ノ曲ニ、詠ト云事アリ」以下「第卅八　舞装束事」まで全八項目。奥書「以朝葛自筆本書写畢　従五位下豊原朝臣量秋（花押※真筆）」（以上量秋筆）	**第七冊** 首「続教訓鈔巻第二（※「下」字なし）啓云上野本「巻第二下（一巻カキアマル（マヽ）アヒタ又此カク也）」トアリ」。以下、曼殊院本に同じ 奥書①「以朝葛自筆本書写畢　従五位下豊原朝臣景秋（マヽ）判」②「右以曼殊院宮古本書写之、此巻依無類本不能詳改正之／宝永三年七月三日写（マヽ）切畢同校合加朱／松堂閑士藤原花押卅八才（野宮定基）」③明治41村岡本書写（志水文雄）以下省略
③首「明徳五年常楽会日記」（量秋自筆記）	**該当なし（『體源鈔』十二ノ上に引用あり）**
Bオ　岩橋・編纂所写真帳…『教訓抄』巻七（鎌倉後期写） 料紙に縦界と天三条・地一条の横界あり。	**該当なし**

首欠、天福元年七月、狛近真奥書（量秋とは別筆）	
Bウ　岩橋「建久四年三月十二日散位有安の注進した六調子、十二調子及び笛、笙、箏其の他の譜」（九頁）、編纂所写真帳「有安注進諸楽譜」 首「六調子」。以下、笛・笙・箏・琵琶・方磬の案譜 奥書①「建久四年三月十二日依仰注進之散位有安」 奥書②仁治三年五月、良然相伝奥書 巻末ニ書損ジ「律呂事」（以下余白数行）（以上量秋筆）	**第九冊　↓混入か** 首・奥書①・奥書②いずれも曼殊院本に同じなお、印刷の関係から図の順序変更した旨、頭注にあり。（三四五～五六頁） 巻末書損じなし　奥書①昭和13東儀和太郎本比校（羽塚啓明）
Cオ　岩橋・編纂所写真帳…『教訓抄』巻二（鎌倉後期写） 料紙に縦界と天三条・地一条の横界あり。 首尾欠　冒頭「（笛譜　省略）／抑以前四切ヲ…」 内容は『教訓抄』巻二「皇帝破陣楽」の途中より「万秋楽」まで。末尾は「万秋楽異名」の「出世成道楽」まで以下を欠損。奥書ナシ（量秋とは別筆）	**第四冊　羽塚・福島氏前掲解題↓混入** 首尾欠　冒頭「自是以上虫喰、此段皇帝ノ事也／抑以前四切ヲ」 末尾は曼殊院本に同じ。 奥書①明治　28彰考館本書写（村岡良弼）以下省略
Cウ　岩橋・編纂所写真帳…『続教訓鈔』巻次未詳↓巻二下前半か 首尾欠　冒頭「或人云引出物ヲスルニ…」 以下「第四　飲酒事」～「第廿四　舞楽相伝事」（以上量秋筆）	**第六冊** 首尾欠　冒頭「続教訓鈔／或人云、引出物ヲスルニ…」 以下、曼殊院本に同じ。奥書①明治28彰考館本書写（村岡良弼）以下省略
Dオ　岩橋・編纂所写真帳…巻四上前半 首「続教訓鈔巻第四上」 料紙の破損による欠字「父猶□展転ノ間」（以上量秋筆） 奥書なし	**第一冊** 首「続教訓鈔巻第四中（ママ）」 文中欠字「父猶□展転ノ間」（五頁六行目） 奥書①明治28彰考館本書写（村岡良弼）以下省略

Dウ　岩橋「豊原信秋の応安七年の楽日記の一部」、編纂所写真帳…裏打ちにより写真なし 首欠　冒頭は摩損で文字読めず。正月三日条辺り（「楽所同前御節」）から七月廿五日途中までの日記。 末尾「大鼓音秋」以下欠（奥書なし）（以上量秋筆）	**第十六冊前半　羽塚・福島前掲解題…豊原信秋日記の混入** 首欠　冒頭「楽所同前御節」（正月三日条）。以下曼殊院本に同じ。 「大鼓。音秋」（六九八頁十二行目）まで
Eオ　岩橋・編纂所写真帳…巻四上前半 首「朝葛教訓鈔ノ第四上　一巻カキアマス間是ニかく所也」 巻末識語「楽ノ名ヲハそうのよりハちとさけて／かくへし本さけてかきたる也」（以上量秋筆）	**第三冊** 首「朝葛教訓抄第四上」 巻末識語なし 奥書①明治28彰考館本書写（村岡良弼）以下省略
Eウ　豊原藤秋（生没年未詳、量秋の叔父）ほかの書簡	**該当なし**
Fオ　岩橋・編纂所写真帳…巻十一上前半 首「続教訓鈔巻第十一上」 末尾「或記ニ云筑前守兼俊殿上ニ笙フク」 （傍書「コレヨリ別ノカミニカクナリ」）（以上豊原量秋筆） （奥書ナシ）	**第十冊** 首「続教訓鈔巻第十一上」 末尾「或記ニ云筑前守兼俊殿上ニ笙フク」 （傍書「コレヨリ別ノカミニカクナリ」） 奥書①明治28多氏本書写（村岡良弼）（彰考館本欠） 以下省略
Fウ　内題「尋問鈔下」、奥書「貞和四年八月日　書写訖」（量秋筆）	**該当なし**
Gオ　①岩橋・編纂所写真帳…巻十一上後半 首「朝葛撰十一上　一巻カキアマスアヒタ又次ヲカクモノ也」 次行「或記云ク筑前守兼俊殿上ニ笙フク（後略）」 奥書「明徳三年申七月十三日書写終了　朝葛自筆本也／正六位上行右近衛尉豊原朝臣量秋（花押※真筆）」（以上	**第十一冊** 内題なし（付箋に「十一中」、高野本「十一上」） 首「或記云、筑前守兼俊殿上ニ笙フク（後略）」 奥書①「明徳三年申七月十三日書写終畢　朝葛自筆本也／正六位上行右近衛尉豊原朝臣量秋」

豊原量秋筆）	②明治28彰考館本書写（村岡良弼）以下省略
②笙譜「下無調渡物」以下。奥書なし（量秋筆）	**該当なし**
Gウ　内題「尋問鈔上」（量秋筆）	**該当なし**
Hオ　岩橋・編纂所写真帳…巻十一下 首「続教訓鈔巻第十一下／文永第七歳庚午／唐楽舞師狛宿祢朝葛撰」以下「吹物部」、「第一横笛」。文中虫損による欠字あり。「能トクトリシテ□サレハ」末尾「三宮被仰云ク横笛吹請任ノヨウアリ」以下余白十五行程度（以上量秋筆）。奥書なし	**第十二冊** 首「続教訓秒《鈔イ》巻第十一上[イ]下 文雄云 朱書ハ上野本ヲ以テ対校セルモノ」以下は曼殊院本に同じ。文中欠字「能トクトリシテ、□サレハ」（五四三頁二行）。末尾も曼殊院本に同じ。 奥書①明治28彰考館本書写（村岡良弼）以下省略
Hウ　首「笙譜　大食調呂」 奥書①建久四年、豊原利秋書写奥書。②豊原量秋奥書（花押）（量秋筆）	**該当なし**
Iオ　岩橋・編纂所写真帳…巻次未詳 端欠、冒頭「三台塩　新楽　中曲（後略）」 奥書「明徳四年十月十一日書写了　豊原朝臣量秋（マヽ）（花押※真筆）／ユメ〳〵コノ日記他人ミスヘカラス者也」 （以上量秋筆）	**第二冊** 首「続教訓鈔　七（朱）　彰考館本外題如此」（内題下に「朱書ハ上野本ヲ以テ対校セシモノ也」とあり）。次「狛氏舞内嫡家相家（ママ）部／三台塩　新楽、中曲（後略）」。 奥書①「明徳四年十月十一日書写了　豊原朝臣量秋在判／ユメ〳〵コノ日記他人ニミスヘカラス者也（マヽ）」。②昭和12高野本比校（羽塚啓明）
Iウ　明徳三年仮名具注暦（正月一日～十二月廿五日）	**該当なし**
Jオ　岩橋「石清水八幡宮護国寺極楽寺恒例仏神事の次第」、編纂所写真帳「石清水八幡宮護国寺恒例仏神事」 端欠、首「又於護国寺者小行始之即七ケ日間献之」	**第十五冊　羽塚・福島前掲解題→混入** （底本の校本） （平出本・東儀本、首「（曼殊院本ニ同ジ）」）首「御節

	次行「御節次第　装束法服」 奥書「以上／明徳四年卯月十三日書写之也／従五位下行右近将監豊原朝臣量秋（花押※真筆）」（以上量秋筆）	次第装束法服」 奥書①「従五位下行右近将監豊原朝臣量秋／在判／明徳四年卯月十三日書写之也」（※文の順序、諸本により前後す）②明28彰考館本書写（村岡良弼）以下省略
Jウ	**岩橋「信秋の楽日記」、編纂所写真帳…裏打ちにより写真なし** 首「式伽陀無之」次行「廿六日　大般若経結願、今日面々下向」七月廿六日～十二月十七日までの日記（以上量秋筆）。奥書なし。 ▼八月十六日条以降十二月十七日条は逸文	**第十六冊後半　羽塚・福島前掲解題…豊原信秋日記の混入** 「式伽陀無之」（六九八頁一二行目末尾）より。七月廿六日～八月十六日条までの日記。末尾に「八月十六日已後十二月迄御本ニ有之」と注し、以下を省略。奥書、昭13平出本・家蔵一本比校（羽塚啓明）
Kオ	**岩橋論文なし** 編纂所写真帳「律呂弁天地四方声」 首「第一音事」（冒頭余白四行分あり） 以下「律呂弁天地四方声」、「第二五音事」、「五常」 奥書ナシ（巻末余白十数行あり）（以上量秋筆）	**第八冊後半（三四〇頁～）→混入か** 首「或書ニ云ク。声ヲ知テ音ヲ知ラサルハ禽獣コレナリ」 曼殊院本とは記事の順序異なり、三四〇・三四一頁の文と図は三四三頁の二行目と三行目の間に入る。また、三四三頁二行目末尾に「声ノ分斉ナリ五声八音等ハ外声ノ分斉ナリ」の脱文あり。奥書①明治28彰考館本書写（村岡良弼）後略
Kウ	**明徳元年（四月十日～八月二十六日）**	**該当なし**
Lオ	**（断簡オモテ）岩橋・編纂所写真帳なし（研究所写真版のみ）** 首「已上十五名或書注之不審無極可尋之」、末尾「万秋楽破ノ鷲拍子説、六帖ノ二四八説イカニモ〱ヒロウス」（量秋筆とは別筆）	**該当なし**

Lウ（断簡ウラ）　岩橋・編纂所写真帳なし（研究所写真版のみ） 首「第二或人云ク人ノモトヘ文ヤラムスルニ（後略）」末尾「引出物事」（以下欠）（以上量秋筆）	**該当なし→逸文**
該当なし	**第十三冊　『続教訓鈔』巻二十二前半** 内題「続教訓鈔巻第二十二」
該当なし	**第十四冊　『続教訓鈔』巻二十二後半** 内題「続教訓鈔廿二下」末尾伊呂波念仏歌　奥書なし

二、曼殊院本と古典全集本の比較・検討（一）

まず、岩橋論文と編纂所写真帳において『続教訓鈔』とされる巻から検討する。

前掲**表1**に示したように、編纂所写真帳の解説及び岩橋論文によると、曼殊院本のうち、『続教訓鈔』は、

巻二下……………Aウラ
巻四上……………Dオモテ・Eオモテ
巻十一上…………Fオモテ・Gオモテ
巻十一下…………Hオモテ
巻次未詳の巻……Cオモテ・Iオモテ

であるという（以下、オモテは「オ」、ウラは「ウ」と略記する。Aオ、Cオのごとしである）。

では、論の進行上の都合から、巻十一上から見てゆく。

1、『続教訓鈔』巻十一上

表1、編纂所写真帳・岩橋論文によれば、**Fオ**が『続教訓鈔』巻十一上前半、**Gオ**が同後半にあたるということであるが、なるほど、**表2**に示すように、冒頭には「続教訓鈔巻十一上」（**Fオ**）、「朝葛撰十一上」（**Gオ**）と内題が見えて、どちらも『続教訓鈔』巻十一上であることを示している。

ただし、**Fオ**の方には、巻末の本文末尾に「コレヨリ別ノカミニカクナリ」という本文と同筆の注記があり、**Gオ**の方の巻首内題下に、本文と同筆で「一巻カキアマスアヒタ又次ヲカクモノ也」とあるから、これはこの巻十一上を一巻に書ききれず、二巻にまたがって記した際の注記かと推察される。巻十一上は「吹物部」と題され、笞笙以下、篳篥、高麗笛、太笛、中管、尺八等、吹物の各楽器の由来、故実、口伝、案譜法、記録、説話などを収載したもので、内容としても**Fオ**から**Gオ**の順で連続しているから、**Fオ**が巻十一上の前半、**Gオ**が巻十一上の後半と認められる。

因みに、後述する巻二下、巻四上にも、二巻にまたがって記した由の注記が見られ、本文を一巻に書ききれず、別の巻に残りを書いている。このことから、曼殊院本の『続教訓鈔』は、紙背の余白を利用して写されたものであったかと察せられる。したがって、この巻十一上は現在巻子本のオモテになっているが、もとはウラであったかと思われる。この点は曼殊院本の成立にかかわる事項であるから、またあとで述べる。

なお、奥書については、**Fオ**の方には奥書がなく、**Gオ**の方に、「明徳三年中七月十三日書写終了　朝葛自筆本也／正六位上行右近衛尉豊原朝臣量秋（花押）」とあって、豊原量秋が朝葛自筆本を写した旨を記す。**Fオ**の方に奥書がないのは、それは本文の途中であるからであろう。花押は、後掲**写真1**（一七四頁。以下、写真はすべて本稿末尾にまとめて掲載）に示すように、真筆と見られるから、量秋の自筆本と判断される。この量秋の筆跡と**Fオ**の筆跡は、後掲**写真2**（一七五頁）に見るように、同筆と判断されるから、**Fオ**の方も量秋筆と認めてよい。

では、次にこれを古典全集本に照らしてみると、**表2**に示したように、**Fオ**は第十冊、**Gオ**は第十一冊にあたる。第十冊は、本文冒頭・末尾とも同じであり、末尾の注記「コレヨリ別ノカミニカクナリ」も同じである。また、第十一冊は、内題がなく、底本に付された付箋に「十一中」とあり、「高野本」（高野辰之旧蔵、国立国会図書館現蔵、前章参照）に「十一上」とあるとして「上」か「中」か、伝本により揺れているが、本文は同じであり、奥書も同じものである（ただし、こちらには当然花押はない）。

したがって、第十冊は『続教訓鈔』巻十一上前半、第十一冊は同書巻十一上後半と判断され、どちらも、曼殊院本を祖本とするものと判じられる。なお、従来第十一冊は本文に内題がなく、底本の付箋に記された巻次と校本の巻次とが上述のように揺れており、巻次不詳であった。曼殊院本との対照によって、これが巻十一上の後半にあたることが確認されたといえる。

古典全集本については、従来このように巻次未詳の巻があったため、本文の巻次を用いず、「『続教訓鈔』第十一冊」のように冊次で数えていたから、このことは本文批判の上で重要な前進であるといってよい。

2、『続教訓鈔』巻十一下

表1に見るように、編纂所写真帳、岩橋論文によると、**Hオ**は『続教訓鈔』巻十一下だということであるが、**表2**に示すように、**Hオ**は冒頭に「続教訓鈔巻十一下／文永第七歳庚午／唐楽舞師狛宿祢朝葛撰」と内題が見え、たしかにそれと認められる。内容は「吹物部」と題され、「第一　横笛」の題のもとに、横笛に関する記事が記されている。これは、前項1で検討した巻十一上、吹物部の答笙、篳篥、高麗笛、太笛、中管、尺八の流れに続くものである。末尾は「三宮　被仰云ク横笛吹請任ヨウアリ」という一文で終っており、奥書はなく、以下は十五行分ほどの余白を置いて巻末となっている。

次に、これを古典全集本に照らすと、第十二冊が該当する。第十二冊冒頭の内題は、「続教訓秒《鈔イ》巻第十一上〔イ〕下 文雄云 朱書ハ上野本ヲ以テ対校セルモノ」となっており、まず、「続教訓秒」とあるのは、「続教訓鈔」の単純な誤写であろう。また、巻次を「巻第十一上」とする点については、巻十一上は、前項1で検討したところの巻であって、異本注記に「下」とあるように、底本の誤りかと思われる。本文は曼殊院本**Hオ**に一致し、とくに本文中、曼殊院本で「能トクトリシテ□サレハ」という虫損箇所が、「能トクトリシテ、□サレハ」（五四三頁）と欠字になっているから、古典全集本の祖本は曼殊院本と認めてよく、古典全集本で「巻十一上」とするのは、たしかに「下」の誤りと判断される。

なお、この古典全集本第十二冊も、従来は上述のように、巻次が十一の「上」なのか、「下」なのか、明確でなかったが、曼殊院本との対照によって、巻十一下であったことが明らかになったといえる。

3、『続教訓鈔』巻二下

表1、編纂所写真帳・岩橋論文によると、**Aウ**は「某抄鈔」「続教訓鈔巻第二下」「明徳五年常楽会日記」の三つの記事からなり、二番目の記事が『続教訓鈔』巻二下であるということだが、**表2**に示したように、たしかに**Aウ**の二番目の記事の冒頭内題は「続教訓鈔巻第二下」となっており、後掲**写真3**（一七六頁）に示すように、巻末には朝葛自筆本を写した旨の豊原量秋の奥書があり、花押が真筆と見られるから、これも量秋自筆で、『続教訓鈔』巻二下の写本と認められる。また、これには内題の下に、本文と同筆で「一巻カキアマスアヒタ又此カク也」と注記があるから、これも前項1の巻十一上と同じように、別の巻に巻二下を書いていたのを書ききれず、残りをこちらへ書いたものと察せられ、つまりこれは巻二下の後半だと言える。内容は、「第卅一　舞詠事」と題する記事から「第卅八　舞装束事」と題する記事まで全八項目からなり、舞に関するさまざまな口伝・故実を記す。冒頭の記

事の通し番号が「第卅一」となっている点より見ても、中途であることは明らかである。

そこで、巻二下の前半にあたる巻を探してみると、Cウが該当するようである。Cウは、岩橋論文・編纂所写真帳ではただ「続教訓鈔」とのみ記され、巻次未詳であるが、後掲**写真4**（一七七頁）に見るように、なるほどたしかに冒頭は内題がなく、「或人云引出物ヲスルニ」と始まっているから、冒頭は欠けたものと思しく、これだけでは巻次が明らかでないが、筆跡は先の**写真1〜3**に比較して量秋のものと見られ、天地の余白や行間の取り方などの書写の体裁もAウと同じものである。しかも、冒頭の「引出物」に関する記事こそ冒頭が欠けているから通し番号がわからないが、その次の記事は「第四　飲酒事」と題する記事であり、以下「第廿四　舞楽相伝事」と題する記事まで、前述のAウに類似する体裁で、二〇項目の記事が記されている。末尾は料紙が断ち落とされ、以下の本文を欠いているから、記事がどこまで存したか明らかでないが、通し番号が「廿四」で終っていることや、巻末の内容が舞に関する口伝・故実であることなどから、これらは前述の巻二下後半にあたると見られるAウの、「第卅一　舞詠事」から「第卅八　舞装束事」に至る記事と一連のものかと推察される。筆跡が同じ量秋のものであること、天地の余白や行間の取り方なども同じものと判じられるから、両者は一連のものと解される。

また、研究所写真版にのみ撮影されている、Lウ（断簡のウラ）を見てみると、本文は「第二或人云ク人ノモトヘ文ヤラムスルニ」で始まり、末尾は「引出物事」という見出しで終っているから、これは「或人云引出物ヲスルニ」で始まる前述のCウに接続するものと見てよい。**写真5**（一七八頁）に見るように、筆跡も量秋のもので、書写の体裁も同じものと認められる。

因みに、詳しくは後述するが、Cのオモテは『教訓抄』巻二で、巻末が欠けており、断簡のオモテがそこに接続する。Cと断簡はオモテ・ウラともに内容が連続し、接続するものと認められる。

以上のように、巻二下については、Lウ、Cウ、Aウの順に並べられるものと考察される。ただし、Lウの前半が欠けているのと、Cウの巻末に脱落があり、その間の本文は明らかにならない。

では、次にこれらを古典全集本に照らすと、Aウ②は第七冊が該当する。こちらの内題は「続教訓鈔巻第二」となっていて「下」の字が欠けており、「一巻カキアマスアヒタ又此カク也」の注記は底本になく、校本の上野本（現国会図書館本）にあるということだが、以下本文は誤写・誤記の類を除き一致し、巻末の量秋の奥書も一致する。したがって、第七冊も曼殊院本を祖本とするものだといえる。

また、Cウと一致するのは第六冊である。Cウは、前述のように末尾は文字が切れて、文の途中で欠損しているが、第六冊はその欠損状況も一致するから、これも曼殊院本を祖本とするものと見てよい。

一方、断簡ウラに該当する記事は、前にも述べたように、古典全集本には見当たらず、逸文である。

こうして曼殊院本をつぶさに検証してみると、岩橋・編纂所写真帳では未詳とされていたCウの巻次が巻二下の前半かと推察され、また研究所写真版にのみ撮影されている断簡のウラがその前半に接続するものであった。また、ここでもこれまで未詳であった第七冊・第六冊の巻次が、それぞれ巻二下後半・同前半であることが明らかになったといえる。

4、『続教訓鈔』巻四上

表1（一二五頁）、編纂所写真帳・岩橋論文によると、**Dオ**が『続教訓鈔』巻四上の前半、**Eオ**がその後半にあたるという。
なるほど、**表2**（一二六頁〜）に示すように、内題は、**Dオ**が「続教訓鈔巻第四上」、**Eオ**が「朝葛教訓鈔ノ第四上」となっており、**Eオ**の方の内題下に、本文と同筆で「一巻カキアマス間是ニかく所也」と注記があるから、これも本文を一巻に書ききれず、残りを別の巻に写したことを注記したものと解され、たしかに**Dオ**が巻四上前半、

Eオがその後半にあたるものと認められる。**表2**の中には示していないが、巻四上は、「第一　壱越調曲」として、皇帝破陣楽以下二十六曲、「沙陀調曲」として、新羅陵王以下九曲、「第二　双調曲」として柳花苑以下二曲、渡物として鳥破以下十二曲、「第三　黄鐘調曲」として、聖明楽以下八曲、水調曲として蓮花楽以下四曲について、各曲の故実、口伝、諸説、説話、記録等を記すもので、内容としても**Dオ**から**Eオ**へと連続している。

なお、**写真6・7**（一七九・八〇頁）に見るように、筆跡は**写真1～5**に照らして量秋のものである。後半にあたる**Eオ**に書写奥書はないが、巻末に「楽ノ名ヲハそうのよりハちとさけて／かくへし本さけてかきたる也」と識語がある。これについて、岩橋論文は、「これは人に命じて続教訓鈔を清書させる意思であつたから、其の為めに清書の注意書を記して置いたのである。」（八頁）と指摘される。これは、「楽の名をば惣のよりはちと下げて書くべし。もと（は）下げて書きたるなり」と読めて、**写真6**に見るように、小題になっている曲名（写真では「皇帝破陣楽」）は字下げせずに書き出されているが、「楽の名称は、全体よりも少し下げて書くべきである。原本は下げて書いてある」という意味かと察せられる。つまり、各曲の見出しを全体より少し字下げして書けという、書写する上での指示かと思われ、岩橋が指摘するように、たしかにこれから清書するつもりであったものと推察される。つまり言い換えれば、このことは曼殊院本の『続教訓鈔』が下書きであったことを示すものかと思われる。前述のように、曼殊院本の『続教訓鈔』が紙背を利用して写されたものと見られることも、そのことと符合するが、この点は、またあとで述べる。

では次に、これらを古典全集本に照らすと、**表2**（一二八～一二九頁）に示したように、ここは**Dオ**が第一冊、**Eオ**が第三冊にあたる。

第一冊は内題が「続教訓鈔巻第四中」となっており、曼殊院本が「……巻第四上」とするのと異同があるが、本文中に見える「父猶□展転ノ間」（五頁六行目）という欠字が、曼殊院本当該箇所では料紙が破損しており、曼殊院本が祖本と認められる。また巻末も同じところで終り、残りを後述する第三冊に譲っていて、巻四上をこのように前半・後半に分かって書写したのは曼殊院本書写時のことと解されるから、この点からも曼殊院本が祖本であると判断される。

第三冊は、曼殊院本内題下部にある「一巻カキアマス間（後略）」という識語がなく、巻末の「楽ノ名ヲハそうのよりハちとさけて／かくへし本さけてかきたる也」という識語もないが、内題は「朝葛教訓抄第四上」となっており、「鈔」と「抄」の異同、「鈔」の字と「第」の字の間の「ノ」の字がないという違いはあるが、そうした異同は、書写過程の中で生じやすいものである。書名を「続教訓鈔」ではなく、「朝葛教訓抄」とする点と、巻次を「巻四上」とする点が一致すること、誤写に基づくと思われる異同を除くと本文が一致することから、こちらも曼殊院本を祖本とするものと思われる。

5、『続教訓鈔』巻次未詳の巻

前掲**表1**（一二五頁）に示したように、編纂所写真帳・岩橋論文によれば、巻次未詳の巻は二巻あるという（**CウⅠオ**）ことであるが、うち**Cウ**は、巻二下前半にあたると考察された（前項3）。そこで、**Ⅰオ**について検討してみる。

前掲**表2**（一三〇頁）に見るように、**Ⅰオ**は内題を欠いており、書名・巻次ともわからないが、冒頭は「三台塩新楽　中曲」と始まり、三台塩以下各曲の故実、口伝、記録などを記す。**表2**の中には示していないが、文中、「甘州」の条に、「亡父モ舞ベキヤウヲバ、光真・近真等ヨリ口伝シタレドモ」（古典全集本では八七頁）と見え、筆者の父は光真・近真らから口伝を受けた由である。前述の『続教訓鈔』巻二下「第卅四　左舞伝来事」によれば、

光真又子ナキ間、舎弟近真ヲ養子トシテ舞曲ヲ伝フ。其上甥男光葛ヲ養子トシテ、当家ノ秘譜・口伝等、ヲ、

ク直ニ伝ヘ畢。（句読点は筆者。古典全集本では三一七頁）

とあり、光真は子どもがなかったので、弟近真を養子として舞の曲を伝え、また光葛を養子にして、家の秘譜や口伝を直に伝えた、ということであるから、前掲の「亡父」は光葛と見て齟齬がなく、光葛を父にもつ朝葛が書いたものと見てよい。

　また、巻末には「明徳四年十月十一日書写了　豊原朝臣量秋（花押）／ユメ〳〵コノ日記他人ミスヘカラス者（マヽ）也」と、明徳四年（一三九三）に豊原量秋が書写した旨の奥書があり、花押が真筆と見られるから、これも量秋自筆である。後掲**写真8**（一八一頁）に見るように、書写の体裁も、前述の量秋による一連の『続教訓鈔』の写本（後掲**写真1～7**）と同じものと認められ、これも量秋による『続教訓鈔』の写本のひとつと見てよいと思われる。なお、紙背（**I－ウ**）は、後述するように明徳三年（一三九二）の仮名具注暦で、その紙背を利用して写したものと解される。

　次に、これを古典全集本に照らすと（前掲表2、一三〇頁）、第二冊が本文・奥書とも一致し、これも曼殊院本を祖本とするものと認められる。ただし、第二冊の方は、冒頭に「続教訓鈔　七（朱）　外題如此　彰考館本」という内題があり、巻七ともとれるが、その内題下に「朱書ハ上野本ヲ以テ対校セシモノ也」とあって、「七」というのは上野本（上野図書館、現国立国会図書館本）の異同と知られる。また、内題の次行に「文永第七歳庚午／唐楽舞師狛宿祢朝葛撰」とあり、その次に「狛氏舞内嫡家相家部」という副題もあって、前述の三台塩以下の記事が始まる。いずれも曼殊院本には見えないものである。曼殊院本の巻首に欠損が生じる前の状態を留めるものか、あるいは後人が内容に即して付加したものか、明らかでないから、今後諸本の調査も含めて追究したい。ただ、いまは、曼殊院本の状態に従い、巻次未詳としておく。

三、曼殊院本と古典全集本の比較・検討（二）

次に、曼殊院本の『教訓抄』を検討する。

曼殊院本の『教訓抄』については、前述のように、前掲第一章「『教訓抄』の古写本について」で紹介し、かつ筆者も参加する教訓抄研究会において、全文の翻刻を発表しているが、そのときは古典全集本との比較は行っていないから、ここにあらためて述べておく。

1、『教訓抄』巻二

前掲**表1**（一二五頁）に示すように、編纂所写真帳や岩橋論文によると、曼殊院本**Cウ**が『教訓抄』巻二にあたるということであるが、本稿第一節でも述べたように、研究所写真版ではその後修補がなされたのか、表裏が逆転し、そこは**Cオ**になっているから、いまはこれに従い、**Cオ**として扱う。

前掲**表2**（一二八頁）に示すように、**Cオ**は、縦界と天三条、地一条の横界とが引かれているが、巻首・巻末の料紙は欠けており、内題・奥書はない。巻首は現在と同じように巻子本のオモテであったときに、巻末は巻子本のウラになっていた折に、それぞれ虫損・破損等によって失われたのであろうか。

内容はたしかに『教訓抄』巻二であり、本文は「皇帝破陣楽」の途中から始まり、「万秋楽」の後半部分「万秋楽異名」の「出世成道楽」までで、以下を欠損しているが、研究所写真帳にのみ撮影されている**Lオ**（断簡オモテ）が、内容より見て、これに接続するものと解される。**写真9・10**（一八二・一八三頁）に示すように、試みに**Cオ**の巻末と**Lオ**とを並べて示すと、両者は内容だけでなく、界線の引き様、筆跡も一致し、**Lオ**は**Cオ**巻末に接続するものと認められる。なお、筆跡は前述の『続教訓鈔』の量秋の筆跡とは異なるものである。書写奥書はないので、書写年代、書写者は明らかでないが、こちらは料紙に界線が引かれてあり、清書の体であるから、このCオ・Lオのウラにあたる『続教訓鈔』巻二下を遡る時期の書写と見てよい。前述のように、巻二下は、巻末が欠け、奥書がないが、筆跡から量秋のものと知られるので、同じ量秋筆の巻十一上などと同じ明徳年間の書写と推測される。したがって、この『教訓抄』巻二はそれを遡るものである。岩橋論文や編纂所写真帳等では、鎌倉後期の写しとされるが、それに従えば、『教訓抄』の写本の中でも、文保二年、豊原兼秋の書写になる神田喜一郎旧蔵本（京都国立博物館所蔵、前掲第一・二章参照）に並ぶものといえる。第一・二章でも述べたが、曼殊院本の『教訓抄』と神田本は、どちらにも紙背に量秋筆の記事があるから、ツレである可能性もあると思われる。

次に、このCオを古典全集本に照らすと、第四冊が該当する。前掲表2（一二八頁）に示すように、冒頭に「自是以上虫喰、此段皇帝ノ事也」とあって、これより前が虫損の旨を記しているが、それは曼殊院本の状態に符合し、本文も誤写に基づくと思われる小異はあるものの、一致する。また、巻末も欠けているが、その欠損の状態も曼殊院本に一致する。このことから、これも曼殊院本が祖本にあたるものと考察される。

さて、この第四冊は、前章で指摘したように、羽塚啓明・福島和夫両氏によって『教訓抄』巻二の混入と指摘されていた冊であるが、その祖本と思しき曼殊院本『教訓抄』巻二は料紙に界線を引いて書写しており、清書と見做すべきものであることから、曼殊院本の『続教訓鈔』がいずれも豊原量秋の筆写にかかり、巻子本の紙背を利用して写された下書きと見られるのとは別のものと解され、『続教訓鈔』の一部ではなく、『教訓抄』として書写されたものと見るべきである。したがって、その子孫にあたる古典全集本の第四冊は混入と解すべきものである。おそらく、曼殊院本において内題が失われていたために、それを『続教訓鈔』と誤って書写されたものかと推察される。あるいはまた、曼殊院本すべてを冊子本に書写したものがあり、後人がそこから『続教訓鈔』を書写しようとしたならば、曼殊院本で異なっていた書写の体裁などはわからなくなっていようから、内容が同じ音楽のことゆえ、なお誤認しやすいものと想像される。いずれにせよ、今後、この第四冊は『続教訓鈔』から除外する必要があると思われる。

2、『教訓抄』巻三

前掲**表1**（一二五頁）、編纂所写真帳・岩橋論文によると、**Aオ**は『教訓抄』巻三であるという。前掲**表2**（一二六頁）に示すように、**Aオ**は巻首は欠けて内題を失っているが、冒頭の「太宗謂侍臣曰……」以下の本文はまさに『教訓抄』巻三の秦王破陣楽以下の記事に一致するものであり、巻末の天福元年（一二三三）六月、狛近真の奥書も同じものである。また、こちらも前項1の『教訓抄』巻二と同様に、天三条、地一条の横界と縦界とを引いて書写しており、前述の『続教訓鈔』の書式とも、筆跡とも異なっている。したがって、こちらも、『教訓抄』巻三の写本と見るべきものである。

因みに、後掲**写真11**（一八四頁）に見るように、この**Aオ**巻末の、近真の奥書には、奥書本文のあいだをまたぐように、別筆で「続教訓鈔巻第二上冊一ヨリ／二ノ上ヲクニアリ／詠事」と記してある。この識語の紙背、すなわち**Aウ**は、前節第三項に記したように、『続教訓鈔』巻二下の「第卅一　舞詠事」であるから、「二上」とあるのは「二下」の誤りかと思われるが、おそらく紙背に巻二下があることを記したものであろう。

では次に、この**Aオ**を古典全集本に照らすと、第五冊が該当する（前掲**表2**）。前章でも述べたように、第五冊は『教訓抄』巻三の混入と指摘されていたものであるが、こちらも巻首は欠損して内題はなく、冒頭は「秦王破陣楽／太宗謂侍臣曰（後略）」となっており、「秦王破陣楽」と曲名があるものの、以下の本文は巻末まで曼殊院本に一致する。おそらく「秦王破陣楽」というのは、後人が内容より判断して付けたものであろう。巻末の奥書も、近真の奥書と端裏書と見られるものとが、そのまま写されていて、冒頭に「量秋自筆本奥書在之御本ヨリ改之」と注記がある。「量秋自筆本の奥書これにあり。御本よりこれを改む」と読むのであろうか。量秋自筆本によるとここに奥書がある由であり、「御本」によって校訂したらしい。「御本」というのは、量秋自筆本であること、「御」と敬称が付けられていること等より見て、門跡寺院である曼殊院の本と解すべきであろうが、これは古典全集本の底本の親本にあたる村岡良弼書写本（尊経閣文庫所蔵）にも見られる注記で、古典全集本のものはそれをそのまま写したものらしい。村岡本にある村岡の識語にはどこにも曼殊院の量秋自筆本と校合したことは記されていないから、どうやら親本である彰考館本（戦災焼失。全十三冊、寛政頃写という）か、あるいはその親本乃至祖本の段階において、曼殊院本と校合された際の注記であろうかと推察される（以上前章に既述）。つまり、古典全集本は、曼殊院本を祖本とするもので、かつその伝写の過程において曼殊院本と校合されることがあったものと推察される。

ともあれ、この第五冊も、如上のように、『教訓抄』巻三の写本である曼殊院本を祖本とするものであって、曼殊院本の『続教訓鈔』を書写する際に、内容が同じ音楽のことであり、かつ巻首が欠け内題を失っていたためか、誤って『続教訓鈔』の一部として書写され、流布したものと推察される。

3、『教訓抄』巻七

前掲**表1**、編纂所写真帳・岩橋論文によると、**Bオ**は『教訓抄』巻七にあたるという。前掲**表2**に示すように、**Bオ**は巻首欠で、内題を失っているが、内容は『教訓抄』巻七、舞曲源物語に一致し、冒頭は序の「春日権□座主暗誦シ唯識論十巻間始自」部分から始まっている（これは日本思想大系本の一二九頁下段二行目から三行目にあたる）。こちらにも、料紙に縦界と天三条、地一条の横界とを記しており、前項1・2と同じ書式のもので、『教訓抄』巻七として書写されたものと認められる。奥書も諸本に共通する天福元年（一二三三）七月の狛近真のものである。

なお、これも書写奥書はなく、書写年代、書写者を明らかにしないが、『続教訓鈔』と表裏の関係にある前述の巻二・三と同じ体裁のものであるから、これも『続教訓鈔』の書写年代（明徳年間）を遡るものと考えられる。なお、岩橋論文・編纂所写真帳解説は、鎌倉後期の写本とする。

次に、これを古典全集本に照らすと、該当する巻は見出せない。それは曼殊院本を書写の際、たまたまこの**Bオ**のみ書写されなかった（あるいは書写し落とした）のか、それとも書写されたが、その後それが脱落したのか明らかでないが、これは混入を免れたものといえる。

四、曼殊院本と古典全集本の比較・検討（三）

前掲**表1**（一二五頁）に示したように、曼殊院本の中には、『続教訓鈔』や『教訓抄』以外の書も合写されていると指摘されている。次に、それらを検討する。

1、『宮寺恒例神事八幡宮次第略記』

前掲**表2**（一三〇〜三一頁）に示したように、**Jオ**は、編纂所写真帳では「石清水八幡宮護国寺恒例仏神事」と指摘されていて、岩橋論文でも「石清水八幡宮護国寺極楽寺恒例仏神事の次第」とあり（九頁）、つまり石清水八幡の恒例仏神事の次第書とのことである。
そこで、実際に後掲**写真12**（一八五頁）を見てみると、本紙は端が断ち落とされており、文の途中から始まっており、料紙の摩損がひどく、冒頭の一文は判読がむずかしい。次行は「又於護国寺者小行始之即七ケ日間献之（後略）」という一文で、次いで「御節次第　装束法眼」とあり、次いで「先待長吏御出。果三節乱声、□間所司等着座。（後略）」とあって、「御節」の次第を記しているようである。写真は載せていないが、読み進めていくと、「二日」「三日」……「廿五日」と日を追って行事の次第を記しており、それはやがて「二月」「三月」にも及び、果ては「十二月」の「晦日」に至り、年中行事の次第であると解される。また、登場する地名や建物名より、それが石清水八幡宮のものかと察せられ、かの著名な石清水放生会のことも、八月十五日条に、

（八月）十五日　放生会御行次第　今日有土祭

先以当日寅一点御殿司等参入御殿、御輿前大行事喚立所司著法服参着東外廊（後略）

以上

と出ている。後掲**写真13**（一八六頁）に示すように、巻末に、

明徳四年卯月十三日書写之也

従五位下行右近将監豊原朝臣量秋（花押）

との明徳四年（一三九三）の豊原量秋の奥書が見えて、花押も真筆と見られ、量秋自筆と認められる。

この量秋の書写になる石清水の仏神事の次第とも見える記事は、同文のものが『體源鈔』十一ノ上に見える。こちらは曼殊院本で欠けている冒頭部分を有しており、内題には「宮寺恒例神事八幡宮次第略記量秋自筆写載之」（傍線筆者、引用は日本古典全集『體源鈔　四』による。以下同。一三八五頁）と見える。傍線部割注にあるとおり、『體源鈔』の(5)それは量秋自筆本よりの引用ということであって、末尾にも曼殊院本と同じ奥書が、

本云明徳四年卯月十三日書写之也

従五位下行右近衛将監豊原朝臣量秋在判

（一四〇五頁）

と記され、「本云」「在判」とあるように、こちらは写しである由を伝えており、『體源鈔』所引記事は、曼殊院本に依った可能性が高いといえる。

因みに、『體源鈔』には、後述する曼殊院本所収の『明徳五年常楽会日記』も引かれている。曼殊院本と『體源

鈔』の関係については、あとで少し触れる。

ともあれ、曼殊院本の**Ｊオ**は『體源鈔』に引かれた記事の親本である可能性が高く、それによればこれは「宮寺恒例神事八幡宮次第略記」と題する書であって、『続教訓鈔』ではないということである。

ところが、この「次第略記」は、前掲**表2**に示すように、古典全集本第十五冊に同文のものが収録されている。冒頭の欠損の仕方も同じであり、奥書の文の順序が諸本により前後するようであるが、同じものである。これは前章及び本稿冒頭でも触れたように、従来他書からの混入と指摘されているものであるが、上述したように、これは『體源鈔』によれば「宮寺恒例神事八幡宮次第略記」と題する書であるから、別の書と解すべきである。

したがって、これも巻首が欠け、内題が失われたことによって、『続教訓鈔』の一部と誤認された結果、同書の一部に混入したものと看做すべきであろう。

因みに、いま、「宮寺恒例神事八幡宮次第略記」と題する書は、他に伝本を見出せないが、類本に石清水八幡宮所蔵の『石清水八幡宮宮寺幷極楽寺恒例仏神事惣次第』がある。『日本庶民文化史料集成』第二巻、『石清水八幡宮史料叢書』第四巻に翻刻があり[6]、前者の解題によれば、「石清水八幡宮の神宮寺である護国寺と、それに次ぐ寺院である極楽寺の恒例の仏事・神事について、その次第を注進したもの」で、「右、大概註進如件。寛元二年十一月日別当法印権大僧都耀清（朱印）」との差出書きがあり[7]、寛元二年（一二四四）十一月に、石清水八幡、第三十七代別当柳耀清により注進されたものといい[8]、『続教訓鈔』の成立を遡るものである。詳しい比較・検討は別稿に譲るが、曼殊院本の『宮寺恒例神事八幡宮次第略記』は、これを略述したもので、まさに「略記」ともいうべきものではないかと推察される。

2、『豊原信秋日記』応安七年

前掲**表2**（一二九・一三一頁）に示すように、**Dウ・Jウ**は、編纂所写真帳では裏打ちのため写真はないが、岩橋論文によれば、「豊原信秋の応安七年の楽日記の一部」（**Dウ**）、「信秋の楽日記」（**Jウ**）とのことで、いずれも豊原信秋の日記だということである。

そこで内容をみると、**Dウ**の冒頭は料紙の摩損がひどく、はっきり見えないが、某年の正月三日の記事であり、巻末は七月二十五日の記事の途中で以下を欠いている。また、**Jウ**冒頭は、「式伽陀無之」で始まり、次行が「廿六日、大般若経結願（後略）」で、次いで「廿九日」条、「八月／一日」条の日記になっているから、**Dウ**の続きらしいことがわかる。なお、記事の末尾は十二月十七日条である。そこで、後掲**写真14・15**（一八七・一八八頁）に、**Dウ**の巻末と**Jウ**の巻首とを並べてみると、天地の余白の取り方、行間の取り方、文字の大きさ、筆跡などが同じものと判じられ、両者は一連のものと解される。

次に、これを古典全集本に対照させると、**Dウ**が第十六冊の前半（六七八頁一行目〜六九八頁十二行目）、**Jウ**が同冊の後半（六九八頁十二行目〜七〇〇頁五行目）にあたり、冒頭は正月三日条からで、曼殊院本の文字が判読できるようになる箇所と一致する。ただし、古典全集本は、末尾を八月十六日条までで以下を記しておらず、末行に「八月十六日已後十二月迄御本ニ有之」との注記があり、八月十六日以降十二月までの記事は「御本」にあるとの由である。前章及び前節第2項（『教訓抄』巻三）にも触れたように、この注記は後人が「御本」（曼殊院本か）と校合した際に付した注記のようである。

ともあれ、曼殊院本が十二月まで記すのに対し、古典全集本は八月で中絶しており、相違するが、冒頭の欠損状況が符合することより見て、ここも古典全集本は曼殊院本を祖本とするものかと思われる。因みに、八月十六日以降を記さないのは、何らかの理由で書写を打ち切ったためだろうか。なお、古典全集本の親本にあたる村岡良弼本

（前述、尊経閣文庫蔵）も、国会図書館本も八月十六日までで以下を欠いている。この点は、諸本の調査を進めて、あらためて考えたい。

ところで、この古典全集本第十六冊は、前稿で指摘したように、羽塚啓明・福島和夫両氏によって、豊原信秋日記の混入と指摘されていた冊であるが、これが信秋の日記であり、かつこれが応安七年（一三七四）のそれであることは、古典全集本の羽塚の解説に考証があるので、少々長いが次に引用しておく。

（※第十六冊は）巻首欠失して年代明記なけれども一月廿八日の条に、新院すなはち後光厳帝崩御の事見え、又二月二日には、その御葬礼の事、三月十八日には四十九日御仏事の記事ありて経深の書ける「後光厳院御中陰以下御仏事記」（群書類従所収）と正しく一致すれば、その年代は応安七年なる事明なり、（中略）さて誰の日記なるかと云ふに豊原信秋の日記なるべし、そは三月廿八日の条に「越中守護殿舎弟民部少輔殿笙譜事書進事蒙仰之間要略譜一部書進也」と云ひその次に

　右譜随貴命書進之為初学御練習抜要抄也依有自所労少々交他筆不可有外見者也

　　応安七年三月　日　前筑後守信秋判　如此書

と書けり、この民部少輔は信秋の弟子なること衆清録にも記せり、なほ又三月十七日の条に覚王院崇縁僧正の三十三回仏事の為に江州へ出立するに際し、一族の音秋、房秋、景秋等を召具すと云へる中に、信秋の名の見えざるは信秋がこの人々を引具したるが故なるべく、また前に云へる新院御葬儀の状況を述べたる所に、荒檜墻（マヽ）外信秋浄衣祇候と書けるは、自己を云へるものなるべく、五月十六日の条に「信秋中風所労聊雖少減得存命斗也」と自嘆せる記事あるよりみれば前の民部少輔の為に書ける譜の奥書に云へる所労は、すなはち中風症にかゝりてありしなり、これらの記をもとゝして其の他の記事にある来訪の面々より考ふるに信秋の日記なること疑なきなり。

（五～六頁。※は筆者注）

これによれば、「後光厳院御中陰以下御仏事記」（後光厳院御仏事記とも。『群書類従』第二十九輯所収）の記事により、応安七年の日記と確認され、内部徴証により記主は豊原信秋と判明するとのことであり、従うべきであろう。また、応安七年は、羽塚が指摘するように、『続教訓鈔』著者朝葛の没後であり、『続教訓鈔』の一部足り得ないことは明らかである。したがって、これも混入記事と見るべきものである。

なお、後掲の『體源鈔』所収の豊原氏系図（本稿末尾に掲載の参考1、2。一七一頁。以下同）によると、信秋は量秋の義理の祖父にあたり、先の**写真14・15**に見るように、天地の余白、行間などを大きく取って書かれているから、日記を書写したものとは考えにくく、信秋自筆の原本である可能性があるであろう。量秋が信秋自身か、乃至義父音秋より受け継いだものであろうか。

因みに、黒川春村の『歴代残闕日記』巻六十七に「前筑前守豊原信秋記」と題する豊原信秋の日記があるが(9)、それはこの『信秋日記』と同じもので、古典全集本と同じ正月三日条から八月十六日条までを収めており、末尾の「八月十六日已後十二月迄御本ニ有之」という注記も同じであり、さらにはこの『残闕日記』巻六十七の扉には「続教訓鈔」と扉題があって、春村は、『続教訓鈔』の一伝本より採録したもののようである。ともあれ、古典全集本も『残闕日記』も、八月十六日条までで以下を収めていないから、曼殊院本の十六日条以降十二月十七日条までは逸文であって、未翻刻・未刊のものである。これは『続教訓鈔』とは別に翻刻・公開が俟たれるといえる。

五、曼殊院本と古典全集本の比較・検討（四）

曼殊院本の中には、もとの書名が明らかでない佚名の楽書も含まれる。前掲**表1**に示したように、編纂所写真帳では書名が付されているが、いずれも内容や冒頭の一行を取って仮に付けたもののようである。次に、これを検討する。

1、佚名楽書①（「有安注進諸楽譜」）

前掲**表2**に示すように、**Bウ**は、岩橋論文によれば、「建久四年三月十二日散位有安の注進した六調子、十二調子及び笛、笙、箏其の他の譜」ということであり、編纂所写真帳では「有安注進諸楽譜」とまとめられている。

そこで、実際に曼殊院本当該巻を見てみると、後掲**写真16**（一八九頁）に見るように、一見して、その筆跡は豊原量秋のもの（**写真1〜8**）と判じられるが、天地の余白や行間の取り方、文字の大きさなどより見て、前述の『続教訓鈔』とは明らかに書写の仕方が異なっており、『続教訓鈔』の一部とは看做しがたいものである。冒頭は「六調子」と題する記事から、笛・笙・箏・琵琶・方磬の各案譜を記したもので、末尾に次のような識語がある。

　古譜説々幷師説、相並注進之。但、笙幷笛合音、
私勘付之。定有訛謬歟。又、有凡字二。所謂、上凡・下
凡、是也。令作譜之時、両音混監《（マヽ）》。有其煩之故、今始
作其字。己僕之今案也。其恐甚多。然而天性□（※蒙
昧之間、為備後覧也。非他人之可用事耳。
　六調子品幷二十八調子事等注之略之畢
建久四年三月十二日依仰進之　　散位有安

（□は摩損。括弧内※以下は古典全集本による。私に句読点を付した）

これにより、本書が建久四年に「散位有安」が注進した譜であると知られる。

また、この識語のあとに、和琴や琵琶の案譜法が記されており、その末尾に、また次のような識語がある。

家々図記聚之。大底合当記。相伝相承次第記云、
以長治二年（一一〇五）乙酉三月三日、従中御門中納言宗俊手ヨリ、京極太政大臣宗輔実子、
伝之。以仁安三年（一一六八）戊子正月十三日、従宗輔手、中納言俊□（虫損）実子、伝之。
以文治四年（一一八八）戊申四月五日、従俊通手、□□□□□□□□（※実子京極局、伝之。以）建久七年（一一九六）丙辰
八月十五日、道宗伝之。仁治三年（一二四二）三月十八日、良然伝之。
又々、中御門大納言宗俊卿□□□□□□（※堀河院御笛師）、後宇治禅□□□（※閣忠実箏）、伝之。従宇
治殿、太政大臣師長孫、伝之。於妙音院、以建久四年（一一九三）癸巳八月十八日、取合
□（両カ）本、一見之畢。但雖両本不異、始終為見合之。琵琶譜三巻、
箏譜三巻、相承一巻、今記一巻、私記一巻、賜之。御講已後、寅
時退出矣。
生年十二秋、於□□□□□□□（※今雖廃之。依禰命）改之。仁治三年（一二四二）五月十八日、
従聖人御房御所、於津藍別所備前阿闍梨持仏堂西面、
已前譜幷今記私記賜之畢。為証拠注之。良然。
（□は摩損等により判読が難しい箇所。括弧内※以下は古典全集本による。句読点・西暦筆者）

仁治三年に他の楽譜とともにこれを「良然」なる僧が相伝した旨を記すものであるが、これは有安注進の楽譜を含めての識語なのか、有安注進の楽譜のあとに記された譜のみにかかる識語なのか、未検討である。が、ともかくも、有安のそれが注進の譜であること、良然のそれが伝授譜であることを示している。

良然の識語のあとは、五六行分の余白を隔てて、「一　五音事」と一つ書きの、十三行ほどの短い記事があり、次いで「律呂事」と題して、二行ほどの記事があるが、いずれも上から墨で塗りつぶしてあり、判読しがたい。以

下は余白で、五六行ほどの余白を置いて巻末となっている。「律呂事」と題する記事は、書きかけて止めたような印象であるが、これは次項に述べる**Aウ**①の佚名楽書が「律呂事」と題して始めているから、巻末近くになり、紙幅が無くなったから、これを書きかけて止めたものかと推察される。

なお、「良然」については伝未詳だが、「散位有安」は、鴨長明や九条兼実、二条院の琵琶の師として知られる中原有安と思われる。(10) 有安は、建久二年（一一九一）三月三日の若宮社歌合に「前飛騨守従五位上中原朝臣有安」と出ており、(11) この頃散位であったことが知られ、同五年（一一九四）正月三十日には「有安筑前守」と出て（『山槐記』(12)）、筑前守に任じているから、同四年に「散位」というのは齟齬がない。また、これには方磬の案譜があるが、『玉葉』によれば、有安は同二年四月十日、九条兼実の許へ方磬を持参し、同十三日には中宮御所の童舞でこれを奏しており、(13) 有安は方磬の演奏にも通じていたことが看守される。その点でも有安の注進したものと見て齟齬がないであろう。

では、次にこれを古典全集本と対照してみると（前掲**表2**）、第九冊が該当する。冒頭の書き出し、二つの識語とも一致し、これも曼殊院本が祖本と思われる。この第九冊はこれまで混入との指摘はないが、上述のように、曼殊院本の書写の体裁が『続教訓鈔』と異なること、有安注進の奥書があること等より見て、『続教訓鈔』とは異なる楽書の写しであり、混入記事と解される。

2、佚名楽書②（「某抄鈔」）

前掲**表1**（一二五頁）に示したように、**Aウ**は、編纂所写真帳によると、「某抄鈔」「続教訓鈔巻2下」「明徳五年常楽会日記」の三書の合写であるということであり、『続教訓鈔』巻二下についてはすでに見たとおりである。ここで扱う「某抄鈔」は、前掲**表2**（一二六頁〜）に示したように、岩橋論文においても、「何の書の抄録であるか明でない」（七頁）とする。

そこで、曼殊院本を見てみると、冒頭は余白一紙をおいて、「律呂事」と題して記しているから、もとよりこれが冒頭の題であったかと察せられる。また、**写真17**（一九〇頁）に見るように、その書写の体裁は前述の『続教訓鈔』に比べ、字は大ぶりで、行間を大きくとって記している。以上のようなことから、これは『続教訓鈔』の写しではなく、佚名の楽書か、あるいは音楽に関する抄物の類かと推察される。なお、内容は音楽理論に関するものである。記事の成立年代や筆者について未検討である。この点は後考に譲る。

奥書は、「明徳元年七月日　書写了／左近衛将監豊原朝臣量秋」とあって、花押はないが、**写真18**（一九一頁）に見るように、筆跡よりみて量秋の筆である。前述のように、『続教訓鈔』の書写が、明徳三・四年のことであるから、これはその二三年前のことということになる。

次に、これを古典全集本に対照すると、第八冊の前半（三三四〜三九頁）が該当する。福島和夫氏は『日本音楽文献解題』に寄せた『続教訓鈔』解題において、「第八冊前半も混入か」と述べておられるが、それはこれにあたるものと思われる。また、**写真17・18**に見るように、書写の体裁も、前述の『続教訓鈔』のものとは大きく異なっているから、『続教訓鈔』の一部とは解しがたいものである。これも内容が音楽に関することであるから、『続教訓鈔』と混同され、混入したものと見るべきであろう。

3、佚名楽書③（「律呂弁天地四方声」）

前掲**表1**、編纂所写真帳によると、**Kオ**は「律呂弁天地四方声」という名の書であるとしている（岩橋論文では、前章や前掲**表1**に示したように、**K**の巻は曼殊院から送られて来ず、見られなかった由である）。

そこで、前掲**表2**及び**写真19**（一九二頁）に示すように、曼殊院本を見てみると、これも前項の佚名楽書②と同じように、冒頭に余白があり（四、五行程度）、もとより内題がなかったものと思しいから、これも『続教訓鈔』とは思われないものである。巻末は数十行の余白があるが奥書はなく、曼殊院本の『続教訓鈔』が、巻末を欠損している場合を除き、いずれも書写年次と署名とを記しているところより見ても、これは『続教訓鈔』ではないのであろう。

内容は、「第一音事」「第二　五音事」「五常」などと題する記事がある短いもので、上述のように、内題・奥書ともないことから考えても、これは音楽の理論に関する記事の抄物のようなものと見るべきかと思われる。

次にこれを古典全集本と比較してみると、第八冊の後半が一致する。ちょうど、前項の佚名楽書②の次の記事にあたる（三四〇頁一行目〜三五〇頁三行目）。

ただし、古典全集本では、曼殊院本とは記事の順序が異なり、三四〇・三四一頁の文と図は三四三頁の二行目と三行目の間に入る。また、三四三頁二行目末尾「是八内」のあとに、「声ノ分斉ナリ五声八音等ハ外声ノ分斉ナリ」の脱文がある。それは曼殊院本の第一紙と第二紙とが入れ替わったような状況であるから、錯簡などがあったのであろうか。この点は、今後諸本調査を進めて追究したいが、順序が錯誤していることと脱文とがあるのみで異文はなく、これも曼殊院本を祖本とするものである可能性がある。いずれにせよ、曼殊院本においては、『続教訓鈔』の一部ではないと判断されるから、これが古典全集本に収録されているのは混入というべきである。古典全集本のそれが曼殊院本を祖本とするものならば、これも音楽に関する内容であったために、『続教訓鈔』と混同されたことに由来するものではなかろうか。

六、曼殊院本と古典全集本の比較・検討（五）　付、古典全集本に見えない記事について

次に、曼殊院本にあって、古典全集本にないものを検討する。

1、『尋問鈔』上下

前掲**表1**に見るように、編纂所写真帳・岩橋論文とも、**Gウ**が『尋問鈔』巻上、**Fウ**が同書巻下ということである。『尋問鈔』は、『日本古典音楽文献解題』の福島和夫氏の解題に、

尋問鈔　雅楽打物故実、口伝、秘説等。南都狛流。（中略）上下二巻。撰者不明。貞和四年（一三四八）八月以前成立。（後略）(14)

と解説されるとおり、打物に関する楽書である。

そこで、後掲**写真20**（一九三頁）に示すように、**Gウ**を見てみると、料紙には縦界が引かれており、内題に「尋問鈔上」とあって、全体的に大ぶりの文字で記されており、前に見てきた『続教訓鈔』の書式とは異なるものである。

また、後掲**写真21**（一九四頁）、**Fウ**も料紙に縦界が引かれており、冒頭に「尋問鈔下」と内題を記す。前掲**表2**に示したように、巻末には、「貞和四年八月日　書写訖」と、貞和四年（一三四八）八月に書写した旨の奥書がある。したがって、これは、『尋問鈔』の写本と解すべきである。

なお、奥書には書写者の花押などはないが、筆跡が次項の豊原量秋書写の笙譜（建久四年、豊原利秋奥書）に酷似しており、量秋の書写にかかるものと判断される。ただし、この**Gウ**・**Fウ**のオモテにあたる**Gオ**・**Fオ**は、そ

れぞれ、前述の『続教訓鈔』巻十一上後半・同前半であり、『続教訓鈔』が清書のための下書きと見られる（前述）こと、『尋問鈔』の方は縦界が引かれていること等より見て、本来は『尋問鈔』の方がオモテであり、こちらが先に書写され、その後紙背に『続教訓鈔』が写されたと見るべきであろう。なお、その『続教訓鈔』は、明徳三年（一三九二）の書写であるから、『尋問鈔』の書写年次は、明徳三年を遡ること数年内のことではなかろうか。

因みに、『尋問鈔』の伝本としてはこの曼殊院本が現在確認される最古の写本であり、筆者がこれまでに確認している江戸期の写本には、いずれも巻末に、曼殊院本と同じ貞和四年の奥書があり、『日本楽道叢書』に翻刻されている『尋問鈔』[15]にも同じ奥書があるから、曼殊院本は伝存諸本の祖本にあたるのではないかと思われる。『尋問鈔』については、前述のように『日本楽道叢書』に全文の翻刻があるほか、それに付された羽塚啓明の解説、前掲の福島氏解題以外は研究がなく、手つかずであるから、今後、曼殊院本を含めた研究が俟たれるといえる。

なお、本節冒頭でも述べたように、『尋問鈔』は古典全集本に収録されていない。内容は同じ楽書であるが、内題があり、書名が明らかであったことから、混入を免れたのではないかと推察される。

2、建久四年、豊原利秋奥書『笙譜』

岩橋論文によると、**Hウ**は、建久四年（一一九三）豊原利秋書写の『笙譜』だということである（編纂所写真帳は裏打ち紙により撮影されていない）が、なるほど、**Hウ**は後掲**写真22**（一九五頁）に見るように、料紙に縦界が引かれ、冒頭に「笙譜　大食調呂」と題されている。内容は笙譜で、曲目は以下のとおり。

「大食調」

調子、秦王破陣楽、傾坏楽破、同喚頭、同急、同喚頭、散手破陣楽序、同破、同喚頭、太平楽道行、同破、同急、同喚頭、賀王恩、打毬楽、同喚頭、還城楽破、同喚頭、天人楽、同喚頭、輪鼓褌脱、蘇芳菲、同喚頭、同半条《マヽ》、仙遊霞、庶人三台、長慶子。

「壱越調」

調子、春鶯囀遊声、同序、同颯踏、同入破、同鳥声、同急声（表題のみ。譜なし）、羅陵王破、同半条、同喚頭、玉樹後庭花、賀殿道行、同破、同急、北庭楽、承和楽、胡飲酒序、同破、弄槍、十天楽、壱弄楽、河水楽、溢金楽、詔応楽、廻坏楽破、渋河鳥破、同喚頭、歌《マヽ》曲子、迦陵頻序、同半帖、同破、同急（表題のみ。譜なし）、安楽塩、壱徳塩、武徳楽、新羅陵王、酣酔楽、菩薩道行、同半条喚頭、同序、同半条、酒胡子。

「双調」

調子、春庭楽、柳花苑。

また、奥書は左に示すように二つある。

建久四年三月廿七日
尊重護法寺為施入一校了
左近衛将監豊原朝臣利秋（花押※抹消）
（二行余白）
従五位下行右近衛将監豊原朝臣量秋（花押）

一つ目は、建久四年の豊原利秋の奥書であるが、これには「一校し了んぬ」とあるから、笙譜を書写したのち、一度その原本と付き合わせて写し誤りがないか校正したことを記したものと察せられ、岩橋論文で言われているように、書写奥書と見るべきものであろう。岩橋論文では「立派な建久の古写本である」（九頁）と解説されているが、**写真23**（一九六頁）に見るように、その花押は、後述する二つ目の奥書の量秋の花押と同じ手のもののように見え、かつ上から墨で塗抹されていることや、奥書の文の筆跡もこれまで見てきた『続教訓鈔』等の量秋の筆と同筆のように見えるから、これは量秋の写しではないかと思われる。したがって、その書写年代も、『続教訓鈔』等と同じように、明徳年間（一三九〇〜九三）のものである可能性があろう。

二つ目は、官位官職と姓名のみを記した量秋の署名であり、前掲の『続教訓鈔』の量秋の書写奥書に比して同筆と見られる。書写した等の文言は何もないが、建久四年に利秋が写した笙譜を、量秋が写したものと見るのが穏当であろう。

さて、この笙譜については、縦界を引いた料紙に書写されている（前述）ことと、この笙譜の反対の面に書写されているのが前述の『続教訓鈔』巻十一下であり、それが清書の前の下書きと見られることより考えれば、まずこの笙譜が書写され、その後その紙背に『続教訓鈔』が書写されたものと解される。現在は『続教訓鈔』がオモテになっているが、もとは同書がウラであったかと推察される。

因みに、『體源鈔』十三所収の豊原氏系図（一七一頁の参考1・2参照）によれば、利秋は時元の男時秋の養子で、実は時秋の弟光秋の子という。一者十八年、建暦二年（一二一二）正月十一日に出家し、同十八日に没したという。量秋より見て、その祖にあたる。豊原氏本家に伝わる『古譜律呂巻』が、利秋書写の笙譜として著名である[16]（原本はその写し）が、ここにもその譜が伝えられていたことがわかる。

因みに、笙譜としては、陽明文庫に蔵する『鳳笙譜調子譜』が、平安末期ころの書写本として現存する最も古いものであるが[17]、量秋書写と見られるこの笙譜は、紙背であったと思われる『続教訓鈔』が明徳頃の書写と見られることから、それより前の書写と推察され、『鳳笙譜調子譜』に次ぐ古写の笙譜の一つということになる。

3、笙譜「下無調渡物」以下

これは、後掲**写真1**（一七四頁）に見るように、前述の『続教訓鈔』巻十一上（後半）のあとに、数行の余白を隔てて記されているもので、筆跡を見るに、量秋の筆である。冒頭に「下無調渡物」と題され、以下左の各曲の笙譜を記す。

「下無調渡物」海青楽、拾翠楽急、鳥急、蘇合急、越殿楽、千秋楽、「双調」三台急、甘州、五常楽急、太平楽急、鶏徳、林歌、海青楽、拾翠楽急、蘇合急、白柱、越殿急（マヽ）、千秋楽、「黄鐘調渡物」三台急、甘州、五常楽急、胡飲酒破、酒胡子、武徳楽、地久急、蘇合急、輪台、越殿楽、千秋楽、「盤渉調渡物」三台急、甘州、太平楽急（ただし、表題のみで譜なし）、五常楽急、鶏徳、林歌。

奥書はないが、『続教訓鈔』巻十一上（後半）のあとに記されているから、その書写時期（明徳三年〈一三九二〉七月十三日）以降に記されたものであろう。

これも古典全集本にないが、それは内容が明らかに笙の楽譜であり、『続教訓鈔』と混同されることがなかったためかと思われる。

4、『明徳五年常楽会日記』（豊原量秋記）

前掲**表1**に示したように、**Aウ**の三番目の記事は、岩橋論文・編纂所写真帳とも、豊原量秋の『明徳五年常楽会日記』だということである。

そこで、前掲**表2**の**Aウ**を見てみると、**Aウ**の一つ目の記事は佚名楽書、二つ目は『続教訓鈔』巻二下（後半）であり、原本ではそのあとにいくらかの余白を隔てて、次のような記事がある。

明徳五年常楽会日記

三月依室町殿仰下向被執行之

十五日　天晴。常楽会被執行。暁天有集会乱声。地下伶人勤仕之云々。（五十七行中略）

十六日　法華会、朝座巳剋事始。寺務御出仕。次衆僧着座様□□日但納甲梵錫悉自中門出仕。（後略）

筆跡は量秋のものである。「明徳五年常楽会日記」と題されたその内容を窺うと、明徳五年（一三九四）三月十五日・十六日（筆者注、二月十五・十六日ではない）に挙行された興福寺常楽会（十五日）・法華会（十六日）の詳細な記録であり、これは**写真24**（一九七頁）に見るように、筆跡は量秋のものと知られるが、これと同じものが『體源鈔』十二ノ上にも見える。ただし、『體源鈔』の方には、末尾に一字下げで、

右会式、久不被行。雖無用記、厳重会、此道繁昌事在之。加披見者。尤可為才覚者歟。仍載之。此記量秋自筆写之。（一五八七頁）

とあって、常楽会は久しく行われず、こんにちでは無用の記録であるが、貴重するがゆえに量秋の自筆本より転載したということであるから、これは『體源鈔』著者豊原統秋の識語であろう。曼殊院本には、既述のように、『続教訓鈔』や『宮寺恒例神事八幡宮次第略記』など、『體源鈔』に引かれたものがいくつかあるが、これもそれにあたるものといえる。これも量秋から代々豊原氏の間で継承され、統秋の許で『體源鈔』編纂に用いられたものと推察される。

なお、興福寺常楽会については、近年鳥谷部輝彦氏が、お茶の水図書館成簣堂文庫所蔵の『類聚世要抄』『御寺務部』所載の次第から、その舞楽の有り様を検討しておられるが[18]、常楽会の衰退と断絶の過程については明らかでないようである。注意されるのは、ここで『體源鈔』の著者豊原統秋が、常楽会を「久しく行われず」と述べていることであり、統秋の頃にはすでに絶えて久しいことがわかる。

因みに、『體源鈔』十三「代々公私荒序所作事」の同年条には、「今度常楽会、将軍家為御見物被執行之（このた

びの常楽会、将軍家御見物のため、これを執行せらる）」（第四巻一八二七〜二八頁）とあって、このときの常楽会は、将軍家（将軍足利義満）が見物されるということから挙行されたもので、この記事を収める「代々公私荒序所作事」によれば、興福寺常楽会は永和元年（一三七五）四月十五日に行われて以来のことと知られるから、およそ十九年ぶりの開催であった。

常楽会といえば、興福寺の年中行事として平安から鎌倉時代にかけて行われていたことが知られているが、その後いつごろ、どのように衰退、断絶に至ったかは明らかでない。その意味で、興味深い記事かと推察する。また、式次第についても、『類聚世要抄』等と比較・検討してみる必要がありそうである。

なお、これも古典全集本には収められていない。冒頭にはっきりと内題が記されていることから、『続教訓鈔』と混同されることはなかったのであろう。

5、明徳元年・同三年仮名具注暦

岩橋論文・編纂所写真帳によれば、**Kウ**は明徳元年（一三九〇）の、**Iウ**は同三年（一三九二）の、仮名具注暦であるという（前掲**表1**）ことであるが、後掲**写真25・26**（一九八・一九九頁）に示すように、たしかに仮名具注暦である。**Kウ**は佚名楽書③の紙背であり、**Iウ**は『続教訓鈔』（巻次未詳の巻）の紙背であるから、それぞれ、その紙背を利用したものといえる。**Iウ**の『続教訓鈔』の方は巻末に明徳四年（一三九三）の書写奥書があるから、仮名暦の翌年には書写されている。書写年代のわからない佚名楽書③も、これに近いころの書写と見てよいのではないかと思われる。

前掲**表2**に示すように、**Kウ**は暦の内容より明徳元年のものと判じられ、四月十日から八月二十六日に至る部分、**Iウ**は同三年正月一日から、十二月二十五日に至る部分である。いずれも、古典全集本になく、これは具注暦ゆえ、

『続教訓鈔』と混同されることはなかったものと思われる。

6、消息

岩橋論文・編纂所写真帳によれば、**Eウ**は消息であるということである（前掲**表1**）が、なるほど、豊原藤秋ほかの書簡で、本稿末尾付載の『體源鈔』所載豊原氏系図（一七一頁の参考1・2参照）によれば、藤秋は量秋の叔父にあたる。**Eウ**のオモテ、すなわち**Eオ**は、前述のように量秋書写の『続教訓鈔』巻四上（後半）にあたるから、この消息を受け取った量秋がその紙背を利用したものと解される。なお、参考として後掲**写真27・28**（二〇〇・二〇一頁）にその写真を掲載した。

これも古典全集本にないが、消息ゆえ、『続教訓鈔』と混同されることはなかったものと思われる。

付、曼殊院本に見えない『続教訓鈔』巻二十二について

以上、曼殊院本の内容を確認しながら、古典全集本との対応を見てきたが、古典全集本に存し、曼殊院本に見られない『続教訓鈔』巻二十二について、最後に触れておく。

この巻二十二については、古典全集本第十三冊・第十四冊に収録されており、第十三冊の冒頭に、「続教訓鈔巻第二十二」と内題があり、次行に「文永第七歳庚午／唐楽舞師　狛宿祢朝葛撰」とあって、以下本文には南都諸大寺のこと、春日明神のこと、六道のこと（うち、地獄、餓鬼、畜生の三悪道）が記される。

第十四冊は、第十三冊の六道のつづきで、修羅、人間、天上を記し、またその他信仰のことについて述べて、最後に「始終伊呂波幷念仏」と題する伊呂波念仏の歌を記して終えている。

これについて、古典全集本の羽塚啓明氏解題は、

第十三冊と第十四冊とは一聯のものにて宗教談をもて終始し、信仰をもて子孫への教訓とし、最後に伊呂波念仏の歌をおきたれば、これをもて本書は終結したるすがたなり。　（二頁）

と述べて、この巻二十二が、最終巻であるとの見方を示し、今野達氏も、「続教訓鈔と宝物集――宝物集伝流考補遺――」において、

本書（※『続教訓鈔』）は不運にも伝本間に相当量を散佚したが、宝物集との密接な関係のある跋巻（現存本では巻二十二とされるもの。日本古典全集ではこれを跋巻に据え、小稿もそれに従う）は幸いに湮滅を免れた[19]。
（一八〇頁。※は筆者注）

と述べて、これを最終巻と見ておられる。

福島和夫氏も、『続教訓鈔』解題において、

（前略）〔南都諸大寺・春日明神・六道・始終伊呂波念仏歌等〕巻首に続教訓鈔巻二十二とあり、最終巻と考えられる[20]。　（二三八頁）

と同様の見解を示しておられる。

つまり、内容は音楽のことを超えて、神仏・信仰のことに及んでいるようであるが、これが朝葛の『続教訓鈔』の一部であることは、たとえば第十三冊の、

予親父ハ又窪田トイフトコロニ資縁《ヨルベ》ヲマウケテ、南都ニモ止住セズ、一向イナカ人ニナリテ侍リシユヘニヤ、父祖ノ位ニモノボラズ、一道ノ先途ヲモトゲズシテ、ムナシク世ヲハヤウセリ。
（古典全集本五七六頁。私に濁点を付し、一部句読点を改める。また傍線も筆者。以下同）

とあるくだりに、「予親父ハ又窪田トイフトコロニ資縁《ヨルベ》ヲマウケテ」（傍線部）とあるが、これは朝葛の父で、「窪田入道」と称した光葛を指しているものと察せられ、朝葛の著作と見て齟齬がない。

また、これに続く第十四冊に、

周穆王五十三年壬申二月十五日入滅シ給ニキ但依一説也。我朝神武天皇即位元年辛酉ノトシヨリサキ二百九十年ニアタレリ。ソレヨリ以降、文永七年庚午ノ歳マデ、一千九百四十二年、（後略）（古典全集本六〇四頁）

と見えて、周の穆王が没してから今日までを、「文永七年庚午ノ歳マデ一千九百四十二年」（傍線部）と表現しているが[21]、文永七年は、すでに見てきたように、『続教訓鈔』の内題の次行に記された年紀と同じであり、この第十四冊の記事も同年時点で執筆されたことを示すものといえる[22]。

したがって、この第十三・第十四冊は、内題が示すとおり、『続教訓鈔』の巻二十二と認めてよいと思われる。

しかし、これがなぜ現存の曼殊院本に見当たらないのかは未解明である。また、江戸期の写本においても、この巻二十二を含む伝本と含まないものとがあり、この巻二十二のみで伝わる本もあって、今後諸本の調査と検討が必要である。

おわりに

このように、曼殊院本の内容を確認しながら、古典全集本と比較してみると、従来混入と指摘されていた、第四・第五・第八前半・第十五・第十六の各冊に加え、新たに第八冊の後半と第九冊も混入と考察された。全十六冊中の六冊、じつに三分の一超が混入であったということになる。

また、この比較・検討により、古典全集本において不明であった『続教訓鈔』の巻次も明らかになった。

本稿での考察をまとめれば、古典全集本の内容は、次頁の**表3**のように訂正されることになる。

こうしてみると、『続教訓鈔』の残存する巻次は、巻二下、巻四上、巻十一上、同下、巻二十二、巻次未詳の巻

表3　日本古典全集の実際の内容

＊は今回新たに混入記事と考察されたもの

冊次	底本の内題	実際の内容（傍線部は訂正される箇所）
第一冊	続教訓鈔巻第四中	『続教訓鈔』巻四上前半
第二冊	続教訓鈔	『続教訓鈔』巻次未詳の巻
第三冊	朝葛教訓抄第四上	『続教訓鈔』巻四上後半
第四冊	なし	『教訓抄』巻二【混入】
第五冊	なし	『教訓抄』巻三【混入】
第六冊	続教訓鈔	『続教訓鈔』巻二下前半
第七冊	続教訓鈔第二	『続教訓鈔』巻二下後半
第八冊	なし	前半（三三四～三九頁）　佚名楽書②（某抄鈔）【混入】 後半（三四〇～五〇頁）　佚名楽書③（律呂弁天地四方声）【混入】＊
第九冊	なし	佚名楽書①（有安注進諸楽譜）【混入】＊
第十冊	続教訓鈔第十一上	『続教訓鈔』巻十一上前半
第十一冊	――　十一中	『続教訓鈔』巻十一上後半
第十二冊	続教訓鈔第十一下	『続教訓鈔』巻十一下
第十三冊	続教訓鈔巻二十二	『続教訓鈔』巻二十二前半【曼殊院本なし】
第十四冊	続教訓鈔　廿二下	『続教訓鈔』巻二十二後半【曼殊院本なし】
第十五冊	続教訓鈔	『宮寺恒例神事八幡宮次第略記』【混入】
第十六冊	なし	『豊原信秋日記』応安七年【混入】

の都合六巻（巻十一の上と下を合わせて一巻と数えれば五巻）ということになる。巻次未詳の巻が一巻あるのは遺憾だが、それは今後の諸本調査の中で追究していきたい。

なお、こうして並べてみると、古典全集本第十一冊の内題において、本来はその巻次を「十一上」とすべきを、「十一中」としていたのは、第十冊に「十一上」があり、第十二冊に「十一下」があるから、その間にあたるのは「十一中」であろうという後人の推測がはたらいたことによるものかと推測される。

同様に、古典全集第一冊の内題が、「巻第四上」とすべきを「巻第四中」としているのも、第三冊に「巻第四上」があることによるものかと想像される。

いずれにせよ、そうした後人の手が加えられたとしても、それは曼殊院本を転写した際のことではあるまい。巻子本の紙背の余白を利用して写された曼殊院本の状態を見ていたならば、それが一巻を一軸のうちに書き切れず、二軸に分写したものであると理解されたはずだからである。

もっとも、一巻を一軸に書き切れず、二軸に分写したことは、「コレヨリ別ノカミニカクナリ」「一巻カキアマスアヒタ又次ヲカクモノ也」（以上、第二節第1項『続教訓鈔』巻十一上）のように、注記されてあった。しかし、それは現代においても、

続教訓抄《ぞくきょうくんしょう》　巻数未詳。現存十三巻追加二巻。雅楽。狛朝葛《（こまともかつ）》著。【成立】鎌倉後期。巻初に「文永第七歳庚午」とあって、一見文永七年（一二七〇）の成立と思われるが、これは起筆の時期を示すものであろう。文中に元亨二年（一三二二）に及ぶ記事が多く含まれているほか巻第二の最初には「一巻カキアマル《（マヽ）》アヒダ又此カク也」とあり、また「ムソヂノ春秋」と述べられているので、老後に至るまで次々と書き足されたものと考えられる。（後略）

（植木行宣氏解説、岩波『日本古典文学大辞典』）

と傍線部にあるように、著者朝葛が加えた注記と誤解されたのであろう。これまで見てきたように、それが朝葛の

注記ではなく、書写者量秋の注記であることは、曼殊院本の状態に即して見れば明らかなことである。しかし、翻せば、それは曼殊院本を見なければわかりにくいものであったともいえるのである。

曼殊院本が清書の前の下書きであったらしいことは、前述したように、すでに岩橋によって指摘されているとおりであり、それゆえ、紙背の余白を利用し、一巻を二軸に分写するということも行われた。が、その結果、後世には混乱を招くことともなったのである。

一方、このように、古典全集本の底本に至る伝写の過程において、他書の混入が生じたについては、これまで繰り返し述べてきたように、曼殊院本の巻首・巻末に欠損があり、内題が失われていたことが、その原因の一つに挙げられるであろう。

ここでひとつ、その実例があるので紹介すると、前章で少し触れた国会図書館本の『続教訓鈔』（全十二冊、うち一冊は笛の仮名譜）には、その第六冊前半（じつは『教訓抄』巻三の混入）の奥書に野宮定基の書写奥書があるのだが、そこには次のようにあって、混入の経緯が知られる。

（奥書A）写本云　天福元年巳六月日、以自筆書写ー在判
　正六位行左近衛将監　狛宿祢近真撰
（奥書B）定基按、①右位著者教訓抄撰者姓名也。載此抄尾端、尤不審。案之、朝葛以教訓抄説直所記者、必註此位署者歟。愚案如此。②但件教訓抄未触愚眼、慥難為此説。聊憶廬之趣注之俟来者所考而已。

（括弧内・番号・傍線・句読点は筆者）

この奥書を有する国会本第六冊前半は、『続教訓鈔』の一冊ということになっているけれども、**奥書A**を見るように、その奥書は、『教訓抄』の諸本に共通する著者近真の奥書である。本文の内容も『教訓抄』巻三に一致し、これも混入と認められるものである。しかし、定基は、**奥書B**に愚案を記し、『続教訓鈔』の奥書に『教訓抄』の

撰者近真の奥書があるのを「不審」だと述べており（傍線①）、朝葛が『教訓抄』の説を引用した際に加えたものかと思惟しているが、「件の『教訓抄』、いまだ愚眼に触れず」とも述べている（傍線②）から、彼は『教訓抄』を見たことがなかった。だから、これを『教訓抄』の写本だとは看破できなかったのである。この定基の奥書は国会本にあるものであり、古典全集本の伝来に直接関わるかどうか、今後諸本調査をさらに進めて追究したいが、『教訓抄』を見たことがなければ、それと『続教訓鈔』の違いはつかなかったものと思われる。

因みに、定基は前章で指摘したように、『続教訓鈔』巻二上について、曼殊院から量秋書写本を借り出して書写した旨を記しており、巻二上については、曼殊院本を書写したことがわかっている。右の『教訓抄』巻三についてはその旨を記しておらず、いずれの本から書写したものか明らかでないが、仮に曼殊院本の写し（乃至はその系統）から書写したものならば、『教訓抄』を見たことがなかった彼にとって、なお混同を防ぐことはむずかしかったものと推察される。曼殊院本においては、各軸ごとに筆跡の違いや書式の違いがあり、とくに『続教訓鈔』は前述したように、量秋によって下書きされたもので、界線を引かず、天地の余白や行間を取らず小さな文字でびっしりと、行書風の崩れた文字で書かれているが、『教訓抄』の方は料紙に縦界・横界を引き、当然天地の余白や行間を十分に取り、おおぶりの端正な楷書で書かれているから、その違いは一目瞭然だともいえる。こうした違いのある両者を取り違えるかどうかは、書写者の態度・姿勢によるから一概に言うことはむずかしいが、それが『続教訓鈔』だと人から聞いたのを疑わず書写したならば、誤認することは当然あるであろう。ましてや、このような曼殊院本の全巻を、同じ体裁のもとに、冊子本などへ転写したものがあり、そこから後人が『続教訓鈔』のみ抜粋して書写しようと試みた場合には、区別はほとんどつかないであろうから、誤認する可能性は高まるのではないかと思われる。

ところで、この国会本にある定基の奥書には「在判」とあるから、写しと知られるが、定基の自筆写本が現在どこにあるのかは未確認である。はたしてこの定基書写本は現存諸本や曼殊院本とどのような関係にあるものなのか、今後、調査を進めて、結論を得られればと考える。

＊

最後に、二つ付け加えておく。ひとつは、本稿での検討によって、従来岩橋論文や編纂所写真帳において言われていた曼殊院本の内容も一部補訂が必要になった。次に曼殊院本の内容をいま一度整理して示しておく。

Aオ教訓抄巻三　**A**ウ1佚名楽書②（某抄鈔）　2続教訓鈔巻二下後半　3明徳五年常楽会日記
Bオ教訓抄巻七　**B**ウ佚名楽書①（散位有安注進諸楽譜）
Cオ教訓抄巻二　**C**ウ続教訓鈔巻二下前半
Dオ続教訓鈔巻四上前半　**D**ウ豊原信秋日記前半
Eオ続教訓鈔巻四上後半　**E**ウ消息
Fオ続教訓鈔巻十一上前半　**F**ウ尋問鈔巻下
Gオ続教訓鈔巻十一上後半、笙譜（下無調渡物譜他）　**G**ウ尋問鈔巻上
Hオ続教訓鈔巻十一下　**H**ウ豊原利秋奥書笙譜
Iオ続教訓鈔（巻次未詳）　**I**ウ明徳三年仮名具注暦
Jオ宮寺恒例神事八幡宮次第略記　**J**ウ豊原信秋日記後半
Kオ佚名楽書③（律呂弁天地四方声他）　**K**ウ明徳元年仮名具注暦
〔断簡〕**L**オ教訓抄巻二（**C**オ巻末に接続）　**L**ウ続教訓鈔巻二下（**C**ウ巻首に接続）

二つ目は、曼殊院本と『體源鈔』との関係である。『體源鈔』に『続教訓鈔』が多く引かれていることは、前章冒頭でも福島和夫氏の指摘を引用したが、曼殊院本と『體源鈔』が関係することは、本稿の中でも、量秋自筆の『明徳五年常楽会日記』や『宮寺恒例神事八幡宮次第略記』が引かれていることを指摘したとおりで、両者は親子の

関係にあると推察される。左の〔参考1〕『體源鈔』所載の豊原氏系図に見るように、曼殊院本『続教訓鈔』の書写者量秋は、『體源鈔』著者豊原統秋の祖にあたるから、量秋以来、曼殊院本が豊原家内で代々伝承されて統秋の手に渡り、『體源鈔』の編纂に供されたのであろう。その意味でも、曼殊院本は貴重な資料だといえる。

いずれにせよ、曼殊院本については、原本の調査が実施され、全文の翻刻が待望される。その日が近いことを願って、今後もできる範囲での検討を続けていきたい。

〔参考1〕『體源鈔』十三所載豊原氏系図（抜粋）(23)

―時秋―**利秋**―忠秋―好秋―豊秋―清秋┬**兼秋**―（後略）
　　　　　　　　　　　　　　　　　　└龍秋┬**信秋**―**音秋**―**量秋**―（後略）
　　　　　　　　　　　　　　　　　　　　　├成秋
　　　　　　　　　　　　　　　　　　　　　└佐秋―**藤秋**

＊統秋については〔参考2〕参照
＊**ゴシック**は本稿に登場する人物

〔参考2〕平出久雄「日本雅楽相承系譜」豊原氏系図（信秋以降統秋まで抜粋）(24)

―**信秋**┬師秋
　　　　├音秋―**量秋**―幸秋―治秋―**統秋**―
　　　　└英秋

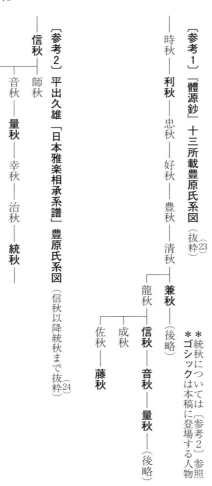

注

(1) 第一法規出版。
(2) 『日本演劇史論叢』東京帝国大学演劇史研究学会編、巧芸社、一九三七年五月。
(3) 江戸期写、十二冊（十一冊、付笛譜一冊）、請求番号一九五―四五。
(4) 日本古典全集『読教訓鈔』上下、羽塚啓明校訂、正宗敦夫編、日本古典全集刊行会、一九三九年四月。
(5) 正宗敦夫編、日本古典全集刊行会刊、一九三三年十一月。
(6) 『日本庶民文化史料集成』第二巻、田楽・猿楽、藝能史研究会編、三一書房、一九七四年十二月。『石清水八幡宮史料叢書』第四巻、石清水八幡宮社務所、一九七三年十二月。
(7) 注（6）の『日本庶民文化史料集成』第二巻、九一頁。
(8) 注（7）に同じ。
(9) 『歴代残闕日記』第十五巻、「歴代残闕日記」刊行会編、臨川書店、一九七〇年五月。
(10) 中原有安については、石田百合子氏「貴人と楽人――中原有安略伝――」（「東洋音楽研究」第五十三号、社団法人東洋音楽学会、一九八八年十二月）に年譜があり、相馬万里子氏が「中原有安――九条兼実、鴨長明の琵琶の師――」（「日本音楽史研究」第三号、上野学園日本音楽資料室、二〇〇一年六月）に先行研究と略伝をまとめておられる。以下、有安の官歴については、石田・相馬両氏のご論考に拠る。
(11) 『新編国歌大観』第五巻・歌集、同大観編集委員会編、角川書店、一九八七年四月、二六五頁上段。
(12) 『増補史料大成』山槐記三、臨川書店、一九六五年九月、三五五頁上段。原文は「藤原有安」だが、「藤原」は誤りかと見られている。
(13) 『玉葉』第三巻、国書刊行会編、名著刊行会、一九八四年四月、六七八頁上段。
(14) 岸辺成雄博士古稀記念出版委員会編、講談社、一九八九年九月。
(15) 羽塚啓明編、楽舞研究会刊、一九二八年十二月、臨川書店、一九八八年九月復刻。
(16) 『古楽古歌謡集』陽明叢書国書篇第八輯、財団法人陽明文庫編、思文閣出版、一九七八年九月
(17) 注（16）の書、解題より。

（18）『十一世紀から十三世紀の法会における奏楽――四部楽と三部楽の研究――』鳥谷部輝彦著、東京藝術大学音楽学部楽理科博士論文ライブラリー、二〇一一年十一月。

（19）『馬淵和夫博士退官記念説話文学論集』同集刊行会編、大修館書店、一九八一年七月。

（20）注（14）の書。

（21）ただし、現在『東方年表』（藤島達朗・野上俊静編、平楽寺書店、一九九六年九月）等によると、周穆王五十三年は紀元前九四七年で、神武天皇元年（紀元前六六〇年）より二八七年前であり、『続教訓鈔』が二九〇年とするのと三年の違いがある。また、神武元年から文永七年（西暦一二七〇年）までは一九三〇年で、『続教訓鈔』が一九四二年とするのと十二年の差がある。

（22）ただし、『続教訓鈔』の成立について付言すると、同書は内題の次行に文永七年とあることから、これが一応の成立と見られているが、本文中には元亨年間の記録も含まれており、朝葛が文永七年（朝葛、一説に二十四歳という）から元亨年間（朝葛、七十五歳ころ。朝葛は八十五歳没という。ただし異説あり）まで、およそ五十年間にわたって加筆していた、と考えられている。

（23）日本古典全集『體源鈔』四、正宗敦夫編、同全集刊行会、一九三三年十一月、一七八六～八九頁。豊原氏の系図については、『體源鈔』十三ほかに多数あるが、その内容には種々の異同あり、その是非については詳細な考証を要すると思われるので、ここでは、次注に示すように、参考として平出久雄編纂の系譜も掲出した。豊原氏の系譜については、今後考えてみたい。

（24）「日本雅楽相承系譜（楽家篇）」（『日本音楽大事典』平凡社、一九八九年三月、付表＋系図一七頁）より抜粋。

曼殊院本『続教訓鈔』写真

写真1　Gオ（『続教訓鈔』巻十一上後半末尾・笙譜「下無調渡物」以下冒頭）

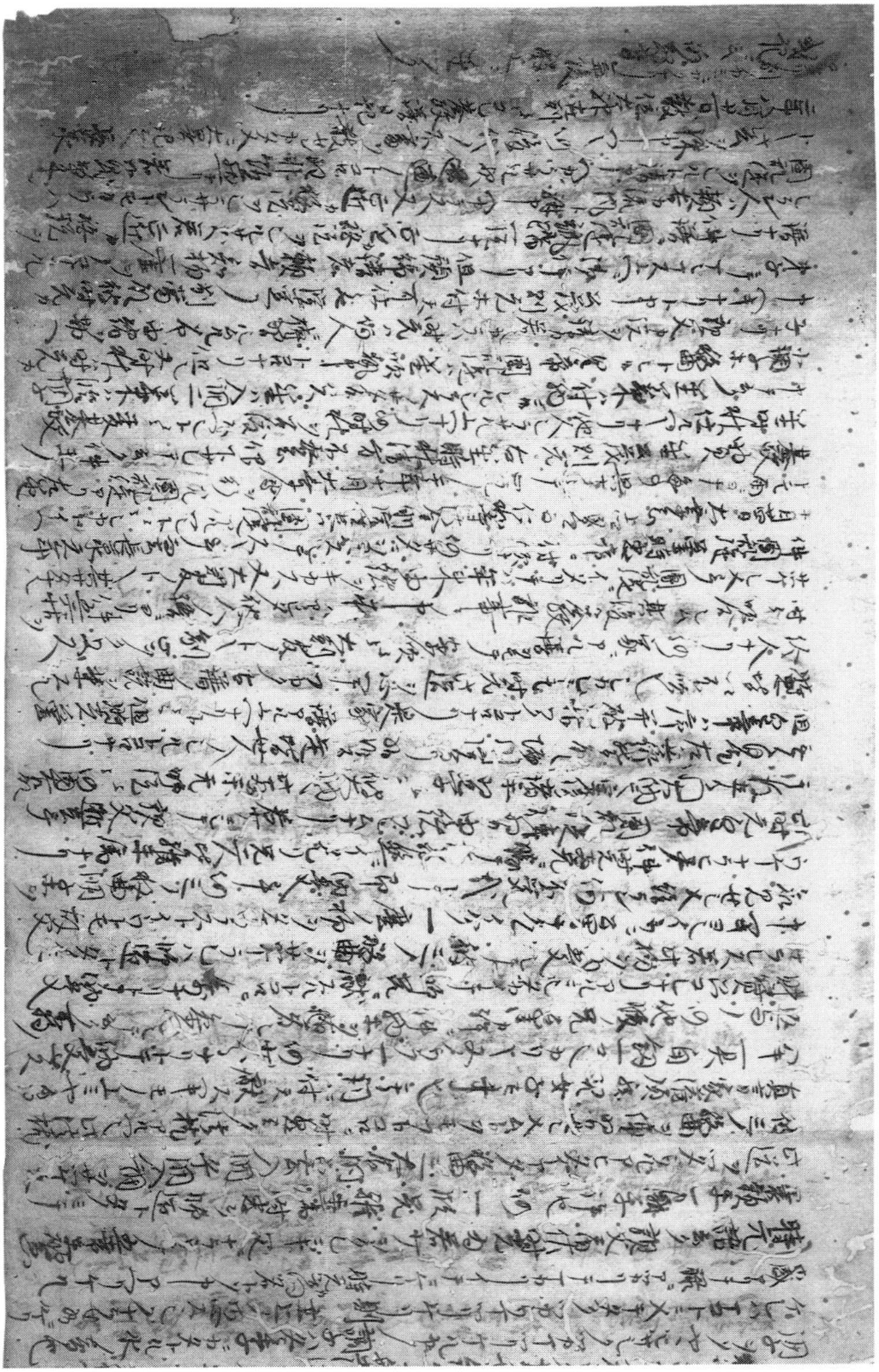

写真2　F才巻末（『続教訓鈔』巻十一上前半末尾）

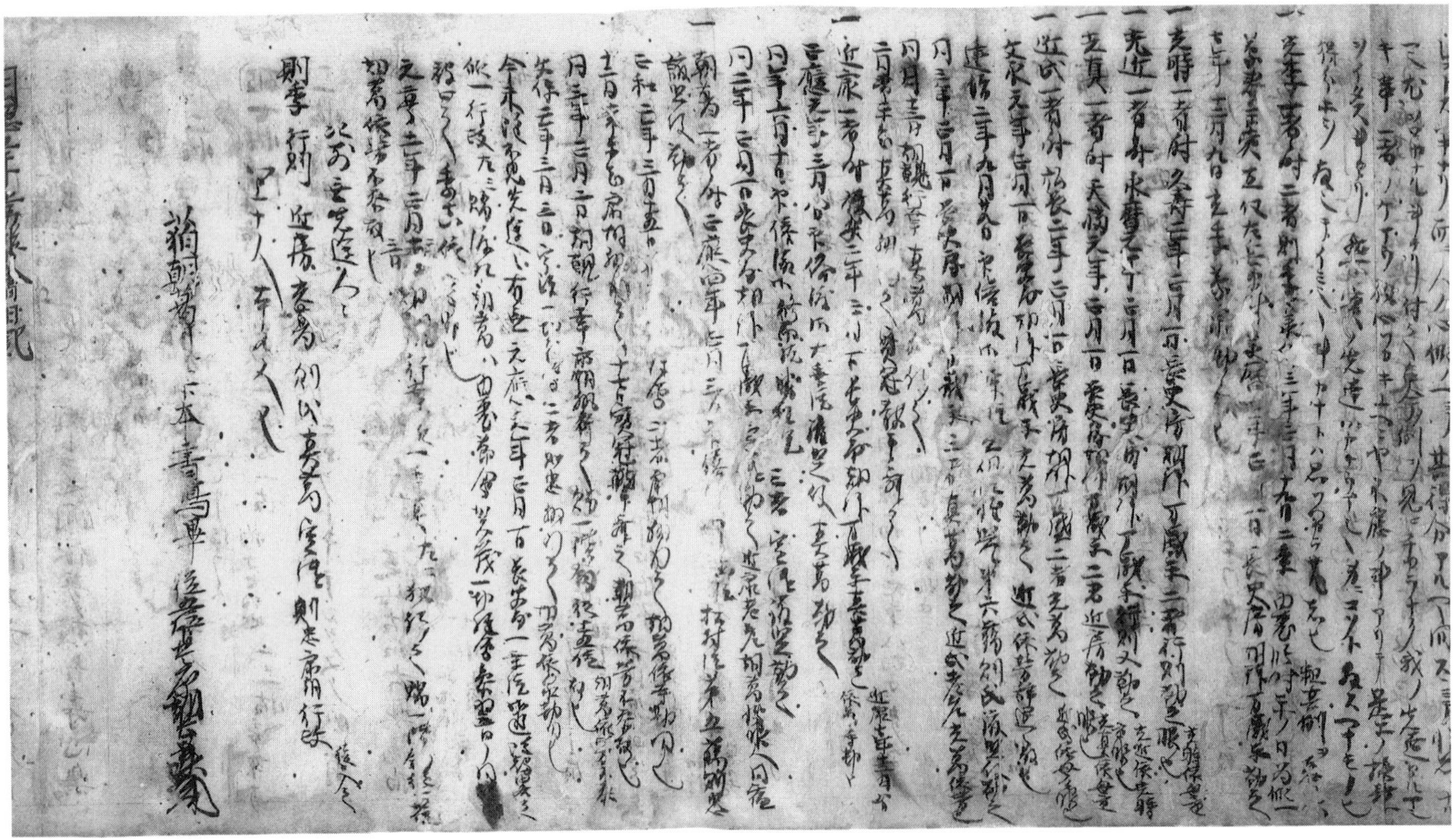

写真3　Aウ（『続教訓鈔』巻二下後半末尾）

写真4　Cウ（『続教訓鈔』巻二下前半冒頭）

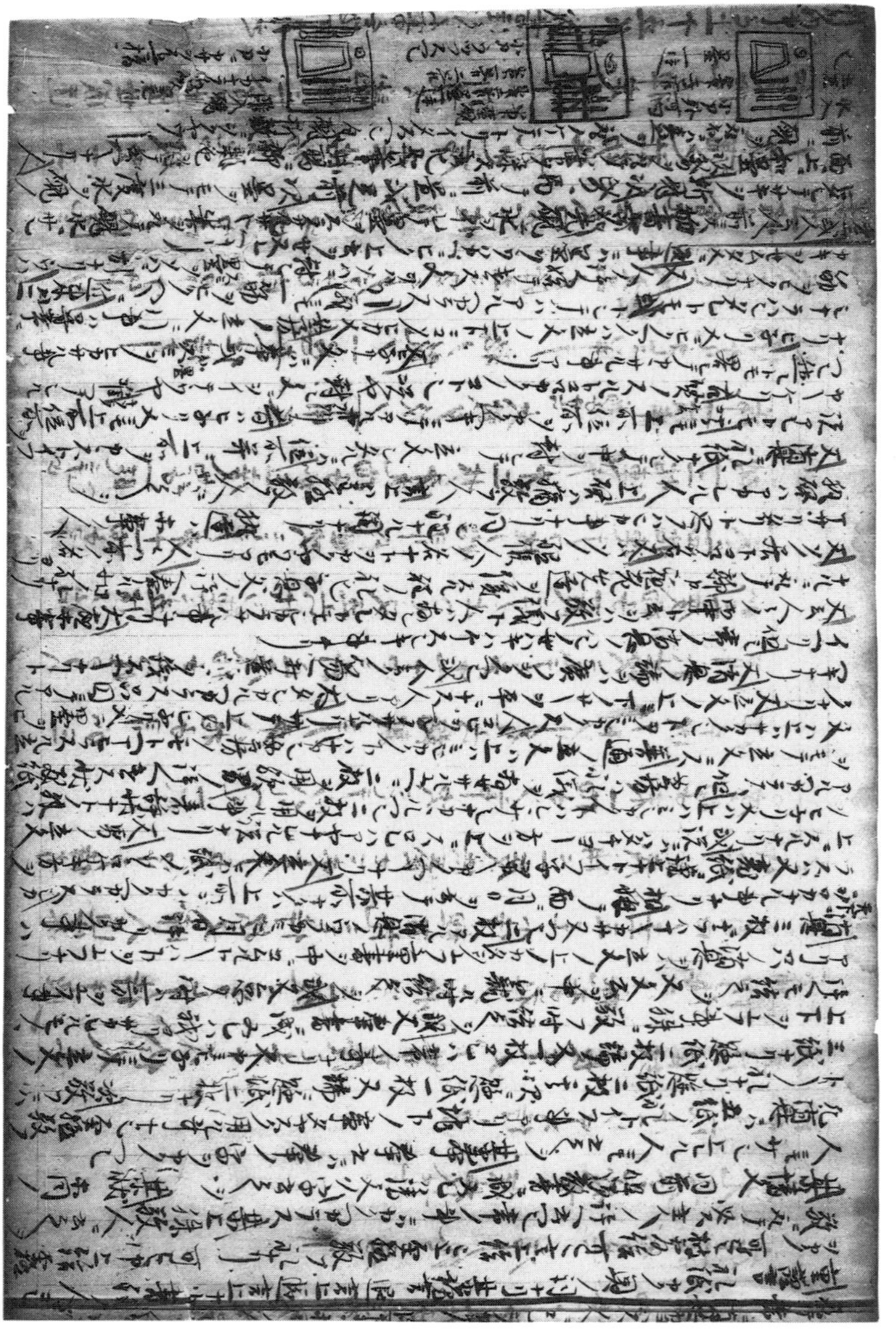

写真5　Lウ（『続教訓鈔』巻二下前半冒頭に接続する断簡）

写真6　D才巻首（『続教訓鈔』巻四上前半冒頭）

写真7　Eオ巻首（『続教訓鈔』巻四上後半冒頭）

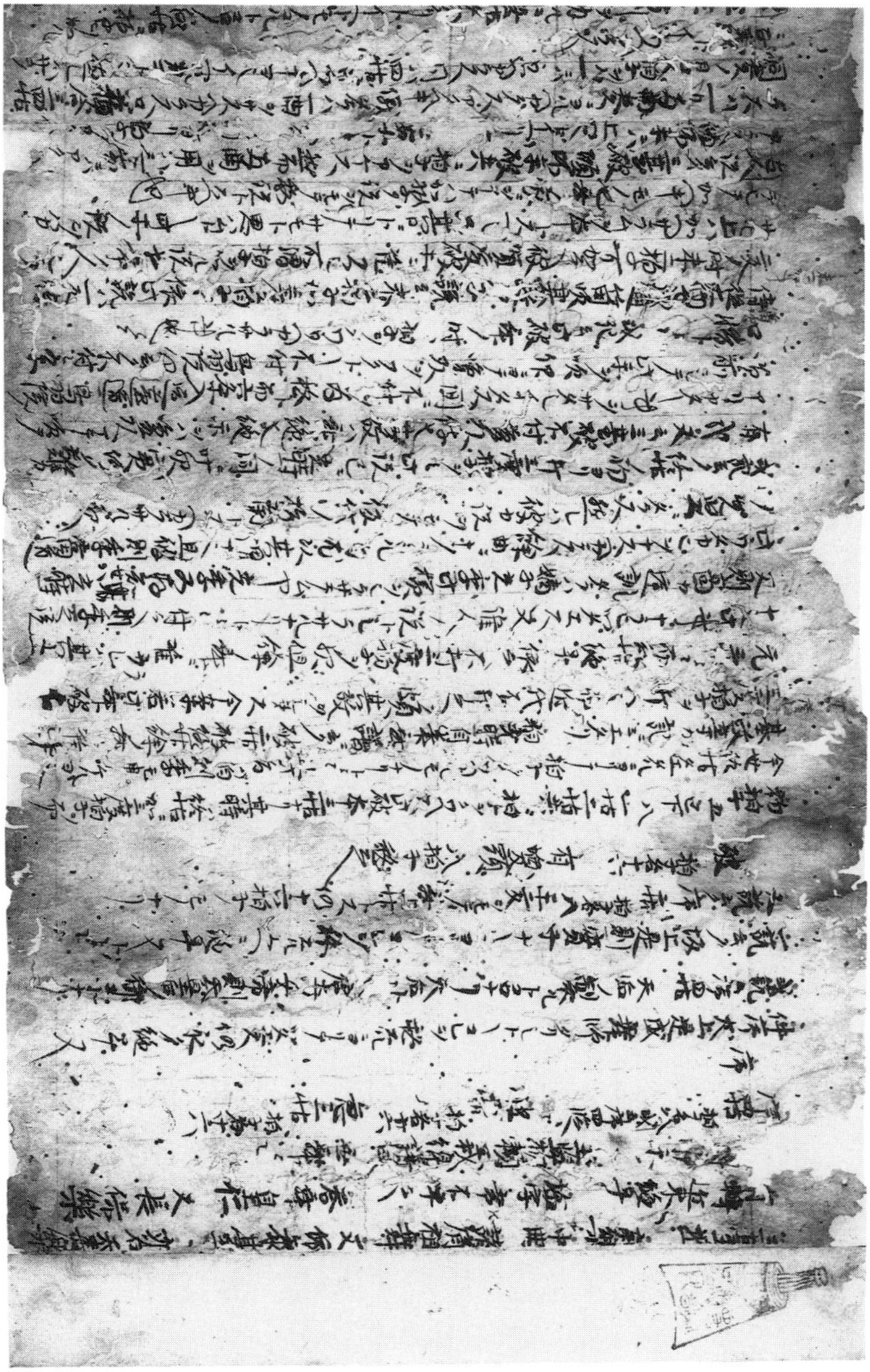

写真8　1オ巻末（『続教訓鈔』巻次未詳の巻末尾）

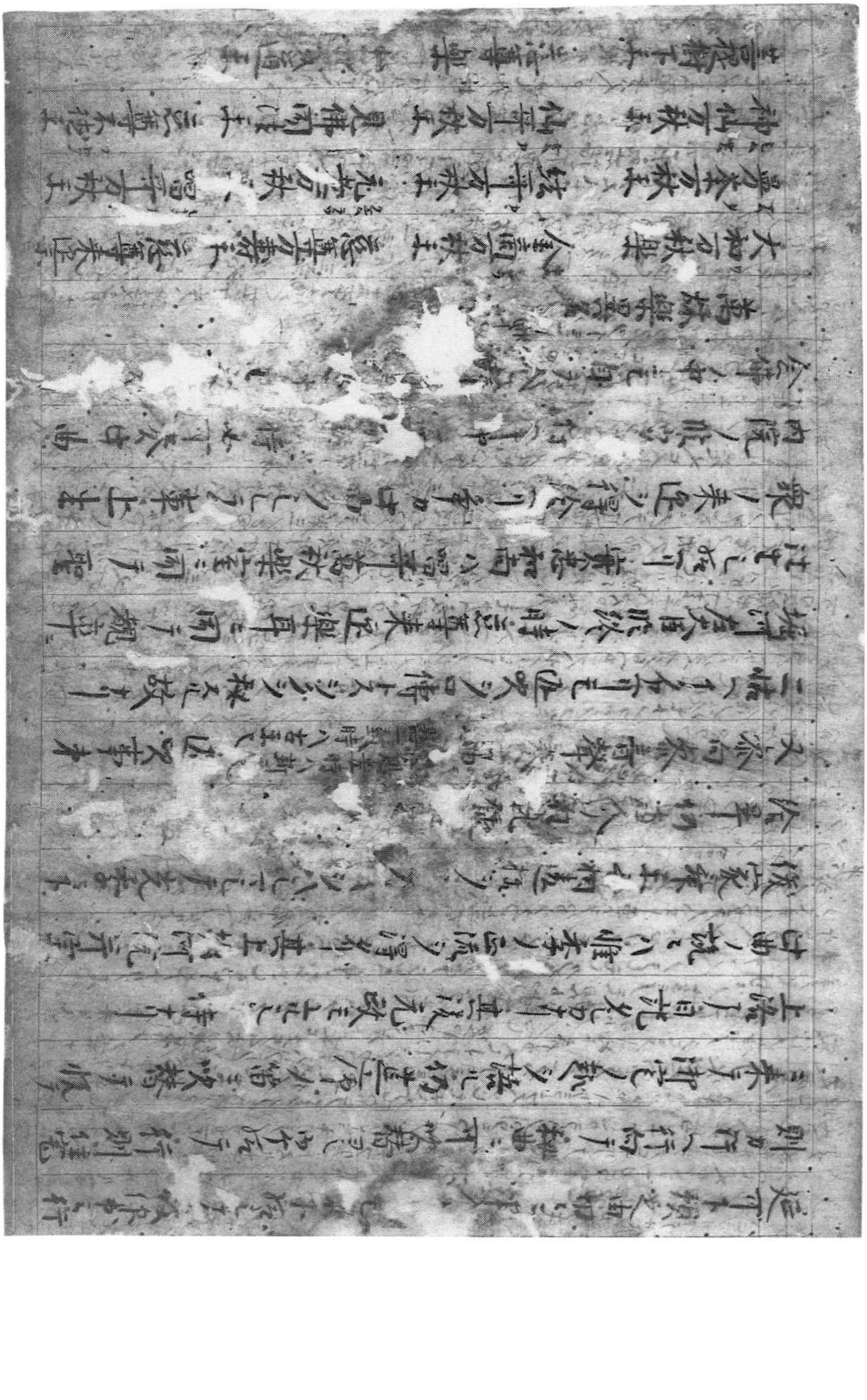

写真9　C才末尾（『教訓抄』巻二）

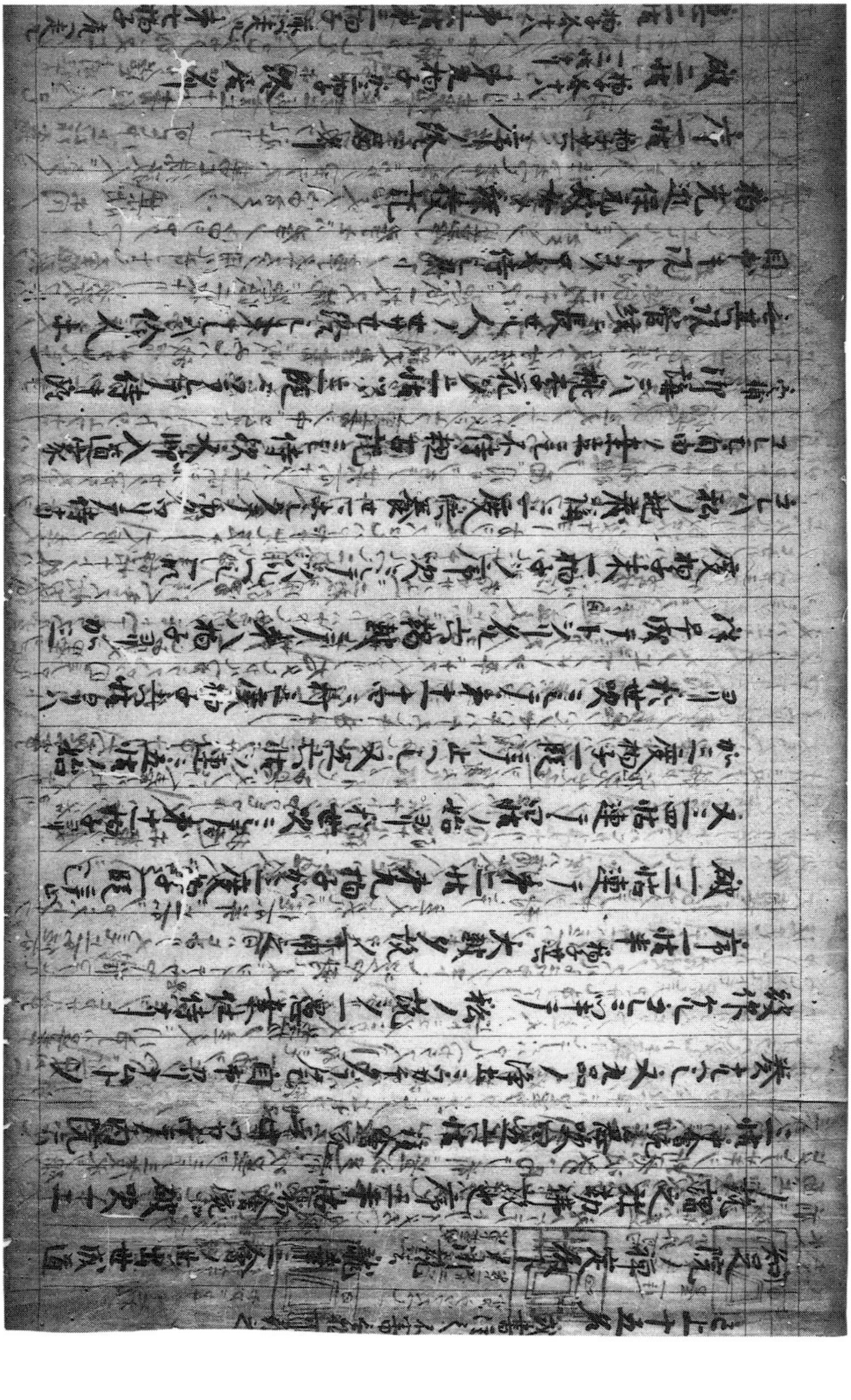

写真10　レオ冒頭（上の『教訓抄』巻二に接続する断簡）

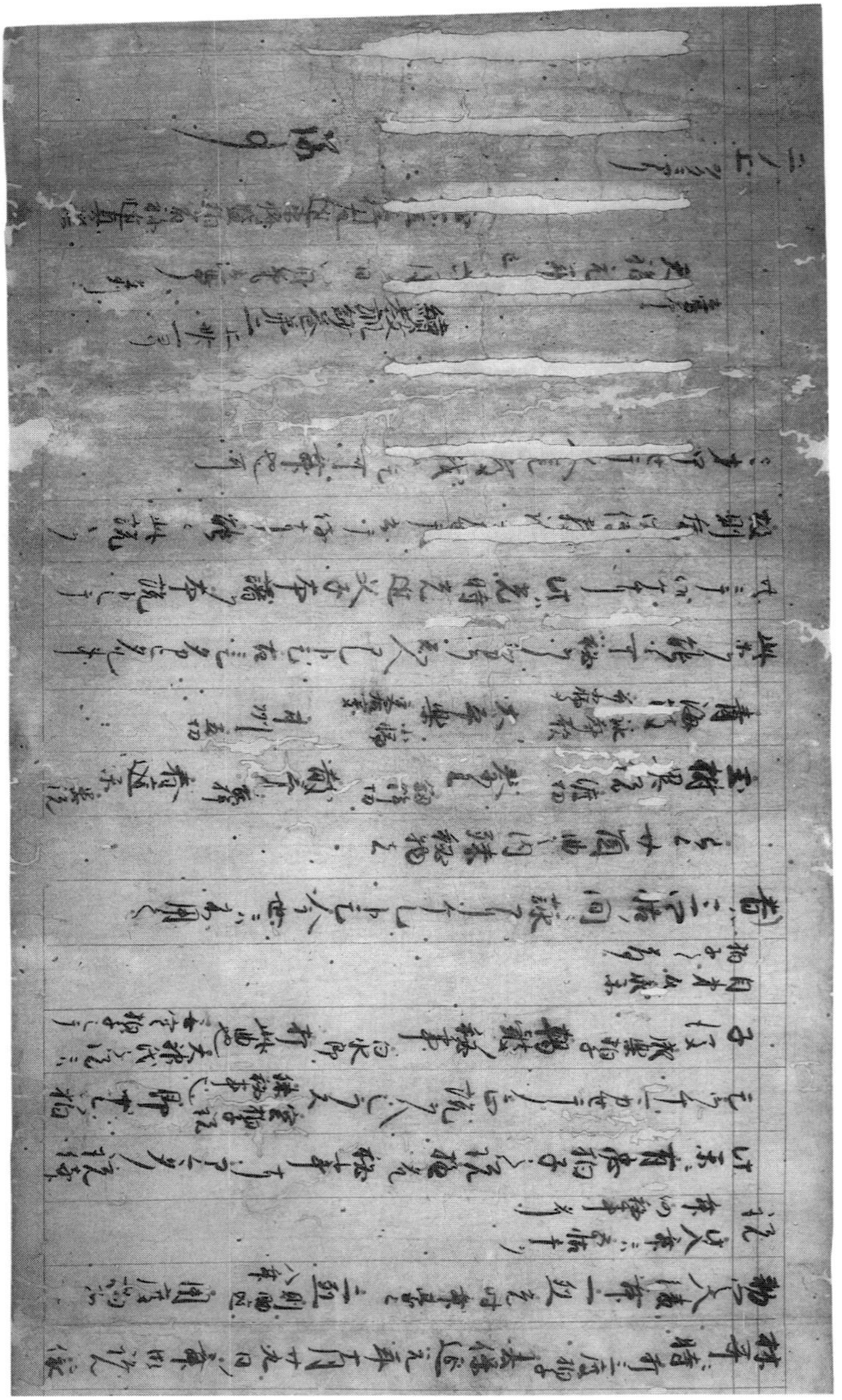

写真11　A才巻末（『教訓抄』巻三末尾）

写真12　Ｊオ巻首（『宮寺恒例神事八幡宮次第略記』）

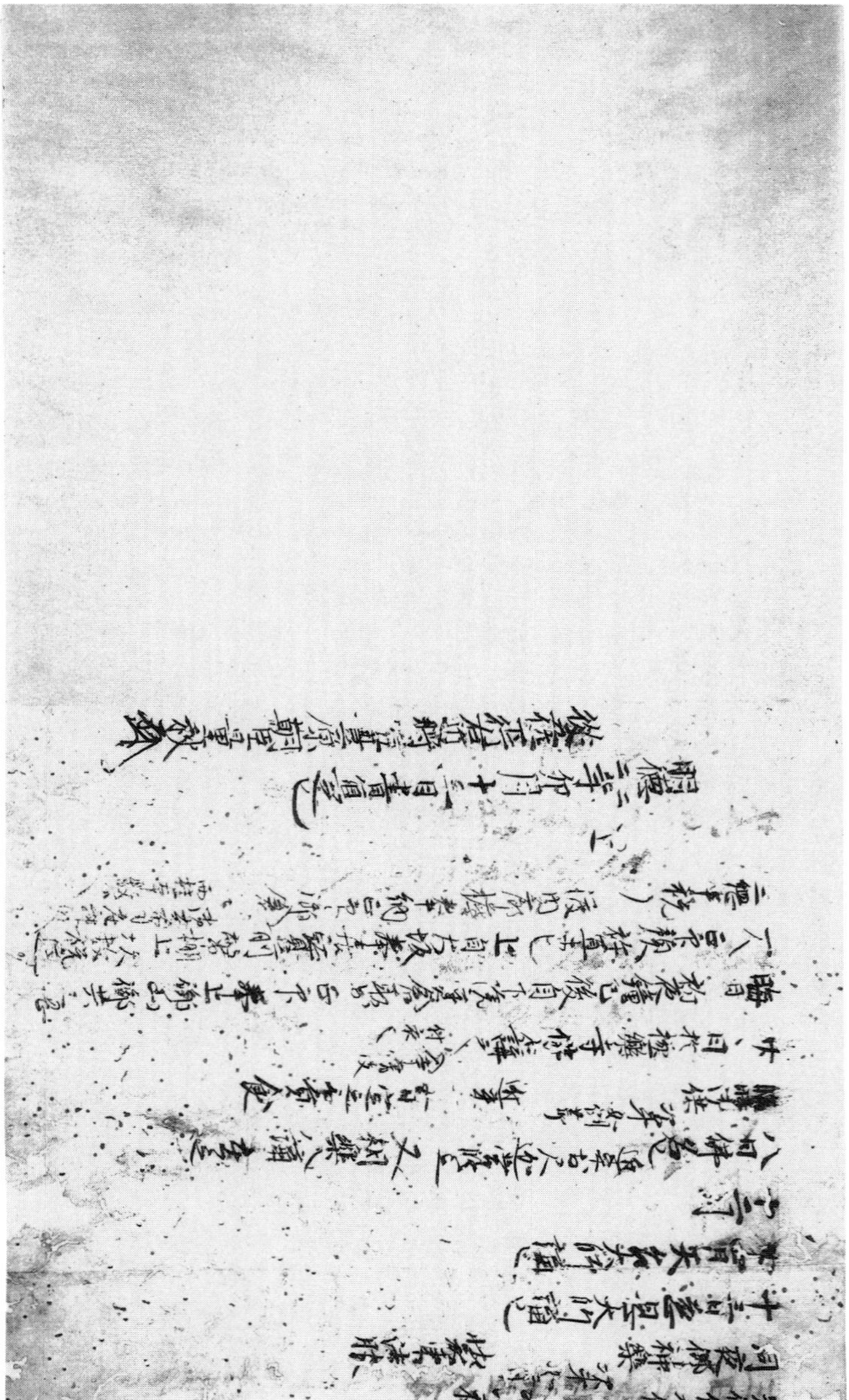

写真13　Ｊオ巻末（『宮寺恒例神事八幡宮次第略記』奥書）

写真14　Dウ巻末（『豊原信秋日記』応安七年前半）

写真15　Jウ巻末（『豊原信秋日記』応安七年後半）

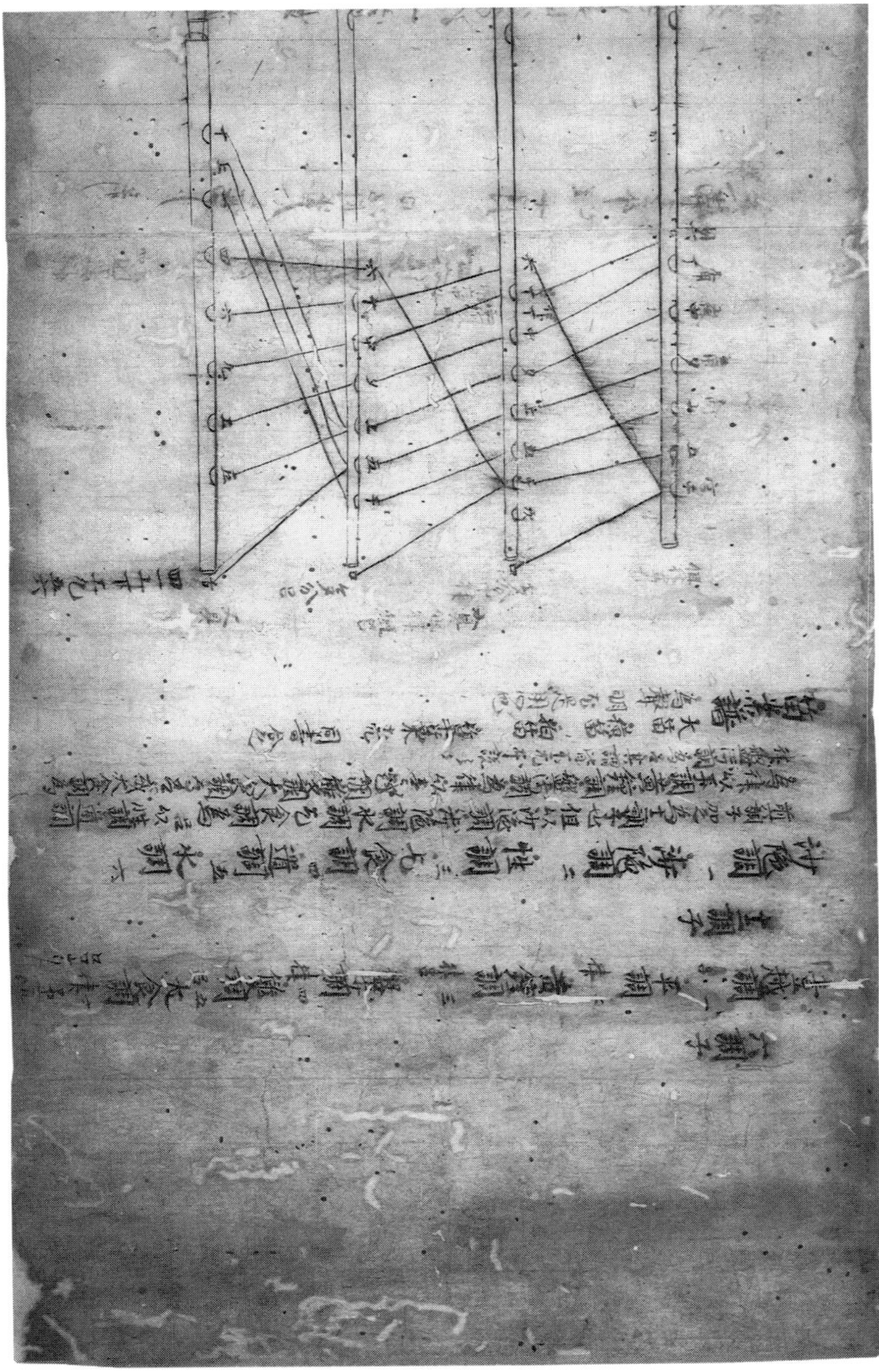

写真16　Bウ巻首（佚名楽書①「有安注進諸楽譜」）

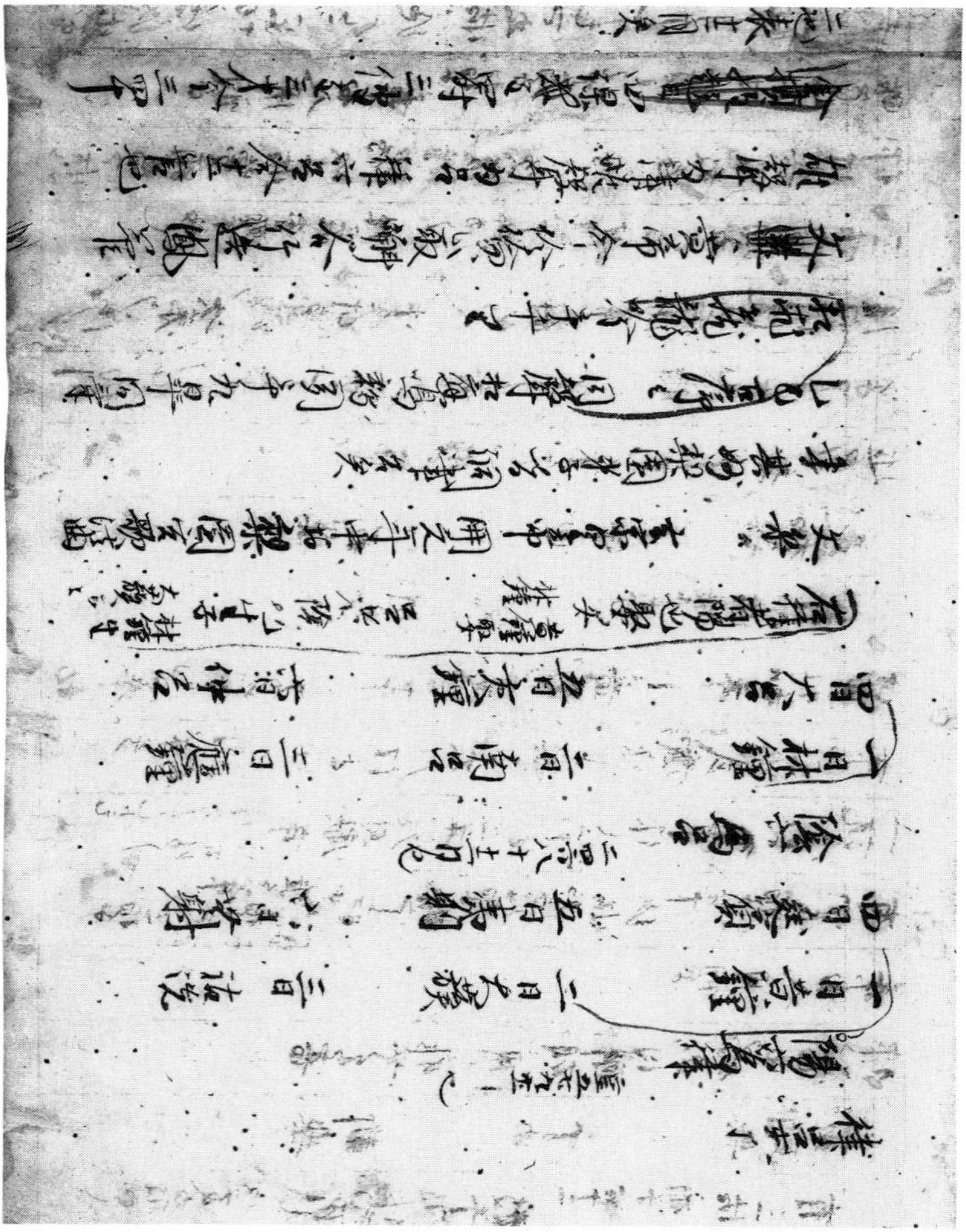

写真17　Aウ①（佚名楽書②「某抄鈔」）

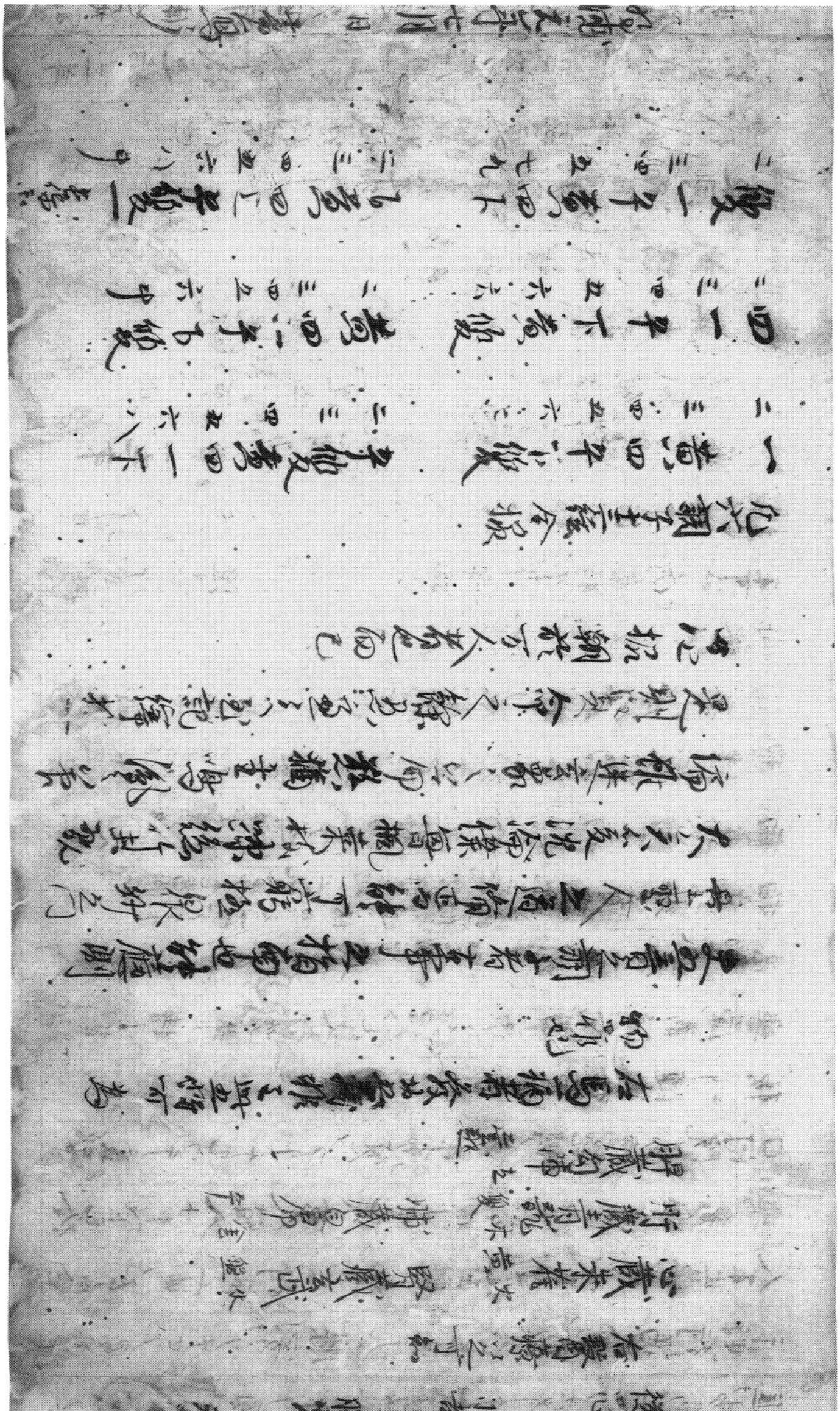

写真18　Aウ①（佚名楽書②「某抄鈔」末尾）

写真19　Kオ（佚名楽書③「律呂弁天地四方声」）

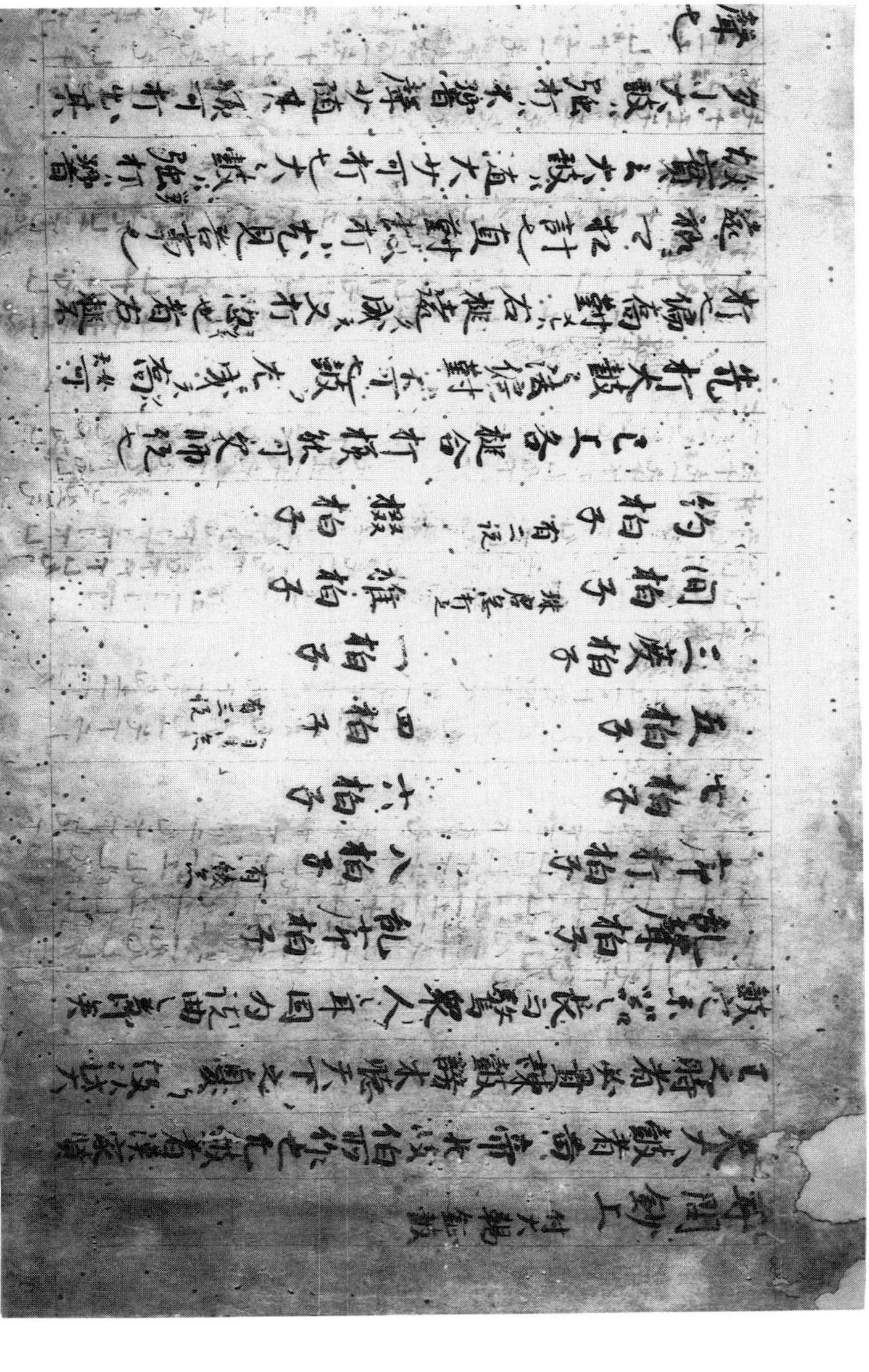

写真20　G ウ（『尋問鈔』上巻冒頭）

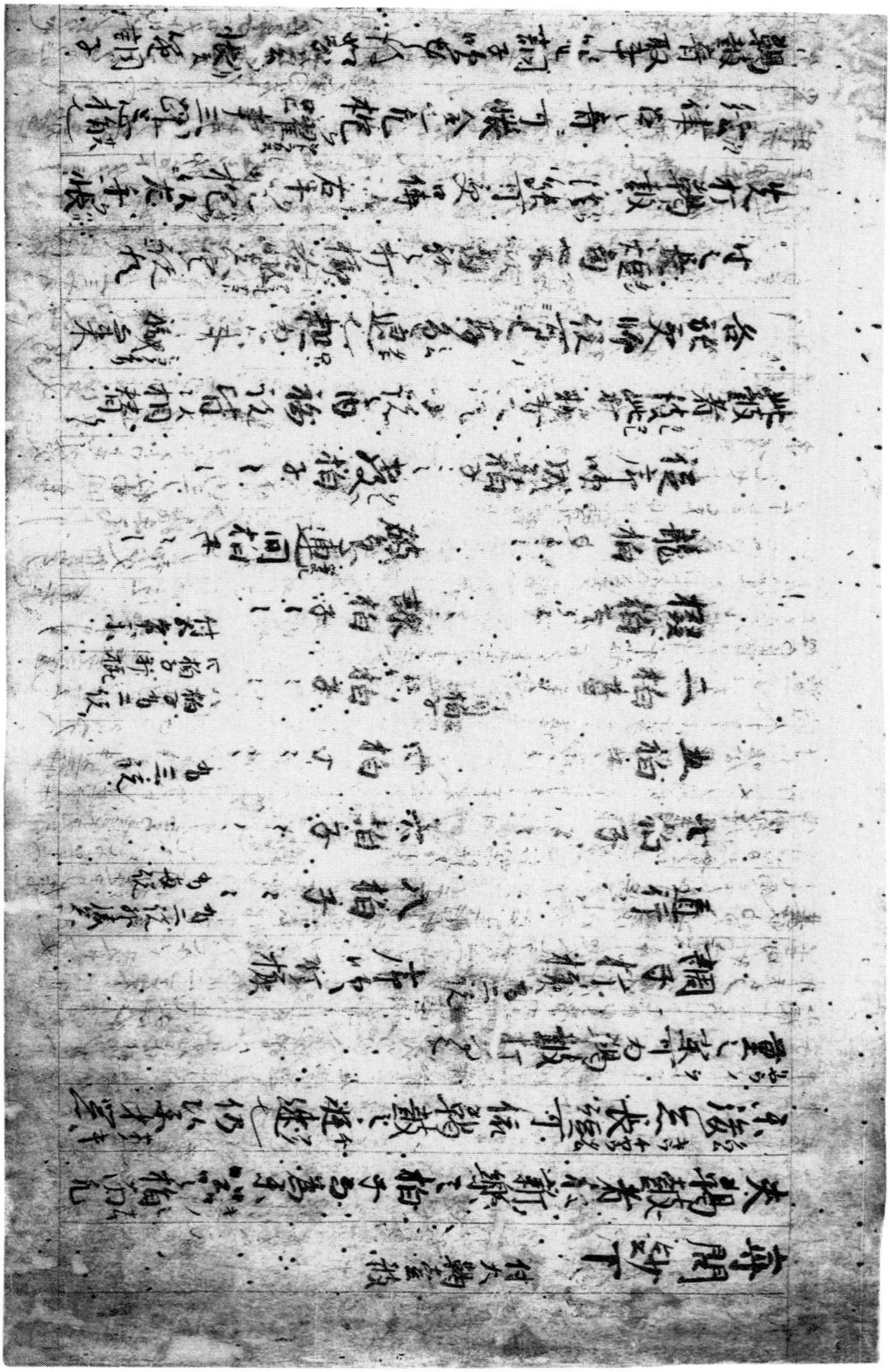

写真21　Fウ（『尋問鈔』下巻冒頭）

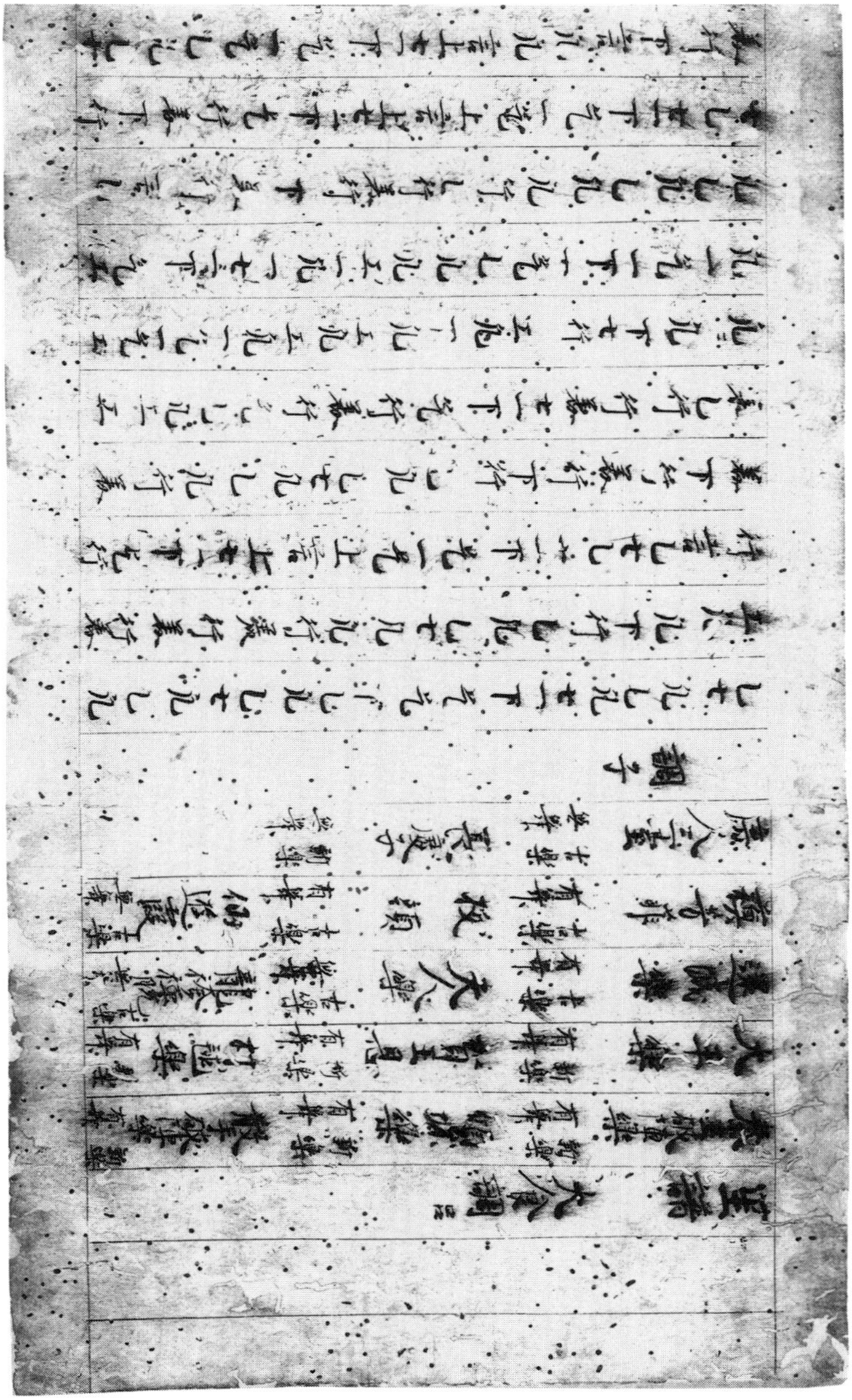

写真22　Hウ巻首（建久四年、豊原利秋奥書『笙譜』冒頭）

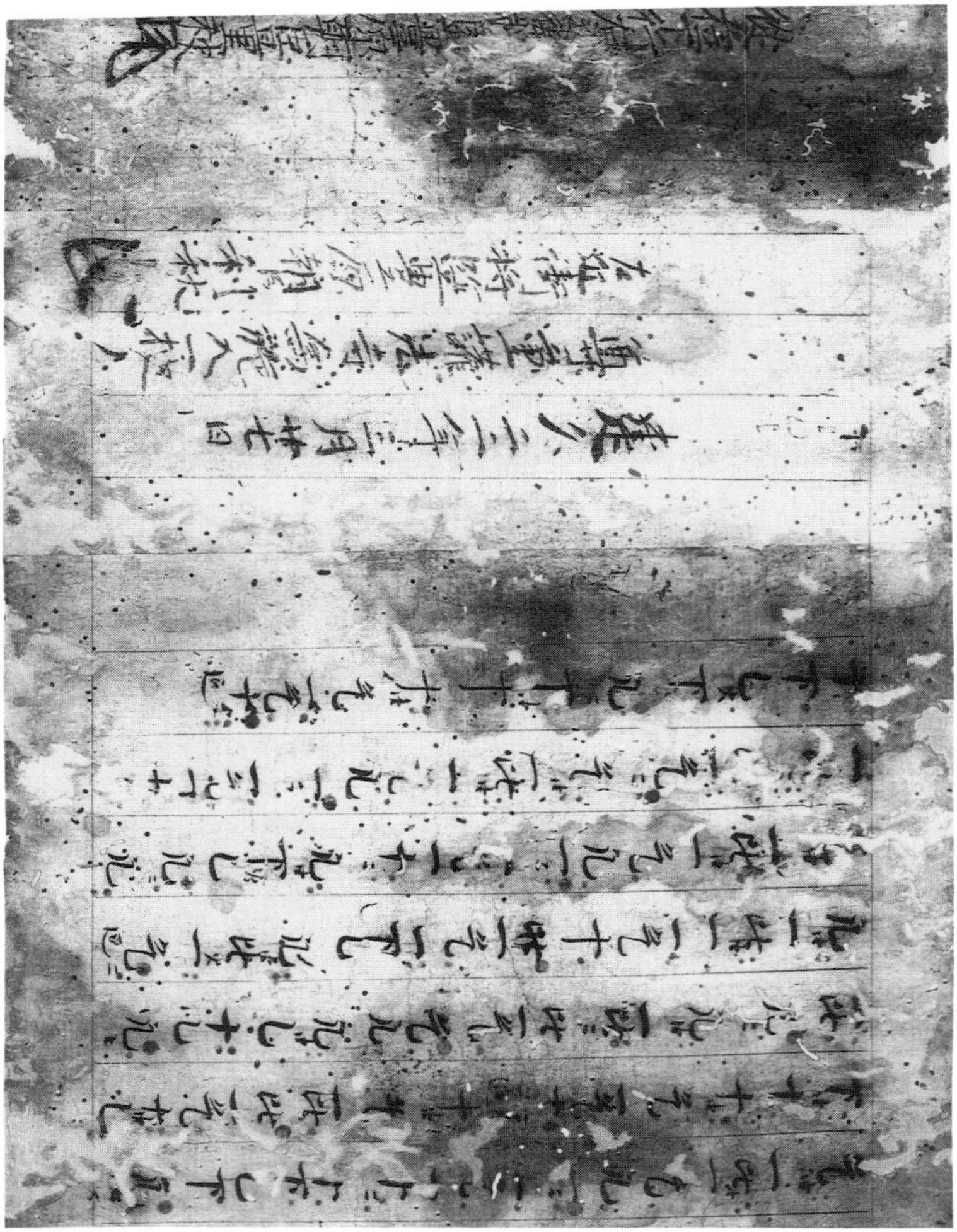

写真23　Hウ巻末（建久四年、豊原利秋奥書『筐譜』末尾）

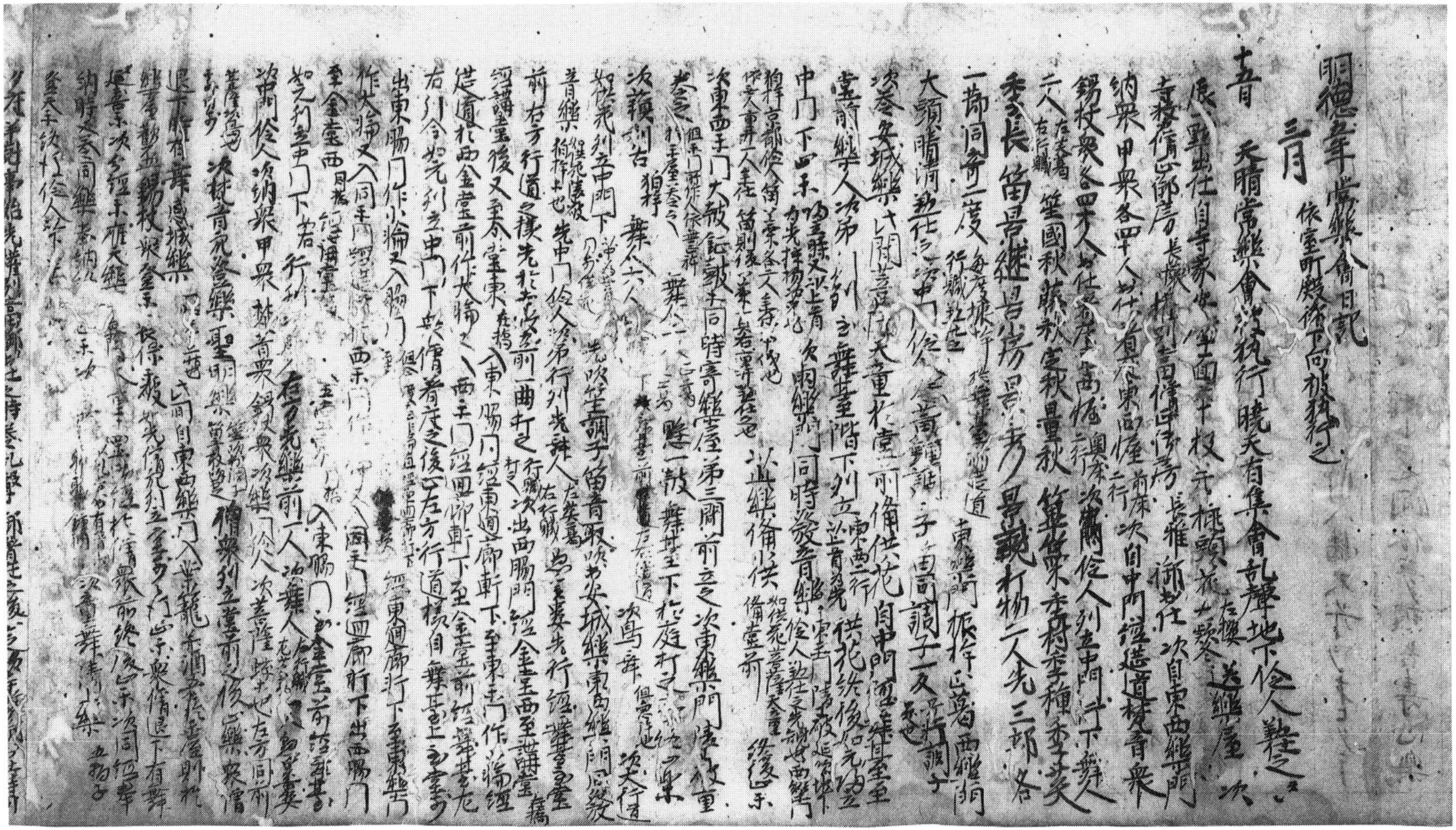

写真24　Aウ③（『明徳五年常楽会日記』豊原量秋記）

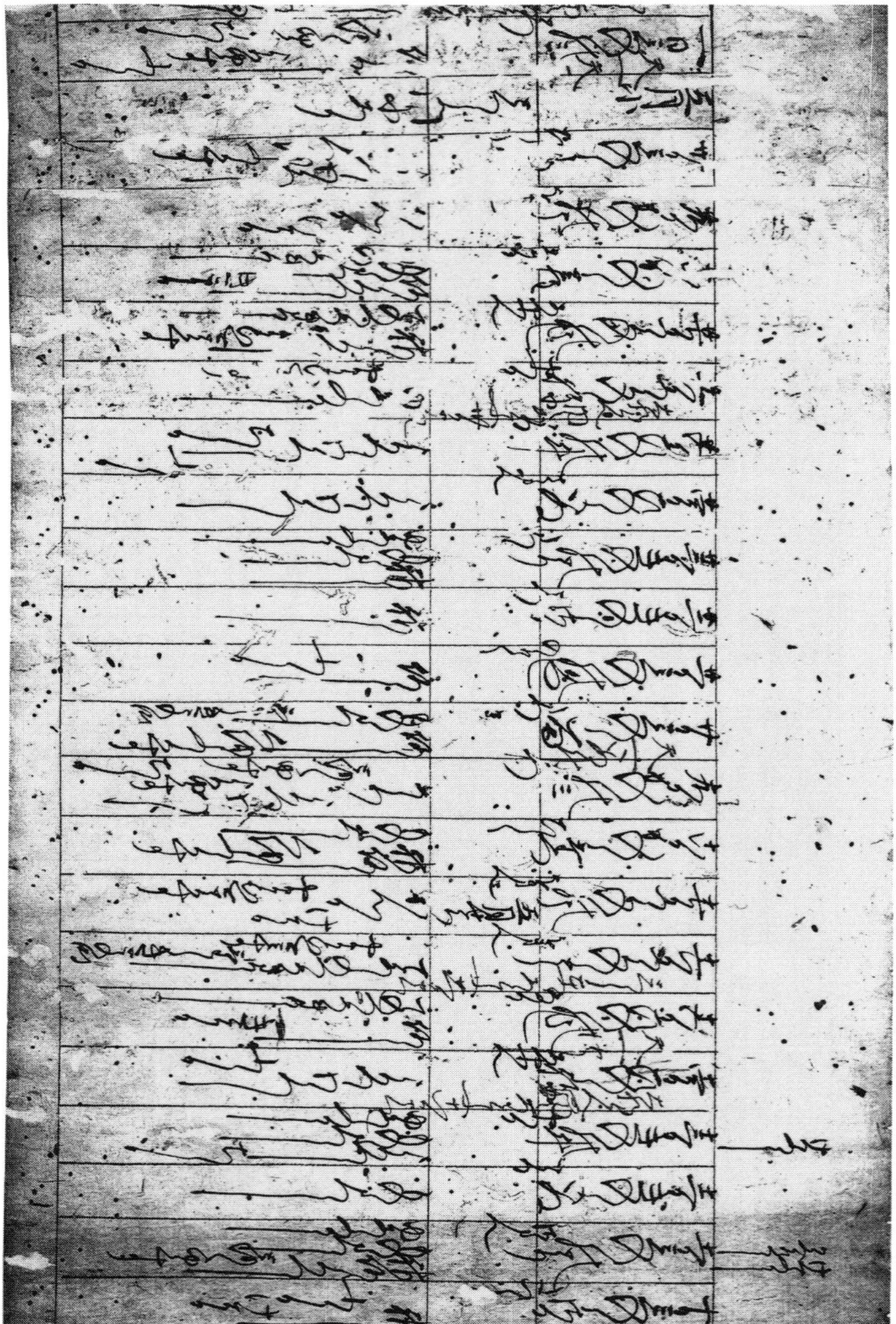

写真25　Kウ冒頭（明徳元年仮名具注暦）

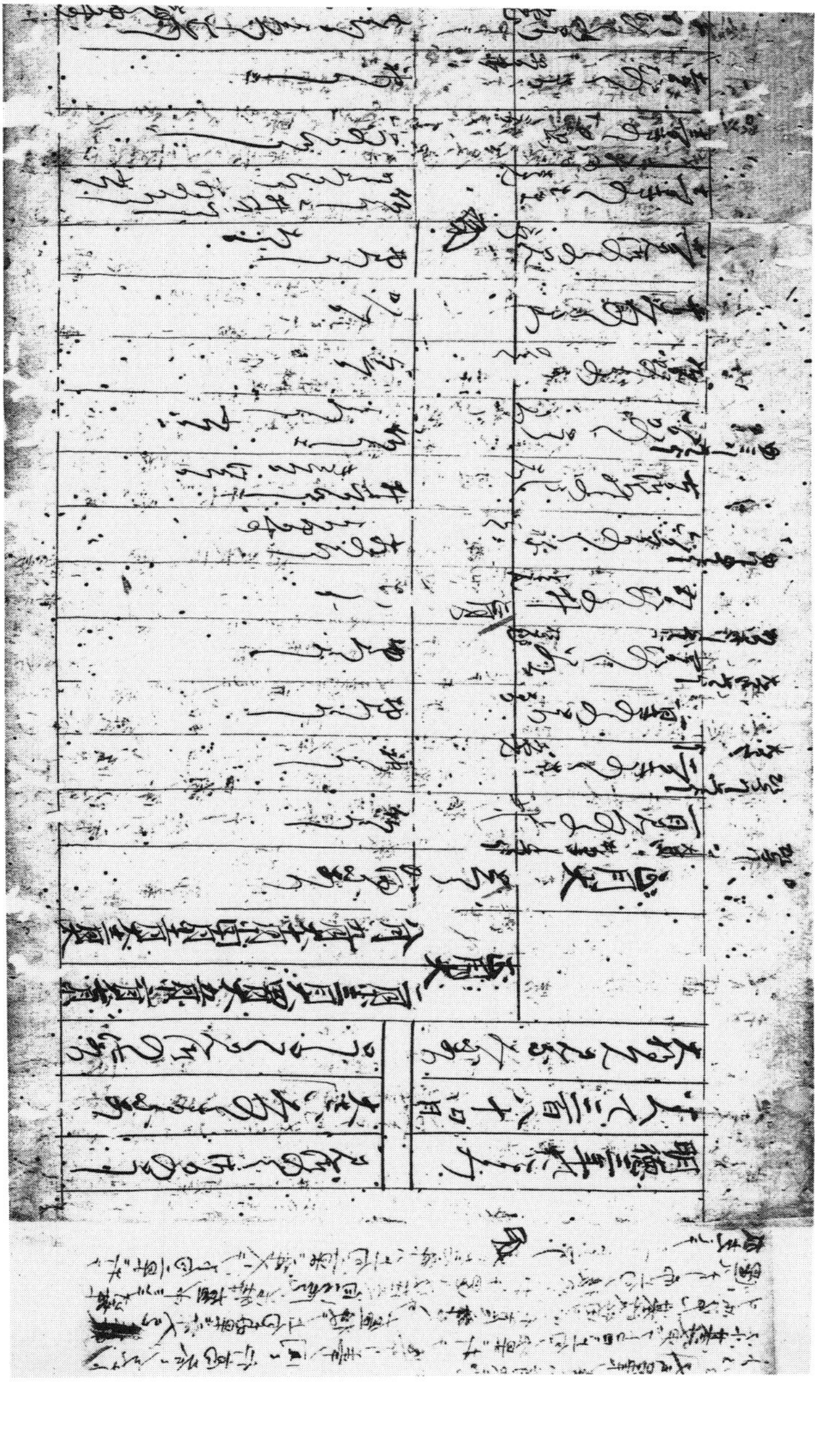

写真26　1ウ冒頭（明徳三年仮名具注暦）

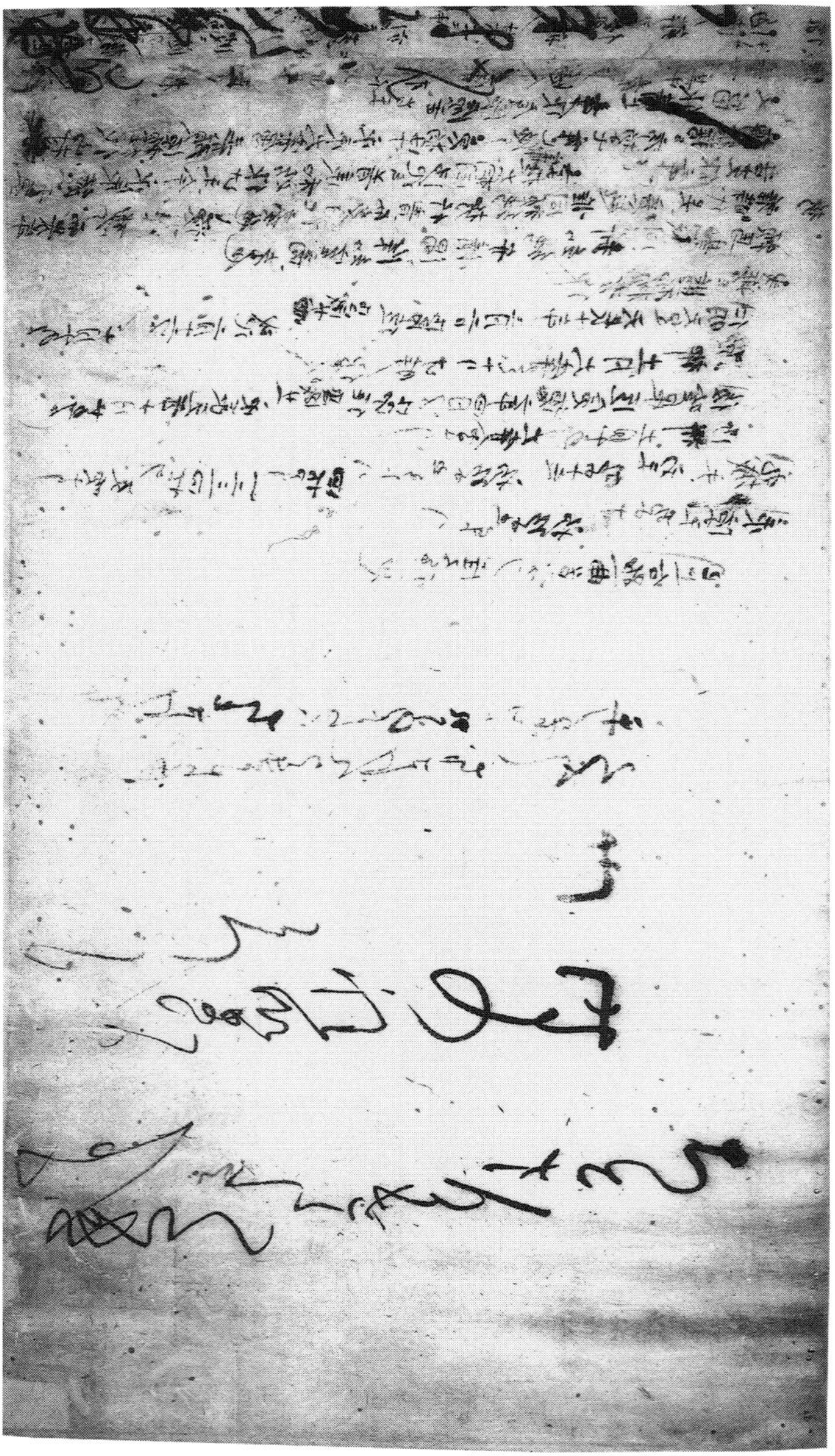

写真27　Eウ冒頭（消息）

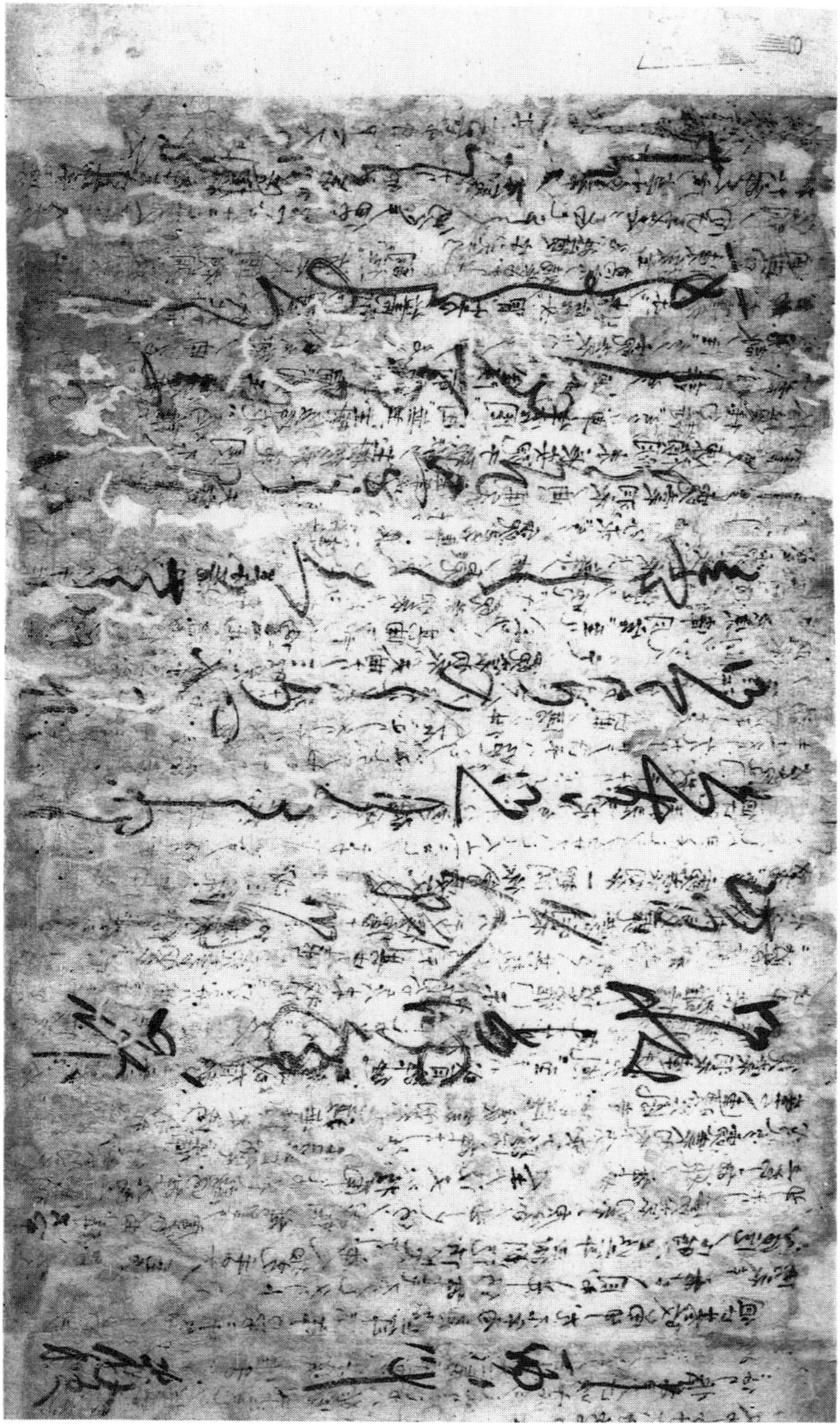

写真28　Eウ末尾（消息）

第二部　『春日楽書』の研究

第一章　春日大社蔵『舞楽古記』概論

はじめに

奈良県春日大社に、国の重要文化財に指定される七巻の佚名楽書がある。[1] 春日社に蔵することから『春日楽書』の通称があるそれは、いずれも鎌倉・南北朝時代のものとされ、夙に貴重な資料であるといわれてきたが、従来翻刻や研究は一部にとどまっていた。

そこで、二〇〇五年度より二松学舎大学で二十一世紀ＣＯＥプログラムが推進されたのを機に、その中世日本漢文班の中でこの『春日楽書』の調査・翻刻・研究を進めていくこととなった。同プログラムは〇九年度をもって終了したが、現在も有志がその研究を継続している。

ここに述べる『舞楽古記』は、その『春日楽書』七巻のうちの一巻であり、共同で翻刻を発表するのに合わせて、筆者がその研究を担当したものであり、本稿はその成果の一部である。

『舞楽古記』は、舞楽「陵王荒序」の演奏記録と「陵王」に関する若干の口伝、諸説、説話等を記すもので、その記録は天治元年（一一二四）から元弘三年（一三三三）に至る。およそ、「陵王荒序」の奏された日時、行事、場所、「陵王」の演奏形態、所作人（舞人・楽人）の順に、概ね変体漢文で記される。奥書はなく、筆録者は未詳。成立年も明らかでないが、本文中最新の記事が元弘三年（一三三三）のものであり、同書は嘉元元年（一三〇三）から同二年に至る仮名暦の紙背に記されているから、南北朝期の成立だろうか。

この記録には従来の古記録に見出せないものが多く、院政期から鎌倉期にかけて行なわれていた舞楽の実態を窺わせる史料として貴重であろうかと推察する。とくに誰が荒序を舞ったのか、「陵王」を構成する「乱序」「囀」「嗔序」「荒序」「入破」がそれぞれどのように演じられたかという部分に重きが置かれ記述されている点が特徴であるといえる。

舞楽「陵王」の舞は、長く狛氏の所伝であり、中でも「荒序」の部分は秘曲とされてきたという経緯があるから[2]、その記録を収めるこの書は狛氏の手になるものかと想像されるが、具体的には明らかでない。

また、その伝本についても、福島和夫氏が春日大社の他に上野学園大学日本音楽史研究所、国立公文書館内閣文庫、田安徳川家にその存在を指摘された[3]ほかは、ほとんど手付かずである。春日大社本は翻刻が『新訂増補史籍集覧』第三十二冊にある[4]が、後述するように春日本には欠損があるからそれでは不充分である。本文批判が必要であって、そのためには諸本の研究を要する。既述のように、記主、成立年次も明らかでないから、その点も課題である。

そこで本稿では、『舞楽古記』の諸本を検討して、さらに記主、成立等の問題について考察する。

一、諸本解題

管見に入った『舞楽古記』の伝本は、

一、春日大社蔵『舞楽古記』

二、国立公文書館内閣文庫蔵紅葉山文庫旧蔵『荒序記』

三、国文学研究資料館寄託田安徳川家蔵『荒序記』
四、上野学園大学日本音楽史研究所蔵窪家旧蔵『荒序旧記』
の四本である(5)。以下に各本の書誌を記す。

1、春日大社蔵『舞楽古記』

奈良県、春日大社所蔵。巻子本、一軸。登録番号は「書　第二十二ノ第一」。表紙は金色牡丹唐草文様織出の布表紙で、法量は縦三二・三糎、横二〇・三糎。見返しは金の揉み箔を散らしたもの。紐は緑青色の平打ちである。外題は表紙左端上部の題簽に「舞楽古記裏嘉元暦」と書く。題簽は、金の切箔を散らした鳥の子紙で、法量は縦九・一糎、横二・二糎。題簽右側に登録番号を書いた副題簽（縦四・九糎、横二・九糎）が貼られている。なお、該本には、紙背に明治三十年（一八九七）の修補奥書がある（詳細は後述）が、その筆跡と題簽題の筆跡は一致するから、表紙、題簽等はこの時の修補によるものと考えられる。また、内題がないので題簽題の「舞楽古記」という書名も、明治の修補で付けられた仮称かと思われる。

本文料紙は楮紙で、紙高は約二八・七糎。全体に破損、虫損があるが、間剝ぎして表裏を分かち、間に別紙を入れて張り合わせてある。また、虫繕いも施されており、料紙の天地は別紙で補強されている。したがって、現状の紙高は約三二・四糎である。ただし、虫繕いは紙背からではなく、紙表からなされているので、文字の判読しにくい箇所が相当数ある。ただし、この点は原本を閲覧することで解決できた。このような修補の状況を見るに、該本は数度にわたって修補が行われたものと思しい。

本紙は無界で、墨付は二十六紙。各紙の長さは以下の通り。第一紙三八・八糎、第二紙四一・五糎、第三紙四二・三糎、第四紙三〇・一糎、第五紙一一・八糎、第六紙四二・四糎、第七紙四二・一糎、第八紙四二・四糎、第九紙四二・五糎、第十紙一四・〇糎、第十一紙二八・一糎、第十二紙四二・一糎、第十三紙四二・四糎、第十四紙四二・五糎、第十五紙三九・三糎、第十六紙二一・五糎、第十七紙四二・七糎、第十八紙四二・五糎、第十九紙四二・四糎、第二十紙三九・五糎、第二十一紙二七・六糎、第二十二紙一三・一糎、第二十三紙四一・三糎、第二十四紙四一・四糎、第二十五紙四一・六糎、第二十六紙三四・七糎。

内題、奥書はなく、書写は一筆である。合点や注文は朱筆であるが、これも同筆と思われる。また、最終紙紙背の仮名暦上欄の余白に「明治三十年十二月修補」と修補奥書があり（この筆跡は前述の題簽題と同じである）、巻首・巻末の各一紙及び第十八紙本文の余白に「春日神／社之印」の方型朱印がある。

紙背は、嘉元元年（一三〇三）八月一日から十月二十八日、同二年正月一日から十一月二十四日に至る仮名暦である。仮名暦を検するに錯簡はないが、料紙の断ち落としが第四紙末尾、第十五紙末尾、第二十一紙末尾に見られる。第十五紙・第二十一紙の末尾の欠損はどちらも半行（一行の半分弱）ほどのものであり、本文は何とか判読できるが、第四紙末尾の欠損は、後述の窪家本と比較すると窪家本には当該箇所に一行分記事があるので、該本は断ち落としによって、その一行を失ったものと察せられる。なお、内閣文庫本の当該箇所本文は該本と同じであるが、一行分の記事が朱書別筆で書き足されており、該本・窪・内閣の三本はいずれも状況が相違する。この第四紙末尾の欠損については第二節に詳述する。

書写年代は、奥書がないので正確な時日は未詳であるが、嘉元年間の仮名暦の紙背に書写されていることやその状態などから、嘉元年間をそれほど降らない鎌倉後期頃と推察される。ただし、最終紙に書かれる文保二年（一三一八）以下の記事は、筆跡は本文と同筆であるが、記事の記載方法や用字法、墨の付き方などが他と異なることや、軸木直前まで書いていることなどから、本文を一通り書写したのち、書写者が書き加えたものではないかと思われる。おそらく、仮名暦の嘉元年間からそれほど時を経ぬうちに本文が書写されたのち、文保二年以降に加筆されたのではないかと想像するが、この点は該本の成立に関わるからあとであらためて検討する。また、詳しくは後述するが、該本以外の伝本はいずれも江戸期の写本であり、誤記等に基づく異同や、順序の入れ替え等による異同のほかは該本と同じであるから、該本は後述する伝本の祖本にあたるのではないかと思われるが、この点についても、後で検討する。

2、国立公文書館内閣文庫蔵紅葉山文庫旧蔵『荒序記』

内閣文庫に所蔵する『楽書部類』二十二冊のうちの第八冊にあたる。配架函番号は「特一〇二・乙・七」。一冊の袋綴冊子本であり、法量は縦約二八・七糎、横二九・五糎の特大本である。水瓶色牡丹唐草文様の表紙に、外題は表紙左端上部に墨で「荒序記」と打付書きにし、表紙右下に「楽書部類」、角近くに「共廿二」と朱書する。本文料紙は楮紙。巻首に「秘閣／図書／之章」（丙種）の朱印があり、紅葉山文庫の旧蔵と知られる。

内容を検するに内題はなく、本文の書写は一筆であるが、朱校（ミセケチ、校勘等）は別筆と見られる。墨付は三十丁。乱丁があり、第二十二丁と第二十三丁とが入れ替わる。なお、該本の写しと伝えられる田安家本（次項）の本文では、該本に乱丁が生じたのちの順序となっており、田安本は乱丁後に書写されたものと解される。

該本に奥書はないが、該本を収める『楽書部類』の最終第二十二冊『楽部雑著』の巻末、第二十六丁表に次のような奥書がある。

楽書二十二巻古来秘伝
也蔵在南都興福寺不妄
示人今度新写一部如正
本令校合所納

江戸御文庫也」（改丁）

寛文六年正月

これにより、該本を含む『楽書部類』二十二冊が、興福寺にあるという二十二巻の楽書を、寛文六年（一六六六）正月に写して江戸の御文庫（紅葉山文庫）に納められたものであることがわかる。奥書の中に、「校合せしめ……」とあり、本文中に朱校が散見する（前述）から、書写時に別の本に拠って校合したと知られる。

さて、該本を春日本と比較すると、字句の異同は小異であり、乱丁を正せば記事の順序も同じである。ただし、春日本冒頭にあたる「長寛二年」記事の前に、「保延元年九月」「保延元年十月」「長承三年」の四つの記事があって、春日本冒頭の欠損記事を有する。また、春日本の第四紙末尾の欠損部分が、該本では朱（別筆）で足されていることは先に述べたとおりであるが、これらの相違点については次節で窪家本（後述）と合わせて検討する。

3、国文学研究資料館寄託田安徳川家蔵『荒序記』

田安徳川家所蔵、国文学研究資料館寄託の『二十二部楽書』と呼ばれる二十二冊の楽書のうちの第十五冊にあたる。『二十二部楽書』は、内閣文庫所蔵の『楽書部類』二十二冊と同内容であり、岸辺成雄らによる「田安徳川家蔵楽書目録――その資料的意義――」(6)によれば、

『田藩事実』によれば、享保十九年（一七三四）四月二十九日に宗武が江戸城本丸より借り出した書物の中に「楽書二十二冊」とあるから、これを書写したものと思われる。（五三頁）

ということである。したがって、該本は前項の内閣文庫本を写したものと解され、そうなれば享保十九年頃の写しとなろう。

該本は一冊の袋綴冊子本であり、表紙は無地の素表紙である。法量は縦三〇・二糎、横二一・五糎。外題は縦一

九・〇糎、横四・一糎の題簽に「荒序記　十五」と書いてあるが、現在題簽は剝がれて、遊紙と第一丁との間に挟んである。また、表紙右肩に「楽書」と墨で打付書きにする。本文料紙は楮紙で、前後に一丁ずつ遊紙がある。書写は一筆で、内題・奥書はなく、第一丁表に「田安／府芸／台印」の方型朱印がある。内閣文庫本と比較すると、行取りが同じであり、字句の異同も少なく、これの写しだといえる。なお、前述したように、内閣文庫本には乱丁があるが、該本はそれをそのまま写したかたちとなっており、内閣文庫本に乱丁が生じたのちに写されたものと解される。

4、上野学園大学日本音楽史研究所蔵窪家旧蔵『荒序旧記』

上野学園大学日本音楽史研究所に所蔵する窪家旧蔵楽書類[7]のうちにある、所謂十二冊本『春日楽書』のうちの一冊である。該本については福島和夫氏に解題があり[8]、「荒序旧記」の仮称を付しておられ、筆者が作成した「日本音楽史研究所所蔵　雅楽関係史料目録」においても、その名称で解題を記したが[9]、ここにあらためて解題を記しておく。

該本は一冊の仮綴冊子本で、書背は糊付けして背張りしてある。表紙は本紙共紙で、本文料紙は楮紙。大きさは縦二八・二糎、横二〇・一糎。外題、内題はなく、原題は未詳。また奥書はなく、書写年、書写者等も記されていないが、同じ窪家旧蔵楽書類の『補任』（『楽所補任』下巻）一冊の奥書に、寛文十年（一六七〇）六月の窪光逸（一六一五～七七）の書写奥書があり、該本と装訂、書型、料紙、筆跡等が同じであることから、光逸が同じ頃写したものではないかと推察される[10]。

内容を見るに、前述の春日本・内閣文庫本とは記事の順序に一部異同があり、さらに該本には順序を入れ替えるように指示した、本文と同筆の書き入れもあるが、その指示に従っても、春日本・内閣文庫本とは順序が異なっている。なお、その書き入れには、書き損じたのか、墨で塗抹したものがあるから、それについては書写者が書いた指示と思われるが、なぜ順序に異同があるのか、またなぜさらに順序を入れ替えるよう指示がなされたのかは次節で検討する。

また、春日本・内閣文庫本と比較するに、誤写・誤記に基づくと思われる異同が散見するが、異文は見当たらない。ただし、誤写、誤記に対する校勘が「……歟」のようなかたちで所々に小字で傍記されている。これが書写者による注記なのか、親本にあったものをそのまま写したものなのかは明らかでないが、その部分は春日本・内閣文庫本と一致しないから、この二本とは直接の関係（親子の関係）にないことは確かである。このように、窪家本は春日・内閣とは記事の順序が異なり、そこがとくに問題だといえるが、そこは次節で追究する。

二、諸本の異同について

以上のように、誤写や誤記にもとづくと見られる異同を除くと、諸本間の異同は、記事の有無やその順序にあるといえる。そこで、次頁の**表1**に諸本を対照させて、個々の異同について検討してみる。なお、春日本冒頭の欠損記事を有する内閣文庫本に合わせて記事に通し番号を付すこととし、また田安家本は内閣文庫本の写しであるから、ここでは扱わない。

1、春日本と内閣文庫本の異同について

春日本と内閣文庫本の相違点は二つある。一つ目は、**表1**に示すように、春日本が長寛二年条から始めるのに対し、内閣文庫本はそれよりも前に、1年次未詳の記事、2某年某月の記事、3保延元年九月の記事、4保延元年十

月の記事、5長承三年閏七月の、五つの記事があることである。

表1　『舞楽古記』諸本対照表

＊内閣文庫本の順序は乱丁を正したもの。窪家本の△印は補入。
↓は順序入れ替えの指示を図示したもの。…は省略の意。

春日大社蔵本　嘉元元・二年（一三〇三〜〇四）仮名暦紙背

（※巻首欠、内題なし）
6　長寛二年（一一六三）閏十月廿三日
7　入破半帖舞例
「荒序旧記」
8　天治元年（一一二四）正月廿九日
9　天治二年（一一二五）正月十八日
10　大治二年（一一二六）正月廿日
11　長承元年（一一三二）八月廿二日
12　長承二年（一一三三）三月六日
13　長承二年（一一三三）三月七日
14　長承二年（一一三三）三月廿六日
15　長承三年（一一三四）二月廿日
…
16　長承三年（一一三四）後十二月十四日

内閣文庫蔵本　寛文六年（一六六六）書写校合奥書

（※巻首欠、内題なし）
1　年次未詳（冒頭「次抜頭」）
2　某年某月某日（※年月日は欠字）
3　保延元年（一一三七）九月十三日
4　保延元年（一一三七）十月二日
5　長承三年（一一三四）閏七月廿四日
6　長寛二年（一一六三）閏十月廿三日
7　入破半帖舞例
「荒序旧記」
8　天治元年（一一二四）正月廿九日
9　天治二年（一一二五）正月十八日
10　大治二年（一一二六）正月廿日
11　長承元年（一一三二）八月廿二日
12　長承二年（一一三三）三月六日
13　長承二年（一一三三）三月七日
14　長承二年（一一三三）三月廿六日
15　長承三年（一一三四）二月廿日
…
16　長承三年（一一三四）後十二月十四日

窪家旧蔵本　窪光逸筆、寛文十年（一六七〇）写か

（※ここに標題なし）
8　天治元年（一一二四）正月廿九日
9　天治二年（一一二五）正月十八日
10　大治二年（一一二七）正月廿日
11　長承元年（一一三二）八月廿二日
12　長承二年（一一三三）三月六日
13　長承二年（一一三三）三月七日
14　長承二年（一一三三）三月廿六日
15　長承三年（一一三四）二月廿日
△5　長承三年（一一三四）閏七月廿四日
↓
16　長承三年（一一三四）後十二月十四日

17 保延二年（一一三六）正月廿三日
18 保延二年（一一三六）二月九日
19 保延二年（一一三六）三月十日
20 保延三年（一一三七）三月十二日

21 仁安三年（一一六八）正月十九日
22 治承二年（一一七八）正月十八日
23 建暦二年（一二一二）四月八日
24 建保四年（一二一六）六月廿七日
25 建保五年（一二一七）正月七日
26 建保五年（一二一七）二月十五日
27 建保五年（一二一七）二月十六日
28 承久二年（一二二〇）九月十九日
29 仁治元年（一二四〇）十二月十三日

---

17 保延二年（一一三六）正月廿三日
18 保延二年（一一三六）二月九日
19 保延二年（一一三六）三月十日
20 保延三年（一一三七）三月十二日

21 仁安三年（一一六八）正月十九日
22 治承二年（一一七八）正月十八日
23 建暦二年（一二一二）四月八日
24 建保四年（一二一六）六月廿七日
25 建保五年（一二一七）正月七日
26 建保五年（一二一七）二月十五日
27 建保五年（一二一七）二月十六日
28 承久二年（一二二〇）九月十九日
29 仁治元年（一二四〇）十二月十三日

---

1 （「次抜頭」より始まる。日時未詳。
記事右端の余白に「此間虫喰無之」
と記す）
2 同三年十一月十八日（※和暦なし）
3 保延元年（一一三五）九月十三日
4 保延元年（一一三五）十月二日
5 長承三年（一一三四）閏七月廿四日
△3 保延元年（一一三五）九月十三日
△4 保延元年（一一三五）十月二日
17 保延二年（一一三六）正月廿三日
18 保延二年（一一三六）二月九日
19 保延二年（一一三六）三月十日
20 保延三年（一一三七）三月十二日
△~~3保延元年（一一三五）九月十三日~~（塗抹）
6 長寛二年（一一六四）閏十月廿三日
7 入破半帖舞例…
「荒序旧記」（※ここに標題あり）
21 仁安三年（一一六八）正月十九日
22 治承二年（一一七八）正月十八日
23 建暦二年（一二一二）四月八日
24 建保四年（一二一六）六月廿七日
25 建保五年（一二一七）正月七日
26 建保五年（一二一七）二月十五日
27 建保五年（一二一七）二月十六日
28 承久二年（一二二〇）九月十九日
29 仁治元年（一二四〇）十二月十三日

---

30 仁治二年（一二四一）二月十五日
31 仁治二年（一二四一）四月四日
32 仁治三年（一二四二）五月十日
33 仁治三年（一二四二）五月十一日
34 仁治三年（一二四二）八月廿八日
35 寛元二年（一二四四）二月十五日
36 寛元二年（一二四四）二月廿三日
37 文永四年（一二六七）八月　日
38 文永四年（一二六七）八月八日
39 文永五年（一二六八）正月十二日
40 篳篥者祢取行不吹…
41 文永五年（一二六八）八月十六日
42 書置（末尾「近実」在判）
43 文永七年（一二七〇）正月七日
44 文永十二年（一二七五）二月十五日
45 古記云…
46 口伝云…
47 囀第三度舞様…
48 一説…
49 文永十二年（一二七五）三月廿八日
50 弘安三年（一二八〇）正月八日
51 弘安五年（一二八二）四月五日
52 弘安七年（一二八四）四月五日
53 弘安九年（一二八六）三月五日
54 弘安十年（一二八七）四月五日
55 弘安十一年（一二八八）二月十五日

---

30 仁治二年（一二四一）二月十五日
31 仁治二年（一二四一）四月四日
32 仁治三年（一二四二）五月十日
33 仁治三年（一二四二）五月十一日
34 仁治三年（一二四二）八月廿八日
35 寛元二年（一二四四）二月十五日
36 寛元二年（一二四四）二月廿三日
37 文永四年（一二六七）八月　日
38 文永四年（一二六七）八月八日
39 文永五年（一二六八）正月十二日
40 篳篥者祢取行不吹…
41 文永五年（一二六八）八月十六日
42 書置（末尾「近実」在判）
43 文永七年（一二七〇）正月七日
44 文永十二年（一二七五）二月十五日
45 古記云…
46 口伝云…
47 囀第三度舞様…
48 一説…
49 文永十二年（一二七五）三月廿八日
50 弘安三年（一二八〇）正月八日
51 弘安五年（一二八二）四月五日
52 弘安七年（一二八四）四月五日
53 弘安九年（一二八六）三月五日
54 弘安十年（一二八七）四月五日
55 弘安十一年（一二八八）二月十五日

---

30 仁治二年（一二四一）二月十五日
31 仁治二年（一二四一）四月四日
32 仁治三年（一二四二）五月十日
33 仁治三年（一二四二）五月十一日
34 仁治三年（一二四二）八月廿八日
35 寛元二年（一二四四）二月十五日
36 寛元二年（一二四四）二月廿三日
37 文永四年（一二六七）八月　日
38 文永四年（一二六七）八月八日
39 文永五年（一二六八）正月十二日
40 篳篥者祢取行不吹…
41 文永五年（一二六八）八月十六日
42 書置（末尾「近実」在判）
43 文永七年（一二七〇）正月七日
44 文永十二年（一二七五）二月十五日
45 古記云…
46 口伝云…
47 囀第三度舞様…
48 一説…
49 文永十二年（一二七五）三月廿八日
50 弘安三年（一二八〇）正月八日
51 弘安五年（一二八二）四月五日
52 弘安七年（一二八四）四月五日
53 弘安九年（一二八六）三月五日
54 弘安十年（一二八七）四月五日
55 弘安十一年（一二八八）二月十五日

---

56 内大臣藤原朝臣宗輔生陵王御覧日記
57 狛光時之家日記云
58 三宮御説云
59 兼丸説云
60 或書云
61 尾張浜主之伝陵王舞時頌文
62 口伝云
63 口伝云　八方ノ舞ノ時ハ
64 八帖秘説
65 陵王相伝（系図）
66 文保二年（一三一八）二月十五日
67〔元徳元年〈一三二九〉四月廿三日〕
68〔元弘三年〈一三三三〉十月一日〕
＊右二条は日時を記さず。『體源鈔』より確認。以下同。

56 内大臣藤原朝臣宗輔生陵王御覧日記
57 狛光時之家日記云
58 三宮御説云
59 兼丸説云
60 或書云
61 尾張浜主之伝陵王舞時頌文
62 口伝云
63 口伝云　八方ノ舞ノ時ハ
64 八帖秘説
65 陵王相伝（系図）
66 文保二年（一三一八）二月十五日
67〔元徳元年〈一三二九〉四月廿三日〕
68〔元弘三年〈一三三三〉十月一日〕

56 内大臣藤原朝臣宗輔生陵王御覧日記
57 狛光時之家日記云
58 三宮御説云
59 兼丸説云
60 或書云
61 尾張浜主之伝陵王舞時頌文
62 口伝云
63 口伝云　八方ノ舞ノ時ハ
64 八帖秘説
65 陵王相伝（系図）
66 文保二年（一三一八）二月十五日
67〔元徳元年〈一三二九〉四月廿三日〕
68〔元弘三年〈一三三三〉十月一日〕

このうち、1の年次未詳の記事と、2の某年の記事というのは、次のようなものである。

1　次抜頭四位少将教長
次陵王光時在荒序破一返　納蘇利｜｜
荒序笛権中将忠基吹之　打物御室僧｜｜
2同｜　｜｜日熊野別当法｜｜範堂供養大法会 秋津（マヽ）出所
（後略、番号・括弧内は筆者）

まず、1の記事は「次抜頭四位少将教長」と書き出しているから、本来はこれより前に記事のあったことは明らかである。ただし、このように記事が欠けたのは内閣文庫本自体に欠損を生じたためなのか（すなわち前丁が脱落したか）、それともその親本ないしは祖本に欠があったためなのか、これだけでは断定できない。この点は第四節で改めて検討する。

また、２の某年の記事というのは、「同｜　｜｜日……」と始めており、前の記事と同じ年号であるらしいことはわかるが、親本乃至は祖本に虫喰いがあったと思しく、欠字を示す「｜」という墨線が引かれており、現時点ではわからない。この点も第四節で検討する。

春日本と内閣文庫本との第二の相違点は、第一節の春日本解題で述べたように、春日本の第四紙末尾に、紙背の仮名暦の状態から推して一行ほど料紙の断ち落としがあると思われる箇所である。その箇所を、春日、内閣、窪の順に示すと左の**表2**のようになる。

表2　春日本断ち落とし箇所（第四紙・第五紙継ぎ目）

春日社本　嘉元元・二年（一三〇三〜〇四）仮名暦紙背

（長承）（一一三四）
同三年後十二月十四日舞御覧（中略）
勅定曰今日荒序五人可有御覧者也（中略）
仍被上畢　又陵王　納蘇利五人可有御覧
一番陵王光則破一切　納蘇利忠方
二番陵王光時破一切　納蘇利近方
三番陵王則助破一切　納蘇利忠時
四番陵王光近破二切　納蘇利成方
五番陵王藤侍従為道破二切　納蘇利源大夫師仲
【第四紙】

（料紙断ち落とし箇所）

（一一三六）
保延二年正月廿三日舞御覧
【第五紙】

内閣文庫本　寛文六年（一六六六）書写校合奥書

同三年後十二月十四日舞御覧（中略）
勅定曰今日荒序五人可有御覧者也（中略）
仍被上畢　又陵王　納蘇利五人可有御覧
一番陵王光則破一切　納蘇利忠方
二番陵王光時破一切　納蘇利近方
三番陵王則助破一切　納蘇利忠時
四番陵王光近破二切　納蘇利成方
五番陵王藤侍従為道破二切　納蘇利源大夫師仲
「次抜頭四位少将教長　納蘇利元秋時高」（朱、別筆）
保延二年正月廿三日舞御覧

窪家旧蔵本　窪光逸筆、寛文十年（一六七〇）写カ

同三年後十二月十四日舞御覧（中略）
勅定曰今日荒序五人可有御覧者也（中略）
仍被上畢　又陵王　納蘇利五人可有御覧
一番陵王光則破一切　納蘇利忠方
二番陵王光時破一切　納蘇利近方
三番陵王則助破一切　納蘇利忠時
四番陵王光近破二切　納蘇利成方
五番陵王藤侍従為道破二切　納蘇利源大夫師仲
次抜頭四位少将教長　納蘇利元秋時高
保延二年正月廿三日舞御覧

表2のように、春日本の当該箇所を内閣・窪の二本と対照させてみると、春日本は料紙の断ち落としにより、「次抜頭四位少将教長　納蘇利元秋時高」の一行を失っていることがわかる。ただし、内閣文庫本当該箇所はあとから朱（別筆）で足されたものであるから、校本によって補われたもの（前述）と解され、内閣文庫本の親本（底本）はこの一行を欠いていたと推察される。

このことから、左の図に示すように、内閣文庫本の親本は、欠損が生じたのちの春日本か、乃至はその春日本の系統に連なる本の写しであるといえる。内閣文庫本は寛文六年正月の写しであるから、春日本の当該箇所に欠損が生じたのは少なくともそれ以前のことであったと推察される。なお、内閣文庫本の校本は、欠損が生じる前の春日本系統の写本か、まったく別の系統のものか、これだけではわからない。この点は、春日本が原本か否かという問題にも関わるのであとで改めて考える。

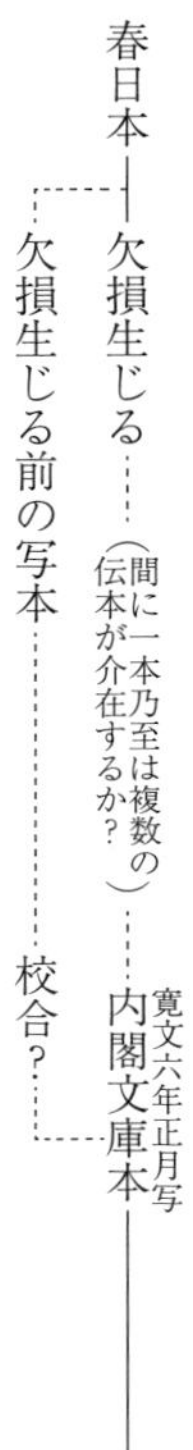

また、窪家本の親本については欠損が生じたのちの春日本ではないといえる。その意味では欠損が生じる前の春日本の写しの系統に連なるものだろうか。この点もあとでさらに考える。

2、窪家本の異同について

前掲**表1**に示すように、窪家本は春日・内閣の二本とは21仁安三年条までの順序に異同が見られる。

まず、窪家本の冒頭は、8天治元年（一一二四）条から始まっており、内閣文庫本冒頭の1～5の記事は16の後ろにある。また、6・7と「荒序旧記」という表題は、20と21の間にある。さらに、3と4と5の順序を変更するよう指示がされている（本文と同筆。**表1**に△印と↓で示す）。

ただし、記事の総数は内閣文庫本と同じであり、異文はない。前掲の1の日時未詳の記事も内閣文庫本とは異同がなく、欠字注記の位置も一致する。しかもこの記事の右端の余白に「此間虫喰無之」（この間、虫喰い。これなし）と注記があり、窪家本の親本乃至は祖本が右端を欠損していることを示しているから、もとはここが巻首であったと覚しい。したがって、窪家本は記事の順序が異なるものの、それを直せば内閣と祖本が同じである可能性もあることになるが、**表1**に示したように窪家本の年紀を追っていくと、どうであろう。はじめに、順序変更の指示を除いて読んでいくと、3、4、5のほかは、記事が編年になっていることに気がつく。続いて順序変更の指示通りに読んでいくと、3、4、5の位置を変更するようになって、それに従うと記事の順序が古いものから新しいものへ整然と並ぶようになることがわかる。つまり、窪家本の順序が春日・内閣と異なるのは、記事の順序を編年にしようとしたためではないか、と想像できる。

なるほど、内閣文庫本の記事の年紀に着目してみると、1、2は年次未詳だが、その後は、3保延元年（一一三五）九月、4同年十月、5長承三年（一一三四）、6長寛二年（一一六三）、8天治元年（一一二四）……と、年次が前後していることがわかる。「荒序旧記」と題された8天治元年以降は編年になっており、さながら部類記の体を成しているのであるが、冒頭の3〜6の順序は前後しているから、窪家本の順序変更の指示はこれを正そうとしたものだと解される。

そこで問題となるのは、春日本や内閣文庫本の並びがもとのかたちなのかどうかである。もし、これらの記録が同一の部類記ならば、編年に並んでいてよいはずである。

また、本書は記事の大半が「荒序」の記録であるものの、口伝や諸説・説話など、「陵王荒序」に関係すると思われる若干の記事を後半に収める。**表1**に見るように、文永年間の記録の途中に、40「篳篥者…」、42「書置」、45

「古記云…」、46「口伝云…」、47「囀三度舞様」、48「一説」といった記事を挟んでいることがわかる。これらは記録とは異なる、「陵王」に関する諸説や口伝であり、つまり本書を部類記として考えるならば、体裁が不統一で、未整理の感が拭えないものである。まるで、本書は推敲のなされていない未定稿のようだともいえそうであるが、この書はいったい何なのか。

三、『羅陵王舞譜』裏書との関係について

1、『羅陵王舞譜』との比較

宮内庁書陵部所蔵の伏見宮家旧蔵楽書に「陵王荒序」（伏一〇七六）と題する、鎌倉後期書写の舞楽「陵王」の舞譜がある。中原香苗氏が翻刻・解題を発表しておられる[11]（以下、中原氏の論はこの解題による）が、巻首を欠損しており、もとの内題がわからないため、氏は内容に即して『羅陵王舞譜』と仮称しておられる。本稿でもこの仮称に従うが、この譜の紙背に『舞楽古記』と同様の記事が見出せる。この譜は表裏両面に記事を有する巻子本であるから、表裏の対応関係がわかるよう、内容を**表3**に示してみる。上段がオモテの本文、下段が紙背である。なお、紙背の記事は巻末から巻首へ向かって進むので、**表3**のように同一の紙面上に示すとオモテの本文とは進行方向が逆になることをご了解いただきたい。

本文（オモテ）は「陵王」の舞譜であり、狛近真の『教訓抄』巻第一「羅陵王」条に、「陵王」の構成を「乱序一帖、囀二度、嗔序一帖、荒序八帖、入破二帖拍子各十六」と記されているところと一致するので[12]、当時の「陵王」の構成を一通り具備するものと認められる。巻末に建暦二年（一二一二）八月の奥書があり、署名の末尾に「在判」とあるから、この舞譜は自筆原本ではなく、写しであることがわかる。名は「左近衛将監狛宿祢」としか記さ

表3　宮内庁書陵部蔵『羅陵王舞譜』細目

＊…は省略を示す。括弧内は筆者注。

本文（オモテ）	紙背　＊すべて本文と同筆
「陵王荒序」（内題異筆、料紙後補）	
（巻首欠）	
〔目録〕（以下陵王の構成か）	
（乱序第一段か）	
第二段…第三段…第四段…	（この間余白）
第五段…第六段…一説云…	
囀三度…一説云…一説云…	19 尾張浜主之伝陵王舞時頌文…
嗔序一帖…	
荒序八帖…	（この間余白）
入破二帖…	
入切一帖…	
抑昔善舞此曲者尾張浜主…	18 或書云…（脂那国王陵王由来譚）
〔舞譜〕	
舞出作法…	17 兼丸説云…、16 三宮御記云…
乱序一帖	15 龍王之小面…
第一段…	14 内大臣宗輔生陵王御覧日記
第二段搔日手…	
第三段返桴手…	
第四段返蜻蛉手…	
第五段名大膝巻…	
（第一段標題なし）…	
第二段…	（この間余白）
第三帖（「帖」字「段」か）…	
第六段号小膝巻…	
（第一段標題なし）…	
第二段…	
第三段…	
囀	
第一段…囀詞…囀詞…	13 一説／東向天合掌シテ…
第二段…囀詞…囀詞…	12 囀三度舞様…　11 口伝云崎（ママ）
嗔序	取手者…
第一段…	10 古記云左馬属大友成通…
第二段…	
次伶人於楽屋祢取 有二説…	9 篳篥者祢取行不吹…
荒序二四八説 狛光則之家説…	
第一帖…	
第二帖…	
第三帖…	
第四帖…	（この間余白）
第五帖…	
第六帖…	
第七帖…	
第八帖…	（28）寛元二年二月十五日
一説八方八返様 同家説…	（27）仁治三年八月廿八日
第一帖…	（26）仁治三年五月十一日
第二帖…	（25）仁治三年五月十日
第三帖…	（24）仁治二年四月四日
	→

第四帖…
第五帖…
第六帖…
第七帖…
第八帖…
荒序四方各二返様　狛光近之家説…
第一帖…
第二帖…
第三帖…
第四帖…
第五帖…
第六帖…
第七帖…
第八帖…
一説八方各一返様　同家説…
第一帖…
第二帖…
第三帖…
第四帖…
第五帖…
第六帖…
第七帖…
第八帖…
略説八切　向四方各二拍子…
入破

---

(23)仁治二年二月十五日
(22)仁治元年十二月十三日
(21)承久二年九月十九日
(20)建保五年二月十六日
(19)建保五年二月十五日
(18)建保五年正月七日
(17)建保四年六月廿七日
(16)建暦二年四月八日
(15)治承二年正月十八日
(14)仁安三年正月十九日
(13)保延三年三月十二日
(12)保延二年三月十日
(11)保延二年二月九日
(10)保延二年正月廿三日
(9)長承三年後十二月十四日
(8)長承三年二月廿日
(7)長承二年三月廿六日
(6)長承二年三月七日
(5)長承二年三月六日
(4)長承元年八月廿二日
(3)大治二年正月廿日
(2)天治二年正月十八日
(1)天治元年正月廿九日

8 **荒序旧記**

7 **入破半帖舞例**…

第一帖…
半帖…
第二帖…
半帖…
入破第二切異説
二帖頭…
半帖頭…
入様…
入綾手大鼓前舞之…
勅禄手向御前舞之…
抑当曲者継尾張浜主之伝…
龍笛荒序曲…（以下両脇に笙・篳篥譜を備えた龍笛譜）
一帖…
二帖…
三帖…
四帖…
五帖…
六帖…
七帖…
八帖…
八方荒序之時其詞云…（同右）
（奥書）
建暦二年八月十日…
…**左近衛将監狛宿祢**在判

6 **上下賭弓**…

5 **入破第二切半帖異説**…
⑥長寛二年閏十月廿三日
⑤長承三年閏七月廿四日
④保延元年十月二日
③保延元年九月十三日
②保延三年十一月十八日
①保延二年三月七日

4 **私所荒序舞記**

3 **寛治五年相撲節**…

（この間余白）

2 **八帖異説**…（笙・篳篥譜を備えた笛譜）

1 **口伝云八方ノ舞ノ時ハ**…

ないが、中原氏はこれを狛近真と見て、彼の編纂であろうと考察しておられる。その考証については氏の論考を併せて参照されたいが、それを参考に概要を記せば、本譜の「荒序」の譜には、「二四八説狛光則家之説」と「八方八返様自家之説」とがあって、光則流と光時・光近流と二流あった「荒序」の説を記していて、二流に分かれていた「荒序」の相伝を一身に継承したという近真でなければ書けない内容であること、(13)『続教訓鈔』や『體源鈔』等に、「陵王荒序」の譜を著したのは近真だとあること、(14)などが挙げられる。また、奥書の建暦二年八月という時期も、近真が「荒序」相伝の勅許を得たのが同年の四月である(15)という事情を勘案すれば、相伝の勅許を得たのち、相伝の証としてこの舞譜を整備したものと考えられ、筆者も奥書の署名は近真ではないかと推察する。

　さて、そこで問題の紙背の記事であるが、この舞譜のような巻子本の場合、紙背の記事は、それが裏書かどうかを見極めておく必要があろう。裏書はオモテの本文に対する追注や補記、関連記事をいい、オモテの本文と関連するものであるが、(16)中原氏の論考では紙背の記事を「裏書」としておられるものの、オモテの本文との関係については言及がない。そこで、この舞譜の紙背の記事が所謂裏書で、オモテと関連するものなのか、次に確認しておく。

　まず、この紙背には7「入破半帖舞例」、2「八帖秘説」など、その順序は異なるものの、『舞楽古記』と同様の、「陵王」に関する諸説・口伝が散見される。オモテの「陵王」の舞譜とは内容が関連しているように思われるから、これらはオモテの舞譜に対応する裏書だといえるのではないか。

　たとえば、紙背冒頭、〔目録〕の「囀三度」の紙背には、19「尾張浜主之伝陵王舞時頌文」という、尾張浜主が「陵王」を舞った際の詠・囀の類が記されているが、内容が本文と共通していることから表裏は対応する関係にあることがわかる。

　また、本文において、「舞出作法」という、曲の冒頭で舞人が入場する際の所作を記した箇所の紙背に、17「兼丸説云、陵王入時、安摩ロクロウヲ吹」、16「三宮御記云新楽乱序幷陵王乱序者双調曲也」が記されており、兼丸の説では舞人入場の際安摩の鹿婁を吹くこと、「三宮御記」所引の「新楽乱序と陵王乱序は双調の曲である」という記述を注記している[17]。どちらも陵王の冒頭部分に関するもので、こちらもオモテの舞譜の内容と対応している。

つまり、紙背の記事は本文の内容に対する注記、補記の体を成しており、裏書と見做すことができる。「荒序旧記」と題する荒序の記録も、まさに荒序の譜の裏に書かれ、表裏は対応し、連関していることがわかる。『羅陵王舞譜』の表裏は密接に関係しており、一体のものだといえる。

こうしてみると、『舞楽古記』の記事の多くは、もとは『舞譜』の裏書に由来するものであった可能性が高いといえるのではないか。そして、『舞楽古記』の一見不統一に見える記事の並びも、『舞譜』裏書を写したことによるものではないかと推測できないだろうか。

そこで、『舞譜』裏書と『舞楽古記』とを対照させてみたのが次の**表4**である。対応関係がわかりやすくなるよう、『舞譜』裏書を基準に通し番号を付し、また『古記』は試みに春日本を底本とし、その欠損は内閣文庫本で補ってみる。なお、『舞譜』裏書は紙背に記されているので、記事は巻末から巻首へ向かって進む。そこで、**表4**では巻末から巻首へ向かって記事を並べ、番号を付ける。

表4　『羅陵王舞譜』裏書と『舞楽古記』対照表

『羅陵王舞譜』裏書	『舞楽古記』
1 口伝云　八方ノ舞ノ時ハ	
2 八帖秘説	
3 寛治五年相撲節	
4 私所荒序舞記	〔4私所荒序舞記か〕
①保延二年三月七日	①年次未詳記事
②保延三年十一月十八日	②同三年十一月十八日
③保延元年九月十三日	③保延元年九月十三日
④保延元年十月二日	④保延元年十月二日
⑤長承三年閏七月廿四日	⑤長承三年閏七月廿四日
⑥長寛二年閏十月廿三日	⑥長寛二年閏十月廿三日
5 破第二切半帖異説	
6 上下賭弓	

---

7 入破半帖舞例
8 荒序旧記
(1) 天治元年正月廿九日
(2) 天治二年正月十八日
(3) 大治二年正月廿日
(4) 長承元年八月廿二日
(5) 長承二年三月六日
(6) 長承二年三月七日
(7) 長承二年三月廿六日
(8) 長承三年二月廿日
(9) 長承三年後十二月十四日
(10) 保延二年正月廿三日
(11) 保延二年二月九日
(12) 保延二年三月十日
(13) 保延三年三月十二日
(14) 仁安三年正月十九日
(15) 治承二年正月十八日
(16) 建暦二年四月八日
(17) 建保四年六月廿七日
(18) 建保五年正月七日
(19) 建保五年二月十五日
(20) 建保五年二月十六日
(21) 承久二年九月十九日
(22) 仁治元年十二月十三日
(23) 仁治二年二月十五日
(24) 仁治二年四月四日

---

7 入破半帖舞例
8 荒序旧記
(1) 天治元年正月廿九日
(2) 天治二年正月十八日
(3) 大治二年正月廿日
(4) 長承元年八月廿二日
(5) 長承二年三月六日
(6) 長承二年三月七日
(7) 長承二年三月廿六日
(8) 長承三年二月廿日
(9) 長承三年後十二月十四日
(10) 保延二年正月廿三日
(11) 保延二年二月九日
(12) 保延二年三月十日
(13) 保延三年三月十二日
(14) 仁安三年正月十九日
(15) 治承二年正月十八日
(16) 建暦二年四月八日
(17) 建保四年六月廿七日
(18) 建保五年正月七日
(19) 建保五年二月十五日
(20) 建保五年二月十六日
(21) 承久二年九月十九日
(22) 仁治元年十二月十三日
(23) 仁治二年二月十五日
(24) 仁治二年四月四日

---

(25) 仁治三年五月十日
(26) 仁治三年五月十一日
(27) 仁治三年八月廿八日
(28) 寛元二年二月十五日
9 篳篥者祢取行不吹
10 古記云
11 口伝云
12 囀第三度舞様
13 一説
14 内大臣藤原朝臣生陵王御覧日記
15 狛光時之家日記云

---

(25) 仁治三年五月十日
(26) 仁治三年五月十一日
(27) 仁治三年八月廿八日
(28) 寛元二年二月十五日
寛元二年二月廿三日
文永四年八月　日
文永四年八月八日
文永五年正月十二日
文永五年八月十六日
書置（「在判 近実判也」）
文永七年正月七日
9 篳篥者祢取行不吹
文永十二年二月十五日
10 古記云
11 口伝云
12 囀第三度舞様
13 一説
文永十二年三月廿八日
弘安三年正月八日
弘安五年四月五日
弘安七年四月五日
弘安九年三月五日
弘安十年四月五日
弘安十一年二月十五日
14 内大臣藤原朝臣宗輔生陵王御覧日記
15 狛光時之家日記云

16 三宮御記云	16 三宮御説云
17 兼丸説云	17 兼丸説云
18 或書云	18 或書云
19 尾張浜主之伝陵王舞時頌文	19 尾張浜主之伝陵王舞時頌文
	口伝云
	問答
	1 口伝云　八方ノ舞ノ時ハ
	2 八帖秘説
	陵王相伝（系図）
	文保二年二月十五日
	元徳元年四月二十三日
	元弘三年十月一日

こうしてみると、まず明らかになるのは、『古記』冒頭の①年次未詳の記事が、『舞譜』裏書では4の「私所荒序舞記」と題して記される①保延二年三月七日の記事であったかと思われることである。

そこで、次頁の**表5**に『舞譜』裏書と『古記』の本文を対照させてみると、「次抜頭」以下の記事が一致し、『古記』の記事は、保延二年三月七日の記事の前半が欠けたものであり、またそれは「私所荒序舞記」という項目に属するものだとわかる。窪家本では、この部分の年紀が前後するためか、順序を入れ替えるよう校訂されていた（前述）わけであるが、『舞譜』裏書に従えば、それは誤りであったといえる。また、このことにより、『古記』の冒頭②の某年の記事は、「同三年」であり、直前の①の年号を承けて保延三年の記事であったことがわかる。

次に、前掲**表4**に示したように、『舞譜』裏書の記事に1、2、3……19と番号をふっていくと、それに対応する『舞楽古記』の記事の順序は、4、7、8、9、10、11、12、13、14、15、16、17、18、19、1、2となり、1と2以外は順序が同じだが、3、5、6に相当する記事が見えないことと、『古記』には『舞譜』裏書にはない独自の記事が途中にいくつかあることもわかる。ひとつは、8「荒序旧記」が(28)の寛元二年二月十五日以降も記され、巻末の文保二年、元徳元年、元弘三年の記事まで続いていることであり、いまひとつはその記録の間に「書置」と題する記事や「口伝云」に始まる記事、「陵王相伝」と題する系図があることである。

こうした違いがあることを踏まえた上で、両者の関係を考えてみるに、まず順序が異なる1と2の記事について、『古記』の当該箇所を見てみると、

口伝云但はしなるをみをとしてをくにかく　（↓『舞譜』裏書1に相当）
（朱筆）「通具卿云八面荒序云」
八方ノ舞ノ時ハ叮ユヒヲオ、クタ、キ由スル穴ヲモ
シケクス延詞ヲ綾吹ウスクコク吹舞手頗多故也
大鼓ニ有三度拍子出シケリ打桴ヲ三ツ、打ナリ
終序吹延時ニ打笛天序吹之終一拍子ヲ打ナリ
舞人序舞天居右膝突

表5　『舞楽古記』冒頭部分と『羅陵王舞譜』裏書相当部分

『舞楽古記』冒頭	『羅陵王舞譜』裏書
次抜頭四位中将教長 次陵王光時在荒序破一返　納蘇利ーー 荒序笛権中将忠基吹之　打物御室僧ーー 同ー　ーー日熊野別当法ーー範堂供養大法会秋津出所（マゝ） （以下略）	○私所荒序舞記 保延二年三月七日御室舞御覧 依召各参南院光時 基政 忠時 光近 先散手光近 序破各一返　貴徳忠時 次抜頭四位少将教長 次陵王光時 在荒序 破一返　納蘇利忠時 荒序笛権中将忠基吹之　打物御室僧達打之 同年十一月十八日熊野別当法長範堂供養大法会秋津云所 （以下略）

八帖秘説　（→『舞譜』裏書2に相当）

夕由五。干六。干六。中六。中六。五干。口。夕由五。

上。夕引。下中夕。中夕下。五夕ユ。中夕下。中

下由。六。干六。干六。六火「延」（朱筆）。引

師伝是切可伝時者不知最後云々

（傍線・括弧内は筆者）

となっていて、冒頭の傍線部に「但はしなるをみをとしてをくにかく」とある。この一文は『舞譜』裏書になく、『古記』独自のものであるが、これは「但し、端なるを見落として奥に書く」と読めて、口語訳すれば、「但し、この条は、端にあったので見落としてしまい、奥に書いたのである」となる。つまり、この『古記』の記事は、他から写したものであり、写す際、それが「端」にあったので見落としてしまい、「奥」に書いたものだと解される。そこでこの二条の位置を『舞譜』裏書で確認すると（二二一頁**表3**参照）、それは紙背の巻末近くにあることがわかる。確かに「端」にあるといえるから、書写の際に見落としてしまい、あとで気がついて、最後（「奥」）に記すことになったのだと理解される。どうやら、『古記』は『舞譜』裏書に近いものを写したものである可能性が高いようである。

では次に、『古記』独自の記事を見てみるに、「書置」と題する記事の中に、興味深いくだりがある。

書置

於荒序之曲者可伝嫡子一人但若乙子之中有器量

物者可伝置其故者当曲末世ニ此家ニ不絶シテ久敷

令仕朝家也但嫡々流之輩あらんうへは乙子之輩これ

をいとは不可舞若又子々孫々の中ニも習伝こと

なくハ此譜伝取我家之輩経　奏聞以此譜舞
もし次もすへし仍ことにこまかにしるしたるなり
此世のはかなきあすをこせぬことなれハよく〳〵
心しるへき事なりされハこそ其器量ともあら
すしてたもつましくみえん体ニをしゆへからす
をしゆへからす口伝云此曲ヲ習伝事以吉日
三ケ日精進ヲして静所に師弟密々可受也
在判近実判也

末尾に「在判」とあるので、これは写しである。記事の前半は変体漢文であるが、後半になるにつれ、平仮名書きの箇所が多くなっているから、途中からその漢文を読み下そうとしたもののようであるが、文意の通じにくい箇所があり、漢字・漢文の読み書きが不得意なものが読み下したもののようである。末尾に「在判近実判也」とあるから、原本には花押があったと覚しく、それを別人が「近実」の署名であることを注記したものと解される。「近実」は音通で「近真」、すなわち狛近真だろうか（近真のような地下楽人の名は音通でさまざまに表記されることが多い。大神基政《おおがのもとまさ》の「基政」を「元政」「元正」のごとしである）。

そこで内容を要約すると、――「荒序」の曲においては嫡子一人に伝えるべきである。しかし、嫡子以外のものでも器量のあるものがあれば、そちらへ伝え置くべきである。また、子々孫々の中にもこれを習い伝えるものがなかったならば、他家のものが「この譜」を伝えて舞い、継承すべきである。だから、とくに細かに記したのである――とよめて、「陵王荒序」の継承のあり方について書き置いたものだと理解される。文中に「この譜（此譜）」とあり、またこの「書置」が「荒序」の相伝について述べていることから推すと、「この譜」とは「陵王荒序」の舞譜を指すものと理解される。

つまり、この記事はもともと「陵王荒序」の譜にあったものと解され、『古記』の記事が「陵王荒序」の舞譜から写したものであることを示すものと考えられる。

ただし、書陵部蔵の『舞譜』裏書にはこの「書置」がないから、『古記』は『舞譜』そのものを写したものではない。それとは別の「陵王荒序」の舞譜であったかと解されるが、前掲**表4**に示したように、記事の多くが一致するから、その舞譜は書陵部の『舞譜』に近いものであったことは確かであろう。

そこで、『古記』のもとになった「陵王荒序」の舞譜とはどのようなものか。また、それは書陵部の『舞譜』とどのような関係にあるのか。次項でさらに考えてみたい。

2、『古記』の異同と独自の記事から

まず、前掲の「書置」には「近実」の署名があり、音通で近真のことと解されるから、『古記』のもととなった舞譜は近真の撰述であろうかと推察される。このことから、同じ近真の撰述である『舞譜』とはやはり近い関係であったものと推測される。

また、『古記』と『舞譜』の異同を検討してみると、まず、『古記』に見えない3・5・6の記事のうち、3は寛治五年の「荒序」の記録であり、もっとも巻首に近いから、巻首の欠損によって失われた可能性があるといえる。では、5・6が見えないことと、『古記』独自の記事についてはどう考えられるだろうか。

まず、5は「破第二切半帖異説」と題する記事であり、その名のごとく「陵王」の「入破」第二切の半帖の異説を記した舞譜である。『舞譜』では、入破の紙背に裏書として記されているが、『古記』とともに『春日楽書』のひとつとして伝わる『舞楽手記』という、近真と聖宣の共編になる「陵王」の舞譜では、この「破第二切半帖異説」

は紙背裏書ではなく、オモテの本文の「入破」の最後に記されている（後掲第二章を参照）。『舞楽手記』の近真執筆部分が仁治三年（一二四二）正月までの成立であり、建暦二年（一二一二）八月成立の『舞譜』よりはあとの成立になることを踏まえると、内容は「入破」第二切の半帖の異説を記したもので、本説ではないから、『舞譜』が撰述された当時は、あとから追加されたものであったものが、その後『舞楽手記』を編纂した際に、本文の一部に加えられたと考えることができる。そうしてみると、5の記事については、『古記』のもととなった舞譜も、『舞楽手記』と同じように、オモテの本文に記されてあったためにそれが無いのではないか、と推測することができる。

では、6の「上下賭弓」はどうだろうか。これは、

上下賭弓、自加此所拍子
略説也

というわずか二行足らず、十三字の記事であり、これは（舞譜）オモテの「入破」第一帖の、

踏右手指天西向天右左手桴採天右足高輪廻＼口伝云能略定時半帖舞時加拍子也引上随拍子躍右下

とある一行の紙背に記されており、合点の右注に「口伝云能略定時半帖舞時加拍子也」とあるので、それに対する注記かと思われる。

このように字数にしてわずか十三字の注記ということになると、『舞譜』が撰述された当時は、あとから追加された注記ではあったのだろうが、前述の『舞楽手記』のように、『舞譜』よりのちに編纂されたものにはそれがオモテの本文中に加えられる可能性もあるかと思われる。

つまり、『古記』にこれらの記事が見えないのは、『古記』のもとになった舞譜が、書陵部蔵の『舞譜』のあとに成立した改訂稿のようなものであったからではないかと推測できる。

では、次に『古記』独自の記事を検討してみる。**表4**に示すように、「荒序旧記」と題する記事は、『舞譜』裏書

が(28)寛元二年(一二四四)二月二十三日条までであるのに対し、『古記』はそれ以降も記され、元弘三年まで続いているから、『舞譜』の方の記事に、記録が書き足されたものと見ることができる。とくに文永七年(一二七〇)条から同十二年(一二七五)三月条までの記録は、「書置」、9、10、11、12、13といった『舞譜』の裏書に相当する記事の間を跨《また》ぐように書かれているから、それは裏書が書いてあったところへ「荒序」の記録が書き足されたためかと推察される。「荒序」の記録を書き足してゆけば、いずれは紙面が足らなくなり、自ずと他の裏書を跨ぐことになるからである。

次に、「口伝云」に始まる記事は、

口伝云

○競馬幷相撲之勝負舞時者頗乱声長吹也

競馬ハ終番《ハテノツカヒ》ノ走登之時始ニ吹至御前参入之時

吹笛云々

○相撲之時結手《ホツテ》ノ出天還入時初可吹出云々近来此

様施体也不絶事賭弓勝負舞乱声ハ終番

左方射手矢放時発乱声云々

如此勝負舞作法秘蔵事不可有披露者也

というものであり、文末に「かくのごとき勝負の舞の作法秘蔵のこと、披露あるべからざるものなり」(読み下し)とあるとおり、競馬や相撲節の際の舞の作法について記したものである。これは、『教訓抄』巻一「羅陵王」に、

舞出時、吹ニ新楽乱声一。(中略)又競馬・相撲之勝負舞時者、頗長吹也。

競馬〈終番走上時、始テ吹出乱声。御前ニ参入ノ時吹止、吹乱序。返数無定者歟。〉

相撲〈最結手出、太刀ヲ円座ニ置ク時、始テ吹二乱声一。方屋ヤニ返入時吹止テ、吹二乱序一也。〉
賭弓〈終番ノ左方ノ射手ノ矢放時、発二乱声一。射畢ヌレバ吹止テ吹二乱序一也。〉
已上三箇説、為二秘事一。今様ノ伶人シル事侍ズ。

（宮内庁書陵部蔵室町写本を底本とし、山田孝雄校訂本日本古典全集本をもって校合す。〈 〉内は小字双行。私に訓点を施す）

と同内容の記事が見えて、とくに競馬や相撲、賭弓の勝負の舞で奏されることの多かった「陵王」に関連する秘説として、『古記』のもととなった「陵王」の舞譜の紙背に記されたものではないかと推測できる。

また、そのあとに続く問答は、

○問
此曲已古楽也舞出時何用新楽乱声乎
○答

というもので、答えは記されていない。問いは「この曲、すでに古楽なり。舞出る時、何ぞ新楽の乱声を用ゐんや」と読め、「この曲」が古楽に属する楽曲であるにも関わらず、なぜその舞の入場には新楽の乱声を用いるのか、というものであるが、「この曲」とは陵王のことかと察せられる。『教訓抄』巻一「羅陵王」冒頭には、「別装束舞通大曲　古楽」とあって、「陵王」は古楽に属し、前掲箇所に「舞出時、吹新楽乱声」とあって、舞の入場には新楽乱声を吹くという。同書巻一「新楽乱声」の項にも、「以此乱声出舞、散手相撲時、陵王、還城楽」とあるから、この問答も「陵王」の舞に関連する乱声の話題である。したがって、これは「陵王」の舞譜の裏書に記されてよい記事であるといえて、あとから舞譜の紙背に加えられたものと見ることができる。

では、同じく『古記』独自の記事のひとつである「陵王相伝」と題する記事はどうだろう。これは「陵王荒序」

の相承系図ともいうべきもので、引用すれば次のようになる。

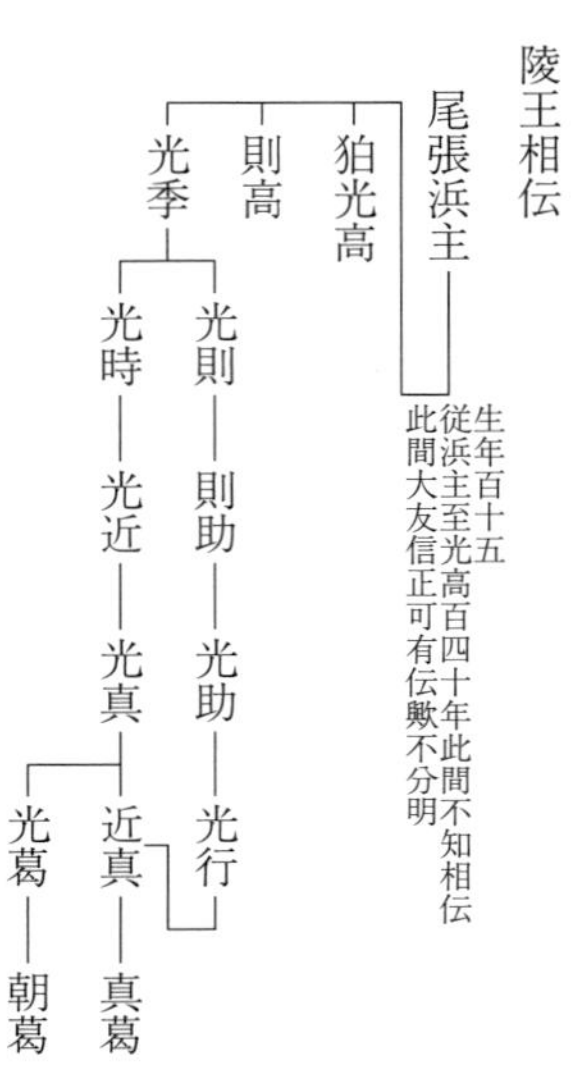

系譜は尾張浜主に始まり、狛光季や同近真を経て、同真葛及び同朝葛に至る。真葛・朝葛が初めて荒序を舞ったのは、真葛が仁治三年（一二四二）五月十日の今出川公経亭での舞御覧、朝葛が弘長二年（一二六二）二月十五日の興福寺常楽会（朝葛十六歳か）のことであり[18]、彼らはそれぞれそのときまでに「陵王」を継承していたことになるから、この系図の成立は弘長二年前後かそれ以降のこととなろう。『舞譜』裏書のもっとも新しい記事は前述したように寛元二年（一二四四）二月十五日の記事であるから、この相承系図ものちの増補と見ることができる。

このように、『古記』の異同や独自の記事を検証してみると、それらはいずれも『舞譜』裏書にあとから加えられたものと見ることができる。『舞譜』裏書と『舞楽古記』の関係は、詮ずるところ、『舞譜』の改訂稿ともいうべき舞譜があり、その紙背裏書を写したのが『古記』だ、といえるのではないか。

四、「荒序」の記録の記主・成立について

『羅陵王舞譜』を改訂した舞譜があり、その紙背裏書を写したのが『舞楽古記』であるとすると、いつ、誰が、なぜそうしたのであろうか。

まず、『舞譜』にあって、『古記』に見えない前述の5・6については、オモテの本文に加えられた可能性があるので、これは編者近真によって行われたかと思われる。

また、『古記』独自の記事のうち、先述の「口伝云」に始まる口伝と問答の記事は、いずれも「陵王」の舞の入場に際して吹かれる乱声に関する事柄であって、『教訓抄』に同じ内容の記事が見出せるから、これも近真が書いた可能性があるといえる。

同じく独自記事の「陵王相伝」と題する「陵王」の相承系図については、前に述べたごとく、末尾が真葛・朝葛になっているから、そのいずれかか、その後継者が記した可能性が高いと思われる。

では、「荒序旧記」の(28)寛元二年二月二十三日条以降の記録はどうであろうか。中原香苗氏によれば、『舞譜』裏書の「荒序」の記録は、狛近真が先人の記録に自身の記録を書き継いだものだと述べておられる[19]が、では『古記』独自の寛元二年（一二四四）二月二十三日条以降の記事は誰が書き加えたのか。近真の後継者が書き継いだものなのだろうか。ここで、『舞譜』裏書と『古記』とに見える「荒序」の記録について検討してみる。

1、「私所荒序舞記」について

『羅陵王舞譜』裏書と『舞楽古記』に共通する「荒序」の記録には、まず「私所荒序舞記」がある（前掲二二四頁

表4、4番参照）。日時、場所、「陵王」の舞人を記事から抜粋すると、左のようになる。

保延二年（一一三六）　三月　七日　御室舞御覧（舞人光時）
同　三年（一一三七）十一月十八日　熊野別当長範堂供養大法会秋津云所（舞人光時）
保延元年（一一三五）　九月十三日　於住吉社依宿願狛光則陵王
同　　年　　　　　　　十月　二日　宇治於離宮宝前依宿願光則陵王
長承三年（一一三四）閏七月廿四日　有市於一宮御前光近陵王
長寛二年（一一六三）閏十月廿三日　於中川山寺光近陵王

なお、『古記』諸本には欠損があって、もっとも記事が残存している内閣文庫本でも保延二年条の冒頭の数行が欠けていることはすでに確認したとおりである。「私所荒序舞記」と題されているが、「荒序」が奏された場は仁和寺御室、秋津、住吉社、宇治離宮、一宮御前、中川山寺となっていて、文字通り私的な催しにおける「陵王荒序」の奏演記録を書いたものだと解される。ただし、年紀は保延二年の次に保延元年となっているなど、順不同であるから、その都度書き継いでいったものとはいいがたい。誰かが記録を収集し、私的な場における演奏の記録の部類記として編集したものかと想像される。

そこで、この「私所……」項に部類された記録における舞人を確認すると、それは光時、光則、光近らである。いずれも狛氏の舞人で、同氏の系図によれば、次のような関係になる。

系図1　狛氏略系図(20)（抜粋）＊本稿で扱う人物を**ゴシック**で示した

（前略）光季─┬─光貞（光季外孫）─**光時**─**光近**─光真（光近外孫）─**近真**（光真舎弟）─（後略）
　　　　　　└─**光則**（外孫）

光則は光季の外孫であり、光時・光近は、光季から数えて二代、三代目にあたることになるが、生没年を確認すると、光則（一〇六九〜一一三六）、光時（一〇八七〜一一五九）、光近（一一一八〜八二）となり、いずれも白河・鳥羽院政期の同時代の人だといえる。後述する「荒序旧記」中の記録によれば、三人はしばしば競演しており、楽人として活躍した時期も重なっていたことがわかる。(21)

つまり、「私所荒序舞記」は、私的な催しにおける荒序奏演の記録で、白河・鳥羽院時代の、狛光則、光時、光近の舞の記録だといえるが、誰がこのような記録を書きとめたのか。上記三人のうちの誰かである可能性があるといえるが、これだけではわからない。また、「私所荒序舞記」という項目に部類、編集したのは誰であったのか。むろん三人のいずれかという可能性もあるが、三人の後継にあたる人物も考えられるであろう。ただし、光則、光時、光近の記録は次項「荒序旧記」にも見えるから、結論を急がず、さらに読み進めてみる。

2、「荒序旧記」について

「荒序旧記」については、『舞譜』裏書、『古記』ともに冒頭部分に相違はなく、問題は後者が寛元二年（一二四四）以降元弘三年までの記事を有する点にあるわけだが、まず荒序演奏の場と舞人とを**表6**に整理してみる。なお、各記事の番号は前掲**表4**に合わせ、『舞譜』と『古記』に共通するものにのみ付けた。番号が付いていないものは『古記』独自の記事である。

まず、「荒序」演奏の場についてみてみると、15治承二年条までは、賭弓ないしは院の舞御覧であるから、前項「私所荒序舞記」の私的な催しにおける「荒序」の記録に対して、こちらは公の場における記録であるといえて、その意味では前項の「私所……」とは対を成しているといえる。なお、「陵王」の舞人は光則、光時、光近、則助、行貞など白河院時代から鳥羽院時代の狛氏の舞人である。

表6 「荒序旧記」における荒序演奏の場と舞人

	日時	場所	陵王舞人
1	天治元（一一二四）正・廿九	賭弓	光則
2	同　二（一一二五）正・十八	賭弓	光時
3	大治二（一一二六）正・廿	賭弓	光時
4	長承元（一一三二）八・廿二	内裏舞御覧	光時
5	同　二（一一三三）三・六	賭弓	光時
6	同　三・七	内裏舞御覧	光時
7	同　三・廿六	内裏殿上人小弓合	光則
8	同　三（一一三四）二・廿	院舞御覧	則助・光則・光近 光時・行貞
9	同　後十二・十四	舞御覧	光則・光時・則助 光近・藤原為道
10	保延二（一一三六）正・廿三	舞御覧	光近
11	同　二・九	舞御覧	光近
12	同　三・十	賭弓	光近
13	同　三・十二	殿上賭弓	藤原為通光則御師
14	仁安三（一一六八）正・十九	賭弓	光近
15	治承二（一一七八）正・十八	賭弓	光近
16	建暦二（一二一二）四・八	三宮御前	近真
17	建保四（一二一六）六・廿七	内裏舞御覧	近真
18	同　五（一二一七）正・七	八幡宮寺（依宿願）	近真
19	同　二・十五	興福寺常楽会	近真
20	同　二・十六	春日御宝前（抛年来宿願）	近真
21	承久二（一二二〇）九・十九	水無瀬殿舞御覧	近真
22	仁治元（一二四〇）十一・十三	仁和寺御室御所神殿	近真
23	同　二（一二四一）二・十五	興福寺常楽会	近真
24	同　四・四	今出川公経家荒序御覧	近真
25	同　三（一二四二）五・十	今出川公経家荒序御覧	真葛
26	同　五・十一	今出川公経家荒序御覧	真葛・光葛
27	同　八・廿八	今出川公経家荒序御覧	真葛・光葛
28	寛元二（一二四四）二・十五	興福寺常楽会	真葛
	同　二・廿三	今出川公経家荒序御覧	真葛
	文永四（一二六七）八・	今出川公経家荒序御覧	真葛
	同　八・八	五条内裏荒序御覧	真葛
	同　五（一二六八）正・十二	花山院御山荘粟田口	真葛
	同　八・十六	若宮八幡宮	真葛
	同　七（一二七〇）正・七	八幡宮修正会	真葛
	同十二（一二七五）二・十五	興福寺常楽会	真葛
	同　三・廿八	西園寺大納言殿	真葛
	弘安三（一二八〇）正・八	若宮八幡宮	真葛
	同　五（一二八二）四・五	八幡宮（一切経会）	真葛
	同　七（一二八四）四・五	八幡宮（一切経会）	真葛
	同　九（一二八六）三・五	西園寺殿	真葛
	同　十（一二八七）四・五	三井寺	真葛
	同十一（一二八八）二・十五	興福寺常楽会	真葛
	文保二（一三一八）二・十五	興福寺常楽会	季真
	元徳元（一三二九）四・廿三	日吉塔供養	季真
	元弘三（一三三三）十・一	旬節会	季真

ところが、15治承二年の次条、16建暦二年条からは、舞人が近真一人になる。なお、近真はこの年の四月に「荒序」相伝の勅許を得ており、八月には『舞譜』の奥書を記していたことはすでに述べた。そして、「荒序」演奏の場についても、藤原家実（「三宮」）の御前（建暦二年）、「依宿願於八幡宮寺」（建保五年正月）、興福寺常楽会（同年二月）、「拋年来宿願」「春日御宝前」（同年二月十六日）……とあるように、私的な催しにおける「荒序」の記録も入るようになる。また、16建暦二年以降の記事は、

建暦二年（一二一二）四月八日
三宮御前依　院宣於前大納言家定輔二条室町南御所
荒序被合楽心見先於〓（マヽ）元有舞左賀殿右地久　近真久行破二反急三反　八綾（入綾カ）次有更居突
次陵王乱序悉　囀嗔序　荒序八帖三（マヽ）四八様　入破二切　※「初度」装束ク三井寺舞生年卅六　着装束ヲ　私相具参之楽舞殊勝合畢
楽人笛宗賢　笙忠秋　※「初ト」大鼓家長　兵庫頭　一鼓近久　鉦鼓好節久行可舞納蘇利臨時留畢

（「初度」「初ト」は朱筆。括弧内筆者注）

の如く、陵王の舞人に「初度」などと注記して、「荒序」の第何度目の所作であるかが注記されていることが特徴である。前出中原氏は、次に引く21承久二年（一二二〇）条に注目され、

承久二年九月十九日水無瀬殿ニ天一院舞御覧荒序
陵王近真第六如本体舞之　依院宣光近之説ヲ仕之
笛　前右衛門督藤原親兼　右近将監大神式賢弟子
大鼓　但馬守源朝臣家長打之散位大神景賢弟子
笙左近将監豊原忠秋
抑御笛二帖ヲ被吹落畢仍舞留サレテ第八帖舞止了

其間楽ト舞トノ長短雖難合ト如此正二位中納言　笛令給事
依無先例神妙舞合〔了〕愚身高名也不可有披露事
此上女房以京極局蒙　御感上無子細者歟
依荒序御感召御前重御衣給菊五ニ紅単衣
四条少将隆親取之御前遣水ノ橋本ニ天右膝突天〔係〕
左肩退袍尻ヲ下テ二拝畢

（傍線筆者。〔　〕は『舞譜』により補う）

右の傍線部にある如く、「陵王」の舞と楽とを神妙に舞い合わせたことを「愚身高名也」と書いていることから、この時の舞人であった狛近真自身が書いた記録であろうと考察しておられる。[22]「荒序」の記録を公私の区別なく書くようになり、「荒序」の所作回数を書くようになったのも、近真が初めて所作した建暦二年以降であるから、氏が指摘されるとおり、記主が替わったことは確かで、自身を「愚身」といっているから、近真の記録については近真自身が書き継いでいったものと考えられる。建暦二年は、前述のように『舞譜』成立の年であるから、同年以降の記事は『舞譜』成立後、順次書き足されていったものと思われる。

では、話を戻すが、治承二年までの、近真以前の記録についてはどうか。こちらは前に述べたように、公の場における荒序奏演の記録であるから、私的な催しにおける記録を部類した、前項の「私所荒序舞記」とは対を成しているといえる。つまり、その記述態度には、記録を公と私とに分類しようという編者の編纂意図を窺うことができ、近真以前の記録については誰かが編集したものと推察される。中原氏は「荒序旧記」について、「荒序の伝承者ごとに数次にわたって書き継がれたものである」と述べておられるが、[23]近真以前の記録は、「書き継がれたもの」を収集し、編集したものであるとすべきであろう。したがって、その編者は、近真以前の記録に登場し、陵王の舞人を努めた光則、光時、光近らの可能性もあろうが、『舞譜』を編纂し、裏書を書いた近真であったと考えるのが穏当ではないだろうか。

3、真葛の記録について

では、近真没後の仁治三年（一二四二）五月十日条から弘安十一年（一二八八）二月十五日条までの狛真葛の記録はどうであろう。中原氏は、

『陵王荒序』（※『羅陵王舞譜』）は、近真によって書写された後、恐らくは狛氏と関わりの深い人物によって転写され、「荒序」を相承してからの春福丸（※真葛の幼名）の所作記録を書き加えられた上で、元服を契機として春福丸へと渡されたのではないかと考えるのである。（※は筆者注）

と述べておられ[24]、近真の後は、「狛氏と関わりの深い人物」が関わったと推察しておられる。真葛は近真の三男で、仁治三年の時、わずかに十一歳[25]。次条の寛元二年（一二四四）は、十三歳である。父近真は仁治三年の正月二十五日に没しているので筆者が近真でないことは確かで、幼少期の真葛の所作を果たして幼少の真葛自身が記録できたのかは疑問であり[26]、氏が指摘されるとおりであり、もう少し範囲を狭めていえば、後見を頼まれた人物ないしは近親の者が記したと見るのが穏当であろう。

真葛の幼少期の仁治三年・寛元二年の記録についてはそのようにいえるが、その次に記される文永四年（一二六七）条以降の記録についてはどうであろうか。文永四年の時、真葛は三十六歳になっているから、ここからは自分で記録することもできたはずである。そこで記事をよく見てみると、文永四年を境に、仮名書きの部分が多くなることに気づく。それまでは変体漢文で記されているのであるが、文永四年以降はたとえば「文永四年八月日今出川太政大臣家ニテ荒序御覧アリ、大コハカリナリ、大臣ハシメテコレヲ打給ナリ（後略）」とか、「同五年正月十二日花山院御サンサウアハタクチニテ有荒序真葛（後略）」などと記すようになる。つまり、これは記録の筆録者が替

わったためだと察せられるのだが、真葛所作の記録の中に、次のような識語が見えて注意される。

弘安二かわる
第十三ト
同三年正月八日八幡若宮於御前八方大膝巻鬚取手
破二帖　笛景貞　笙政秋　鉦鼓繁真　禄物真葛三衣
景貞一領　政秋一領　次納蘇利二人　久資 好延各一領　次採桑老
久資禄物三衣けゝうのすし(ミセケチ)くのふん　是ハ中御門判官真葛自筆ソレヲウツシサマニマムナニセウ〳〵カキナス

末尾に三行割書きにして「是ハ中御門判官真葛自筆ソレヲウツシサマニマムナニセウ〳〵カキナス」とある。（括弧内は筆者注）「マムナ」は「真名」（漢字）で、口語訳すれば、「これは中御門判官真葛の自筆である。それを写す時に少々漢字に書き直す」となろうか。これは『古記』の書写者の注記だろうか。そうであるならば、書写者が写したのは真葛自筆本であったということになる。また、少々漢字に直すとあるから、真葛の記したものは仮名書きだったことになる。そうなると、文永四年以降仮名書きの部分が多いのは、真葛が記録したものであったからだと解され、文永四年以降の真葛所作の記録は、真葛自身が書き継いだものと考えてよいであろう。(27)

4、季真の記録について

真葛の記録の次に記されているのは季真の記録であり、それは文保二年（一三一八）二月十五日条以降の三条である。因みに、筆者は本稿第一節の春日本解題において、「最終紙に書かれる文保二年（一三一八）以下の記事は、筆跡は本文と同筆であるが、記事の記載方法や用字法、墨の付き方などが他と異なることや、軸木直前まで書いていることなどから、本文を一通り書写したのち、書写者がのちに書き加えたものではないか」と述べた。また、そのことによって春日本は原本ではないかと推測したのであるが、その文保二年以下の記事が狛季真所作の記録である。その部分を抽出してみると、次のようになる。

文保二年二月十五日法花会《常楽》荒序季真舞楽人等
　笙脩秋　笛景光　大鼓兼秋　鉦鼓季賢等　但八方ナリ
　入舞大膝突　破二反ナリ
（元徳元年（一三二九）四月二十三日）
日吉塔供養荒序ナリ季真舞八方楽人等
　笛景朝　生《マヽ》兼秋　大鼓光栄　鉦鼓真仲等
（元弘三年（一三三三）十月一日）
　旬節会　荒序ナリ季真舞　楽人等笛景光
　生《マヽ》龍秋　大鼓光栄　鉦鼓真仲以下

（括弧内は筆者。日時は『體源鈔』十三「代々公私荒序所作事」による）

本稿第一節の春日本解題でも述べたように、原本と見られる春日本は、紙背が嘉元元年（一三〇三）・同二年の仮名暦で、右の文保二年（一三一八）以下の記事は、記事中、唯一嘉元元・二年を下るものである。筆跡は他の部分と同筆であるが、日吉塔供養と旬節会の記事は日時が記されていない。右の引用部分に注記したように、『體源鈔』十三の「代々公私荒序所作事」と呼ばれる、「荒序」の記録と付き合わせると、それぞれ元徳元年四月二十三日、元弘三年十月一日のことと判明するのであるが、日時が記されていないのは、『古記』の記録の中ではこの二つが唯一のものである。また、引用文中に「（マヽ）」を傍記したように、「生兼秋」「生龍秋」の「生」は音通で「笙」のことと解される。「笙」を「生」と記すのもこの二条のみであり、この二条はそれまでの記録とはその記載方針や用字法が異なるといえる。また末尾の「生龍秋」以下の文は、巻末の軸木直前まできているので、この記事は巻子本に仕立てたのち、書き加えた記事と覚しい（通常は記事を書いてから紙を継ぎ、軸を付けて巻子本に仕立てる）。したがって、これらは『古記』の書写者が、文保二年二月十五日以降に書き入れたもので、ここで「荒序」を舞っている季真が書いた可能性が高く、『古記』の文保二年以前の記事を書写したのも季真であったと考えられる。**系図2**に示すように、狛氏の系図によれば季真は真葛の次男である。

系図2　狛氏略系図(28)

近真――真葛――┬繁真――久繁
　　　　　　　└季真――真仲――真村

これによると、真葛の子は二人あって、繁真が一男であるが、『體源鈔』によると、彼は「弘安元（一二七八）三廿三醍醐桜会時被討了廿五為武蔵房云々」といい、その子久繁も「正安二（一三〇〇）十五死廿五為盗人」とあって(29)（いずれも西暦は筆者注）、若くして鬼籍に入ったとわかる。系図も久繁の後を記しておらず、この流れは断絶したと解される。繁真、久繁の荒序所作の記録が見えないのは早世のためか、あるいは真葛が後継者として指名しなかったのか未検討であるが、「荒序」の記録によれば、真葛の跡を継いだのは季真だったわけである。つまり、その点から考えても、「荒序」の記録を真葛から書き継いだのはおそらく季真であり、春日本『古記』の筆者は季真の可能性が高いと推察される。

五、まとめと今後の課題

以上、『古記』の成立の過程について述べてきたところをまとめると、**表7**のようになる。

表7　春日社蔵『舞楽古記』成立に至る過程

建暦二	一二一二	四・八	狛近真、荒序を継承する。（『舞楽手記』跋）
		八・	近真、『羅陵王舞譜』を編纂する。（書陵部蔵『羅陵王舞譜』奥書） ＊これ以降、紙背に自身の「荒序」の記録を書き継ぐか。（建暦二年四月八日条～）
仁治二	一二四一	四・四	近真、「陵王荒序」、最後の所作。（『舞楽古記』） ＊近真、この年まで『舞譜』紙背に「荒序」所作の記録を書き継ぐか。 ＊また、この間『舞譜』は改訂稿が作られたか。
同　三	一二四二	一・二十五	近真没す。（『舞楽手記』跋文・『楽所補任』）
		五・五	近真三男真葛、初めて「荒序」を舞う。（『古記』）
寛元二	一二四四	二・二十三	真葛、「荒序」を舞う。（『古記』）
文永四	一二六七	八・？	真葛、荒序を舞う。（『古記』） ＊この年以降の所作は真葛自身が記録するか。
弘安十一	一二八八	二・十五	真葛、荒序を舞う。（『古記』） ＊これが真葛、最後の所作か。この年まで荒序の記録を書き継ぐか。真葛、この年の五月没。
嘉元二	一三〇四		＊この年以降、真葛二男季真が右の記録の写しを書写するか。これが現在の春日本「舞楽古記」か。（『舞楽古記』紙背仮名暦より）
文保二	一三一八	二・十五	季真、初めて荒序を舞う。（『古記』）
元徳元	一三二九	四・二十三	季真、荒序を舞う。（『古記』）
元弘三	一三三三	十・一	季真、荒序を舞う。（『古記』） ＊これ以後、季真、右の三回の所作を春日本『舞楽古記』に書き加えるか。↓『舞楽古記』成立。

これによって、『古記』成立に至る過程を推測すると次のようになる。近真によって『羅陵王舞譜』が編纂されたのが、その奥書によれば建暦二年（一二一二）八月であり、その裏書も多くはその後まもなく書かれたものと思われる。そして近真は自身の「荒序」の記録も書き入れた。これが近真最初の所作にあたる建暦二年四月八日条から最後の所作になる仁治二年（一二四一）四月四日条である。この間、近真は『舞譜』に加筆修正を加えたものを編纂したと思われる。近真死後、それは「狛氏に関係の深い人物」（前出）に引き継がれた。幼少の真葛（近真三男）に代わって、その人物は真葛の「荒序」の記録を記入した。これが真葛幼少期にあたる仁治三年（一二四二）五月十日条から寛元二年（一二四四

四）二月二十三日条である。その後、記録は真葛に引き渡され、真葛が自身の記録を書き継いだ。[30]それが文永四年（一二六七）八月日条から、真葛最後の所作となる弘安十一年（一二八八）二月十五日条である。そうして、真葛までの記録を写し、文保二年（一三一八）以降に季真の記録を加えたのが『古記』であったかと思われる。

このように、『舞楽古記』は「陵王」の舞譜の裏書に、「荒序」の継承者が記録を書き継ぎ、それが写されて成立したものであったと考察される。それは、舞譜の編者狛近真から関係者を経て、三男真葛へと書き継がれ、その後裏書は写されて、真葛次男季真の手によってなお記録は書き継がれた。その結果、本書は、「荒序」の記録を集積したものとなり、狛氏における「荒序」継承の軌跡を示す史料になったといえる。

では、なぜ「陵王荒序」の演奏は記録され続けたのであろうか。「荒序旧記」冒頭の天治元年（一一二四）条に次のようなくだりが見える。

天治元年三月廿九日　賭弓
（朱筆）「於枇杷殿着装束」
1勝負舞　陵王光則　乱序皆悉　八切　「荒序」八帖二切　納蘇利留畢
2依院宣陵王始舞之依右勝五度延事
楽人笛清延　笙時秋　抑時秀吹荒序共不足言不当也
仍則被止畢

（傍線・番号筆者）

記事は、三月二十九日の賭弓における「陵王」である。傍線部1に「勝負舞」とあるが、賭弓では射人が左右に分かれて競い、勝方が舞を奏するのが通例で、左が勝てば左方が、右が勝てば右方の舞人・楽人が舞楽を奏することをいう。[31]だが、ここでは「納蘇利留畢」、「依院宣陵王始舞之依右勝五度延事」（傍線部2）とあるから、右が勝ったので右方高麗楽の「納蘇利」を奏するところを、院宣により「納蘇利」は止められて、左方唐楽の「陵王」を奏したという。「始めてこれを舞ふ」とあるから、これが先例にない沙汰であったとわかるのだが、翌年の正月十八日賭弓においても、「納蘇利」には「楽ばかり。止め畢んぬ」（原漢文）と注してあって、勝負の如何に関わらず、納蘇利の舞は中止されたことがわかる。「陵王」が特別な扱いを受けた理由については未勘であり、今後の課題としたいが、このような計らいは左方の舞人、楽人にとっては名誉なことであったことと思われる。また、この天治元年記事が「荒序旧記」の冒頭に置かれていることを勘案すると、あるいはこのような栄誉に預かったことが、「陵王荒序」の記録を書き留める契機になったのかもしれない。

ともあれ、こうした特別な配慮を蒙った「陵王荒序」は名誉の舞であったといえる。だから、一族の繁栄のためにもこの舞の継承が重要であり、かつまたそれが余人の手に渡らぬよう秘する必要があったのだと推察する。継承者が相伝の証として、かつ一族の名誉の事績として、このような記録を書き留めたのではないか。

ところで、近真の手になる『教訓抄』の伝本の中にも、紙背に「荒序」の記録を記すものがある。鎌倉後期頃の書写という京都国立博物館蔵神田喜一郎旧蔵の巻第十がそれであるが、こちらは「記録」と題して「私所荒序舞記」と「荒序旧記」とを記す。『教訓抄』には後継者のために編んだ由の序文があるから、真葛の手にも渡ったことであろうが、そこにも真葛幼少期にあたる寛元二年（一二四四）の記録までを記しており、近真から関係者を経て真葛へ伝わったことを匂わせる（なお、その神田本『教訓抄』については、前掲の第一部第一章・第二章に述べたとおりである）。

ところで、中原香苗氏によれば、近真没後、真葛の記録を書き留めた人物は「狛氏に関係の深い人物」（前出）だということであるが、筆者は興福寺の僧侶順良房聖宣の可能性が高いのではないかと想像する。福島和夫氏によれば、聖宣は近真の死後その蔵書を預かり、真葛の元服に伴い、蔵書をすべて真葛に授けた人物であるから、[32]その蔵書に『舞譜』も含まれており、聖宣が幼少の真葛に代わって記録を書いたであろうことは十分に考えられることであるが、その検討にはなお紙数を要する。詳しくは、後掲第三・第四章を参照されたい。

また、『古記』と同様の荒序の記録は、『體源鈔』十三「代々公私荒序所作事」(33)にもあって、そちらは本書に記す真葛の記録も含むが、近真二男光葛とその男朝葛の記録が主体である。そうなると、近真没後、荒序の舞は真葛と光葛、二人に受け継がれたということになるが、本書の「書置」（前掲）に、近真は「荒序の曲においては嫡子一人に伝ふべし」と書いているから、これが近真の意向なら、その遺志は守られていないことになる。近真死後の「荒序」相承の行方が未解明である。そのあたりのことは後掲第四章に少し触れたので参照されたい。

また、『體源鈔』所載の「荒序」の記録が、光葛から朝葛へ書き継がれた記録をもとにしたものであるとすると、『體源鈔』著者豊原統秋はどのようにしてその記録を手に入れたのであろうか。『體源鈔』には朝葛の『続教訓鈔』からの引用が多く、朝葛の蔵書の写しが伝わっていたようであるが、この点も検証してみなければならない。

では、最後に『舞楽古記』がその後どのような伝来の経路を辿り今日に至ったのかについて付言しておきたい。本書を含む『春日楽書』については、狛氏所伝の楽書であり、春日社本談義屋に伝えられたものとされるが(34)、詳しい伝来事情は従来未解明である。しかし、『史料綜覧』巻六、至徳二年（一三八五）六月九日条に、「禅実陵王荒序秘曲ノ文書ヲ春日社社庫ニ納ム、東金堂細細要記」と指摘されているのが注目される。『東金堂細細要記』に拠るとあるが、活字本はその抜書である『細々要記抜書』のみであるので、ここではそれを引いてみる。

〔『細々要記抜書』至徳二年（一三八五）六月条〕
九日、荒序譜社頭本談義経蔵ニ奉納。櫃一合分也。其状云、
奉納　春日社御庫。
伶人狛真村先祖相伝陵王荒序秘曲文書等。
合櫃壱合封閉納之者。

右文書者、季真判官嫡孫真村、件秘曲稟㆓祖父真伝㆒、雖㆑令㆓相伝㆒、代々跡《諸》書、多年之間、以㆓今此文書等㆒、奉㆑預㆓逆修坊㆒故律師御坊。其身止㆓住田舎㆒、当道之稽古、忌其勤之間、一流之秘曲、忽欲㆑絶矣。仍故律師遺命曰、真村以㆓今文書㆒、為㆓質物㆒。春日神物、多以借用。如㆑今者。返弁無㆓其期㆒。恡□※更無㆓其詮㆒。後代用捨、偏奉㆑任㆓神慮㆒。早可㆑奉㆓納社庫㆒云云。然而猶付㆑貽㆓余執㆒、聊加㆓斟酌㆒、送㆓年序㆒訖。於㆑今者、真村同承諾之間、任㆓故律師御遺言㆒、一流之譜幷文書、悉封㆓閉之㆒所㆑奉㆓納春日社御庫㆒之状。如㆑件。

至徳二年五月六日　戒和上禅実在判[35]

（□は未詳。「悋嗇」の意か。返り点は引用書のまま）

ここに引いた『細々要記抜書』は、興福寺僧実厳の日記を抜粋したものであるが[36]、この条には狛真村が春日社の本談義経蔵に、祖父季真所伝の「荒序」の譜を奉納した際の文書が写されている。真村については、本稿第五節に挙げた狛氏の系図に載せたが、それによれば真仲の男で、『古記』の筆者季真は祖父、真葛は曽祖父にあたる。ここには、真村が楽道から離れることになり、家伝の「荒序譜幷文書」を奉納する経緯が記されているが、系図によれば、季真の流れは真村で終わっているから、楽家としてはここで断絶したのであろう。「荒序譜幷文書」「櫃一合分」などとあるから、「荒序」の譜ばかりではなく、そこには狛氏所伝のさまざまな文献が含まれていたものと推察するが、『舞楽古記』が季真の手によって書き継がれたのなら、それは季真家の家什となり、子孫にも伝えられたはずであり、孫の真村の手に渡り、こうして「荒序」の譜とともに春日社に奉納された可能性は十分考えられるであろう。また、そうであるなら、真村が春日社に奉納した真葛、季真所伝の楽書の一部が、現在春日社に所蔵する『春日楽書』なのではないか、と推察する。今後さらにほかの『春日楽書』もそう考えてよいか確認してみなければならないが、およそそのように考えてよいのではないかと思われる。

付記

本稿を成すにあたり、春日大社宝物館の松村和歌子氏ならびに秋田真吾氏には格別の御高配を賜った。ここにあらためて厚く御礼申し上げる。

注

（1）春日大社に所蔵する逸名の楽書七巻をいう。うち、二巻はいわゆる『楽所補任』で、ほかに『高麗曲』、『輪台詠唱歌外楽記』、『楽記』、『舞楽手記』、『舞楽古記』がある。なお、これらの書名は後から付けられた仮称と見られ、いずれも内題を欠いて、元の書名は未詳である。これらは、一九二七年（昭和二）、「楽所補任附属楽書」の名称で旧国宝に指定され、現在は「紙本墨書楽所補任」及び「紙本墨書楽書」の名で国の重要文化財となっている。注（3）の書に解題がある。

（2）たとえば、荻美津夫著『平安朝音楽制度史』吉川弘文館、一九九四年十二月、二八三頁四行目〜。このほか、東儀鉄笛著『日本音楽史考』（『雅楽資料集』第三・四輯、二松学舎大学二十一世紀COEプログラム中世日本漢文班編、同プログラム事務局刊、二〇〇八年三月・二〇〇九年三月に翻刻。解題については、滝沢友子「東儀鉄笛著『日本音楽史考』について」、「日本音楽史研究」第六号、上野学園大学日本音楽史研究所、二〇〇六年三月初出、前掲『雅楽資料集』第三輯に再録）や福島和夫「狛近真の臨終と聖宣」（「古代文化」第三四巻第一一号、（財）古代学協会、一九八二年十一月、同氏著『日本音楽史叢』和泉書院、二〇〇七年十一月に「狛近真の臨終と順良房聖宣」と改題して再録）にも言及がある。

（3）『日本古典音楽文献解題』岸辺成雄博士古稀記念出版委員会編、講談社、一九八七年九月、「春日楽書」項、七六頁。

（4）宗教部・雑部　補遺二。角田文衛・五来重・新訂増補史籍集覧刊行会編、臨川書店、一九六八年五月刊、六一一〜三三二頁。

（5）『舞楽古記』を含む『春日楽書』の諸本には、このほかに宮城県図書館伊達文庫の『楽書』二十冊がある。これは、内閣文庫蔵の『楽書部類』二十二冊の写しと見られるが、二冊を欠き、『古記』に相当するものがない。

（6）「東洋音楽研究」第四一・四二合併号、東洋音楽学会編、一九七七年八月。

（7）窪家は南都方の楽家狛氏の庶流で、室町時代に狛氏上家の上近定（一四〇三〜八四）より分家。左舞と篳篥とを家業とする。江戸時代の雅楽復興を経て、窪健二（一九三一〜?）の宮内庁楽部退官を最後に音楽活動から退いている。同研究所に所蔵するのはその本家の旧蔵楽書約二三〇点。その目録は、拙稿「上野学園日本音楽資料室蔵書目録　雅楽関係史料目録稿」（『雅楽資料集』（資料編）二松学舎大学ＣＯＥプログラム中世日本漢文班編、同プログラム事務局、二〇〇六年三月、九四〜一二九頁）を参照。以上、窪家については、平出久雄「日本雅楽相承系譜（楽家篇）」（『音楽事典』第十二巻、平凡社、一九五七年十二月、のち『日本音楽大事典』、平凡社、一九八九年三月、付表＋系図一二〜三三頁に再録）、蒲生美津子「窪家」項（前出『日本音楽大事典』六三九頁）等を参照した。

（8）『日本音楽資料展出陳目録』（上野学園日本音楽資料室第五回特別展観）、一九七九年十月刊、三二頁。『中世の音楽資料——鎌倉時代を中心に——解題目録』（上野学園日本音楽資料室第十回特別展観）、一九八六年十月刊、一八頁。

（9）注（7）の目録。

（10）奥書に「此一冊者南都春日本談義之屋ニ有之／仍大乗院御門主信雅依仰令拝借書写畢／寛文拾庚戌年林鐘吉辰　甲斐守狛宿祢光逸」と記す。なお、書誌は拙稿「上野学園日本音楽資料室蔵書目録　雅楽関係史料目録稿」（注7、九四〜九五頁）の「〔補任〕」項参照。

（11）「宮内庁書陵部蔵『陵王荒序』考——『教訓抄』との関係について——」、『論集　説話と説話集』池上洵一編、和泉書院、二〇〇一年五月（以下「論考」と呼ぶ）、及び「宮内庁書陵部蔵〈羅陵王舞譜〉——解題と翻刻——」、『日本伝統音楽研究』第一号、京都市立芸術大学日本伝統音楽研究センター、二〇〇四年三月（以下、「解題と翻刻」）。

（12）『教訓抄』巻第一「羅陵王」項によると、同曲の構成は、「乱序一帖、囀二度、嗔序一帖、荒序八帖、入破二帖拍子各十六」で、『羅陵王舞譜』と一致する。なお、『教訓抄』は、『雅楽・声明資料集』第二輯、二松学舎大学二十一世紀ＣＯＥプログラム中世日本漢文班編、同プログラム事務局、二〇〇七年三月、所収の宮内庁書陵部蔵本（室町期写）翻刻（一五七頁）による。

（13）『春日楽書』のうち『舞楽手記』（陵王舞譜）の内閣文庫本（『楽書部類』二十二冊のうち第十冊『荒序譜』）奥書に、次のようにある。

故判官蒙　勅許事

承元三年十二月廿日逢テ干光則第三代之息狛光行習ニ
荒序畢乱声嗔序囀大膝巻小膝巻等之説不残一手習了
翌年春就故帥大納言家定輔経　奏聞曰　陵王荒序
者当家重代之秘曲也爰光近之家嫡光真不習終荒
序之間一道之秘蹟忽断絶仍近真就狛光行習
荒序畢兼又以先祖伝来之譜秘可写舞光近之
荒序之由懇望之早預明時之恩許欲継祖父之秘
芸云々此事時　叡慮遂建暦二年壬申四月八日忝蒙
勅許之後光則光近二家之荒序留干近真一
人之徴身畢彼奏聞之状者愚僧草案清書畢

これにより、近真が勅許を受けて「光則光近二家之荒序」を相伝したことがわかる。

（14）『続教訓鈔』巻二下（前半）に「凡左舞譜ハ祖師尾張浜主カ昔ヨリ侍ラサリケリ、而大太（マヽ）夫判官光季ノ時粗シルシ置トイヘトモ曲々帖々ツフサナル事ナカリケリ、爰北小路判官光時童名玄珠麿ノ時ヨリ、光季ノ嫡子ニナルユヘニ狛家嫡流ノ舞曲、涓疾《埃カ》ヲノコサスナラヒ伝フル間、彼所草ノ譜ヲ本トシテ自筆ニ是ヲ録セラレタリ、平舞、安摩、陵王等ナリ、嫡々ニ付テ相伝シキタル間、朝葛事也予悉ク伝ヘトリ畢、又祖父近真モ陵王ノ要譜ヲカキ給ヘリ、予又心エヤスキヤウニカキテ侍リ」（三〇〇～三〇一頁）、『體源鈔』十三「狛氏 宿祢 左舞相伝」（系図）、「近真」勘物に「従上実光真弟也始作荒序譜仁治三正廿五死六十六才」（一八三三頁）と見える。これらによれば、狛光季、光時の頃より舞譜が作成され、伝えられてきたこと、近真が「陵王ノ要譜」を書いた、初めて「荒序譜」を作ったとのことである。なお、引用は、日本古典全集『続教訓鈔』上、正宗敦夫編・日本古典全集刊行会、一九三九年四月、同全集『體源鈔』四（編者、発行所は同上）、一九三三年十一月刊による。

（15）注（13）の『舞楽手記』巻末識語、九行目に建暦二年四月八日に勅許を蒙ったとある。

（16）『日本古文書学提要』上巻、伊地知鐵男編、新生社、一九六六年八月、五四頁。

（17）宮内庁書陵部蔵『羅陵王舞譜』の本文引用は、注（11）の中原論文「解題と翻刻」及び写真紙焼きによる。

（18）真葛の荒序初演は『楽所補任』仁治三年条及び『舞楽古記』同年条（いずれも春日大社所蔵本紙焼き写真による）、朝葛の荒序初演は『體源鈔』十三「代々公私荒序所作事」、弘長二年条による（翻刻は注14に同じ。一八一五頁）。

（19）注（11）、中原論文「解題と翻刻」一〇五頁下段二〇～二一行目。

（20）狛氏の系図は、『図書寮叢刊』伏見宮旧蔵楽書集成三、宮内庁書陵部編、明治書院、一九九八年三月所収『楽家系図』（二一〇～二二頁）、『體源鈔』十三所収の狛氏系図（注14、一八三一～三六頁）より作成。

（21）『楽所補任』による。ただし、光時没の平治元年条は、現行の活字本（『群書類従』『新校群書類従』）では欠損を生じている春日大社本に依拠しているため、記事に欠けている部分がある。ここについては上野学園大学日本音楽史研究所蔵芝直葛本による。

（22）注（11）中原論文「論考」二一七頁一～一四行目、「解題と翻刻」一〇五頁下段二九行目～一〇六頁上段四行目。

（23）注（19）に同じ。

（24）注（11）中原論文「論考」二一九頁六～七行目。

（25）『楽所補任』仁治二年条による。

（26）『楽所補任』仁治三年条による。

（27）因みに、次の弘安九年（一二八六）三月三日条の傍線部にもこれと同じような書写者の識語があり、

第十六ト同九年三月五日西園寺殿両 院両 女院御幸アリ舞
御覧 真葛 八方舞 笛景政 笙景秋 大鼓朝葛 鉦コ季真
ちよくろくなりこうはいの二きぬ大納言殿これたふをも
真葛のをうつし本ノマ、さまにせう〳〵マンナニナス

傍線部「真葛のをうつしさまにせう〳〵マンナニナス」の途中「うつし」部分に「本ノマ、」と傍記がある。「本のマ、」は、通常誤りであると思われる字句に対して、それが親本のままであることを示すときにその脇によく付けられる傍記であり、筆者は本論考の初出時には、これを書写者が「うつし」部分に誤りがあることを注記したものと見て、真葛が書いた記録を写した際の識語に「本ノママ」と注記があるということは、『古記』は真葛の書いた記録の写しを写したものの可能性もあるとしたが、しかし、「真葛のをうつしさまに」の部分は「真葛のを写しざまに」と

読めて、そこに誤りがあるとは思えない。ただし、その直前の一文「ちよくろくなりこうはいの二きぬ大納言殿これたふをも」には少々解しがたい部分が存する。漢字を当ててみると、「勅禄なり。紅梅の二衣。大納言殿これ給ぶをも」となるのだろうか。勅禄として紅梅の二衣を大納言殿より賜ったようだが、末尾の「をも」などは文章としてはおかしなところである。このことからみるに、「本ノマ、」は、「真葛のをうつしさまに」部分に対する注記ではなく、「真葛のを本ノマ、うつしさまに」と、「本ノマ、」を挿入して読むべきものではないか。とくに「ちよくろくなり」以下の一文が乱れているので、「真葛の書いたのをもとのまま写しざまに少々漢字に直した」ということではないかといまは考えている。

(28) 注(20)に同じ。ただし、『體源鈔』は繁真を「敏真」に作る。『楽家系図』ほかの系図により改めた。
(29) 注(20)の『體源鈔』一八三四～三五頁による。因みに、同注の『楽家系図』では、「為醍醐寺衆徒被殺害」「為群盗被射殺了」とし、日時、没年齢等は記さないが、主旨は同じである。
(30) 注(20)の『體源鈔』によると、真葛が没したのは弘安十一年（一二八八）五月二十日。
(31) 林屋辰三郎著『中世芸能史の研究』岩波書店、一九六〇年六月、二二一～二四頁。大日方克己著『古代国家と年中行事』（講談社学術文庫一八五九）講談社、二〇〇八年二月、三八～四四頁、等による。
(32) 注(2)の福島氏論考。
(33) 注(14)の『體源鈔』一八〇二～三二頁。
(34) 平出久雄「「楽所補任」私考」、「月刊楽譜」第二六巻六月号、一九三七年六月及び「東洋音楽研究」第二輯、東洋音楽学会、第一書房、一九八五年十二月復刻、による。
(35) 『大日本仏教全書』第七十五巻、日記部一、財団法人鈴木記念財団編、講談社、一九七二年五月、一六頁。
(36) 『大日本仏教全書』第九十九巻、解題三、財団法人鈴木記念財団編、講談社、一九七三年三月、二二一～二二三頁。

第二章　『舞楽手記』諸本考

はじめに

『舞楽手記』は、奈良県春日大社に伝わる所謂『春日楽書』七巻[1]のうちの一巻であり、舞楽「陵王」（蘭陵王、羅陵王とも）の舞譜である。鎌倉前期、仁治三年（一二四二）正月からまもないころのものと見られる跋文を有し、舞譜としては現存最古のものと思われる。戦前は旧国宝に、戦後は国の重要文化財に指定され、その史料的価値の高さは夙に指摘されてきたが[2]、影印や翻刻がなかったから、研究にはほとんど活かされることなく、こんにちに至っていた。

そこで、二松学舎大学二十一世紀COEプログラムでは、その中世日本漢文班の活動の一環として、櫻井利佳・岸川佳恵・川野辺綾子・筆者の四人で、『春日楽書』七巻の調査・翻刻を行うこととなり、そのうちの一巻である『舞楽手記』の翻刻を発表するに際し、同書の諸本について筆者が考察することになった[3]。

この春日大社所蔵の『舞楽手記』には、現在巻首や巻末その他に料紙の欠落があるが、近年その一部と見られる断簡が同社に寄託されたほか、そうした欠落が生じる前に同書を書写したと見られる伝本が上野学園大学日本音楽史研究所や国立公文書館内閣文庫・国文学研究資料館寄託田安徳川《たやすとくがわ》家蔵書（田藩文庫）等に伝存しており、それらを校合することによって、欠落を補い原態を遡及することができるものと思われる。今回、本文の翻刻・校訂に際し、伝本の調査を行い、諸本相互の関係について検討してきたが、本稿はその点についてまとめるものである。

なお、詳しくは後述するが、『舞楽手記』という書名は明治三十年に同書が修補された際に付けられた仮称と見られ、原本は巻首を欠損し、内題を欠くため、原題は未詳である。内容は「陵王」の舞譜であるから、「舞楽手記」という書名はふさわしいとは言えないが、仮に内容に即して「陵王舞譜」などとした場合は、他の「陵王」の舞譜と区別がつかない（「陵王舞譜」と題する舞譜は多数存する）。現在、後述する先行研究においても「舞楽手記」で通行しているので、混乱を避け、本稿においてもひとまず「舞楽手記」の仮称をもって論を進めることとする。

一、先行研究について

『舞楽手記』に関する先行研究には、まず『日本古典音楽文献解題』収録の福島和夫氏の『春日楽書』解題がある。それには、

「舞楽手記」。陵王荒序舞譜・同記録。紙背は荒序舞譜。同巻はことに欠落・錯簡が甚しい。

とある。(4)『舞楽手記』は「陵王荒序」の舞譜とその記録であり、紙背にも「荒序」の舞譜があるということであるが、「欠落・錯簡が甚しい」と指摘されている。

また、煩雑になるので引用はしないが、この解題によると、『手記』を含む『春日楽書』の伝本は春日大社のほか、内閣文庫、田安徳川家、上野学園大学日本音楽史研究所にあり、春日本が祖本、以下がその写しであると位置付けておられる。

ついで、福島氏は自身が所長を務める上野学園大学日本音楽史研究所の所蔵資料の展観における解題目録の付録

に、『舞楽手記』を含む『春日楽書』の諸本とその関係を「春日楽書三本対照表」に示しておられる。いま、その対照表より『舞楽手記』の部分を抽出してみると、**表1**のようになる。

この対照表は、上から春日本・日本音楽史研究所蔵窪家旧蔵本（以下、窪家本と略称）・内閣文庫本・田安徳川家本（以下田安本）の順に、その内容の対応関係を示したものである。なお、内閣文庫本と田安家本が一つの欄にまとめられているのは、田安本が内閣文庫本の写しだからである。

これによると、春日大社蔵の『舞楽手記』は、「荒序舞譜」と跋文（イロハの三つあるうちの（ハ）のみ）、及び「荒序古記録」からなり、紙背にも「荒序舞譜」があるという。

表1　福島和夫氏「春日楽書三本対照表」より（『舞楽手記』部分抜粋(5)）

＊〔　〕は仮称であることを示す

	春日大社蔵本	日本音楽史研究所蔵窪家旧蔵本	内閣文庫蔵本 田安徳川家蔵本
『舞楽手記』	荒序舞譜（首欠・裏書アリ） （イ）聖宣記　近真ヨリ春福丸ヘノ相伝次第（春日本欠） 跋（ロ）近真、光則・光近両家ノ荒序相伝次第。聖宣記（春日本欠） （ハ）仁治三年正月廿二日近真臨終ノ相伝ノ記。聖宣花押 付荒序古記録　保安三年（一一二二）～保延二年（一一三六）		『荒序譜』（二） 首欠、但春日本より19行多く残存 跋（イ）（ロ）（ハ）完備
（紙背） 荒序舞譜	二四八説　光則（首欠、二帖ヨリ残存。尾入綾以下欠）錯簡アリ 八方八返様 返蜻蛉手アリ（十二冊本・廿二冊本欠）	〔舞譜〕 （26ウ～31ウ） （32オ～41ウ）	『荒序譜』（一） 『舞曲譜』（一）

そして、この春日大社本のうち、「荒序舞譜」・跋文・「荒序古記録」に対応するのが内閣文庫・田安家の〔荒序譜〕（二）であるとされる。ただし、内閣文庫本・田安本は春日本より巻首が十九行多く残存しており、かつ跋文イ・ロ・ハを完備するという（窪家旧蔵書には該当本なし）。

また、春日本の紙背に対応するのが、窪家本では〔舞譜〕の第二十六丁裏から第三十一丁裏、及び第三十二丁表から第四十一丁裏ということであり、内閣文庫本・田安家本では、それぞれが『荒序譜』（一）と『舞曲譜』（一）の二書に分かれて記されているという。

これが、『舞楽手記』の諸本の関係についてはじめて言及されたものであるが、展観目録の付録という性質からか、これについての具体的な説明や論拠が示されているわけではない。

この福島氏の対照表を継承されたのが、筆者と共同で『春日楽書』諸本を調査された櫻井利佳氏の『春日楽書』解題に付された諸本対照表[6]であり、氏は福島氏の対照表に故平出久雄蔵本と伊達文庫本（宮城県図書館蔵）とを加えている。平出本は平出の論文に紹介されていた[7]のを指摘したもので、平出没後の現在では行方が知れず詳細は不明であるが、その平出論文の説明によれば、窪家本と同系統のもののようである。一方の伊達文庫本は、櫻井氏らとともに筆者も調査したものであり、詳細は後述するが、内閣文庫本の転写本と見られる。この櫻井氏の対照表も、福島氏のものと同様、解題という性質上、詳しい説明や根拠が提示されているものではない。

つまり、『舞楽手記』諸本の関係、ひいては『舞楽手記』を含む『春日楽書』諸本の関係については、概要は発表されているが、その詳細が明らかになっているわけではない。

また、近年発表された中原香苗氏の「秘伝の相承と楽書の生成（1）――〔羅陵王舞譜〕から『舞楽手記』へ――」は、『舞楽手記』の筆者・成立の問題と、宮内庁書陵部所蔵の『羅陵王舞譜』（詳しくは後述）との関係について考察するものであり（以下、これを「中原論文」と呼ぶ[8]）、『手記』は狛近真編纂の『羅陵王舞譜』（後述）をもとに、興

福寺の僧侶聖宣（後述）が著述したものとしておられる。しかし、この論考には、

「春日楽書」の伝本相互の関係については先学の論考に詳しいのでそちらを参照されたい（後略）

（中原論文、六七頁上段）

とあって、注に前掲の福島・櫻井説を引いておられ、諸本の関係については全面的に福島・櫻井説に依拠されている。

しかし、繰り返すように、『舞楽手記』を含む『春日楽書』諸本の関係については、上述のように福島・櫻井両氏により対照表が示されているものの、具体的な根拠や論証が示されているわけではなく、中原氏のいうような「詳しい」ものがあるわけではないのである。

また、中原氏は同論文で、「（春日本の）原本は未見、本文の検討などは春日大社蔵紙焼き写真版による」（中原論文、六七頁上段。括弧内は筆者）としておられ、原本の書誌については写真で確認できる範囲で述べ、前掲の福島氏解題で指摘された春日本の「欠落・錯簡」については検証されていない。

そこで、本稿ではまず春日本の解題を記し、「欠落・錯簡」を含めて内容を検討したのち、他の伝本の解題も述べて、諸本の関係について具体的に検証してみることとしたい。

なお、管見では、福島・櫻井両氏が指摘された伝本のほかに豊氏《ぶんのし》本家にも伝本が確認できる。個人蔵につき、原本の調査は及ばないが、写真の紙焼きは見ることができたので、これも検討が可能な範囲で述べてみることにする。

二、春日大社所蔵『舞楽手記』解題

1、書誌

奈良県、春日大社所蔵。巻子本、一軸。同社所蔵の、

ア、『楽所補任』上下　二巻（大内楽所の地下楽人の官員録）

イ、『舞楽古記』　一巻（「陵王荒序」の部類記等）

ウ、『高麗曲』　一巻（高麗曲の箏譜）

エ、『輪台詠唱歌外楽記』　一巻（「輪台青海波」の詠唱歌と「陵王荒序」の舞譜）

オ、『楽記』　一巻（楽曲の由来、故実等）

これら内容の異なる六巻の楽書とともに重箱に納める。該本を含め、都合七巻を、春日大社に蔵する楽書の意味で『春日楽書』と呼んでいるが、いずれも巻首を欠き、内題を失っているため、原題は未詳である。なお、国の重要文化財指定名称は、アが「紙本墨書楽所補任」、イ〜オ及び該本（『舞楽手記』）が「紙本墨書楽書」である(9)。

また、これには、近年個人より春日社へ寄託された断簡が二種付属する。いずれも中原氏が、「〔資料紹介〕「春日楽書」断簡二葉について」に、解題と翻刻を発表しておられるが(10)、ひとつは『楽所補任』、いまひとつは『舞楽手記』の断簡で、同氏の調査により、どちらも右の当該書より脱落したものの一部にあたる断簡であることが明らかになった。筆者も近年調査させていただいたが、料紙、法量、界線の引き様、筆跡等が合致するものであった。ここではこれも加えて解説するが、以下書誌の解説は、『舞楽手記』本巻と断簡を分けて記す。

〔『舞楽手記』本巻〕

該本の登録番号は「書　第二十二ノ第三」。表紙は縦三一・二糎、横一九・二糎の金色牡丹唐草文様織出の緞子表紙であり、見返しは白紙に金の揉み箔を散らし、押さえ竹に緑青色の平打紐が付くが、状態よりみてこれら表紙・見返し紙等は近代のものかと思われる。外題は表紙左端上部の題簽に、本文と別筆で「舞楽手記第二段起」と墨書する。題簽は、金の切箔を散らした鳥の子紙で、法量は縦九・一糎、横二・一糎。題簽右側に登録番号を記した副題簽（縦四・九糎、横二・九糎）がある。巻末の紙背に明治三十年の修補奥書（後述）があるが、その筆跡は題簽題の筆跡と一致するので、題簽はこの時の修補の際に付けられたものかと察せられ、「舞楽手記」という書名もその時に命名されたものかと思われる。なお、巻首は欠損しており、内題はない。外題の下に小字で「第二段起」とあるのは、後述するように冒頭の記事が「第二段」と題する記事より起筆するからであろう。

本文料紙は楮紙であり、紙高は約二九・五糎。料紙には破損、摩損がかなりあるが、本紙は一度間剝ぎして表裏を分かち、間に別紙を入れて張り合わせてあり、料紙の天地は別紙で補強されている。したがって、現状の紙高は約三二・二糎である。なお、巻末の紙背に、「明治三十年十二月修補之／官幣大社春日神社」と修補奥書があり、(11) その下に「春日神／社之印」の方形朱印がある。

本文（オモテ）には天三条、地一条の横界と縦界が引かれてあり、紙の継ぎ目は、第四紙と第五紙の継ぎ目を除き、すべて縦界が重なるように継いである（第四紙と第五紙の継ぎ目は継ぎ目に文字が乗る。詳細は後述）。縦界の界幅は各二・七糎。横界の界幅は上から一・六糎、一・四糎、二一・六糎である。墨付は十六紙で、各紙の長さは以下の通り。第一紙四一・一糎、第二紙四五・六糎、第三紙四二・一糎、第四紙二九・六糎、第五紙三三・一糎、第六紙四六・二糎、第七紙一六・九糎、第八紙一・一糎、第九紙三八・二糎、第十紙四六・四糎、第十一紙八・一糎、第十二紙二七・四糎、第十三紙七・九糎、第十四紙二・五糎、第十五紙四一・一糎、第十六紙二七・五糎。

該本は、表裏両面に記事を有し、第一紙から第四紙までの筆跡をAとすると、それ以降はBで、巻末にある跋文もBである（以下、前者を筆者A、後者を筆者Bと呼ぶ）。紙背は無界であり、第一紙から第四紙までの紙背は筆者A、第十五紙から十六紙紙背は筆者Bであるが、第五紙から第十四紙紙背の記事はA・Bとも別筆である（いま、これを筆者Cとする。詳細は次項「内容」に述べる）。

また、本文と紙背とを見るに、第四紙端、第五紙端、第七紙末、第八紙端、第十三紙末、第十五紙端は継ぎ目で文字が欠けている（巻子本では料紙の右端を「端」と呼び、左端を「末」と呼ぶ。以下同）。したがって、本文が書写されたのちに、いづれかの時期に料紙が一部断ち落とされたものと理解され、内容にも欠損が生じているものと思われる。ただし、第五紙端の継ぎ目、すなわち第四紙と第五紙の継ぎ目については、他と様相が異なり、左の**写真1**のようになっている。

第四紙と第五紙の継ぎ目は、前述のように縦界を重ねておらず、紙の継ぎ方が唯一他と異なる箇所であるから、注意される。そこで注意深く原本の状態を調査してみると、**写真1**では見えにくいが、第五紙冒頭行の末尾「有二説」の「説」の字の端が継ぎ目で切れており、また同じ第五紙冒頭の「入破」の「入」の字の右隣の行にも文字のあるのが確認されるが料紙が切れていて判読できない（写真〇で囲む）。こうした状況から、本文が一通り書写されたのち、いずれかの時期に第五紙の端は断ち落とされたものと理解され、本文の一部が失われたものと思われる。ただし、写真傍線部の「四反近代二反ナリ」の「四反近代」部分は左端が第四紙と第五紙の継ぎ目の上に乗っている。したがって、この一文は第五紙端が断ち落とされ、現在の第四紙と継がれたのちに書かれたものだといえる（通常は書写してから紙を継ぐ）。この「四反近代二反ナリ」は筆跡に照らして筆者Bと同筆であるから、第五紙端を断ち落とし、第四紙と継いだのは、この筆者Bであると解される。つまり、第五紙端の断ち落としは本文が書写されたのちに筆者Bによって行なわれたことになり、この断ち落としは修補によるものではなく、筆者によるもので、当然意図的なものであったかと解される。

なお、詳しくは後述するが、この断ち落とされたと見られる部分に相当する記事は、現在の第四紙が「嗔序」であり、第五紙が「入破」であるから、その間に入るのは「陵王」の構成から見て「荒序」である。「荒序」は狛氏相伝の秘曲であり、「陵王」の中でももっとも重要なものであるから、「陵王」の舞譜の中に当然あってよいはずであるが、本書の跋文には「荒序」の譜の伝授が成し遂げられなかったことに対する慚愧の思いが吐露されている（後掲第四章に後述）。そのことと「荒序」に該当する部分の料紙が筆者自身によって断ち落とされたと見られるこ

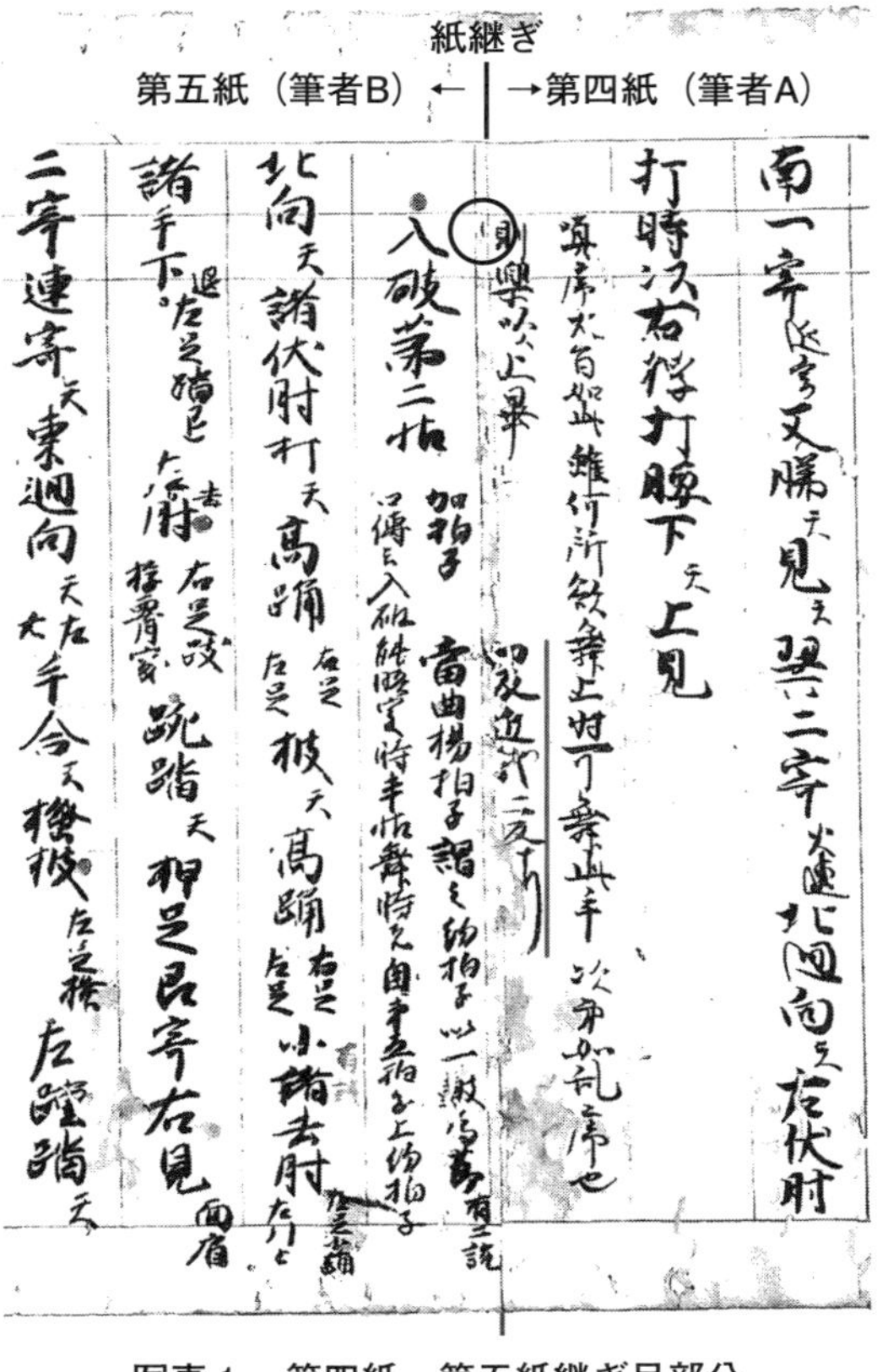

写真１　第四紙・第五紙継ぎ目部分

ととを考え合わせると、「荒序」は当初書かれてあったが、「荒序」の伝授が終わらなかったために、「荒序」の部分を断ち落としたのではないかと思われる。この点は本書の成立に関わる問題であるから、後掲第四章であらためて検討することとして、論を先に進める。

話を料紙の断ち落としの問題に戻すと、第五紙端以外の断ち落とし箇所、すなわち、第四紙端、第七紙末、第八紙端、第十三紙末、第十五紙端については、後述する内閣文庫本（実は春日本を江戸期に書写したもの。詳しくは後述）等と比較したところ、いずれも半行弱（一行の半分）から一行弱の欠損であることがわかった（各界幅が二・七糎であるから、一〜二糎程度のものである）。このことから、これらの欠損は修補の際、継ぎ目の傷んだ部分を断ち落としたことにより生じたものと推察される（巻子本は継ぎ目に糊を塗って張り合わせるので、継ぎ目付近に虫損を生じやすいという）。春日本は前述のように明治三十年の修補奥書があるから、その際に断ち落とされた可能性があるといえよう。

なお、前述の福島氏の解題には錯簡のあることが指摘されているが、後述するように、「陵王」の舞譜の順序は、「乱序」「囀」「嗔序」「入破」となっており、「陵王」の構成順序としては正しいものである。また、内閣文庫本等の伝本と比較しても順序に異同は認められず、紙背の記事の順序も内容的に妥当なものであり、現在の春日本に錯簡は認められない。氏が調査された当時に撮影された写真も確認したが、それは現状と変らないものである。氏の指摘は後述する窪家本との関係を誤解されたものではないかと思われる。この点は次項2（2）紙背で述べる。

〔新出の断簡について〕

新出の断簡については、前述のとおり中原氏に解説があるが、ここでは筆者の調査結果を記しておく。

断簡。個人蔵。春日大社寄託。二紙継ぎ。第一紙は高さ二九・五糎、長さ四六・〇糎。第二紙は高さ同前、長さは天が四・六糎、地が四・三糎であり、紙高が前述の本巻と一致する。

本文料紙は楮紙で、これも本巻と同じものである。なお、こちらには前述のような修補（裏打ち、虫繕い等）は施されていない。界線は、天三条、地一条の横界、及び縦界からなり、界幅は横界が上から一・六、一・四、二一・四〜五糎、縦界は各二・六〜二・七糎であり、前述の本巻の引き様と一致する。行数は第一紙が十七行、第二紙が二行で、全行数は十九行である。

筆跡は、一行目から八行目までが前述の筆者B、九行目から十九行目までは前述の筆者Aと同筆である。

内容については次項に詳述するが、「陵王」の舞譜の一部で、前述の本巻の冒頭に接続するものである。

2、内容

(1) 本文（オモテ）

該本の内容は、前述のように「陵王」の舞譜と跋文、「荒序」の記録とからなるが、そのうちの「陵王」の舞譜については、中原香苗氏が前述の論文において宮内庁書陵部蔵伏見宮旧蔵楽書にある『羅陵王舞譜』一巻（鎌倉後期写、伏一〇七六）と関係のあることを指摘しておられる。[12] そこで、両者の対応関係がわかるように、内容の細目を対照させると次頁の**表2**のようになる。なお、これには春日本の断ち落とし箇所も合わせて表記した。

表2に示すように、『手記』本文に内題はなく、冒頭は舞譜の途中から始まっており、巻首は欠損したものと見られるが、『羅陵王舞譜』と対照させると、これは「乱序」の「第五段大膝巻」の第二段の途中であると理解される。次いで、「第三段」、「第六段号小膝巻」、同第二段・第三段、「囀」の第一段・第二段、「嗔序」段数未詳の段と続き、「入破第二帖」とその半帖、「入破第二切異説」、「入綾手」、「勅禄手」、「破第二切半帖異説」となり、その奥に跋文と「荒序」の記録が保安三年（一一二二）条から保延二年（一一三六）二月条まで十二条ある。

表2 『舞楽手記』・『羅陵王舞譜』内容細目対照表

＊〜〜は料紙の断ち落とし跡。…は省略の意。括弧内は筆者注。

春日大社蔵『舞楽手記』

本文（オモテ）	紙背
（巻首欠） （第二段※途中から） **【**断簡第一紙**】** **筆者A・B**	（※第一紙九行目より筆者A）

宮内庁書陵部蔵伏見宮家旧蔵『羅陵王舞譜』 ※紙焼き写真による

本文	紙背
「陵王荒序」（内題異筆、料紙後補） （巻首欠） **【目録】**（以下陵王の構成） （**乱序**第一段か） 第二段、第三段、第四段、 第五段、第六段、一説云 **囀三度**、一説云、一説云 **嗔序一帖** **荒序八帖** **入破二帖** **入切一帖** **抑昔善舞此曲者尾張浜主…** **【舞譜】** **舞出作法…** **乱序一帖** 第一段 第二段掻日手 第三段返桴手 第四段返蜻蛉手 第五段名大膝巻 （第一段※標題なし） 第二段	**19尾張浜主之伝陵王舞時頌文…** （この間、余白） **18或書云…**（脂那国王陵王由来譚） **17兼丸説云…　16三宮御記云…** **15龍王之小面…** **14内大臣宗輔生陵王御覧日記** （この間、余白）

第三段
第六段号小膝巻
（第一段※標題なし）【断簡第二紙】
第二段　本巻【第一紙】
第三段名終手之
囀
第一段
第二段
嗔序　【第三紙】
（第二段）　【第四紙】
筆者A

「返蜻蛉手…」
「一説北向阿刀胡児…」
「口伝云崎(マヽ)取手者…」
「一説　東向天合掌シテ…」
逸名舞譜（囀三度舞様か）
筆者A

第三帖（※「帖」字「段」か）
第六段号小膝巻
（第一段※標題なし）
第二段
第三段
囀
第一段、囀詞、囀詞、
第二段、囀詞、囀詞、囀詞、
嗔序
第一段、
第二段、
次伶人於楽屋祢取 有二説…
荒序 二四八説 狛光則之家説
第一帖
第二帖
第三帖
第四帖
第五帖
第六帖
第七帖
第八帖
一説 八方八返様 同家説
第一帖
第二帖
第三帖

13 一説／東向天合掌シテ…
12 囀三度舞様…　11 口伝云崎(マヽ)取手者…
（この間、余白）
10 古記云左馬属大友成通…
（この間、余白）
9 篳篥者祢取行不吹…
（この間、余白）
(28) 寛元二年二月十五日
(27) 仁治三年八月廿八日
(26) 仁治三年五月十一日
(25) 仁治三年五月十日
(24) 仁治二年四月四日

入破第二帖
半帖
入破第二切異説
二帖頭
半帖頭
【入様】
入綾手
勅禄手
【第五紙】
破第二切半帖異説
【第十四紙】
跋（末尾花押真筆）
【第十五紙】
（荒序記録）
①保安三年三月三十日
②天治元年正月廿九日
③同　二年正月十八日
④大治二年正月廿日
⑤長承元年八月廿二日
⑥同　二年三月六日
⑦同　年三月七日
⑧同　年三月廿六日
⑨同　三年二月廿日
⑩同　年後十二月十四日
⑪保延二年正月廿三日
⑫同　年二月九日
【第十六紙】

筆者B

「入破半帖舞例」
筆者B

八帖
〜
一帖
「八方八返やう」
八帖
〜
二帖
（冒頭欠）
筆者C

②建保四年六月廿七日
①建暦二年四月八日
「故判官近真荒序舞事」
筆者B

（修補奥書、異筆）
「明治三十年十二月修補之／官幣
大社春日神社」

半帖
第二帖
半帖
入破第二切異説
二帖頭
半帖頭
入様
入綾手大鼓前舞之
勅禄手向御前舞之
抑当曲者継尾張浜主之伝…
龍笛荒序曲（以下笛譜）
一帖
二帖
三帖
四帖
五帖
六帖
七帖
八帖
八方荒序之時其詞云…（笛譜）
（奥書）
建暦二年八月十日…
…左近衛将監狛宿祢在判

（この間、余白）
5入破第二切半帖異説…
⑥長寛二年閏十月廿三日
⑤長承三年閏七月廿四日
④保延元年十月二日
③保延元年九月十三日
②保延三年十一月十八日
①保延二年三月七日
4私所荒序舞記
3寛治五年相撲節…
（この間、余白）
2八帖異説…（笛譜）
1口伝云八方ノ舞ノ時ハ…

前述した福島氏の対照表（二五七頁）では、本書は「陵王荒序」の舞譜と「荒序」の記録であるということであったが、天福元年（一二三三）に成った『教訓抄』巻一「羅陵王」条より、同曲の当曲の構成を確認すると、

羅陵王　　別装束舞　通大曲　古楽
乱序一帖　囀二度　　嗔序一帖
荒序八帖　入破二帖拍子各十六[13]

その構成は、「乱序」一帖、「囀」二度、「嗔序」一帖、「荒序」八帖、「入破」二帖であることがわかる。『手記』には内題がなく、何の曲の舞譜であるか示されていないが、このうち「囀」「嗔序」「入破」が見えるから「陵王」の舞譜と見てよい（「嗔序」という名の楽章は「陵王」にのみ存する）。また、「囀」の前にある「第六段号小膝巻」というのは、構成から推すと「乱序」の一部と思われ、欠けたのは「乱序」の前半であったかと察せられる。ただし、残る「荒序」については本文中に見当たらない。詳しくは後述するが、春日本の江戸初期の写しといわれる内閣文庫本にも「荒序」は見えない。前述の福島氏の解題では、本文（オモテ）の内容を「陵王荒序舞譜」としておられたが、正確には「荒序」を除く「陵王」の舞譜というべきである。

また、前項1書誌において、第四紙と第五紙の継ぎ目の状況から、その間には削除された記事があり、それは「陵王」の構成から見ると、そこに入るのは「荒序」かと推測されるとしたが、**表2**に示すように、第四紙は「嗔序」で、第五紙が「入破」であるから、その間に入るのはたしかに「荒序」であって、断ち落とされたのは「荒序」であった可能性が高いといえる。中原氏は、『手記』に「荒序」が見えない理由については、「不明といわざるを得ない」（中原論文、七三頁上段）と述べておられるが、前述したように、氏は春日大社蔵本の原本を調査されていないから、こうした断ち落とし等の問題には考察が及ばなかったのではないかと思われる。

ともあれ、断ち落とされたのが「荒序」であるとすると、それは八帖あったはずであるから、第四紙と第五紙の間

にはもっと多くの紙面があったはずで、削られたのは第五紙の前半部分だけではなかったものといえる。なぜ「荒序」が落とされたのかについては、先に少し触れたが、跋文に「荒序」の伝授が終わらないことに対する悔恨の思いが述べられていることから、それは伝授が叶わなかったためかと推察する（後掲第四章に詳述）。

再び話を内容の確認に戻すと、巻末には筆者Bによる跋文がある。本書執筆の動機、成立の背景等に触れており、左の**写真2**に示すように、末尾に真筆と見られる花押があるから、自筆原本と認められる。ただし、中原氏は該本について、「『舞楽手記』は巻子本一軸、鎌倉期写」（中原論文、六七頁上段）と書いておられ、該本は写本であるとし、原本だとはしていない。その理由については述べておられないが、跋文の内容は執筆の動機に触れたものであり（詳細は後掲第三章に述べる）、**写真2**に見るように、跋文末尾の花押は真筆と見られ、写しとは思えないものである。

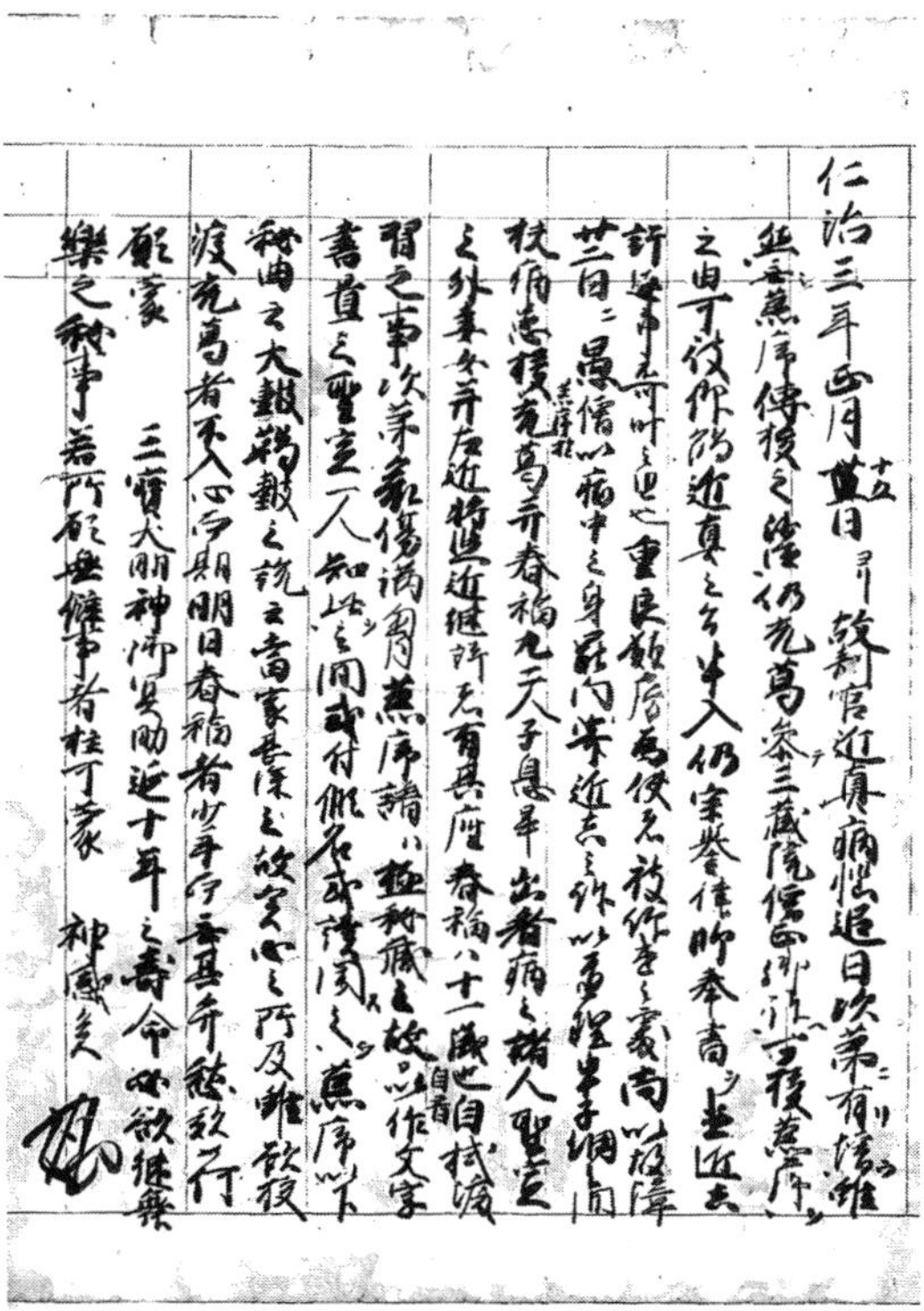

写真2　春日大社本跋文の花押　＊筆跡は筆者Bと同筆

なお、本書の成立年代については、跋文に仁治三年（一二四二）正月に狛近真が病没し、彼の息子たちの将来を憂うくだりが見えるので、同年正月から近いころの成立と推測される。この点も本書の内容と関わるから、詳細な検証は後掲第三章・第四章に述べる。

跋文が終わると、保安三年（一一二二）三月三十日条から保延二年（一一三六）二月九日条に至る「陵王荒序」の演奏記録が記される。これについては、中原氏が『羅陵王舞譜』と比較検討され、同譜の紙背にある記録と同じものであることを指摘されている（中原論文）。この点は氏の論に従うべきと思われる。

(2) 紙背

本書には紙背にも記事があるが、中原論文では、「紙背をのぞいた表書の部分のみを考察の対象とする」（六九頁上段）として、紙背を考察の対象外にしておられる。紙背の記事が所謂紙背文書ならば、オモテの記事とは直接関係しないことになるから、それでもよかろうが、裏書であったならば、オモテの記事とは直接関係することになる。紙背の記事の中には、前掲の**表2**に示したように、オモテの本文と同筆の記事があるから、裏書の可能性は大いにあるといってよく、あわせて検討する必要があろう。そこで、次に紙背の記事の概要を示して内容を確認しておく。なお、巻子本ではオモテの記事は巻首から巻末へ向かって進むが、紙背ではその逆になるから、巻末から記事を示す。

（一）修補奥書「明治三十年十二月修補之／官幣大社春日神社」。

（二）「故判官近真荒序舞事」と題する建暦二年（一二一二）四月八日、建保四年（一二一六）六月二十□（破損）日の記録。標題にあるとおり、近真が陵王荒序を舞った折の記録。近真は狛近真であろう。筆跡は筆者B。

（三）「二帖」から「八帖」に至る舞譜。筆跡は筆者C。

（四）「八方八返ゃう」の「一帖」から「八帖」に至る舞譜。筆者C。

（五）「入破半帖舞例」と題する記録。筆者B。

（六）「〔囀三度舞様〕」と題する舞譜（原本は断ち落としにより標題部分を欠損。『羅陵王舞譜』との比較より照合）。

筆者A。

(七)「一説　東向天合掌シテ……(後略)」と起筆する舞譜。筆者A。

(八)「口伝云崎《マヽ》取手者……(後略)」と始める口伝。筆者A。

(九)「一説北向阿刀胡児……(後略)」と始める詠、囀の類の譜。筆者はA。

(十)「返蜻蛉手」と題する舞譜。筆者A。

以上のように、記事は十条認められるが、前掲**表1**の福島氏の対照表では、紙背について、

(紙背)二四八説　光則(首欠、二帖ヨリ残存。尾入綾以下欠)錯簡アリ

〔荒序舞譜〕八方八返様

返蜻蛉手アリ(十二冊本・廿二冊本欠)

としておられた。このうち、「八方八返様」というのは、(四)であろうし、「返蜻蛉手」というのは(十)だとわかる。では、「二四八説　光則」というのはどれか。「二帖ヨリ残存」とあるから、(三)であろう。ただし、本文には曲名の記載がなく、それだけでは何の舞譜であるのか、わからない。そこで、前掲第二部第一章でも述べたが、近真編纂の『羅陵王舞譜』によると、荒序は、

荒序二四八説　狛光則之家説

第一帖〜八帖

一説八方八返様　同家説

第一帖〜八帖

〔金+荒〕〔金+序〕四方各二返様　狛光近之家説

第一帖〜八帖

一説八方各一返様　同家説

第一帖～八帖

略説八切　向四方各二拍子

（宮内庁書陵部本の写真紙焼きによる）

とあって、「荒序」は狛光則の家の説（二四八説・八方八返様）と狛光近の家の説（四方各二返様・八方各一返様）と二流あり、それぞれ八帖からなる（このほかに略説がある）と知られる。したがって、（四）の記事については「八方八返《やう》」とあるから、「荒序」の狛光則家の一説「八方八返様」であると知られる。（三）についても二帖から八帖まであり、「八方八返様」とともに書かれていることからすると、「二四八説」の可能性がある。

そこで、『手記』のそれと『羅陵王舞譜』のそれを対照させてみる。全文を対照させる紙幅はないので、『手記』紙背の（三）の記事の「二帖」と、『舞譜』の「荒序二四八説」の「二帖」とを次に対照させてみる。なお、**手**は『舞楽手記』、**羅**は『羅陵王舞譜』を示し、○は該当する文字のないことを示す。また、■は同一の印字不能の文字（舞譜に用いられる独自の文字。第三部の『舞楽手記』翻刻末尾の補注に写真を掲載したので参照されたい）。□は料紙の破損や虫損による欠字。

ア、**手**　南向天左右腰突□□右■乙打右足懸右肩右足躍足引上□○○

羅　南向天左右腰突天左右■乙打右足懸右肩右足躍足引上懸左肩

イ、**手**　左同各二度左右■乙違天懸右左□天踞跂天

羅　右足躍足引上各二度左右■乙違天懸右左□天踞跂天

ウ、**手**　北佃向天右披天覆乙打天下上瞰向

羅　北佃向天右披天覆乙打天下上瞰○

こうしてみると、小異はわずかであり、両者は同内容のもので、『手記』（三）の記事は、確かに「荒序」の「二

四八説」と見てよいと思われる。

では、氏がここに「錯簡アリ」と指摘しておられる点はどうであろうか。（三）の記事と紙継ぎの現状を左に図示すると、表3のようになる。

表3に示すと、（三）の記事は「二帖」から始まり、「三帖」、「四帖」、「五帖」、「六帖」、「七帖」、「八帖」と続いており、順序は正しい。また、第十三紙と第十二紙の継ぎ目を除き、各紙の継ぎ目は、継ぎ目の上に文字が乗っており、それらの紙継ぎの順序が正しいことを示している。したがって、ここに錯簡はないと判断されるが、そもそもここに錯簡があるのなら、オモテの本文にも錯簡が生じていなければならないはずである。したがって、福島氏の指摘される「錯簡」については、やはり認められない。

表3　『舞楽手記』紙背における記事の順序と紙継ぎ（概念図）

※料紙断ち落とし

二帖　【第十三紙】

三帖　【第十二紙】
四帖

※継ぎ目に文字乗る

五帖　【第十一紙】

※継ぎ目に文字乗る

六帖四帖舞也　【第十紙】（※四帖を舞うので舞譜は省略されている）
七帖
八帖

※継ぎ目に文字乗る

八方八返やう　【第九紙】
一切

では、これら荒序譜（三）（四）の記事は筆者A・Bと筆跡が異なるわけであるが、それは第三人目の筆者が、筆者A・Bとともに参加して書いた裏書なのか、それとも後年誰かが書き加えた記事なのか。前述したように、オモテに「荒序」はないわけであるが、それが筆者Bによって「荒序」の譜の伝授が成し遂げられないという事情から削られたものであるのなら、筆者A・Bとともに第三人目の筆者が参加して書いたものと考えるのはむずかしい。むしろ、「荒序」が削られていたから、後人が裏にそれを書き加えたと解するのが妥当である。つまり、この紙背の「荒序」の譜については、オモテの記事の解釈（とくに跋文）と関係することになるといえる。

また、これに付け加えておくと、紙背は裏打ちなどによって見えなくなる可能性があるし、また汚損や摩損を生じやすいところであるから、秘曲である荒序を、初めから紙背に書くということは、そうした点からも考えにくいと思われる。紙背裏書は、本文に対する注記、補記、追記の類を記すものであるから、その意味でも、紙背の別筆になる「荒序」の譜は、当初からここに書かれたと解するより、本文になかったから、後人が補記したと解する方が穏当であると思われる。こうした点からもこの記事は裏書の類で、補記に相当するものかと推察するが、結論は後掲第四章で述べる。

では、最後に、福島氏の対照表（前掲**表1**）に言及のない（二）・（五）～（九）の記事について見てみると、これらはいづれも筆者A・Bによる記事であり、裏書かと思われる。同氏も前掲**表1**で、「裏書アリ」と、裏書の存在を指摘しておられる。そこで、まず（五）「入破半帖舞例」が記された位置を前掲**表2**で確認してみると、それはオモテの「入破第二帖」の裏に記されており、「入破」に関係しているから、これはそれに対する裏書かと思われる。オモテの筆者Bと同筆でもあり、そのように解してよいと判断される。

また、（九）の詠、囀の譜も、掲載場所を前掲**表2**で確認してみると、オモテの「囀」の裏に記されており、内容も同じ「囀」に関するものであるから、こちらも裏書かと推察される。筆跡もその部分のオモテの筆者と同じ筆者Aである。

こうしてみると、紙背の記事のうち、筆者AとBによるものは、氏が指摘されるように、オモテの本文に対する裏書と見てよいと思われる。

以上のように、紙背には、後人のものと見られる「荒序」の譜のほか、オモテの本文の筆者と同筆の裏書もあることがわかる。中原氏は紙背の記事を考察の対象外にしておられたわけであるが、裏書については本文と一体のものと見做すべきであるから、『手記』の内容、編者、成立等の問題を論じる場合には看過できないものだといえる。

3、まとめ

春日大社蔵本をつぶさに調査してみると、いくつか発見があり、問題点も明らかになった。箇条書きにしてみると、

一、本書の本文（オモテ）はこれまで「陵王荒序舞譜」とされてきたが、「荒序」は見当たらないこと。

二、筆者により料紙が断ち落とされたと見られる箇所があること（第四紙と第五紙の継ぎ目）。また、そこに該当するのは、「陵王」の構成から推して「荒序」と見られること。

三、二のほかにも料紙の断ち落としによる欠損があること。ただし、こちらはいずれも半行から一行程度の欠損にとどまること。

四、本書は本文と同筆の跋文末尾の花押が真筆と見られることから、筆者の自筆原本と認められること。

五、紙背には「荒序」の舞譜があるが、本文の筆者とは筆跡が異なることから後人による補記である可能性が高いと思われること。

六、紙背の本文と同筆の記事は、オモテの本文の内容に対応しており、裏書と判断されること。したがって、この裏書についても本文とともに考える必要があること。

などであろうか。ただし、二と五については、跋文の内容も検証してみなければ最終的な判断はできないから、ここに指摘するに留め、結論は後掲第四章に述べることとする。

ともあれ、春日大社蔵本は筆者の自筆原本と見られる貴重な本であるが、前述したように欠損もある。そこで次

に、他の伝本についても検証する。

三、『舞楽手記』の諸本について

福島氏の諸本対照表（前掲表1）によれば、春日本のオモテと紙背とでは対応する伝本が異なるから、まずオモテに対応する伝本から見てみる。なお、春日本を除く諸本については、前述の中原論文にも解題があり、重複する部分も出てくるであろうが、ここでは筆者の調査結果を記す。

1、オモテに対応するとされる伝本

(1) 国立公文書館内閣文庫蔵『荒序譜（二）』

内閣文庫に所蔵する『楽書部類』二十二冊のうちの第十冊にあたる。配架函番号は「特一〇二・乙・七」。一冊の袋綴冊子本で、法量は縦二八・七糎、横二九・五糎の特大本である。表紙は水瓶色牡丹唐草文様で、外題は表紙左端上部に墨で「荒序譜」と打付書きにし、表紙右下に「楽書部類」、角近くに「共廿二」と朱書する。本文料紙は楮紙で、巻首に「秘閣／図書／之章」（丙種）の朱印があり、これが紅葉山文庫の所蔵であったことがわかる。内容を検するに、内題はなく、本文の書写は一筆であるが、朱校（ミセケチ、校勘等）は別筆である。墨付は十四丁。

該本に奥書はないが、『楽書部類』の最終第二十二冊巻末、第二十六丁表に次のような奥書がある。

楽書二十二巻古来秘伝
也蔵在南都興福寺不妄

示人今度新写一部如正
本令校合所納
江戸御文庫也　　」（改丁）
寛文六年正月

これにより、該本を含む『楽書部類』二十二冊が、興福寺に所蔵するという二十二巻の楽書を写したものであり、寛文六年（一六六六）正月に江戸の紅葉山文庫に納められたものであることがわかる。ただし、何によるかは明記されていないが「校合せしめ……」とあるから、校本を用いて校合している。本文中に散見する朱校（前述）がそれと思われる。

では次に、該本と春日本の比較結果の概要を述べれば（詳細は後述）、両者は同じ内容のもので、行取りも同じである。また、春日本で料紙が破損し、文字の不鮮明な箇所が、該本では欠字を示す「｜」という墨線が引かれている。跋文末尾の花押は、春日本のそれが真筆と見られるのに対し、該本のそれは明らかな写しである。したがって、該本は春日本を親本ないしは祖本とする系統の写本であるといえる。

ただし、該本に存し、春日本に欠く記事もあり、該本には「嗔序」の「第一段」があるが、春日本には見えない。また前掲**表1**（二五七頁）の福島氏の対照表に指摘されるとおり、該本に跋文は三つある（じつは、うちひとつは跋文とは認めがたい。詳細は次章に述べるが、いまは福島氏の対照表に合わせる）が、春日本には一つしか見えない。前掲**表1**ではこれを、イ、ロ、ハと番号を付けているが、春日本のそれはハのみであることがわかる。なお、同表によると、内閣文庫本・田安本は「首欠」ながら、「春日本より19行多く残存」と指摘されているが、この十九行分の本文は、近年新出の断簡の本文と一致し、春日本と内閣文庫本・田安本の冒頭は一致することになった。ただ、「嗔序」の「第一段」や跋文イ・ロについては見えない理由がこれだけではわからないから、第五節で検討する。

（2）国文学研究資料館寄託田安徳川家蔵『荒序譜（二）』

田安徳川家所蔵。『二十二部楽書』と呼ばれる二十二冊の楽書のうちの第十七冊にあたる。『二十二部楽書』は、内閣文庫所蔵の『楽書部類』二十二冊と同内容であり、その関係については、岸辺成雄らによる「田安徳川家蔵楽書目録――その資料的意義――」に指摘がある。[14] それによれば、

『田藩事実』によれば、享保十九（一七三四）年四月二十九日に宗武が江戸城本丸より借り出した書物の中に「楽書二十二冊」とあるから、これを書写したものと思われる。（同解題、五三頁）

ということであり、該本は前項（1）の紅葉山文庫旧蔵の内閣文庫本を写したものと理解され、享保十九年中の写しかと思われる。

該本は一冊の袋綴冊子本で、表紙は無地の素表紙。法量は縦三〇・二、横二一・五糎で、外題は縦一九・〇糎、横四・一糎の題簽に「荒序譜　共二冊」と墨書する。「共二冊」とあるが、それは後述する田安家蔵の『荒序譜（二）』と揃いであることを意味するものと思われる。ただし、該本の親本にあたる内閣文庫本の外題にはそのようなことは書いていないから、書写者の判断で記したものだろうか。また、表紙右肩に「楽書」と墨で打付書きにする。本文料紙は楮紙で、書写は一筆。内題はなく、第一丁表に「田安／府芸／台印」の田安家の蔵書印がある。墨付は十四丁。内閣文庫本と比較すると、行取りが同じで、字句の異同もほとんどないから、その点でもこれの写しと見てよいものである。

（3）宮城県図書館伊達文庫蔵『荒序譜（二）』

伊達家旧蔵。『楽書』という書名で登録されている二十冊のうちの、第十七冊にあたる。この『楽書』二十冊は、前項（1）の内閣文庫本、（2）の田安徳川家本の『二十二部楽書』と構成が同じであり、それらと同じ寛文六年（一六六六）に江戸の紅葉山文庫に納めた由の奥書を有する。したがって、これも内閣文庫本を含む『楽書部類』

二十二冊の写しのうちの一冊と考えられる。ただし、こちらは二十二冊のうちの二冊を欠き、現存は二十冊である。

該本は一冊の袋綴冊子本。配架函番号は「伊七六一—一二・三・二〇・一」。表紙は群青色の無地表紙で、法量は縦二九・五糎、横二一・〇糎。外題は縦一八・三糎、横三・一糎の題簽に、「楽書」と墨書。本文料紙は楮紙で、書写は一筆。巻首に「伊達文庫／宮城県／図書館」「伊達伯／観瀾閣／図書印」の朱印がある。墨付は十四丁。内閣文庫本、田安家本とは行取りが同じで、字句の異同も小異である。この点からも田安家本同様、内閣文庫本の写しと見てよい。

2、紙背に対応するとされる伝本

(1) 国立公文書館内閣文庫蔵紅葉山文庫旧蔵『荒序譜（一）』及び『舞曲譜（一）』

いずれも、前項1の（1）の『楽書部類』二十二冊のうちに含まれており、装訂、配架函番号は同じ。

『荒序譜（一）』。墨付七丁。内容は次節で春日本紙背と対照させて示すが、概略を述べると、「荒序二四八説狛光則」、「一帖八方八返様狛光則」、「入綾手」、「勅禄手」と題する舞譜と、「囀調」（「囀詞」の誤りか）と題する囀の詞章からなる。このうち「荒序二四八説狛光則」、「一帖八方八返様狛光則」は、荒序の「二四八説」と「八方八返様」で、春日本紙背にも見える。しかし、「入綾手」、「勅禄手」については、春日本紙背に見当たらない。

『舞曲譜（一）』。墨付十八丁。こちらも内容は次節で春日本紙背と対照させて示すが、概略を述べれば、「右伏肘」「諸去肘」等、舞の動作の訓みと動作の説明、「舞曲体背事」「舞出心事」と題する口伝等からなる。ただし、こちらも春日本紙背には見えない。

(2) 国文学研究資料館寄託田安徳川家蔵『荒序譜（一）』及び『舞曲譜（一）』

前項1の（2）同様、内閣文庫蔵『荒序譜（一）』及び『舞曲譜（一）』の転写本であるから、ここでは割愛する。

（3）宮城県図書館伊達文庫蔵『荒序譜（一）』及び『舞曲譜（一）』

前項1の（2）同様、内閣文庫蔵『荒序譜（一）』及び『舞曲譜（一）』と同じものであるから、その転写本と見られる。これも省略する。

（4）上野学園大学日本音楽史研究所蔵窪家旧蔵『舞譜』

同研究所に所蔵する窪家旧蔵の『春日楽書』のうちの一冊。福島和夫氏に解題があり[15]、書名は同氏による仮称。また、筆者も「上野学園日本音楽資料室史料目録　雅楽関係史料目録稿」に解題を書いたが[16]、改めて解題を記しておく。

該本は一冊の仮綴冊子本。書背は糊付けして背張りする。表紙は本紙共紙で、本文料紙は楮紙。法量は縦二八・二糎、横二〇・一糎。外題はないが、表紙右肩に小字で、「央宮楽　春庭楽　裹頭楽／甘州　五常楽　喜春楽／感城楽　傾杯楽　賀王／秦王　三台塩　万歳楽／同曲　荒序」と内容の目録を打付書きにする。こちらは本文と同筆である。また、表紙中央に「永暦元年ヨリ永万元迄名寄ノ巻物有之」とあり、表紙右端には「六月十二日交合（ママ）」とある。いずれも本文と同筆であり、「永暦…」以下は同じ窪家旧蔵楽書のうちにある二巻二軸の『楽所補任』（該本と同筆）と一具であることを意味し、「六月…」は該本を書写したのち、六月十二日に親本と突き合わせて書写の誤を訂したという意味であろう。内題はなく、原題は未詳。奥書はなく、書写年、書写者等については記されていないが、同じ窪家旧蔵の『補任』（『楽所補任』下巻）一冊の奥書に、寛文十年（一六七〇）六月の窪光逸《みつとし》（一六一五〜七七）の書写奥書があり、本書と装訂、書型、料紙、筆跡等が同じであることから、光逸が同じ頃写したものではないかと推察する。

該本の内容と他本との関係については、前述福島氏解題（前掲注15参照）に対照表があるから、まずそれを引く。

表4　福島和夫氏　窪家旧蔵『舞譜』諸本対照表

	十二冊本（窪家〈舞譜〉）	春日本	篇　廿二部楽書（内閣）
イ	1オ～3オ　央宮楽・春庭楽「正」	欠	17　懐中略譜三途中より
ロ	3ウ～9ウ　裏頭楽・甘州・五常楽「正」	欠	16　〃　二　〃
ハ	9ウ～15ウ　喜春楽～感城楽	欠	17　〃　三途中まで
ニ	15ウ～21ウ　傾坏楽・賀皇・秦王	欠	4　掌中要録三途中
ホ	21ウ～26オ　三台・万歳楽	欠	16　懐中略譜二途中まで
ヘ	26ウ～31ウ　荒序	（舞楽手記紙背舞譜）	9　荒序譜一
ト	32オ～41ウ（舞譜案譜法他）	欠	19　舞曲譜一

内容は上段に示すとおり、舞譜集成といった体であるが、氏の指摘によると春日本紙背に対応するのは「荒序」部分のみであることになる。また、氏は同解題にさらに次のようにも述べておられる。

　本書には春日本・二十二部楽書に欠落している箇処も一・二にとどまらない。また（へ）『舞楽手記』（廿二部『荒序記※（一）』）については、極めて出入がはげしい。明治三十年の修補の際の乱丁・落丁が相当あるものと推定される。更に云えば『二十二部楽書』書写時において、すでにかなりの混乱があったと思われる。

（同解題一八頁、※「記」は「譜」の誤りか）

つまり、これによれば、窪家本『舞譜』の第二十六丁裏から第三十一丁裏に対応するのが、春日本紙背の舞譜と内閣文庫蔵『荒序譜（一）』であり、春日本や内閣文庫の『荒序譜（一）』は、窪家の『舞譜』のほんの一部に過ぎず、ほかは脱落・欠損したものであり、それには明治三十年の修補の際に「乱丁」ないしは「落丁」して欠けたものもあるということになる。

しかし、まず春日本は巻子本であるから「乱丁」「落丁」は「錯簡」「脱落」というべきである。

また、具体的には次節で本文を比較してみるが、本文はまったく一致しないものであり、両者は対応関係にはないと考察される。前にも述べたように、『舞楽手記』の紙背には錯簡は認められず、かつ脱落も第四紙と第五紙の間の「荒序」に相当する部分以外はいずれも半行から一行程度の脱落であって、福島氏が指摘されるように、現状よりはるかに大部の舞譜であったとは到底考えられない。また、もし窪家本『舞譜』と『手記』紙背が対応するのなら、『手記』紙背にある裏書も窪家本『舞譜』にあってよいはずであるが、それはないのである。氏は、無理に窪家本『舞譜』と対応させようとされた結果、『手記』に錯簡・脱落の類があるという結論を導かれたのではなかろうか。

四、春日本と諸本の関係について

そこで、原本と見られる春日本と諸本とがどのような関係にあるのか、比較、検証してみる。前掲**表1**に示した先行の研究では、春日本はオモテと紙背とでは対応する諸本が異なるから、ここでもまずオモテから見てみる。

1、オモテについて

前掲**表1**及び前出櫻井利佳氏の解題によると、春日本のオモテには内閣文庫蔵『荒序譜（一二）』、田安徳川家蔵『荒序譜（一二）』、伊達文庫蔵『荒序譜（一二）』が対応するという。前節で述べたように、田安・伊達の二本は、内閣文庫本の写しであるから除き、ここでは内閣文庫本と春日本とを対照させてみる。

表5　内閣文庫蔵『荒序譜（二）』と春日大社蔵『舞楽手記』対照表

＊〜〜は料紙の断ち落とし跡を示す。…は以下省略の意を示す。括弧内筆者注。

内閣文庫蔵『荒序譜（二）』	春日大社蔵『舞楽手記』オモテ		春日大社蔵『舞楽手記』紙背
（内題なし。巻首欠か。本文途中より）	（巻首欠）	【断簡第一紙】	
（**乱序**第五段大膝巻第二段※途中から）	（**乱序**第五段大膝巻第二段※途中から）		
第三段…	第三段		
第六段号少膝巻初段…	第六段		
（第一段※標題なし）	（第一段※標題なし）	【断簡第二紙】	
第二段…	第二段…	【第一紙】	
第三段名終手之…	第三段名終手之…		**返蜻蛉手**
囀	**囀**		**一説北向（マヽ）阿刀胡児**…
第一段…囀詞…囀詞…	第一段…囀詞…囀詞…		**口伝云崎取手者**…
第二段…囀詞…囀詞…	第二段…囀詞…囀詞…		**一説　東向天合掌シテ**…
嗔序	**嗔序**	【第三紙】	**囀三度舞様**（※途中より。前半欠）
第一段…			
第二段…	第二段…	【第四紙】	
入破第二帖…	**入破第二帖**…	【第五紙】	**入破半帖舞例**…
半帖…	半帖…		八帖
入破第二切異説…	**入破第二切異説**…		〜
二帖頭…	二帖頭…		一帖
半帖頭…	半帖頭…		**八方八返**やう
入綾手…	**入綾手**…		八帖

勅禄手…
破第二切半帖異説…
跋文一「故判官近真去正月廿五日…」
「故判官蒙勅許事」
跋文二「仁治三年正月十五日…」
末尾…花押（写し）
（荒序記録）
（1）保安三年三月卅日
（2）天治元年正月廿九日
（3）同二年正月十八日
（4）大治二年正月廿日
（5）長承元年八月廿二日
（6）同二年三月六日
（7）同二年三月七日
（8）同二年三月廿六日
（9）同三年二月廿日
（10）同三年後十二月十四日
（11）保延二年正月廿三日
（12）同二年二月九日

勅禄手…
破第二切半帖異説…
【第十四紙】
〜
二帖
跋文二「仁治三年正月十五日…」
末尾…真筆花押
【第十五紙】
②建保四年六月廿□日
①建暦二年四月八日
故判官近真荒序舞事
（荒序記録）
（1）保安三年三月卅日
（2）天治元年正月廿九日
（3）同二年正月十八日
（4）大治二年正月廿日
（5）長承元年八月廿二日
（6）同二年三月六日
（7）同二年三月七日
（8）同二年三月廿六日
（9）同三年二月廿日
（10）同三年後十二月十四日
（11）保延二年正月廿三日
（12）同二年二月九日
【第十六紙】

上段に内閣文庫本を、下段に春日本を配し、春日本に見える料紙の断ち落とし位置は〰で示した。これによって見ていくと、内閣文庫本冒頭は内題がなく、記事は途中から始まる。その冒頭部分を示すと、

突左右手右下左膝突ーー左膝突替右下左膝突ー
西向天右桴懸右肩左印懸右肩右桴懸右肩左右足縮□

南向天小躍右足前左足前居右膝突◉左伏肘打右桴腰突以桴右
上見如日書手□｜本左伏肘腰突伏肘｜｜｜｜
下左膝突替左下右膝突替右下左膝突替立｜｜
桴末右手上桴本左手下如双龍舞急随拍子早頻「三」
南寄天北廻向後尻走左右手左右腰付天上見

第三段　」（1オ）

（後略）

となっており、明らかに舞譜の途中から始まっており、巻首は欠けたものと解される。また、欠字を示すと思われる「｜」があり、親本ないしは祖本に破損・虫損などの欠損があったものと察せられる。次いで「第三段」、「第六段号少膝巻初段」と続くが、ここまでは春日本の断簡と一致し、その次の「第二段」以降巻末に至るまでが春日本本巻と一致するので、両者は同内容であることがわかる。ただし、前述もしたように、内閣文庫本には「嗔序」の第一段があるが、春日本では欠けている。また、内閣文庫本には、巻末に二つの跋文（いま、これを仮に跋文一、跋文二とする）と「故判官蒙勅許事」と題する記事（以下「蒙勅許事」）があるが、春日には二つ目の跋文しかない（前掲**表1**ではこれらを跋文イ、ロ、ハとしているが、「蒙勅許事」は内容より見て跋文とは認められない。詳しくは次章に述べる）。

そこで、その内閣文庫本のみに見られる記事と、春日本の料紙断ち落し箇所（**表5**に〜〜で示す）との関係に着目すると、内閣文庫本にのみ見える記事は、いずれも春日本で料紙が断ち落とされた箇所と一致することがわかる。すなわち、内閣文庫本のみに見える「嗔序」の「第一段」部分は、春日本では第三紙と第四紙の間にあたるが、前節で述べたように春日本第四紙の端は文字が切れており、料紙が断ち落とされたとわかる。したがって、「嗔序」の「第一段」部分は料紙の断ち落としによって失われたものと推察される。また同様に、内閣に見える跋文一と

「蒙勅許事」は、春日本では第十四紙と第十五紙の間にあたるが、第三節で既述のように、第十五紙端は紙背の文字が切れており、料紙が切断されている。つまり、ここも断ち落としによって跋文一と「蒙勅許事」の二つが失われたものと考えられる。したがって、これらの料紙が断ち落とされる前に写されたのが内閣文庫本の系統だということになる。

因みに、中原氏は、内閣文庫本と春日本の関係について、根拠は示しておられないが、「内閣本は春日本の近世初期の姿を伝えるものとして貴重である」（中原論文、六八頁上段）と述べておられる。それは、いま検証したところをいうものであったかと思われる。

ところで、第四紙と第五紙の間には筆者Bが削除したと見られる記事があると第二節の1（春日本の書誌）で指摘したが、前掲**表5**を見てみると、内閣文庫本でもこの間に記事はなく、内閣文庫本が書写された寛文六年（一六六六）の時点でもすでに失われていたことが確認される。ただし、その第四紙と第五紙の継ぎ目部分と、それに対応する内閣文庫本の該当部分とを比較してみると、**表6**のようになる。

表6を見ると、春日本第四紙と第五紙の継ぎ目の上に載っている「四反近代二反ナリ」の一文が、内閣文庫本においては「嗔序」と「入破」と二箇所に書かれていることがわかる。それは「四反近代二反ナリ」の一文が、継ぎ目の上にあったためであろうか、それが「嗔序」に対する注記なのか、「入破第二帖」に対する注記なのか、あいまいでわかりにくかったためであると想像される。

因みに、中原氏もこの注記が、「嗔序」に対する注記なのか、「入破」に対するそれなのかは「判然としない」と述べておられる（中原論文、六七頁下段）が、これについては、現存する他の「陵王」の舞譜を見ても、こうした注記は他に見当たらず、どちらに対する注記なのか、いまだ明らかでない。後考を俟ちたい。

ともあれ、オモテについて内閣文庫本と比較してみると、内閣文庫本に存し、春日本に欠く記事は料紙の切断によって失われた記事であることがわかる。つまり、春日本に欠損が生じる前に写されたのが内閣文庫本であると推察できる（ただし、第四紙と第五紙の間を除く）。

そこで残る問題は、本文がどこから始まるのか、である。現在の冒頭（首欠）は『羅陵王舞譜』との対照によって「乱序」の「第五段大膝巻」の第二段途中からであることがわかった（前述）が、『羅陵王舞譜』によれば、「乱序」は第一段から始まるのである。では、本書はどこから記事を始めていたか。これは跋文一に理由が書かれているので、次章に検討することとして、次に紙背を見てみる。

表6　春日本第四紙・第五紙継ぎ目と内閣文庫本該当箇所

春日本　第四紙・第五紙継ぎ目部分	内閣文庫本　該当箇所
南一寄延寄又睇天見天巽二寄火連北廻向天左伏肘	南一寄延寄又睇天見天巽二寄火連北廻向天左伏肘
打時以右桴打腰下天上見 嗔序大旨如此雖何所欲舞止時可舞此手　次第如乱序也 則楽吹止畢	打時以右桴打腰下天上見 嗔序大旨如此雖何所欲舞止時可舞此手　次第如乱序也 則楽吹止畢 四反近代二反ナリ
四反近代二反ナリ」（第四紙）	」（第六丁表）
◉入破第二帖　加拍子　当曲揚拍子謂之約拍子似一鼓為節有二説 口伝云入破能略定時半帖舞時者自第五拍子上約拍子	◉入破第二帖加拍子　当曲揚拍子謂之約拍子似一鼓為節有二説 口伝云入破能略定時半帖舞時者自第五拍子上約拍子 四反近代二反ナリ
北向天諸伏肘打天高踊右足左足披天高踊右足左足「有説」小諸去肘左足小踊左引上	北向天諸伏肘打天高踊右足左足披天高踊右足左足「有説」小諸去肘左足小踊左引上
諸手下。退左足踏退左。去◉肘右足跋◉跪踏天押足艮寄右見面肩	諸手下。退左足踏退左。去◉肘右足跋◉跪踏天押足艮寄右見面肩

2、紙背について

前述のとおり、前掲**表1**の先行研究では、春日本の紙背に当たるのは内閣文庫蔵の『荒序譜（一）』、同『舞曲譜（一）』、及び窪家の『舞譜』（26ウ～31ウ・32オ～41ウ）だということであった。そこで、ここでは前項同様に比較してみる。

前掲**表2**に示したとおり、春日本の紙背は、巻末の修補奥書を除くと、

（1）「故判官近真荒序舞事」と題する記録
（2）「二帖」から「八帖」に至る舞譜（荒序二四八説）
（3）「八方八返ゃぅ」と題する「一帖」から「八帖」までの舞譜（荒序八方八返様）
（4）「入破半帖舞例」と題する記録
（5）逸名の舞譜（「囀三度年様」か）
（6）「一説　東向天合掌シテ」と始まる舞譜
（7）「口伝云崎《(マヽ)》取手者」と始まる口伝
（8）「一説　北向阿刀胡児」と始まる舞譜
（9）「返蜻蛉手」と題する舞譜

の九条からなる。

これに対し、春日本に該当するという内閣文庫蔵『荒序譜（一）』と『舞曲譜（一）』、窪家の『舞譜』（26ウ～31ウ・32オ～41ウ）の内容は次のように一致している。

『荒序譜（一）』・『舞譜』（26ウ～31ウ）

（a）「荒序二四八説狛光則」と題する舞譜

（b）「一帖八方八返様狛光則」と題する舞譜
（c）「入綾手」「勅禄手」「囀調（ママ）」と題する舞譜

『舞曲譜（一）』・『舞譜』（32オ～41ウ）

（d）「右伏肘」等の舞譜名目
（e）「舞曲体背事」と題する口伝
（f）「舞出心事」と題する口伝
（g）「舞台ニ昇降事」と題する口伝
（h）「平立舞」と題する口伝
（i）「三人五人七人等立様」と題する口伝
（j）「三行立様」と題する口伝
（k）「行立様」と題する口伝

つまり、内閣文庫本と窪家本とは一致するが、春日本とはまったく別の文献だといえる。したがって、春日本の写しが内閣、窪の二本であるとはいえない。それでも、あえてこの中から対応するものを探してみると、（2）荒序二四八説と（a）「荒序二四八説狛光則」、（3）荒序八方八返様と（b）「一帖八方八返様狛光則」がそれにあたろうが、このうち、春日本の「八方八返やう」と内閣・窪の「一帖八方八返様狛光則」とを比較してみると、春日の「六帖」は「四帖舞也」として、標題のみで譜が見えないが、内閣・窪は「六帖」の標題すら見えない。また、春日の「七帖」は「三帖舞也」として標題のみ記して譜を書かないが、内閣・窪は「三帖舞」としながら、譜を記している。

このように、同じ「八方八返様」の譜においても本文には大きな異同が見られる。

そこで、さらにこの譜の「一帖」の字句を詳細に比較してみると、次のようになる。なお、○は対応する字句がないことを示す。

（ア）**春日本**　八方八返やう
内閣本　○○○○○○
窪家本　○○○○○○

（イ）**春**　一帖○○○○○○○○
内　一帖八方八返様狛光則
窪　一帖八方八返様狛光則

（ウ）**春**　北向天右手ヲ披差天朱《マ》雀儒趨《ヘヽヒキハシリ》　此間○懸左手○左肩　○○○
内　北向天右手○披差天朱雀儒趨　此間ニ懸左肩桴下懸
窪　北向天右手○披差天朱雀儒趨　此間ニ懸左肩桴下懸

（エ）**春**　右手右肩○下○○○○右左各二度○○○走留天概《カキ》合天左
内　○○右肩印下後桴方印方右左各二度懸肩下走留○概合天左
窪　○○右肩印下後桴方印方右左各二度懸肩下走留○概合天左

（オ）**春**　躍寄○○○○右躍《ヲトル》　寄左右足右覆乙打右足
内　躍寄右足左足右躍　寄左足右足右伏乙打右足
窪　躍寄右足左足右躍　寄左足右足右伏乙打右足

（カ）**春**　西向躍《ヲトル》　右覆乙打天東躍向右左足右覆乙
内　西躍向　左伏乙打天東躍向○○○右伏乙
窪　西躍向　左伏乙打天東躍向○○○右伏乙

（キ）**春**　打天桴末方○採《トル》天左覆乙振替上下各三度左右
内　打天桴末方ヲ採天左伏乙振替上下各三度右左
窪　打天桴末方ヲ採天左伏乙振替上下各三度右左

（ク）**春**　縮○片躍右左手胸間付天玄茂趨天上見百
内　縮ニ片躍右左手胸間付天玄茂趨○上見百
窪　縮ニ片躍右左手胸間付天玄茂趨○上見百

三本を対照させてみると、内閣と窪は同文だといえるが、春日との異同は目立つことがわかる。とくに、春日本に見えず、内閣・窪にのみ存する文字がかなりあるから、春日から内閣・窪へという書写過程は想定できない。したがって、内閣・窪家の二本と春日本紙背の「荒序」の譜は直接関係するものではないといえる。

先行研究では春日本を写したものが内閣・窪だといわれてきたわけであるが、紙背についてはそれが誤りであったといえる。したがって、『舞楽手記』の伝本は、春日社蔵『舞楽手記』と内閣文庫蔵『荒序譜（二）』の二本のみであり、春日本が祖本、内閣文庫本がその系統の江戸期書写本ということになる。

つまり、『春日楽書』諸本の関係については、根本から再考の必要があると思われる。今後、『手記』以外の楽書にも諸本の研究を行わなければならないが、筆者の見通しを述べておけば、春日大社所蔵の『春日楽書』七巻に、後人が何冊かの文献を加えたかたちが窪家の『春日楽書』十二冊なのではないか、と想像する。従来は春日本の写しが内閣・窪だと見られてきたわけであり、福島氏もそのように考えられたために、春日本の『手記』に見えない記事を、錯簡・脱落によるものと誤解されたのではなかろうか。しかし、それは繰り返すように誤りであり、内閣文庫の『荒序譜（一）』『舞曲譜（一）』と窪家の『舞譜』は春日本『手記』紙背と一致しないのである（本書「おわりに」も参照）。

なおひとつ付け加えておくと、内閣文庫蔵『荒序譜（二）』は、書名が「荒序譜」となっているが、これにも「荒序」の譜はないのであるから、この書名は紛らわしい。首欠で、内題を欠くから、その書名は後人が付したものと思われるが、この名称は誤解を招く。「陵王」といえば「荒序」というイメージが先行したためかと思われるが、適切でないことを指摘しておく。

五、豊氏《ぶんのし》本家蔵本について

最後に、先行研究では言及のない豊氏本家所蔵の伝本（以下豊本）について述べておく。豊氏は、江戸以前は豊原と称し、古く平安期より楽に奉仕してきた「楽家」の一つである。該本は個人蔵であるから、原本は未調査であるが、上野学園大学日本音楽史研究所で写真の紙焼きを見ることができたので、可能な範囲で解題を記し、他の伝本と比較してみる。

1、豊氏本家蔵『荒序舞譜』

豊氏本家所蔵。該本は個人蔵につき、原本は未見であるが、一九四三年に平出久雄が作成した「豊家本家蔵書目録」に解題があり(17)、一九七五年、上野学園大学日本音楽史研究所（当時は上野学園日本音楽資料室）の特別展観に出陳する際に撮影された写真の紙焼きがある。いま、これらを参考にすると、まず平出の解題では、

33．荒序舞譜　　狛　近真著　一冊
美濃判6.5×4.3　陵王荒序ノ古譜ヲ写セルモノ。文中近真ノ自筆譜ヲ写シ少シク「予」（何人カ不詳）加筆シタル由ミユ。奥書ナシ。多氏本家、楽譜目録一二七号荒序舞譜ト大略同ジナルモ多氏本ニ存シ豊氏本ニ欠クル点ア

（同目録、二〇頁）

リ、今後ノ研究ヲ要ス。

となっており、該本は「陵王荒序」の譜で、狛近真の著作という。また、多氏本家の「楽譜目録一二七号荒序舞譜ト大略同ジ」ということであるから、その目録も引いてみる。

一二七、荒序舞譜

ミノ判　6.6×8.9　春日本ト同内容ナリ。舞譜及ビ記録。「弘安三・二・廿九 狛宿祢真葛」等ノ記名アリ。(18)

ここにいう「春日本」が何を指すのか、具体的には説明されていないが、春日大社に蔵する「荒序」の舞譜ということであれば、それは『舞楽手記』紙背、ないしは『輪台詠唱歌外楽記』のそれということになる。後者は「輪台」の詠唱歌の譜と二種の「荒序」譜からなる譜本で、『手記』とも、該本（豊氏本家蔵『荒序舞譜』）とも内容はまったく異なる。したがって、ここにいう「春日本」は『手記』を指すのではないかと思われるのであるが、後述するように、該本は「陵王」の舞譜ではあるが、「荒序」はないから、それを「荒序舞譜」と呼ぶのはおかしい。ともあれ、平出の解題によれば上記のような書だということである。

では、次に写真の紙焼きによって解題を記すと、該本は一冊の袋綴冊子本で、表紙は渋引き。左肩に「荒序舞譜」と打付書きにし、右下に「豊家本家所蔵／No.33」と書かれた蔵書票が付く。これは前掲の平出の解題の番号と一致する。なお、外題は本文の筆と異なる。表紙見返し右下には「豊原／喜秋」の方型印が捺されているから、喜秋の書写本であろうか。墨付は二十三丁であるが、巻末は裏表紙の見返しに及ぶ。書写は一筆。うち第一丁から第六丁までは、前述の内閣文庫蔵「荒序譜（一）」と同内容である。第七丁は扉で、中央に「舞譜」と墨書。第八丁からは「陵王」の舞譜であり、こちらが春日大社蔵『舞楽手記』にあたる。ただし、該本も「荒序」部分は見当たらない。また、内閣文庫蔵『荒序譜（二）』ともまったくの同内容で、春日本で欠けている「嗔序」の「第一段」、跋文①②を有していることがわかる。つまり、該本は内閣文庫本と同様に、春日本を親本ないしは祖本とするもの

表7　破損部分の比較　「囀」「第二段」より

＊□は料紙破損

春日本	又睇時同左右手「右」「下」足踏放□□右手ヲ
内閣本	又睇時同左右手「右」「下」足踏放｜左右手ヲ
豊家本	又睇時同左右手「右」「下」足踏放置左右手ヲ

だといえる。

そこで春日本・内閣文庫本と比較してみると、誤写・誤記と思われる異同がいくつか散見し、行取りも異なる部分があるが、冒頭の欠損部分はまったく同じであることがわかる。春日・内閣は巻首が欠け、記事の途中から始まっていたわけだが（第四節に引用）、該本も同じである。つまり、該本も春日・内閣と同じように、冒頭がこのように欠けた状態であった時に写されたものであったかと察せられる。ただし、内閣に見られる破損の跡を示す注記が、豊本では見られない部分もある。たとえば、**表7**のような場合である。

春日本で現在破損している部分が、内閣文庫本では「｜」と墨線が引かれており、破損を示す注記ととれるわけであるが、豊家本当該箇所には文字が書かれていることがわかる。したがって、この部分については、春日本に破損が生じる以前に写された系統の写本が豊家本で、破損以後に写された系統であるのが内閣文庫本だということになる。つまり、豊家本は部分によっては内閣文庫本より春日本の古い形を留めるものだと考えられる。

概略は上記の通りであるが、平出は該本を狛近真の編とし、「予」なる人物が「加筆」したものとしている（前述）。該本が『舞楽手記』の一伝本だとすると、同書を聖宣の著作とする中原氏の説とは異なることになるが、氏はこちらの平出説には触れていないから、この説についても、次章で検証する。

2、豊氏本家蔵『荒序』

豊氏本家所蔵。こちらも未見であるが、平出の解題があり、写真の紙焼きがある。前者によれば、

34. 荒序譜　豊原重秋集　一冊

美濃判6.4×8.8　前半ハ陵王荒序ノ笙譜及所作及相伝文書ノ写等ヲ収ム。「享徳二年九月廿八日　豊原重秋（花押）」。後半ハ荒序舞譜ヲ収ム。「已上如本写之訖当家伝来既年久虫ノ《（ママ）》ミテ雖不分明依《（「無」脱カ）》類本不遂校合、享徳二年九月晦日　重秋（花押）」トアルモ原本ニ非ズ。喜秋ノ筆ナリ。

ということであり、[19] 享徳二年（一四五三）に豊原重秋が編集したもので、該本は喜秋がそれを写したものという。

次に、写真の紙焼きによれば、該本は一冊の袋綴冊子本で、表紙は渋引き。左肩に「荒序」と打付書きにし、右下に「豊家本家所蔵／No.34」と書かれた蔵書票が付く。なお、外題は本文の筆と異なる。表紙見返し右下には「豊原／喜秋」の方型印が捺されている。墨付は三十六丁だが、巻末は裏表紙の見返しに及ぶ。書写は一筆。内容は以下の通り。

表8　豊氏本家蔵『荒序』内容細目

甲	「羅陵王」（内題） 「荒序（笙譜）」一切～八切 「破」 「当曲所作之例」時秋、利秋、忠秋、近秋、政秋、景秋…（中略） 伝授譜①「秘説八帖」（荒序笙譜）明徳三年八月二十一日付。 同②「羅陵王荒序」（荒序笙譜）明徳三年（一三九二）八月二十一日付。 同③「将軍家江進上ス信秋之奥書」永徳元年（一三八一）八月二十七日付。 同④「羅陵王荒序」（荒序笙譜）正長元年（一四二八）十一月十六日付。 同⑤「平調幷太食調入調」（笙譜）正長二年（一四二九）三月十一日付。 奥書「已上当家面目道之冥加無限者也子孫為勤執心載之（中略）享徳二年（一四五三） 九月廿八日／豊原重秋（花押）」
乙	「四方荒序狛光則」（舞譜）一帖～八帖

	「荒序八方八返様狛光則」（舞譜）一帖～八帖 入綾手 勅禄手 奥書「已上狛光則之説本ノマ、書写載之」
丙	囀　第一段、第二段 嗔序　第一段、第二段 入破第二帖・（同）半帖 入破第二切異説・（同）半帖頭 入綾手「（中略）前荒序之次載之仍略光則説同」 勅禄手「前ニ載光則説ト同仍略」 入破第二切半帖異説 跋文一「仁治三年正月十五日ヨリ…」 同二「故判官近真去正月廿五日…」 「故判官蒙勅許事」 奥書「已上如本写之訖当家伝来既年久虫ハミテ雖不分明依無類本不遂校合／享徳二年九月晦日　重秋（花押）」 （大鼓説二種）

内容と奥書とを見るに、該本は三種の書からなり、いま仮にそれを**甲**、**乙**、**丙**とすると、**甲**は「羅陵王」「荒序」の笙に関わる内容が主体で、「荒序」の笙譜ほか、「当曲所作之例」と題して、豊原家楽人の「荒序」所作の記録が記され、後半には伝授譜の写しが記される。奥書は享徳二年（一四五三）九月二十八日の豊原重秋のものであるが、花押は写しである。

乙は「羅陵王」「荒序」と「入綾手」、「勅禄手」の舞譜で、「四方荒序狛光則」から「勅禄手」に至るが、これは先に述べた内閣文庫蔵『荒序譜（一）』と同内容である。末尾に「狛光則之説」を書写した旨の奥書がある。

丙は「荒序」を除く「羅陵王」の舞譜で、春日大社蔵『舞楽手記』、内閣文庫蔵『荒序譜（二）』と同内容である。ただし、春日・内閣が「乱序」の途中から記すのに対し、該本はその次の「囀」から記す。また、内閣文庫本とは跋文と「故判官蒙勅許事」の順序が異なり、内閣文庫本では跋文一、「蒙勅許事」、跋文二となっているが、該本では、跋文一・二、「蒙勅許事」となっている。末尾の奥書は、享徳二年（一四五三）、豊原重秋が「当家伝来」の本を写した由の識語で、「囀」から跋文二までを写した際の奥書である。ただし、その花押は写しであるから、該本は重秋の書写本そのものではない。その写しの系統だということになる。

ともあれ、該本は三部からなり、いずれも異なる書を一書にまとめて写したものと解される。乙については奥書に年紀や書写者の署名がないから不明だが、甲と丙はいずれも享徳二年の豊原重秋の奥書で、花押は写しであるから、該本は享徳二年重秋書写本の写しの系統だと推察できる。前掲の平出解題によれば、喜秋（一八四八〜一九二〇）の筆跡ということであるから、それなら幕末から明治頃の書写だということになるが、『手記』の写本としては最も古い年紀を有するから、『手記』の室町前期以前の状態を残している可能性がある。

そこで問題となるのは、春日本・内閣文庫本との関係であるが、春日本との関係については同本が自筆原本と思われるから、該本はこれを祖本とするものと見てよい。内閣との関係については、同本が江戸前期、寛文六年（一六六六）の写しである（前述）のに対し、該本は享徳二年（一四五三）の奥書を有するから、内閣より前に春日本を写した本の系統であるといえる。が、「乱序」がない、跋文の順序が異なるなど、春日本・内閣文庫本とは異なる点もあり、その点は未解明である。ただ、少々想像を廻らすと、「乱序」は諸本すべて前半が欠けていて、詳細がわからないから用を成さないとして、削ったのものだろうか。跋文の順序が異なるについては、春日本の跋文一と「蒙勅許事」を記す紙と跋文二を記す第十五紙とが一時期錯簡を生じ、入れ替わっていたとすれば、該本のような順序になるから、そういう可能性もあるとはいえるが、春日本の当該箇所は現在失われているので、検証できない。

ここではそうした可能性があることを指摘するに留める。

3、まとめ

豊本について概略を述べたが、豊本の二本のうち、『荒序舞譜』については、内容を見るに、誤写・誤記と思われるものを除くと内閣文庫本とまったくの同内容であり、同本と同じように、春日本が親本ないしは祖本だということになる。ただし、春日本で現在破損している部分が、内閣文庫本では墨線が引かれ、親本が破損していたことを窺わせるが、豊本では文字が書かれている箇所もあり、春日本に破損が生じる以前に写されたのが豊家本で、破損以後に写されたのが内閣文庫本ではないかと推測できる。つまり、豊本はより古態を残す部分もあると思われる。なお、こちらにも「荒序」は見当たらないが、繰り返すように、それが筆者によって断ち落とされたものなら、後代の写本である豊本に見当たらないのも当然であるといえる。

豊本の『荒序』についても春日・内閣とは同内容で、春日を祖本とするものだとわかる。ただし、「乱序」部分がない、跋文にも順序が異なる等の違いがあり、不明な点も残るが、享徳二年の奥書を有し、春日本『手記』の室町期の姿を窺わせるものといえる。が、こちらにも「荒序」部分は見当たらない。この点からも、「荒序」は享徳二年時点でなかったことが確認でき、『手記』の筆者によって削られたとする推測に齟齬は生じない。

豊本の二本については原本を見ていないから、追究はここまでとするが、内閣文庫本と同様に、現在春日本に欠けている部分は豊本によって補える。また、内閣の誤記・誤写と思われる部分も、豊本によって補訂できる。煩雑になるから、そのいちいちをここでは紹介しないが、後掲第三部の翻刻では異同を補注に示したので参照されたい。また、跋文においても内閣で欠字になっている部分が豊本で補えたから、それについては次章で述べることとする。ともあれ、豊本はどちらも貴重な伝本の一つだといえる。

六、本稿のまとめ

ここまでの考証をもとに、諸本の関係を図示すると次のようになる。

『舞楽手記』諸本系統図

＊直接関係と認められるものは実線、直接関係か、間に一本ないし複数の伝本が介在する可能性のあるものは破線で示す。

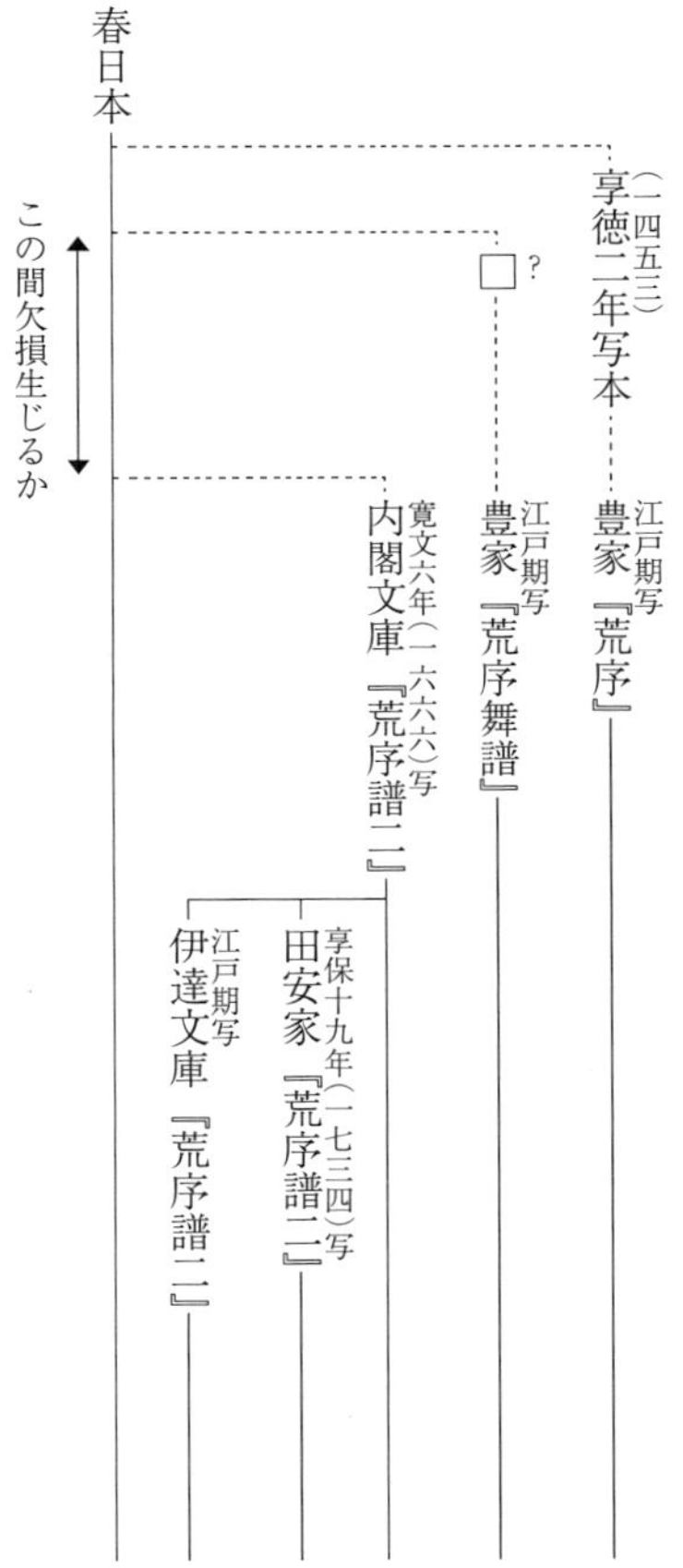

諸本六本のうち、春日本が跋文末尾の花押が真筆と見られ、原本と認められるから、現存諸本の祖本にあたる。豊本『荒序』が、享徳二年（一四五三）書写本の写しであり、春日本のもっとも早い写しの系統となる。豊本『荒序舞譜』はいつ写された本の系統であるかが未詳だが、内閣文庫で欠字になっている箇所が書かれていることなどから、同本より古態を留める部分があると認められ、豊本『荒序』に次ぐ、古い次期の写本の写しの系統かと推察

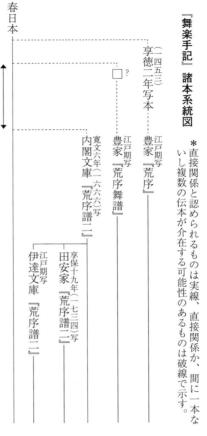

される。あるいは、豊本『荒序』の写しかもしれない。内閣文庫本は江戸前期、寛文六年（一六六六）の写しであるが、豊本の二本に較べ、欠字が多く、春日本の破損状況がより進行した時点での書写本の系統だといえる。なお、田安徳川家本、伊達文庫本は、前述したように内閣文庫本の写しにあたる。

『舞楽手記』本文については、右のようにいえるが、春日本の紙背に対応するといわれてきた伝本は、いずれもまったく異なる本であったと考察される。いまのところ、紙背に相当する伝本は管見に及ばない。

したがって、本書の翻刻に際しては、春日本を底本とし、その欠損部分は豊家蔵『荒序舞譜』、同『荒序』、内閣文庫蔵『荒序譜（二）』をもって校合するのが妥当であると結論される。

『舞楽手記』の諸本とその関係については以上であるが、諸本を調べていく過程で、課題も明らかになった。なぜ「荒序」は削られたのか。そして、この書はいったい何なのか。中原氏は、「荒序」が見えないのは不明だとされ、また本書の筆者・成立については、狛近真編纂の『羅陵王舞譜』をもとに、聖宣が著述したものとしておられる（前述、第一節）、平出久雄は、狛近真が編纂し、「予」なる人物が加筆したもの、と捉える（前述、第五節の1）。

しかし、これらは本書の跋文によって、およそ明らかになるものと筆者は見ている。詳細は次章に述べるが、ここに至るまでには、そもそも春日本の検討が不充分であるという問題があった。

春日本を実見してみると、『手記』の筆者自身によって料紙が断ち落とされ、失われた記事があるものと推察された。また、そこに当てはまるのは、「陵王」の構成から推して「荒序」かと考えられた。なぜ「荒序」がないのかが問題になった。

『手記』紙背については、これまで考察の対象外とされてきたわけであるが、追究してみると、本文と同筆の記事もあり、それは裏書かと思われた。つまり、表裏は一体のものであり、対象から外すべきではなかったわけである。

また、これまで紙背に対応する伝本と考えられてきた内閣文庫蔵『荒序譜（一）』、『舞曲譜（一）』、窪家旧蔵『舞譜』はまったく異なる本であると考察された。

ともあれ、ここでは『舞楽手記』の諸本とその相互の関係を追究することに終始したが、同時に問題点を炙り出すこととともなった。これらの課題は、残る跋文の解釈にかかっているが、それは次章に譲ることとし、本稿はここで筆を措く。

付記

本稿を成すにあたり、春日大社の松村和歌子氏、ならびに秋田真吾氏には、同社所蔵本の閲覧をご許可くださり、また貴重なご教示も頂いた。ここに記して、御礼申し上げる。

注

（1）『楽所補任』二巻、『舞楽古記』一巻、『高麗曲』一巻、『舞楽手記』一巻、『輪台詠唱歌外楽記』一巻、『楽記』一巻、都合七巻の通称。

（2）福島和夫氏執筆『春日楽書』解題（『日本古典音楽文献解題』岸辺成雄博士古稀記念出版委員会編、講談社、一九八七年九月）に、「いずれも資料価値は極めて高い」と指摘されている。

（3）『舞楽手記』の翻刻については、岸川佳恵・神田邦彦「『舞楽手記』翻刻　付解題」（「日本漢文学研究」第五号、二松学舎大学日本漢文教育プログラム、二〇一〇年三月）に発表し、本書第三部に収録した。なお、これには解題が付いているが、内容には一部訂正すべき点がある。『舞楽手記』の解題は、本書収録の論考に拠っていただきたい。

（4）注（2）の解題（七六頁）。

（5）『中世の音楽資料――鎌倉時代を中心に――解題目録』（上野学園日本音楽資料室第十回特別展観）福島和夫編、上野学園日本音楽資料室、一九八六年十月。

（6）櫻井利佳「春日大社蔵〔楽記〕について　付、紙背〔打物譜〕翻刻」、『雅楽・声明資料集』第二輯、二松学舎大学二十一世紀COEプログラム中世日本漢文班編、同プログラム事務局、二〇〇七年三月。

（7）平出久雄「「楽所補任」私考」、「月刊楽譜」第二十六巻六月号、一九三七年六月。また、「東洋音楽研究」第二輯、東洋音楽学会、第一書房、一九八五年十二月復刻、に収録。

（8）「詞林」第四十四号、大阪大学古代中世文学研究会、二〇〇八年十月。

（9）注（2）の解題による。

（10）「語文」百輯記念号、大阪大学国語国文学会、二〇一三年十二月。

（11）本書（『舞楽手記』）のみならず、ほかの『春日楽書』六巻もすべてこの修補奥書を有し、装訂も同一である。

（12）解題と翻刻は、中原香苗「宮内庁書陵部蔵〔羅陵王舞譜〕――解題と翻刻――」、「日本伝統音楽研究」第一号、京都市立芸術大学日本伝統音楽研究センター、二〇〇四年三月。

（13）宮内庁書陵部蔵本（室町写、十巻十軸、五五三―一二）巻第一による。

（14）「東洋音楽研究」第四一・四二合併号、東洋音楽学会編、一九七七年八月刊。

（15）『日本音楽資料展出陳目録』（上野学園日本音楽資料室第五回特別展観）、一九七九年十月、三二頁。『中世の音楽資料――鎌倉時代を中心に――解題目録』（上野学園日本音楽資料室第十回特別展観）、一九八六年十月、一八頁等に収録。本稿での引用は後者による。

（16）『雅楽資料集』（資料編）二松学舎大学COEプログラム中世日本漢文班編、同プログラム事務局、二〇〇六年三月。

（17）平出久雄「豊氏本家蔵書目録 第三輯 楽譜目録・第四輯 遺墨・雑書目録（器物目録）」、『楽道撰書』第七巻、多忠雄編、楽道撰書刊行会、一九四三年十二月。

（18）平出久雄「多氏本家蔵品目録 第二輯 楽譜目録・第四輯 楽器目録」、『楽道撰書』第二巻、多忠雄編、楽道撰書刊行会、一九四三年六月。二九頁。

（19）注（17）の目録、二〇頁。

第三章 『舞楽手記』筆者・成立考 その一

付、春日大社蔵『楽所補任』の筆者について

はじめに

舞楽「陵王」の舞譜である『舞楽手記』については、諸本の研究と翻刻をそれぞれ別稿に発表したが[1]、この書の筆者・成立については、これまで詳述してこなかった。なぜなら、近年、中原香苗氏が、本書を興福寺の僧侶 聖《しょう》宣《せん》の著作とし、狛近真《こまのちかざね》の『羅陵王舞譜』をもとに編纂したものとされて[2]、かつて故平出久雄が、これを近真の編纂とし、「陵王荒序ノ古譜ヲ写セルモノ。文中近真ノ自筆譜ヲ写シ少シク「予」（何人カ不詳）加筆シタル由ミユ」としていたのとは[3]、解釈が分かれていたからであり、しかも中原氏は平出説に言及しておらず、この書がいったい何なのかについては、詳細な検証を試みる必要があったからである。本稿でこの問題についての検証を示したい。

一、跋文について

中原氏の説は、「秘伝の相承と楽書の生成（1）――〔羅陵王舞譜〕から『舞楽手記』へ――」（以下、氏の説の引用は、とくに断らない限り、これによる。前掲注2参照）にあり、平出説は本書の一伝本である豊氏本家《ぶんのしほんけ》蔵本の解題目録『豊氏本家蔵書目録』第三輯にあって（前掲注3参照）、詳細は後述するが、いずれも本書巻末にある跋文の内容

から本書の筆者・成立を考察しておられる。つまり、両氏の違いは、跋文の解釈の相違に起因するものと思われる。跋文は巻末に二つ記されており、仮に一つ目を跋文一、二つ目を跋文二とすると、

跋文一

「故判官蒙勅許事」

跋文二

荒序記録自保安三年三月至保延二年二月

という順序で記されており、跋文一と二の間には「故判官蒙勅許事」と題する記事があり、また跋文二のあとには、保安三年から保延二年に至る荒序奏演の記録もある。なお、このうち、「故判官蒙勅許事」は、先行研究では跋文のひとつに数えられており、(4)以前は筆者も、これを跋文二とし、跋文は都合三つとしていたことがある(5)が、後述するように、内容をよく読んでみると、これは跋文とは性質を異にするものであり、かつ本文冒頭に「故判官蒙勅許事」という題がわざわざ付けられている（跋文一・二は無題）から、現在はそれに従うことにした次第である。

そこで、次節からこれらの解釈を試みるが、本稿では、跋文一と「故判官蒙勅許事」を取り上げる。跋文二は次章に述べ、筆者・成立の問題の総括もそちらに譲る。荒序の記録については、別の機会に譲る。

なお、『手記』の本文は、前章での考察に基づき、春日大社蔵本によるが、それに欠く部分は、豊氏本家蔵本と内閣文庫蔵本による。とくに、ここで扱う跋文一と「故判官蒙勅許事」については、春日本では当該箇所の料紙を欠損しており、豊家本と内閣文庫本とを校合して用いる。豊家本と内閣文庫本の異同は第三部収録の翻刻の補注を参照されたい。

二、跋文一について

まず、跋文一を次に引いておく。

故判官近真去正月廿五日早世之後者陵王荒序事披譜晬向《テ》春福幷光葛等授読様了一向沙汰之於本譜《ニ》者成春福分畢《ニ》大事文書等置所以外無四度計之間或火事或盗人旁有其恐之間書出《イタス》　此秘譜《ヲ》写本者故判官自筆也少分《ハ》予書之乱序之中大膝巻以前者不書之人皆知及之故也入破初帖又以不書之於其外秘譜《ニ》者為令不絶当曲《ヲ》以方便《ヲ》書写之《ヲ》聖宣死亡之後者可遣春福之許《ヘ》穴賢々

（訓点は原本のまま）

これを、中原氏は次のように解釈されている。

近真の没後、二人の息（光葛・春福丸）に〈荒序〉の譜の読み様を教えたこと、及び聖宣が『舞楽手記』を記すに至った事情が記されている。

すなわち、春福に伝えるべき重要な文書が火事や盗難にあう恐れを考えて、近真自筆の写本による「秘譜」を書き出した、というのである。その際、「大膝巻」と「入破初帖」は書かず、その他の譜については、「常曲《（マヽ）》」を絶えさせないために書いたのだ、と。

（七二頁上段～下段。（マヽ）は筆者）

つまり、本書は、近真自筆の写本をもとに、聖宣が編纂したものだということである。

一方、平出は前述のように、本書はもともと近真の編纂であり、その写しに文中の「予」が加筆したものが本書であると見ているわけであるが、そのように解してよいか。わかりにくい箇所もあるから、以下逐条に解釈してみる。

なお、中原氏は跋文の筆者も聖宣と考えておられる（根拠は示しておられない）が、その点に異論はない。跋文に姓名は記されていないが、跋文一・二を通して解釈すると、跋文中に見える一人称が聖宣のことと解されるからである。したがって、その点についての詳しい考証は、論の進行上、跋文二について述べる次章で示すことを、ご了承いただきたい。いまは仮に文中の「予」という一人称をもって話を進める。

1、「故判官近真去正月廿五日早世之後者陵王荒序事披譜啐向テ春福幷光葛等授読様了一向沙汰之」（傍線筆者）

訓読すると、「故判官近真、去んぬる正月廿五日早世の後は、陵王荒序の事、譜を披き、春福ならびに光葛等を啐び向けて、読み様を授け了んぬ。一向にこれを沙汰す」となるであろうか。傍線部「啐向」がわかりにくいが、「啐」に「よぶ」の訓[6]があるから、「啐び向けて」と読んで、「呼び向かせる」「呼びかけてこちらへ向かせる」といったほどの意であろうか。

「近真」が「去んぬる正月二十五日」に没した後は、「春福」と「光葛」とに「陵王荒序」の譜の読み方を授けたということである。「去んぬる正月」とあるから、この跋文一の執筆は同年の二月以降のこととなる（もし執筆が翌年以降であったなら、「去んぬる仁治三年正月」というように、年号が入るはずであろう）。

文中の「近真」、「春福」、「光葛」については、中原氏が前掲箇所で、狛近真とその息のことと指摘しておられる。なるほど、「近真」については、『楽所補任』仁治三年（一二四二）条に「狛近真正月廿五日逝去」[7]と見え、この跋文の内容と一致する。また、「春福」「光葛」については、左の狛氏略系図（**系図1**）に示すとおり、近真の子には光継、光葛、真葛、時葛、光氏らがおり、「光葛」は二男、「春福」は注記に「童名春福丸」と見える三男真葛のことと確認される。

系図1　狛氏略系図[8]

＊ゴシックは本項1に登場する人物

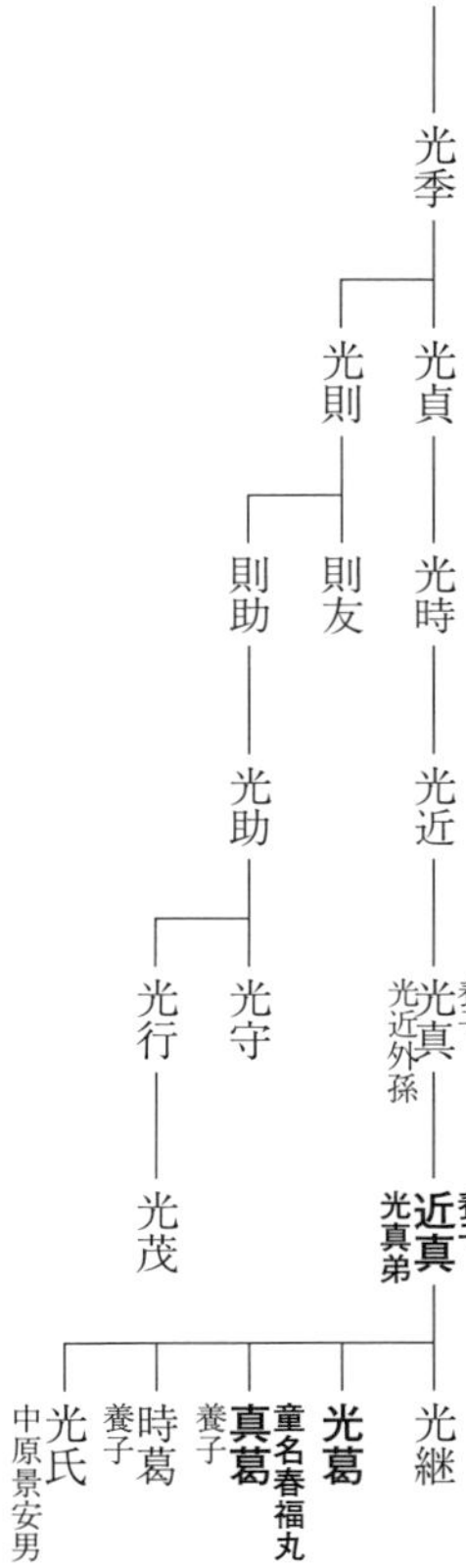

また、文中の「陵王荒序」については、『教訓抄』巻一「羅陵王」条等から知られるように、「陵王」を構成する「乱序」「囀」「嗔序」「荒序」「入破」のうちの「荒序」のことであり[9]、狛氏相伝の秘曲のことである[10]。したがって、ここは中原氏が述べておられるように、近真が没したのちは、その二男光葛と三男春福丸とに、秘曲である「陵王」の「荒序」について、譜の読み方を教えたことを述べたものと解される。

なお、譜の読み様を教えた人物について、中原氏は跋文の筆者といわれる聖宣とみておられる（前述）。たしかに、読み様を教えた人物（つまりこの文の主語）については記されていないから、それはこの跋文の筆者かと解されるが、この部分だけではそれが聖宣だとはわからないから、その点は前述したように次章で確認する。

2、「於本譜《ニ》者成春福分《ニ》畢」

中原論文では当該箇所を「於本ㅣ之、成春福分了」と翻刻されている（七二頁上段）。確かに氏が依拠した内閣文庫本では「本」字と「之」字の間は「ㅣ」と墨線が引かれており、これは親本（ないしは祖本）の当該箇所が欠損していたことを示すものと解されるが、これでは意味がとれない。豊本では当該箇所を「於本譜者、成春福分了」

としており、「本譜に於いては春福の分に成しおわんぬ」とよめる。つまり、「本譜については春福丸の取り分とした」と解され、前文1において、光葛・春福の二人に「陵王荒序」の譜の読み方を教えたとあったことを踏まえると、本書はその春福丸のための譜なのだと理解される。

因みに、「春福の分」とあるから、春福丸以外の人物にも用意されていたものと察せられる。譜の読み様は春福丸と光葛に教えたということであるから、もう一人の分は光葛の分であろうか。

ともあれ、前文1の内容を総合すれば、近真没後は近真二男光葛と三男春福丸に秘曲「荒序」の譜の読み方を教えたということであり、本譜（本書）については、春福丸の取り分としたということになる。つまり、本書は春福丸宛の「陵王」の舞譜だと解される。

3、「大事文書等置所以外無四度計之間或火事或盗人旁有其恐之間書出《イタス》　此秘譜《ヲ》写本者故判官自筆也少分《ハ》予書之」

「無四度計」は変体漢文独自の表記で、「しどけなし」である。「故判官」は前述1に「故判官近真」とあるから、近真のことと解され、「予」は跋文の筆者（聖宣か）である。

原本の訓点に従って読むと、「大事の文書等、置く所もつてのほかしどけなきの間、或いは火事、或いは盗人、かたがたその恐れあるの間、この秘譜を書き出だす。写本は故判官自筆なり。少分は予これを書く」（傍線筆者）となる。問題は傍線部の「この秘譜」と「写本」が何を指すかであろう。

中原氏は、前述したように、この部分を「春福に伝えるべき重要な文書が火事や盗難にあう恐れを考えて、近真自筆の写本による「秘譜」を書き出した」と解釈され、近真自筆の写本をもとに「秘譜」を書き出したと捉えておられる。つまり、「秘譜」は本書のことを指しており、「写本」は本書を編纂するに際して依拠した近真自筆のそれだとしておられる。しかし、「写本」が本書の依拠した本だとは文中に示されていないから、そのように解釈するにはその根拠について説明が必要であろう。

平出説も同様である。平出は、先述したように、本書を「陵王荒序ノ古譜ヲ写セルモノ」だとし、その理由を「文中近真ノ自筆譜ヲ写シ少シク「予」（何人カ不詳）加筆シタル由ミユ」るからであると説明しており、「秘譜」は「陵王荒序の古譜」だとし、「写本」は、本書のことを指すと捉えているようである。ただ、こちらは短い解題であるから、その根拠までは記されていない。

筆者は、まず「秘譜」の前についている「この」という指示代名詞に注目したい。直近のものを指示するときに使用されるものであるから、跋文の筆者や読者から見て「秘譜」はすぐ近くにあるもの、ということになる。そうなると、「秘譜」とは本書自体のことを指すか、あるいは本書に記されている陵王荒序の譜そのものを指すか、のいずれかということになる。

そこで、次に注意したいのは、「この秘譜」が記された動機についてである。「大事の文書等、置く所もつてのほかしどけなきの間、或いは火事、或いは盗人、かたがたその恐れあるの間」がそれである。「間（あいだ）」は、「～ので」の意を表す、変体漢文等で接続助詞的に用いられる語であるから、「大事な文書などを置く場所が、ことのほか頼りなく、火事や盗難の恐れもあるので」というのがその動機だということになるが、もし「この秘譜」が本書を指すならば、前述の第2項に「本譜に於いては春福の分に成しおわんぬ（本書については春福の取り分とした）」とあるところと一致しない。近真の息子に与えるものを書いた動機が、そもそも火事や盗難の恐れからというのはおかしい。

ひるがえって、「この秘譜」を、本書に写されている陵王の舞譜のことと解すると、陵王の舞譜自体は、当初は火事や盗難の恐れからまとめたものだと解することができ、なぜ陵王の舞譜を編纂したのか、というこの譜の由来を語っている条だと理解され、得心がゆく。すると、「写本は」以下は、自ずとその写しである本書のことと解される。前述第2項に本書は春福の取り分だとあり、ほかに光葛の分があることが想定されるから、春福や光葛の分はいずれも写本であったことがわかるが、その点からも「写本」は本書のことを指すと見てよいと結論される。つまり、本書は近真と「予」（聖宣か）が書いたものだというわけである。

本条3をまとめて解釈すれば、「重要な文書等を置く場所が思いのほか頼りなく、火事や盗難の恐れがあったので、この陵王の舞譜を作成したのである。その写本である本書は、故判官近真の自筆によるものである。少量は私も筆を執った」となろう。つまり、本条によれば、陵王の舞譜はもともと文書の散逸を危惧してまとめられたものであり、その写本である本書（『舞楽手記』）の筆者は近真と「予」（跋文筆者、聖宣か）であったことがわかる。

そこで、著者の自筆原本と見られる春日大社蔵本の筆跡を確認すると、次頁の**表1**のようになる。なお、巻末紙背の明治三十年の修補奥書の筆跡は扱わない。

表1に示したように、春日本は、オモテの本文が断簡第一紙九行目から本巻第四紙までと、断簡第一紙八行目まで及び本巻第五紙から第十六紙までとでは筆跡が異なる二名による寄合書きであって（前述）、たしかに跋文のいう状況に符合する（いま前者を筆跡A、後者を筆跡Bとする。三一五～一七頁**写真1～3**も参照）。したがって、跋文を含む第五紙から第十六紙までと断簡第一紙八行目までの筆跡Bが「予」であることは即座に理解され、跋文によれば、「予」とともに本書を書いたのは近真だということであるから、断簡第一紙九行目から本巻第四紙までの筆跡Aが近真であると解される。なお、現状では、紙数は「予」の担当範囲と大差なく、跋文の「少分は予これを書く」とあるのと相違するように見えるが、本文の行数では筆者A（近真）が百行、筆者B（「予」、跋文筆者）が八十九行であり（本書第三部の翻刻も参照）、しかも現状は巻首が欠けており、もとは断簡第一紙の前にも記事があったと推測されるし、「予」が担当したのは「陵王」当曲の「乱序」の一部と「入破」と跋文、「故判官近真蒙勅許事」と荒序記録であり、「陵王」の「乱序」「囀」「嗔序」を担当した近真の方が主体であったといってよく、近真と

表1　春日本の内容と筆跡（概念図）

＊第二紙、第六〜第十三紙の継ぎ目は省略

オモテ

（巻首欠）
（乱序第五段名大膝巻）
（第二段※途中から）　【断簡第一紙】
（第三段）
（第六段号小膝巻）
（第一段※標題なし）　【断簡第二紙】
第二段　【第一紙】
第三段名終手之
囀
第一段
第二段
嗔序　【第三紙】
〔第二段〕　【第四紙】
入破第二帖　【第五紙】
同半帖
入破第二切異説
二帖頭
半帖頭
（**入様**）
入綾手
勅禄手
破第二切半帖異説　【第十四紙】
跋文二（末尾花押）　【第十五紙】

筆者A・B ／ 筆者A ／ 筆者B

紙背

（※断簡第一紙九行目より筆者A）
【裏書】「返蜻蛉手」
【裏書】「一説　北向阿刀胡児…」
【裏書】「口伝云崎（鬢カ）取手者…」
【裏書】「一説　東向天合掌シテ…」
【裏書】〔囀三度舞様〕
【裏書】「入破半帖舞例」　八帖〜一帖
【後人追加か】「（荒序譜）八方八返やう」　八帖〜二帖
【後人追加か】〔荒序譜二四八説〕
②建保四年六月廿七日
①建暦二年四月八日

筆者A ／ 筆者C ／ 筆者B

（**荒序記録**）
（1）保安三年三月卅日
（2）天治元年正月廿九日
〜（中略）〜
（11）保延二年正月廿三日
（12）同　二月九日
【第十六紙】

【裏書】「故判官近真荒序舞事」
【修補奥書】「明治三十年十二月修補之／官幣大社春日神社」（異筆）

「予」が書いたと跋文が述べる状況には齟齬しないと思われる。また、「少分は」というのには謙遜も含まれていよう。いずれにせよ、跋文によれば春日本は近真と「予」（聖宣か）の筆写であると考察される。

4、「乱序之中大膝巻以前者不書之人皆知及之故也入破初帖又以不書之於其外秘譜《ニ》者為令不絶当曲《ヲ》以方便《ヲ》書写之《ヲ》」

訓読すると、「乱序のうち、大膝巻以前はこれを書かず。人皆知り及ぶの故なり。入破の初帖、またもつてこれを書かず。その外の秘譜においては、当曲を絶やさざらしめんがため、方便をもつてこれを書写す」となろうか。

「乱序」は「陵王」の楽章のうちのひとつである（前述）から、ここは譜の内容に関する話題であると察せられる。

中原氏は、前述の論文中において、狛近真編纂の「陵王」の舞譜である『羅陵王舞譜』（宮内庁書陵部所蔵）と本書とを比較されて、「（本書には）「大膝巻」と「入破初帖」は書かず、その他の譜については、「常曲（マヽ）」を絶えさせないために書いた」（前掲）と解釈しておられる。『羅陵王舞譜』については、中原氏が翻刻と解題、研究を発表しておられ(11)、内容は建暦二年（一二一二）八月の近真の奥書を有する「陵王」の舞譜の写本であり、後述するように、近真は同年の四月に「陵王荒序」の相伝を承けていることから、近真がその相伝後、編纂したものと考察しておら

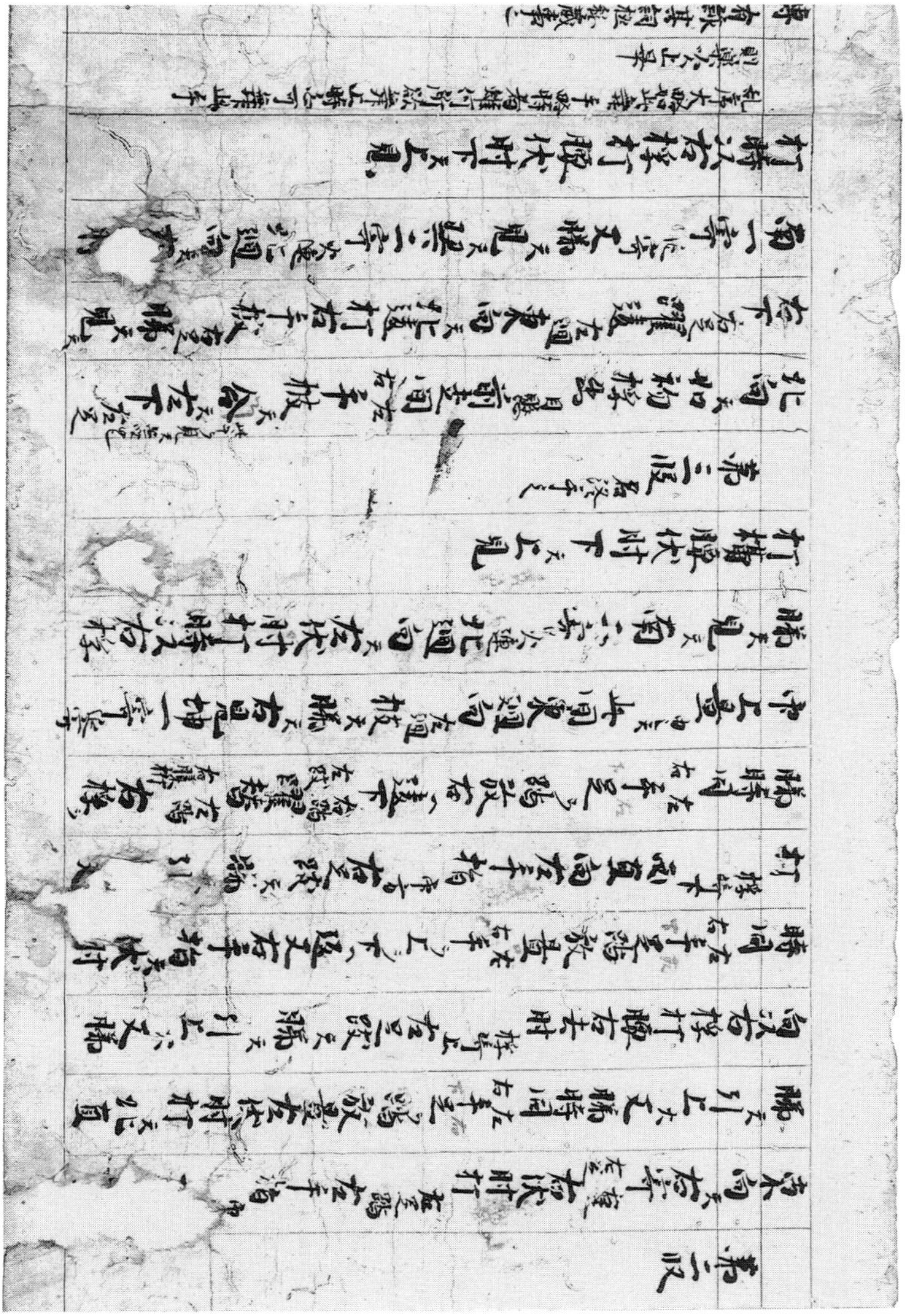

写真1　筆者Aの筆跡（春日本第一紙・第二紙）

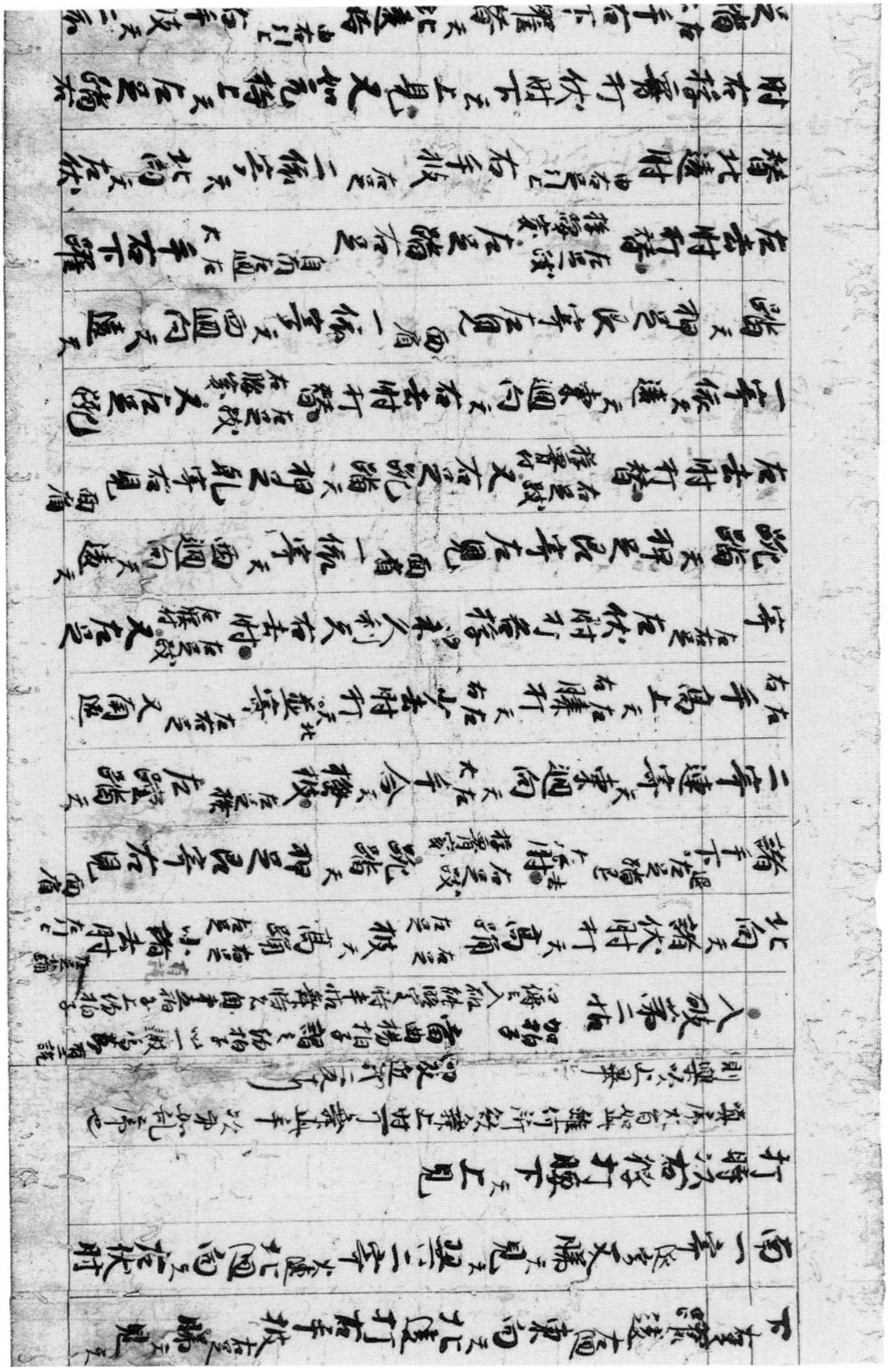

写真２　筆者Ａ（春日本第四紙）及びＢの筆跡（同第五紙）

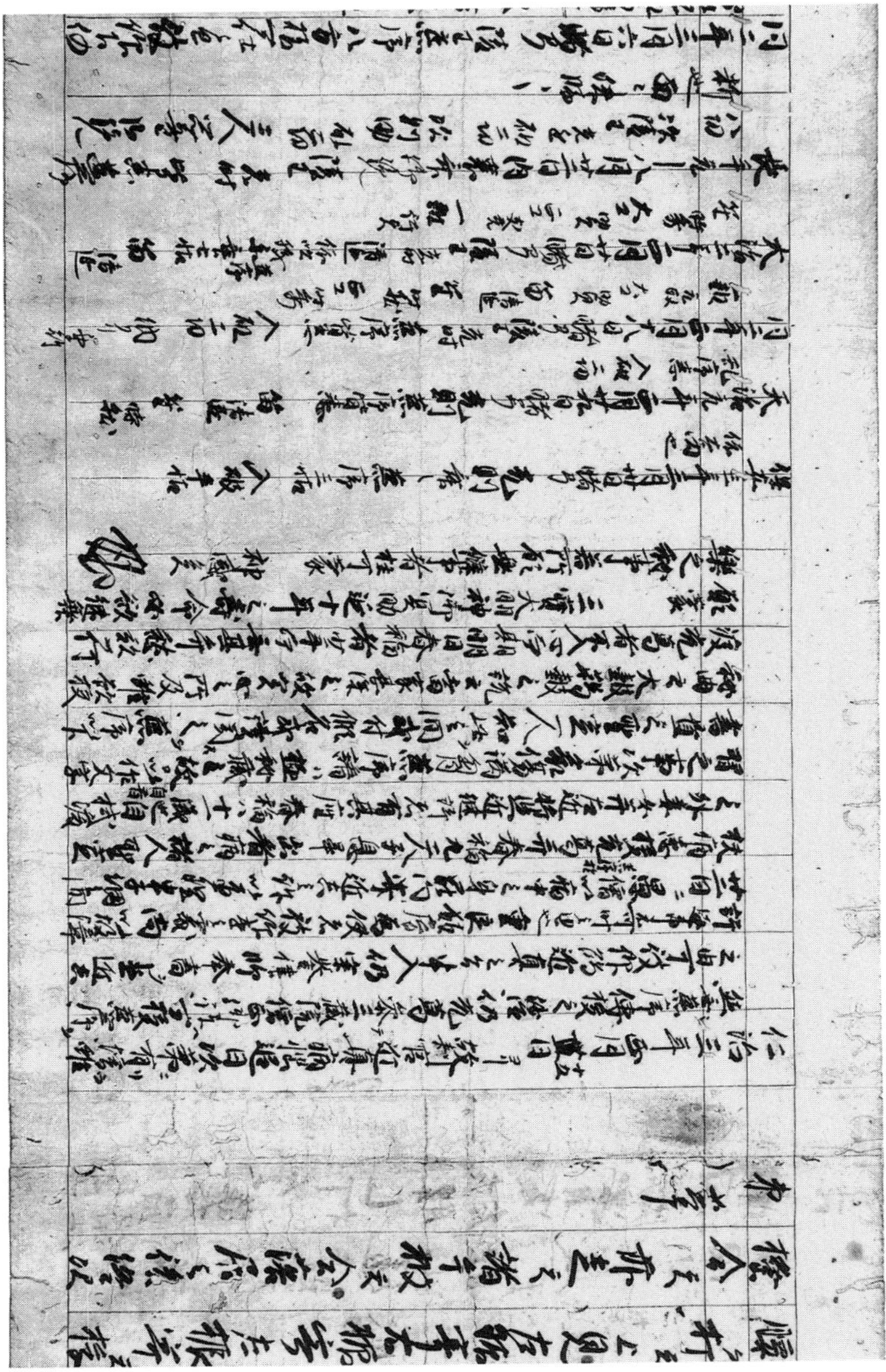

写真3　筆者Bの筆跡（春日本第十三紙・第十四紙・第十五紙。破第二切半帖異説・跋文二・荒序記録）

れる。『教訓抄』等の楽書との比較から、「陵王」の構成を一通り具備し、かつ諸説を集成したものと考えられ、このような「陵王」の舞譜はほかに確認されておらず、その点で貴重である。『手記』は、近真の息春福丸（真葛）に宛てて書かれた「陵王」の舞譜であり、近真と「予」（聖宣か）が書いたものと解されるから、これの内容を吟味するには、この『羅陵王舞譜』が適していよう。そこで、この『舞譜』と本書とを、三二〇頁の**表2**に対照させて、「陵王」の構成を詳しく確認してみる。

表2に示すように、『羅陵王舞譜』によると、「陵王」の構成は、「舞出作法」（舞人が登場する際の所作）に始まり、当曲は「乱序」「囀」「嗔序」「荒序」「入破」からなる。まず、「乱序」は「一帖」からなり、それは「第一段」から「第六段」までの六段からなる。そのうち「第五段」と「第六段」はそれぞれ「第一段」から「第三段」までの三段からなる。次いで「囀」が「第一段」「第二段」の二段からなり、つづく「嗔序」も二段からなる。その次は「祢取《ねとり》」（一般に「音取」とも）で、こちらは笙、篳篥、横笛の曲である。「祢取」が終わると「荒序」になる。「荒序」は「荒序」と「鏡錚」の二種記され、前者には「二四八説狛光則之家説」と「八方八返様同家説」の二説があり、後者には「四方各二返様狛光近之家説」と「八方各一返様同家説」の二説があって、このほかに「略説八切」という略説もある。次いで、「入破」が「第一帖」とその「半帖」、及び「第二帖」とその「半帖」からなり、他に「入破第二切異説」という「入破」の「第二帖」の異説も記されている。最後の「入様」は、退場の際の舞で、当曲ではないが、これには「入綾手」「勅禄手」の二種の手がある。なお、先に引いた『教訓抄』では、「陵王」の当曲の構成を、「乱序」「囀」「嗔序」「荒序」「入破」と伝えていた（前述）が、それとも一致する。

では、これを『舞楽手記』と比較してみると、『手記』は巻首が欠け、冒頭が「第二段」となっており、何の「第二段」なのか、俄かにはわからないが、続く「第三段」の次に、「第六段号小膝巻初段」と見え、『羅陵王舞譜』によればそれは「乱序」の「第六段」であるから、冒頭の「第二段」というのは「乱序」の「第五段大膝巻」の「第二段」であることがわかる。

『手記』において、「乱序」の次に記されるのは「囀」の一・二段と「嗔序」の一・二段であり、ここも『羅陵王舞譜』と一致する。ところが、『手記』はその次に「入破」の「第二帖」を記していて、『羅陵王舞譜』に見える「荒序」と「入破」の「第一帖」が、『手記』には見当たらない。この点については前章で検証し、春日本の紙継ぎの状態と筆跡から、その間の料紙が筆者自身によって断ち落とされたためであると考察された。

論の進行上、その点について繰り返し概要を述べると、問題の箇所は、『手記』の第四紙と第五紙の継ぎ目にある（二六三頁写真参照）。「嗔序」の「第二段」は第四紙、「入破」の「第二段」は第五紙に記されており、既述のように、第四紙までが近真、第五紙以降は「予」の筆写であるが、第四・第五紙の継ぎ目に注目すると、第五紙冒頭行の「入破」の「入」字の右隣の行に文字が見えるのだが、料紙が切れていて判読できない。つまり、現在の第五紙前半にはかつて別の記事があったがそれは断ち落とされたと理解される。しかし、「四反近代二反ナリ」の「四反近代」の文字は継ぎ目の上にまたがって書かれているから、こちらは第五紙の前半が断ち落とされ、第四紙と継いだのちに書かれたものだとわかる。この「四反近代二反ナリ」は、筆跡に照らして第五紙以降の筆者「予」と同筆と判断されるから、第五紙の前半を断ち落とし、第四紙と継いだのは、「予」だということになる。つまり、この断ち落としは筆者「予」によって意図的に行われたものと推察される。要するに、筆者「予」が、いずれかの時期に、何らかの意図で、「嗔序」の「第二段」と「入破」の「第二段」との間にあった料紙を断ち落としたものと解釈される。したがって、これによれば断ち落とされたのは、「嗔序」の「第二段」と「入破」の「第二段」の間に入るべき「荒序」と「入破」の「一帖」であった可能性があると解される。ただし、「入破」の「一帖」については、後述するとおり、本条4にもとより書かなかった旨が記されているから、断ち落とされたのは畢竟「荒序」だけであったかと推察される。

表2　陵王舞譜対照表

書陵部蔵『羅陵王舞譜』

(目録)
舞出作法…
乱序一帖
第一段…
第二段掻日手…
第三段返桴手…
第四段返蜻蛉手…
第五段名大膝巻…
（第一段※標題なし）…
第二段…
第三帖（※「帖」字「段」の誤りか）…
第六段号小膝巻…
（第一段※標題なし）…
第二段…
第〔三〕段名終手之…
囀
第一段…囀詞…囀詞…
第二段…囀詞…囀詞…
嗔序
第一段…
第二段…
次伶人於楽屋祢取 有二説…
荒序二四八説 狛光則之家説
第一帖…
〜
第八帖…
一説八方八返様　同家説
…序記録

春日大社蔵『舞楽手記』

（**巻首欠。乱序**第五段大膝巻）
第二段（※途中より）　**【断簡第一紙】**
第三段
第六段号小膝巻
（第一段※標題なし）　**【断簡第二紙】**
〜〜〜〜
第二段名終手之　**【第一紙】**
第三段
囀
第一段…囀詞…囀詞…
第二段…囀詞…囀詞…
嗔序　**【第三紙】**
〜〜〜〜
【この間断ち落とし・内閣文庫本等より補う】
第一段…
〜〜〜〜
第二段…　**【第四紙】**
〜〜〜〜

筆者A・B
（※第一紙９行目からA）
筆者A

＊〜〜は料紙断ち落とし跡、…は省略の意。括弧内は筆者注。

第一帖…
〜
第八帖…
⿰金荒⿰金序 **四方各二返様　狛光近之家説**
第一帖…
〜
第八帖…
一説 **八方各一返様　同家説**
第一帖…
〜
第八帖…
略説 **八切　向四方各二拍子　八条中納言家顕長授進様…**
入破
第一帖…
半帖…
第二帖…
半帖…
入破第二切異説（**▼紙背裏書に「破第二切半帖異説」あり**）
二帖頭…
半帖頭…
入様…
入綾手 大鼓前舞之…
勅禄手 向御前舞之…
龍笛荒序曲 一帖〜八帖（※笙・篳篥譜を伴う笛譜）
奥書「建暦二年八月十日…
正六位上行左近衛将監狛宿祢 在判」

この間紙背裏

入破第二帖…
半帖…
入破第二切異説
二帖頭…
半帖頭…
入様…
入綾手 大鼓前舞之…
勅禄手 向御前舞之…
【第五紙】

破第二切半帖異説
【第十四紙】

【この間断ち落とし・内閣文庫本等より補う】
跋文一「故判官近真去正月廿五日…」
「故判官蒙勅許事」

跋文二「仁治三年正月十五日ヨリ…」（※末尾…真筆花押）
【第十五紙】
（荒序記録※省略）
【第十六紙】

筆者B

では、『羅陵王舞譜』と『手記』の比較に話を戻したい。『手記』の「入破」の「第二帖」、「入綾手」「勅禄手」は『羅陵王舞譜』と同じであるが、『手記』はその次に「破第二切半帖異説」を記しており、こちらは『羅陵王舞譜』において「入破」「第二帖」の「半帖」の紙背裏書に記されるものと一致する（前掲表2中に▼を付した）。記されている場所が『羅陵王舞譜』と『手記』とでは異なるわけであるが、これは「入破」の「第二切半帖」の「異説」で、本説ではないから、それが裏書として記されようと、本文中に記されようと、そのこと自体は大きな違いではないといえる。

以上のように、『手記』と『羅陵王舞譜』における舞譜の違いをまとめると、『手記』は「乱序」の「第五段大膝巻」の「第二段」以前を料紙の破損で失っていることがわかる。「入破」の「第一段」が見えないのは、もとから書かなかったからであり、また「荒序」が見えないのは、『手記』原本（春日本）の紙継ぎと筆跡の状況から、「荒序」に相当する部分の料紙が、第五紙以降の筆者「予」が断ち落としたことによるものと推察される。

このことを踏まえ、本条4を解釈してみるとどうか。「乱序のうち大膝巻以前はこれを書かず」とあるから、それは「乱序」の「第五段大膝巻」以前は書かなかったということであり、言い換えれば、この譜は「乱序」の「第五段」から始まるものだといえる。「入皆知り及ぶの故なり」とあるから、周知されていたことを理由に書かなかったと知られる。『手記』の巻首は料紙が欠けており、「乱序」「第五段大膝巻」の「第二段」の途中から始まるわけであるが、欠けたのはその「第一段」と「第二段」の前半であったことがわかる。

また、「入破の初帖、またもつてこれを書かず」とあるが、「初帖」は「第一帖」のことであろうから、「入破」の「第一帖」はもともと書かなかったことがわかる。既述のように、現状では「入破」の「第一帖」は見えないわけであるが、当初からこの「入破」の「第一帖」は書かれなかったわけである。筆者は、紙継ぎと筆跡の状況から、「荒序」と「入破」の「一帖」に相当する部分の料紙が断ち落とされた可能性を指摘したが、「入破」の「一帖」は、はじめから書かれていなかったということであるから、落とされた可能性があるのは「荒序」だということになる。

では、その次はどうか。「その外の秘譜においては、当曲を絶やさざらしめんがため、方便をもつてこれを書写す」と読めるが、中原氏は「当曲」部分を「常曲」と翻字しておられる（中原氏論文七二頁上段）。確かに、氏が依拠した内閣文庫本ではそのようにも見えるが、豊家本では「當曲（当曲）」となっている。「常」は「當（当）」の誤写であろう。「当曲」は、一般に「舞楽の演目を構成する楽曲のうち、舞人が舞座に着くまでと降台し楽屋に入るまでとを除いた、中心となる部分で奏される曲」（『雅楽事典』）といわれているもので、「陵王」では先述の「乱序」から「入破」までがそれにあたる。つまり、「それ以外の秘譜は、当曲（「乱序」から「入破」まで）を絶やさないために書写したのである」と解される。

こうして解釈してみると、本書は陵王の舞譜の中から必要な部分を抜き出して成った舞譜であったことがわかる。中原論文では、『手記』の筆者・成立の問題のほかに、『手記』と『羅陵王舞譜』の譜が同文関係にあることを比較・検証され、『手記』のもとになった舞譜は『羅陵王舞譜』であろうと考察しておられるが、同文関係にあるのはその通りであり、そのことは『羅陵王舞譜』が近真の荒序の相伝を機に、建暦二年（一二一二）八月に編纂されたものであること（前述）と、『手記』が近真の三男春福丸宛ての「陵王」の舞譜であるという、両書の性格からも、そのように考えるのが妥当であると思われる。

ところで、『手記』において、「乱序」の「第五段」以前と、「入破」の「第一帖」とが見えないについてはその理由が判明したが、「荒序」が見えないことについては、この4の条に記されていない。当曲を絶やさないために書写したというのなら、当曲に含まれる「荒序」は当然あってよいはずであるが、初めから書かなかったのなら、その理由について触れていてもよいはずである。そもそも「荒序」は狛氏相伝の秘曲であり、冒頭1の条に、光葛・春福丸に荒序譜の読み方を教えたとあったのだから、その点でも春福丸宛の本書にはあってよいはずである。

しかし、「荒序」部分は既述のように、筆者「予」によって断ち落とされた部分にあたるから、「荒序」は何らかの理由であとから削られた可能性がある。だから、ここに「荒序」がない理由を記していなくとも、この跋文一を記したのちに削られたのならおかしくはない。中原氏は、前掲論文において、

> ここで注意すべきは、秘曲《陵王》のうちでもっとも重要な〈荒序〉が『舞楽手記』には記されていないにも関わらず、そのことについて言及がないことである。（七二頁下段）

として、「『舞楽手記』に〈荒序〉が見えない理由に関しては、不明といわざるを得ない」（七三頁上段）と述べておられるが、筆者はその理由を跋文二から読み取ることができるように思う。それは跋文二について検討する次章に述べることにして、いまは跋文一を最後まで読んでおく。

5、「聖宣死亡之後者可遣春福之許《へ》穴賢々」

跋文一最後の一文である。読み下すと、「聖宣死亡の後は、春福の許へ遣はすべし。あなかしこ、あなかしこ」と読めるが、中原氏は「死亡」部分を「抜已」と翻字しておられる（同氏論文七二頁上段）。氏が依拠する内閣文庫本ではそのように見えなくもないが、それでは文意が通らない。豊本には「死亡」とあって、「死」と「抜」、「亡」と「已」の草体は似ているから、内閣文庫本の誤写であろう。

つまり、ここは「聖宣が死亡したのちは、（本書）を春福丸の許へ遣わせ。必ず、必ず遣わせ。」などと訳される。前項2によって、本書は春福丸に宛てて用意されたものと確認されたが、この一文によって、本書は完成後（跋文の執筆後）すぐに春福丸へ渡されたものではなく、「聖宣」が没したのちに「遣わす」よう、言い置かれたものであったと解される。ちなみに、中原氏は本書を聖宣から春福丸への伝授譜であるとしておられるが、伝授譜であるならば、なぜ伝授者の死を待って渡さなければならないのであろうか。普通、譜の伝授とは、生きているうちに行

なうから伝授なのではないのか。結論を少し先に言えば、筆者は伝授譜ではないと考えている。それは跋文二の解釈で明らかになるが、伝授譜でないからこそ、聖宣の没後に遣わすことになっているのである。詳細は次章を参照されたい。

さて、ここに「聖宣」なる人物が登場する。再三述べるように、中原氏は、本書の跋文の筆者を「聖宣」と見ておられるが、ここまでは「聖宣」が跋文の筆者であるとわかる証跡は認められなかったから、その点については触れてこなかった。ここで「聖宣」が死ぬことを「死亡」と言い、そこに敬意がないことからすると、跋文の筆者が聖宣である可能性はあると見てよい。ただ、この聖宣については、先述したように、跋文二にも登場するから、詳しくは次章で述べることとし、ここはその可能性があることを指摘するに留める。

ともあれ、跋文一は、本書が、近真と「予」(聖宣か)が、必要な部分を抜き書きした陵王の舞譜であることを記し、かつ聖宣が他界したのちに春福丸に遣わすようにと書き置いたものであるといえる。

三、「故判官蒙勅許事」について

では、さらに読み進めて、次に跋文一と二の間に記される「故判官蒙勅許事」と題する記事を見てみる。

故判官蒙 勅許事

承元三年十二月廿日逢于光則第三代之息狛光行二習荒序畢乱序嗔序囀大膝巻小膝巻等之説不残一手習了翌年春就故師大納言家（定輔）経　奏聞曰　陵王荒序者当家重代之秘曲也爰光近之家嫡光真不習終荒序之間一道之秘蹟忽断絶仍近真就狛光行習荒序畢兼又以先祖伝来之譜秘可写舞光近之荒序之由懇望之早預明時之恩許欲継祖父之秘芸云々此事叶　叡慮遂建暦二年（壬申）四月八日忝蒙勅許之後光則光近二家之荒序留于近真一人之微身畢彼奏聞之状者

愚僧草案清書畢

承久二年水無瀬殿舞御覧之日者依　院宣舞光近説畢之由秘譜之裏近真説記之

（読み下し）

故判官、勅許を蒙る事

承元三年十二月二十日、光則第三代の息、狛光行に逢ひて、荒序を習ひ畢んぬ。乱序、嗔序、囀、大膝巻、小膝巻等の説、一手も残さず習ひ了んぬ。翌年の春、故師の大納言家定輔に就きて、奏聞を経て曰く、「陵王荒序は当家重代の秘曲なり。爰に光近の家嫡光真、終に荒序を習はざるの間、一道の秘蹟、忽ちに断絶す。よつて、近真、狛光行に就きて荒序を習ひ畢んぬ。兼ねてまた、先祖伝来の譜をもつて、秘かに光近の荒序を写し舞ふべきの由、これを懇望す。早く明時の恩ばかりを預かり、祖父の秘芸を継がんと欲す」と云々。この事、叡慮に叶ひ、遂に建暦二年壬申四月八日、忝く勅許を蒙るの後、光則・光近二家の荒序を近真一人の微身に留め畢んぬ。彼の奏聞の状は、愚僧が草案し、清書し畢んぬ。

承久二年水無瀬殿舞御覧の日は、院宣によつて光近の説を舞ひ畢んぬの由、秘譜の裏に近真これを説き記す。

以下要約すると、故判官は承元三年（一二〇九）十二月二十日に、光則から三代のちの息、狛光行に逢い、「荒序」を習った。また、光近の家嫡光真はついに荒序を習わなかったので、断絶の危機に陥った。そこで、近真は建暦二年（一二一二）四月八日に勅許をえて、光近の「荒序」も相伝して、「光則・光近二家の荒序」を相承することとなった。なお、奏聞の文は愚僧が起草した。そして、近真は承久二年（一二二〇）水無瀬殿の舞御覧に、光近流の「荒序」を舞い、その旨を「秘譜」の紙背に記した、という。なお、「故判官」は、すでに跋文一の1の条に「故判官近真」とあるように近真のことであろう。

「陵王」の「荒序」の継承に関する話題である。文中、「光則・光近二家の荒序」とあるので、「荒序」は二流あったことがわかる。前掲**系図1**（三〇九頁）の狛氏略系図によると、「光則」は光季の二男、「光近」は光季の一男光貞の孫である。つまり、もとをただせば、どちらも光季から出た家の者であり、光季以後、「荒序」は光貞―光時―光近―という流れと、光則―則助―光助―光行―という流れとに分かれたものと推察される。前掲**表2**に掲出した書陵部蔵の『羅陵王舞譜』にも、「荒序」は、

荒序二四八説　狛光則之家説
一説八方八返様　同家之説
鏕鉾四方各二返様　狛光近之家説
一説八方各一返様　同家之説

の四種記されており、「荒序」には「光則之家説」と「光近之家説」の二流があり、各流二説、都合四説あったことがわかる。それを、近真は一身に承けたわけである。

ここで、先に見てきた跋文一の内容と考え合わせてみると、跋文一では、近真・聖宣が真葛のための「陵王」の舞譜を、要を撰んで書いた旨を記しており、それに続くこの「故判官蒙勅許事」では、二流に分かれていた「荒序」を、近真がいかにして継承したかについて記しているから、本条は本書の「陵王」の舞譜が、どのような経緯を辿り、継承されてきたものであるかを記すものだといえる。その意味で、本書の理解のためには、欠かせないものであると同時に、「荒序」継承の歴史を伝える史料として貴重であると考えられる。

ところで、右の文中「彼の奏聞の状は、愚僧が草案し、清書し畢んぬ」の一文に「愚僧」とあるので、これはこの記事の筆者のことと知られる。つまり、筆者は僧形であり、その意味ではこの筆者を中原氏が指摘されるように跋文一と同じ興福寺の僧侶聖宣と見ても齟齬しない（繰り返すように、その点は次章で確認する）。

また、右の記事の最後に、近真が承久二年（一二二〇）水無瀬殿での舞御覧で、光近家の説を舞った由を「秘譜

の裏」に記したとある点については、中原氏が、前述の『羅陵王舞譜』の解題の中で述べておられる。それによれば、『羅陵王舞譜』の紙背に、

承久二年九月十九日水無瀬殿ニテ一院舞御覧荒序

陵王近真如本体舞之依院宣光近之説ヲ仕了（後略）

という、承久二年水無瀬殿で近真が光近の説を舞った記事があり、「秘譜の裏」とは『羅陵王舞譜』の紙背であろうと考察しておられる。なるほど、内容は、「故判官蒙勅許事」のそれと一致し、またこれが紙背に記されているという点も一致する。ただし、書陵部の『羅陵王舞譜』は、氏が認めるように転写本であり、自筆原本ではないから、同書は「秘譜」そのものではない。同書の親本（ないしは祖本）だということになろう。中原氏は、「故判官蒙勅許事」に記されている「秘譜」が『羅陵王舞譜』を指すこと、また『舞楽手記』の陵王の舞譜と『羅陵王舞譜』の舞譜とを比較検討され、両者が同文関係にあることを指摘されて、『手記』収録の舞譜は『羅陵王舞譜』によったものと考察しておられるが、『羅陵王舞譜』の原本が、「陵王」の相伝を機に近真によって書かれたものであり、『手記』が近真と「予」（聖宣か）によって、「陵王」の舞譜から要を抜書した、春福丸宛ての舞譜であるという、両書の関係性からも、それは妥当だといえるであろう。

四、本稿のまとめ　付、春日大社蔵『楽所補任』の筆者について

『舞楽手記』は、狛近真自筆の舞譜を写し、「予」が加筆したもの（平出説）とも、近真自筆舞譜をもとに聖宣が編纂したもの（中原氏説）とも言われてきたが、跋文一を解釈すると、『手記』は、近真と「予」（聖宣か）の二人が、「陵王」の舞譜から要を採って書き写したものであり、聖宣の死後春福丸に遣わすよう、書き置かれたものであっ

たと考察される。

しかし、課題をいくつか残した。中原氏は本書を、聖宣から春福丸への伝授譜だと解しておられた（前述）が、前述の跋文一の5の条に述べたように、聖宣の死後春福丸に遣わすよう書き置かれたものが、「伝授譜」だといえるであろうか。この部分、中原氏は誤写のある内閣文庫本に依拠しておられるから、それでは文意不通の箇所があり、筆者のように解釈できなかったであろうことはすでに示したとおりであるが、この点は『手記』全体の性格に関わり、かつ「陵王」の相伝にも係る問題であるから、次章であらためて考察したい。

また、現状の『手記』には「荒序」の譜が見えないという問題もある。筆者は、原本の紙継ぎの状態から、「荒序」に相当する箇所の料紙が断ち落とされた可能性を指摘した。この点も、次章でさらに追究したい。

なお、本稿は中原氏への反論を述べるかたちとなったが、そもそも中原氏は、平出久雄の先行研究に触れていない。また、中原氏は跋文一の本文を内閣文庫本に拠っておられる。そもそも跋文一は、原本と見られる春日大社本で欠損しているから、他の伝本で補う必要があるわけであるが、中原氏は欠字や誤写の多い内閣文庫本を使われた。そのため、跋文の解釈に一部文意不通の箇所を生じ、そのことが結果的に筆者と解釈を異にすることになったと思われる。

最後に、本書『舞楽手記』とともに春日大社に所蔵する『楽所補任』（「楽人補任」「楽人補任記」とも）について、本書との共通点が見出されたので触れておく。

『楽所補任』は周知のように、天永元年（一一一〇）から弘長二年（一二六二）に至る、約百五十年間の、大内楽所の地下楽人の職員録であり、『群書類従』に収録される、歴史研究上重要な史料であるが、この書については福島和夫氏が、諸本を検討され、春日本が現存諸本の祖本であり、原本と指摘しておられたものである(12)。

その春日本について、筆跡を見てみると、次頁の**表3**に示すように、三人による寄合書きであり、上巻の筆者を

表3　春日大社蔵『楽所補任』の筆跡

上巻

（天仁元年　春日本欠。芝直葛本による）
（同　二年　春日本欠。芝直葛本による）
天永元年（春日本前四行欠。年次は芝直葛本による推定）
～
（中略）
～
保元元年
同　二年（春日本六行目以降欠。七行目から新出断簡による）
同　三年（春日本欠。新出断簡による）
（書写奥書）「嘉禎二年申正月　日書写之」
「五十二年之間補任〈料紙三十五枚〉」

←筆者甲→

下巻

平治元年（春日本巻首欠。記事は途中より。年次は芝直葛本より推定）
永暦元年
～
（中略）
～
延応元年
同　二年仁治元年
仁治二年

←筆者甲→

同　三年
寛元元年
同　二年

←筆者乙→

同　三年　注記「有久書継之」
～
（中略）
～
弘長元年
（同　二年　春日本欠。窪家模写本により補う）

←筆者丙→

注　この表を作成するにあたり、底本には春日大社蔵本を用いた。ただし、同本には料紙の脱落、破損等があるので、その欠は、芝直葛本（上野学園大学日本音楽史研究所蔵稲葉与八氏旧蔵楽書類）、新出断簡（明治の修補時に脱落したものと思われるもの。近年、民間より春日社へ寄託）、窪家模写本（上野学園大学日本音楽史研究所蔵窪家旧蔵楽書類、二巻二軸、江戸前期、窪光逸模写。春日本の江戸前期の模写本）によって補った。

甲とすると、下巻は冒頭から仁治二年（一二四一）までが上巻と同じ甲であり、同三年から寛元二年（一二四四）までが乙、同三年以降が丙となる。

さて、このうち、上巻については、巻末に筆者甲の筆跡で書写奥書が記されているから、筆者甲が写したものと認められるが、下巻については、すべてがそうだとは言えないようである。福島氏は、「狛近真の臨終と順良房聖宣」の中で、下巻の筆跡と成立について、次のように考察される。

『楽人補任』について言えば、下巻の仁治三年の記載の変化に注目したい。前年までに比し、著しく簡略となり、近真（逝去）の他三名を記すに止まる。次の寛元元年にいたっては、年記のみで二行の空欄があり一字も記されていない。同二年は多久忠の記載の他には狛実葛のみであって、しかも実葛の元服に関する六行にわたるものである。「氏之面目也」と記すなど、記述態度も他の年のそれとは著しく異なっている。更にその紙背にも常楽会の際の春福丸荒序の舞の記事が記されている。

次の年、同三年の年記の下には「有久書継之」とあり、記載者が代わったことが明記されている。新記載者の有久は狛氏辻家の庶流で笛吹き、この時三十二歳である。（中略）

以上のことから、仁治三年より寛元二年までの三年分（うち一年空白）は、それ以前と別の人物によって記載が行われていること、更に寛元三年より新たに狛有久によって書き継ぎが行われていることがわかるのである。

これを近真臨終により真葛元服までの諸事情とその経過を重ね合わせてみると、次のようなことが考えられる。

即ち、仁治三年正月に近真の許より聖宣がこれを預り保管、同年および寛元二年の分は聖宣の記載になるものである。寛元二年真葛元服の後、聖宣の手より真葛に他の遺書と共に授け渡されたが、真葛年少のため、同三年以降の記載は有久が担当書き継ぐこととなったものであろう[13]。

氏は、下巻の仁治三年条以降の記述がそれまでと大きく変化していること、寛元二年条に真葛（春福丸）元服に関する記述があり、元服のことを「氏之面目」と言っていることなどに着目され、仁治三年に近真が没していること、近真没後は聖宣が真葛の後見となったことなどの事情から、仁治三年条からは筆者が聖宣に代わり、「有久書継之」と注記された寛元三年以降は狛有久に代わったと推察しておられる（ただし、仁治二年条以前の筆者については言及されていない）。つまり、**表3**に示した筆者乙が聖宣、筆者丙が有久であるということになるが、たしかに氏が指摘されるように、本文を注意深く観察してみると、筆者が交代する仁治三年以降は、各記事の記載事項や界線の引き様等に大きな変化が見られる。

まず、記事の記載事項についてみてみると、仁治二年条までは年によって多少の増減はあるものの、毎年十名前後の名が記載されている（将軍家に注進された貞永元年条を除く）。ところが、仁治三年は四名に減じ、寛元元年条は年紀があるのみで記事がなく、翌二年は多久忠と狛実葛の二名となり、「有久書継之」（有久これを書き継ぐ）と書かれた同三年は二名、翌同四年は四名と、記載の分量が極端に少なくなっていることは一瞥して認められる。

また、界線の引き様についても、筆者甲が書いた上巻のすべてと下巻の仁治二年までは、縦界のほかに、天地を十三に分かつ横界が引かれているが、筆者乙が担当した寛元二年以降の料紙は横界が引かれておらず、書式にも変化が見られる（筆者丙の部分も同じ）。

こうしてみてみると、春日本は、筆者が代わるごとに、記載事項が大きく変わり、界線の引き方にも変化が見られることがわかる。もし、『楽所補任』の上下巻のすべてを、この三者で分担して書写したのなら、書写者が変わるごとに、記載事項や界線の引き様が変わるのは不自然である。むしろ、三者によって書き継がれたからこそ、記述方式や書式にも変化が生じたと考えるべきで、筆者甲から乙に代わったのは、書写を交代したのではなくて、書き継いだと解すべきである。つまり、やはり春日本の下巻は原本と見てよいであろう。

そこで、この春日本の甲と乙の筆跡を、春日本『手記』の近真と「予」（聖宣か）の筆跡と対照させてみると、次頁の**表4**のようになって、『補任』の筆者甲は近真、乙は「予」（聖宣か）と同筆と認められよう。

すなわち、『手記』の近真と『補任』の筆者甲の比較は、共通する「右」「左」「同」「時」の文字をそれぞれ三例抽出、対照させたものであるが、いずれも同筆と認められる。とくに、「右」「左」字の横棒の入り方、留め方に特徴があり、同人のものと捉えられる。

また、『手記』の「予」（聖宣か）と『補任』の筆者乙の比較については、共通する文字が複数ないものが多いから、「近真」「神」「実」「被仰」「所」「年」「有」「名」の八字句を抽出、対照させてみたが、こちらも同筆と見られる。とくに「近」字の、「斤」部分の最初のはらいが長いことや、「名」字の二画目のはらいが長いことなど、特徴が一致しているといえる。

つまり、『手記』の近真・「予」（聖宣か）の筆跡から、『補任』の上巻を書写し、下巻の巻首から仁治二年条までを書いたのは近真ではなかったかと推察される。そして、翌仁治三年から書き継いだのは「予」（聖宣か）であったと思われ、その点は福島氏が当時の状況から筆者乙を聖宣と考察されていた点と符合する。なお、聖宣が書き継いだのは、福島氏が指摘しておられるように、仁治三年正月に近真が没し、近真没後は聖宣がその蔵書を預かっていたからであろう（前述）。福島氏は、聖宣が預かった近真の蔵書には『補任』が含まれていたであろう、と推測しておられるが、『手記』との筆跡比較によって、その点も裏付けられたように思う。なお、筆者丙の筆跡については、共通するものをいまだ探しえないが、「有久書継之」との注記があるから、狛氏の諸系図に見える狛有久のものと見てよいであろう。

では、なぜ近真が『補任』を書写し、書き継いでいったのかは気になるところである。『手記』『補任』とともに

表4　春日大社所蔵の『舞楽手記』と『楽所補任』の筆跡対照表

筆者	近　真	「予」（聖宣か）
『舞楽手記』	「右」「左」  「同」「時」 	「近真」「近真」「神」「実」  「被仰」「所」「年」「年」  「有」「有」「名」 
筆者	甲	乙
『楽所補任』	「右」「左」  「同」「時」 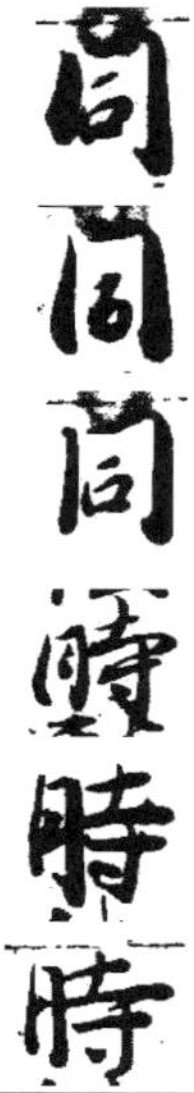	「近真」「神」「実」  「被仰」「所」「年」「年」  「有」「有」「名」「名」 

春日社に伝わる楽書に、『舞楽古記』という、近真が狛氏の「荒序」の記録を書き継いだ部類記の写しがある（本書第二部第一章[14]）が、『補任』がこれと共に伝わったことを考え合わせると、『補任』も、嫡家が代々備忘のためにつけていた記録を、近真が書写して書き継いだものだったのではないかと推測できる。つまり、『補任』は公的な記録ではなく、狛氏周辺の者によって代々書き継がれた私的な性格を有する史料なのではないか。記主ごとに記事に精粗の差があり、記述態度が異なるという特徴は、それが私的に記録されたもので、記主の個人的な興味、関心による部分もあったことを思わせるものである。

以上、筆跡のことに関連して、『補任』の史料的性格にも少し言及することとなったが、『手記』の筆者が近真と「予」（聖宣か）であると考察されることから、これと同筆と見られる『補任』の筆者甲・乙が、近真・「予」（聖宣か）である可能性は高いと思われる。ここに、このことを付記して、今後近真のものと断定できる真蹟の出現を俟ちたい。

注

（1）諸本の研究は、はじめ拙稿「春日大社蔵『舞楽手記』検証――『舞楽手記』諸本考――」（『日本漢文学研究』第五号、二松学舎大学漢文教育研究プログラム、二〇一〇年三月）に書いたが、本書第二部第二章に「『舞楽手記』諸本考」と改題、内容にも改訂を加えて収録。翻刻は、岸川佳恵・神田「春日大社蔵『舞楽手記』翻刻　付解題」、初出掲載誌は同上。本書第三部に収録。ただし、解題には訂正すべき部分があるので、いまは、本書第二部第二章と本稿（第三章）及び第四章とを参照されたい。

（2）「秘伝の相承と楽書の生成（1）――〔羅陵王舞譜〕から『舞楽手記』へ――」、「詞林」四十四号、大阪大学古代中世文学研究会、二〇〇八年十月。

（3）「豊氏本家蔵書目録」第三輯楽譜目録（『楽道撰書』第七巻、同刊行会、一九四三年十二月）収録の「荒序舞譜」解題による。解題の全文は以下のとおり。

33、荒序舞譜　狛近真著　一冊
美濃判6.5×9.3　陵王荒序ノ古譜ヲ写セルモノ。文中近真ノ自筆譜ヲ写シ少シク「予」（何人カ不詳）加筆シタル由ミユ。奥書ナシ。多氏本家、楽譜中一二七号荒序舞譜ト大略同ジナルモ多氏本ニ存シ豊氏本ニ欠クル点アリ、今後ノ研究ヲ要ス。

（4）『中世の音楽資料――鎌倉時代を中心に――解題目録』（上野学園日本音楽資料室第十回特別展観）福島和夫編、上野学園日本音楽資料室、一九八六年十月、所収「春日楽書三本対照表」、及び櫻井利佳「春日大社蔵〈楽記〉について 付、紙背〔打物譜〕翻刻」、『雅楽・声明資料集』第二輯、二松学舎大学二十一世紀ＣＯＥプログラム中世日本漢文班編、同プログラム事務局、二〇〇七年三月、所収「春日楽書三本対照表」。

（5）注（1）の論文及び解題。論文の当該箇所は本書収録にあたって改訂。

（6）『大字典』上田万年ほか編、講談社、一九一七年初版、一九六五年九月普及版、三八七頁、及び『大漢和辞典』諸橋轍次著、大修館書店、一九五六年五月初版、一九八四年六月修訂版、第二巻一〇六一頁による。典拠が示されていないが、いまはこれに従っておく。

（7）春日大社蔵本の紙焼き写真による。

（8）宮内庁書陵部蔵伏見宮本『楽家系図』（『図書寮叢刊』伏見宮旧蔵楽書集成三、明治書院、一九九八年三月）、天理大学天理図書館蔵三条西実隆筆本『楽所系図』（天理図書館善本叢書、七十二巻の二、『古道集』二、八木書店、一九八六年三月）、宮内庁書陵部蔵壬生家本『楽所系図』（紙焼き写真による）の三本と『體源鈔』十三所収の「狛氏系図」による。

（9）『教訓抄』巻第一「羅陵王」によると、陵王の構成は、

乱序一帖　囀二度　嗔序一帖　荒序八帖　入破二帖拍子各十六

と記されている。本文は宮内庁書陵部蔵室町写本（十巻十軸、五五三―二一）、及び日本古典全集『教訓抄』上、山田孝雄校訂、正宗敦夫編、日本古典全集刊行会、一九二八年六月による。

（10）このことは諸書に指摘されている。代表的なものを挙げておく。東儀鉄笛著『日本音楽史考』「第四期鎌倉時代の音楽、七 楽舞の相承 第一」（翻刻は『雅楽資料集』第四輯、二松学舎大学二十一世紀ＣＯＥプログラム中世日本漢

文班編、同プログラム事務局、二〇〇九年三月、二九四頁下段）。『平安朝音楽制度史』荻美津夫著、吉川弘文館、一九九四年十二月、第四章第三節「狛氏の系譜とその活動」、二八三頁。

（11）翻刻・解題は、「宮内庁書陵部蔵〔羅陵王舞譜〕――解題と翻刻――」（『日本伝統音楽研究』第一号、京都市立芸術大学日本伝統音楽研究センター、二〇〇四年三月）。『教訓抄』との関係等については、「宮内庁書陵部蔵『陵王荒序』考――『教訓抄』との関係について――」（『論集　説話と説話集』池上洵一編、和泉書院、二〇〇一年五月）。

（12）「『楽人補任』とその逸文について」、「雅楽界」第五十四号、小野雅楽会、一九七八年四月（原題「『楽所補任』とその逸文について」）。同氏著『日本音楽史叢』和泉書院、二〇〇七年十一月に収録。

（13）「古代文化」第三十四巻第十一号、（財）古代学協会、一九八二年十一月（原題は「狛近真の臨終と聖宣」）、のちに『日本音楽史叢』福島和夫、和泉書院、二〇〇七年十一月に収録、二九〇頁。

（14）拙稿「春日大社蔵『舞楽古記』概論」、『雅楽資料集』第四輯、二松学舎大学二十一世紀ＣＯＥプログラム中世日本漢文班編、同プログラム事務局、二〇〇九年三月に初出。

第四章　『舞楽手記』筆者・成立考　その二

――跋文二の解釈と、狛近真以後の荒序継承について――

はじめに

前章で検討した『舞楽手記』の跋文一は、同書の筆者やその執筆の動機、内容・構成等について述べており、この譜の筆者・成立を考えるうえで重要な記事であると同時に、近真没後の、楽の継承の行方を窺うに貴重な資料であると推察される。それがこの譜を取り上げる所以でもあるが、それだけでは未解決の事項があることも、前章では指摘した。次に整理しておくと、

①跋文の筆者（原文「予」）は誰か。

②この譜には、「荒序」が記されていないが、それはなぜか。

③従来、この譜は春福丸への伝授譜と解されているが、跋文からはそう読めないのではないか。

のおよそ三点である。

①については、中原香苗氏が興福寺の僧侶順良房聖宣のことと解しておられる（以下中原論文と呼ぶ）[1]。筆者もそのように考えるものであるが、跋文一だけではそれがそうと考察できる根拠が少なかったので、論証を見送った。本稿で述べる跋文二でその点を確認したい。

②については、中原論文ではその理由はわからないと述べておられるが、「荒序」は「陵王」の中の秘曲であり、

狛氏重代の伝承曲であって、しかも「当曲を絶やさないようにとの便宜を図って書いた」（跋文一）というのなら、当然あってよいはずだと思われる。前章では、筆者Bによって、第五紙の端（第四紙との継ぎ目）の料紙が断ち落とされていることを指摘したが、そこは、「陵王」の構成から推して、「荒序」があたるから、筆者Bによって断ち落とされたのは「荒序」であった可能性がある。だとすれば、断ち落とされた面積は、「荒序」の分量から推して、第五紙の端のみならず、数紙に及んだものと推察されるが、ここで検討する跋文二には、春福丸・光葛に「荒序」以下の秘事・秘曲の伝授が終わらないことに対する慚愧の思いが述べられている。そのことと、この「荒序」に相当する料紙が筆者によって断ち落とされたと見られることとを考え合わせると、「荒序」の伝授が終わっていないからそれを削除したものと推測できる。また、それゆえ、跋文二を書き足したのではないか、ともいえる。前章ではこう見通しを述べて、詳しい検討を譲った。

③については、中原論文のほか、それに先行する福島和夫氏の論考が、本書を春福丸への伝授譜と解釈しておられる（詳細は次節）。しかし、跋文一には、前述のように「火事や盗難による亡失を恐れて書写した」旨が記されており、かつこの書を「聖宣が没したのちに、春福丸の許へ遣わすように」と言い置いているから、はたしてそれが伝授譜と解しうるのか。もし伝授譜でないのなら、これは何なのか。

以上の三点が問題になろうかと推察する。なお、筆者はこれらの諸点について、以前『舞楽手記』の翻刻に付した解題に概略を述べたことがある(2)が、それは文字通り辞書的な解題であったから、詳しい考証は省略せざるを得なかった。本稿の主眼は、その考証を示すところにあり、内容はそれと重複する部分があることを、あらかじめお断りする。

一、跋文二と先行研究

では、まず跋文二を引き、読み下しておく。

仁治三年正月廿五《十五》日《ヨリ》故判官近真病悩追日次第《ニ》有《リ》増《ウ》㆒雖
然㆓無《シ》荒序伝授之沙汰㆒仍光葛参《テ》三蔵院僧正御許《ヘ》㆓可授荒序《ヲ》㆒
之由可被仰触近真之旨申入仍宗誉律師奉書《ヲ》遣近真
許返事不可叶之由也重良願房為使者被仰遣之処尚以故障
廿二日《ニ》愚僧以病中之身罷向寄、(ミセケチ)近真之許以道理申子細之間
扶病患授〔荒序於〕。光葛并春福丸二人子息畢出看病之諸人聖宣
之外妻女并左近将監近継許者有其座春福《ハ》十一歳也自拭涙
習之事次第哀傷満胸荒序譜《ハ》極秘蔵之故。〔自昔〕以作文字
書置之聖宣一人知此《ヲ》㆓之間或付仮名或読聞之《スヲ》㆒荒序以下
秘曲云大鼓鞨鼓之説云当家甚深之故実心之所及雖欲授
渡光葛者不入心而期明日春福者少年而無其弁愁歎如何
願蒙　三宝大明神御冥助延十年之寿命必欲継舞
楽之秘事若所願無僻事者枉可蒙　神感矣（花押）

（傍線・括弧内は筆者）

（読み下し）

仁治三年正月十五日より、故判官近真が病悩、日を追って次第に増あり。然りといへども、「荒序」伝授の沙

汰なし。よつて、光葛、三蔵院僧正の御許へ参りて、「荒序」を授くべきの由を近真に触れ仰せらるべきの旨申し入る。よつて、宗誉律師、奉書を近真の許に遣はす。返事は、叶ふべからざるの由なり。重ねて良願房を使者となし、仰せ遣はさるるところ、なほもつて故障。二十二日に、愚僧、病中の身をもつて、近真の許へ罷り向かふ。道理をもつて子細を申すの間、病患を扶して、光葛ならびに春福丸二人の子息に「荒序」を授け畢んぬ。看病の諸人を出だし、聖宣のほか、妻女ならびに左近将監近継ばかりはその座にあり。春福は十一歳なり。自ら涙を拭ひてこれを習ふ事、次第に哀傷胸に満つ。「荒序」の譜は、極めたる秘蔵の故に、昔よりもつて文字に作り、これを書き置く。聖宣一人これを知るの間、或は仮名を付け、或はこれを読み聞かす。「荒序」以下の秘曲と云ひ、大鼓・鞨鼓の説と云ひ、当家甚深の故実、心の及ぶところは授け渡さんといへども、光葛は心に入らずして明日に期す。春福は少年にしてその弁なし。愁嘆、如何。願はくば、三宝大明神の御冥助を蒙り、十年の寿命を延ばし、必ず舞楽の秘事を継がさんとす。もし、願うところに僻事なくば、枉げて神感を蒙るべし。

この跋文については、前章でも紹介した中原論文に先行して、福島和夫氏が「狛近真の臨終と順良房聖宣」に、この跋文から次のように論じられており(3)、中原論文はそれを注に引かれ、この論に拠っておられる。

狛流の秘説の断絶に直面し、嫡男・光葛は興福寺三蔵院の僧正（興福寺権別当・前大僧都円経か）の許に参上し、近真に荒序相伝のことを仰せられるよう願い出たのである。(a)この事の二年前、仁治元年の十月に狛定近・則定父子が相ついで没するということがあった。一時に祖父と父とを失った十九歳の定氏に関し、円経は近真を召して、辻子流の笛と舞が断絶せぬよう、扶持を命じた。近真はこれに応えて定氏を充分に後見し、もりたてたという先例があったのである。

早速宗誉律師を使いとし、書状をもって相伝を命じるが、近真は相伝あい叶い難しという。重ねて、此の度

> は良願房を使者にたてるが、何としても近真の意思はかたい。
> 　そうこうするうちに二十二日となり、もはや一刻も猶予できない情勢となった。(b)ここにいたり順良房聖宣が斡旋にのり出したのである。当時自身病臥中であった聖宣ではあるが、近真の枕頭にいたり、狛の楽統は保持継承されねばならぬことの道理を説き聞かせ、ついに説得に成功する。直ちに光葛・春福丸両名に対し荒序の伝授が行われたのであるが、(c)聖宣は証人として其の場に臨み、他に近真の妻女と左近将監近継も立会った。十一歳の少年春福丸は、涙を拭いつつ、老父より伝授をうけたと聖宣により記されている。
> 　(d)荒序譜は極く秘蔵の故をもって、光時より文字により譜を作り書き置かれていたが、これを知る者は聖宣唯一人であるので、あるいは仮名を付し、あるいは読み聞かせるなど、聖宣も手をつくして荒序以下の秘曲、太鼓・鞨鼓の説、また当家の重要な故実等について両名に授け渡そうと心を砕くのだが、光葛は一向に心が入らず、春福丸は年少のため充分に理解するには至らないという有様である。やむなく他日を期し、(e)無事にすべての秘説を引き継ぐことができる春福丸の成人まで、あと十年の寿命を聖宣は神仏に祈るのであった。(f)ともあれ狛の楽統は継承されたのである。
> 　(g)舞曲の父、伶楽の母と称えられた狛近真が逝去したのは、その三日後の二十五日であった。＊
> 　(h)寺家の命により、近真が遺した秘譜、秘書、日記等は聖宣が預かり守護することとなる。
>
> （傍線・傍注は筆者。二八六〜八八頁）

福島氏は、後ろから二行目の＊印の位置に注を付して、「「舞楽手記」による」と典拠を示しておられるが、なるほど、およその内容はこの跋文二に拠ったものと察せられる。

ただし、後述するように、文中には他の史料に拠ったと思われる箇所や、氏の解釈と見られる箇所も認められる。

まず、傍線部（a）「この事の」以下は、跋文中に見えない内容であるが、それは『続教訓鈔』巻二下「第卅四左舞伝来事」の、次の記事に拠ったものと推察される。

十月八日定近卒去。同廿七日則定死去ノ間、定氏十九歳ナリ。其時三蔵院権別当御房円経、近真ヲ召テ仰ラル、ヤウ、定近則定カ跡ノ事、舞道トイヒ笛道トイヒ、断絶セムトス。定氏ミナシ子也。相構テ扶持スベキヨシ仰ラル、間、領状ヲ申畢。仍同二年常楽会ニ、西園寺殿御見物、万秋楽一具アルベキヨシキコユル間、内々定氏ニヲシエヲキ畢。十二日、定氏ニ蘇合一帖奥七拍子四帖破第二切ヲ教之。十月十三日、除目ノ時、近康ヲ越シテ、定氏ヲ兵衛尉ニ申成畢。是等又一向近真ガ芳心ナリ。[4]

（句読点は筆者）

また、傍線部（f）「舞曲の父」以下、および（g）「寺家の命により」以下も文中に見えないが、それらは次の『舞楽府合鈔』序文に拠ったものと思われる。

舞楽府合鈔

興福寺住侶聖宣撰

諸楽打物等

（イ）左近将監狛《ノ》近真《ハ》舞曲之父也。伶楽母也。当世之狛氏、何輩《カ》不三受二彼与訓《ヲ》一。末代之京客、誰人《カ》不三問二其故実《ヲ》一。舞楽府合之説、誠《ニ》異《ル》他《ニ》歟。尤可三存二根元《ヲ》一者哉。為《トシテ》狛《ノ》光真之長男一、竟《ニ》習《フ》二光季舞曲《ニ(「ノ」カ)》一。為《トシテ》則房之《カ》育《イフ》子一、相伝二行高笛《ノ》曲《ヲ》。舞楽二道両方之秘事、都無三所二残。大鼓鞨鼓以下之打物秘蔵之曲、独留三于二此家《ニ》。尤可為指南《タル》也。（ロ）息男有《リ》二三人。左兵衛少尉光継《ハ》、住関東一《ニ》棄《スツ》職《ヲ》。次男左近将監、物狂而不《ズ》三執《シツセ》二道《ヲ》。三男左衛門少志近葛《ハ》、少年而《ニシテ》不《ス》三尽二芸《ヲ》。（ハ）近真去《シ》仁治三年正月廿五日逝去之後、自二寺家蒙レ仰《テ》、守護《ス》彼遺書日記等《ヲ》一之。刻披《キサミヒライテ》件《ノ》秘書《ヲ》、取レ要一記《スヲ》レ之。皆以秘蔵々々書也。奉証神明、不三可二披露之。一本書之習《ヒ》、損失常《ノ》事也《ナリ》。若近葛《チカカツ》童名春福之身《ミ》并《ニ》子々孫々之時《キ》、有《アラ》失墜之事一者、書写《シテ》二此書一、慥《ニ》可遣《ヘシツカハス》一之。此秘書《ハ》併《ヲ(「ラ」カ)》為伝預一之故也。光継光葛二人之子《ノ》葉事者為勿論一々々。固守《クテ》遺命《ヲ》一、勿《レ》異失《スルコト》。子々孫々門弟孫相伝此書之人、殊《ニ》可守《ル》二此趣《ヲ》一。今日書記者一道之肝心、当家之

聖目也。可秘蔵㆒々々。(5)

（訓点は原本のまま。句読点、傍線、括弧内は筆者）

（読み下し）

左近将監狛近真は舞曲の父なり。伶楽の母なり。当世の狛氏、何れの輩か彼の与訓を受けず。末代の京客は、誰人かその故実を問はず。舞楽府合の説、誠に他に異なるか。もつとも根元を存すべきものかな。狛光真の長男として、ついに光季の舞の曲を習ふ。則房が育子として、行高の笛の曲を相伝す。舞楽二道両方の秘事、すべて残すところなし。大鼓鞨鼓以下の打物秘蔵の曲、独りこの家に留む。もつとも指南たるべきなり。息男三人あり。左兵衛少尉光継は関東に住し職を棄つ。次男左近将監は物に狂いて道を執せず。三男左衛門少志近葛は少年にして芸を尽くさず。近真、去んじ仁治三年正月二十五日逝去ののち、寺家より仰せを蒙りて、彼の遺書日記等を守護す。件の秘書を刻み披いて、要を取りてこれを記す。みなもつて秘蔵々々の書なり。神明に奉証し、これを披露すべからず。一本書の習ひ、損失常のことなり。もし、近葛童名春福の身ならびに子々孫々の時、失墜のことあらば、この書を書写して、慥かにこれを遣はすべし。この秘書は、併《さりなが》ら、伝領たるの故なり。光継光葛二人の子葉のことは勿論とす、勿論とす。固く遺命を守りて、異失することなかれ。子々孫々門弟の孫、この書を相伝の人、殊にこの趣きを守るべし。今日書き記すは一道の肝心、当家の聖目なり。秘蔵すべし、秘蔵すべし。

『舞楽府合鈔』は、冒頭の内題下に「興福寺住侶聖宣撰」とあることから、興福寺の僧侶聖宣の手になるものと知られ、打物に関する秘説をまとめたものである。右の序文中に「近真去仁治三年正月廿五日逝去之後」「近葛〈童名春福〉」とあるから、その成立は、近真が没した仁治三年（一二四二）の翌寛元元年（一二四三）から、近葛が実葛《さねかづ》（真葛《さねかづ》）と改名する同二年（一二四四）四月五日(6)までの間に求められる。

さて、氏が拠ったのは、傍線部（イ）と（ハ）の部分と察せられるが、ここには同書の撰述に至った経緯が記されており、傍線部（ハ）によれば、近真の死後、聖宣は近真の遺した書や日記を守っていくよう、寺家より命をうけ、その秘書の中から「要を取り」、記したということである。つまり、この書は、聖宣が近真の秘書の中から、重要なものを撰び、編纂したものであり、このことから、福島氏も前掲論文で指摘しておられるが、聖宣は近真没後、近真の楽書・楽譜の守護、子孫・後世に伝えるものの整理を行う立場にあったと解される。

また、傍線部（ロ）によると、近真には三子あったが、「左兵衛少尉光継は関東に住し職を棄つ。次男左近将監《光葛》は物に狂ひて道を執せず。三男左衛門少志近葛は少年にして芸を尽くさず」という状況であったというから、聖宣が近真の蔵書を預かることになったのは、当時近真の後継者が決まっていなかったためであると理解される。近真の『教訓抄』巻一冒頭の序文にも、「而齢既ニ六旬ニミチナムトス。口惜カナヤ、一両ノ息男アリトイヘドモ、道ニスカズシテ、徒ニアカシクラス事、宝山ニイリテ手ヲムナシクシテイデナムトス。甚愁嘆無極者ナリ。[7]」と見えるから、後継者に恵まれていなかったことが窺える。

話を戻すと、福島氏のいわれるところは、右の『続教訓鈔』『舞楽府合鈔』を除けば、およそ跋文二に拠ったものかと推察されるが、なおいくつか氏の解釈・説明と思われる箇所もある。

ひとつは、文中に「聖宣」が登場しており、原文中傍線部に「愚僧、病中の身を以つて、近真の許へ罷り向かふ」（原漢文）とある部分を、「病臥中であった聖宣ではあるが、近真の枕頭にいたり」と解説しておられる。つまり、跋文の筆者を聖宣と見ておられる。先述のように、中原氏も同様に捉えておられ、繰り返すようにこれには従うべきだと思われるが、そのように解釈できる根拠はこれまで示されてこなかったから、そこを確認しておきたい。

もうひとつは、傍線部（e）「やむなく他日を期し、無事にすべての秘説を引き継ぐことができる春福丸の成人まで、あと十年の寿命を聖宣は神仏に祈るのであった」とある部分のうち、圏点を付したところは跋文中に見えない文言である。春福丸は、「成人」（元服のことであろう）すれば、すべての秘説を継承できることになっていたという意味であろうかと推察されるが、その根拠は明らかにされていない。これは聖宣（あるいは近真）が舞楽の秘事の継承について、どのように考えていたか、という問題かと推察する。本稿の主目的からはそれるが、『手記』の跋文が舞楽の継承に関する話題であるようだから、関係する問題でもあろうかと思われる。視野に入れて少々考えてみたい。

また、傍線部（f）「ともあれ狛の楽統は継承されたのである」とあるところも跋文中に見えない文言であるが、これは福島氏が、当初は荒序を伝授しないとしていた近真が、聖宣の説得で伝授することになり、ひとまず断絶の危機は脱したことを説明したものであろうが、この文脈だと春福丸が狛の楽統を継承したととれる。これについては、後述するように、東儀鉄笛がまったく異なる見解を示している。これも本稿の主題からは外れるが、跋文の内容には関連する事柄かと思われるから、触れておきたい。

そのほかにも、傍線部（b）「聖宣は証人として其の場に臨み」、とあるが、こちらも跋文中に見えない文言である。また、傍線部（c）に「荒序譜は極く秘蔵の故をもって、光時より文字により譜を作り書き置かれていた」とあるが、「光時」の代から書き置いてあったという点も跋文に見えないから、これらについても確認しておく。

二、跋文二の解釈

そこで、まずは他の史料を交えず、跋文二のみを口語訳してみる。

仁治三年正月十五日より、故判官近真の病気は日を追って次第に悪化していった。しかしながら、近真から「荒序」伝授の沙汰はない。そこで光葛は三蔵院僧正（円経）のもとへ参上し、「荒序」を伝授すべき旨を近真にお言い付けになるよう、申し入れた。そこで、宗誉律師が（三蔵院僧正の）奉書を近真のもとに遣わした。

しかし、近真の返事は「叶えられない」とのことであった。重ねて良願房を使者として、遣わされたが、依然として近真は拒否した。二十二日、病気の身をおして、私が近真のもとへ向かった。道理をもって事のわけを言い聞かせたので、病をおして、光葛と春福丸二人の子息に荒序を授けることになった。看病に付き添う人々を退出させ、聖宣のほかは、妻と左近将監近継ばかりがその場に残った。春福丸は十一歳である。自ら涙を拭って習うさまは、次第に哀傷で胸が一杯になった。荒序の譜は、極めて秘蔵するが故に、昔から文字にして書き置いてある。このことを知っているのは聖宣一人であるから、これに仮名を付け、読み聞かせなどする。荒序以下の秘曲といい、太鼓・鞨鼓の説といい、当家甚深の故実は、わたしの気持ちとしては授け渡したいと思うけれども、光葛は心に入らないから明日に期待することにする。春福丸は少年であるからいうまでもない。この愁嘆はどうしたらよいであろう。願うことなら、三宝大明神の御冥助を蒙り、十年の寿命を延ばして、必ず舞楽の秘事を継がせたい。もし、願うところに間違いがないのなら、是が非でも神感を蒙る思いである。（花押）

内容を検討する前に、まずこの跋文が書かれた時期について考えておく。前述の跋文一は、冒頭に「故判官近真、去る正月廿五日、早世の後は」とあり、跋文一が書かれた時点では、すでに近真が没しており、「去る正月」とあり、元号がなかったから、同じ仁治三年中（二月から十二月の間）のことと推測された。一方、跋文二には「仁治三年」と元号が加えられているから、その翌寛元元年以降に書かれた可能性が高い。つまり、跋文一が書かれてから、跋文二が書かれるまでには、少なくとも数ヶ月から一年程度の間隔があったことになる。では、その下限はというに、この跋文だけでははっきりしないから、追って述べることにして、次に跋文の筆者について考えてみたい。

既述のように、本文中には「愚僧」と見えるから、筆者は僧である。また、伝授の場に立ち会ったのは、「聖宣のほかは（近真の）妻と左近将監近継ばかり」だと記されており、三男春福丸が教えを受ける様子を見て、筆者は

「次第に哀傷胸に満つ」と述懐しているから、筆者はこの場に同席した人である。僧形であり、かつ伝授の場に陪席したということだから、それには聖宣のみがあてはまる。また、「荒序の譜は、極めたる秘蔵の故、昔よりもって文字に作り、これを書き置く。聖宣一人、これを知る間、或は仮名を付け、或はこれを読み聞かす」とあって、荒序の譜を知っているのは聖宣ただ一人であり、これに仮名を振り、読み聞かせるなどしたというのだから、これは前述の跋文一に、跋文筆者が光葛・真葛に譜を読み聞かせたとある記述と符合する。また、この譜は近真と「予」、すなわち跋文の筆者が書いたというのであるから、筆者にあてはまるのは、荒序を知っていると述べる聖宣だということになる。

以上のような状況から、跋文一と跋文二の筆者は聖宣と見てよいと結論される。つまり、近真とともに本書を執筆したのは聖宣であり、前章に述べた第四紙の「嗔序」と第五紙の「入破」の間の料紙を断ち落としたと見られるのも聖宣の行為であったと推察される。

聖宣については、福島氏が、前掲の「狛近真の臨終と順良房聖宣」のほか、「中世音楽史と興福寺——順良房聖宣覚書——」などに論じておられる(8)が、それらによれば、彼は興福寺の僧侶・声明家で、『舞楽府合鈔』を著しており、舞楽・打物にも理解があったと推察される。近真とは何らかの縁があったと思しく、先にも述べたように、近真の死後は、寺家よりその蔵書を管理するよう命じられていた。そうして、『手記』の跋文一によれば、光葛・春福丸に荒序の譜の読み方を教えていたということになるから、二人の教育を託されていた立場であったともいえる。

そうしたことを踏まえた上で、あらためて跋文二を解釈してみるとどうであろうか。まず、跋文二を要約すると、

一、仁治三年（一二四二）正月十五日より、近真の病気が重くなったが、「荒序」を伝授しようとはしなかった。

二、再三、周囲が説得にあたったが、効果がなかった。

三、同二十二日、聖宣が病気をおして自ら説得にあたり、光葛と春福丸に伝授することになった。
四、伝授は人払いをして行われ、聖宣、近真の妻、狛近継のみが立ち会った。
五、荒序の譜を知っているのは聖宣だけであるので、荒序の譜に仮名などを付け、読み聞かせなどするが、光葛は気持ちが入らず、将来に期待することにする。春福丸は、少年であるから、どうしようもない。
六、できることなら、自分の寿命を延ばして、舞楽の秘事を継がせてやりたい。

となるだろうか。

こうしてみると、近真は仁治三年正月十五日より病気が悪化したが、その時点では「荒序」伝授の意思はなかったと読める。しかし、同月二十二日に聖宣の説得を受け入れ、光葛・春福丸の二人の息子に荒序を「伝授」したという。近真が亡くなったのは、跋文一によれば同年の正月二十五日であるから、死のわずか三日前であったことがわかる。

しかし、その後聖宣は譜に仮名を付け、二人の息子に読み聞かせなどしたということであるから、実際の荒序の教習は続いていたと知られる。跋文の後半、前掲破線部では、「荒序以下の秘曲と云ひ、大鼓・鞨鼓の説と云ひ、当家甚深の故実、心の及ぶところは授け渡さんといへども、光葛は心に入らずして明日に期す。春福は少年にしてその弁なし。愁嘆、如何」と言っているから、この跋文が書かれた時点では、光葛・春福丸は「荒序以下の秘曲」や「大鼓・鞨鼓の説」などの「当家甚深の故実」を習い終えていないことがわかる。

しかも、その聖宣もまた跋文二を執筆の頃、「病臥中の身」だと明かしており、「願うことなら、三宝大明神の御冥助を蒙り、十年の寿命を延ばして」とも述べているから、聖宣にも死が迫っていたことが窺える。跋文一の末尾にも「聖宣死亡の後は」と述べているから、このころは死後のことを気にかける状況にあったと解される。

聖宣が亡くなったのがいつであったか明らかでないが、春日大社所蔵の『楽所補任』の聖宣の書き継ぎが寛元二年（一二四四）で終わり、翌三年以降は狛有久に交代しており（前掲第三章に既述）、金沢文庫所蔵の『聖宣本声明集』の聖宣から印円への伝授が寛元三年十一月十一日であるから、それ以降、寛元三年のうちか、その後まもないころに没した可能性があると思われる。『手記』成立の下限も、このあたりを想定すべきであろう。[9]

つまり、近真亡きのち、「荒序」以下の秘曲を教えていた聖宣もまた道半ばで倒れようとしているわけで、そのことと、本書に「荒序」の譜がなく、しかもそれが聖宣によって断ち落とされたと見られることとを考え合わせると、本来は「荒序」の教習をすべて終えたのちに譜を渡すつもりであったが、聖宣の死期迫り、これ以上教習を続けることができなくなったため、伝授が道半ばであった「荒序」部分を断ち落とすことになったものと推測される。

因みに、筆者は前章で、跋文一に、本書を「春福の分と成す」と書いてあるところに注目し、これが「春福の分」だということになると、「春福の分」以外にも同じものが存することになる。荒序を習ったのは春福のほかに光葛がいたから、もうひとつは「光葛の分」であろうと述べたが、光葛についても跋文二では、「心に入らずして明日に期す（原漢文）」と言われているから、光葛分の譜があれば、それにも荒序は含まれていなかったものと思われる。

詮ずるところ、荒序以下の秘事・秘説の教習は、道半ばで終焉を迎えようとしていたと推察される。秘事・秘曲のすべてを授けるまでには至らなかったため、可能性のある二人に教習を終えているところまでの譜を渡すことにしたのではないか。

三、近真没後の荒序の継承について

筆者がそう考えるのには、さらにいくつか理由がある。そのひとつは、東儀鉄笛が『日本音楽史考』「第四期鎌倉時代の音楽、七楽舞の継承第一」に、近真没後は、嫡流が二家に分かれ、光葛の流れはそのまま野田家を継ぎ、春福丸真葛の流れは上家を興して、「荒序」は野田・上の二家による相承が続いたと指摘されていることにある。(10)

〔参考〕狛氏相承系図(11)（略）

―近真―光葛（野田家）―朝葛―葛栄―俊葛―正葛―
　　　　└真葛（上家）（童名春福丸）―繁真―久繁（断絶）
　　　　　　　　　　　└季真―真仲―真村（断絶）

このことは、『體源鈔』十三「代々公私荒序所作事」という「荒序」の記録(12)によって明らかである。鉄笛の前掲書にもその記録年表が掲載されているが、重要な記録であるから、ここに『舞楽古記』その他参考となる記録も加えて、左の**表1**に年表化しておく。

表1　近真没後の荒序年表　＊以下は参考事項。※は筆者注。
手…『舞楽手記』　體…『體源鈔』　古…『舞楽古記』　楽…『楽所補任』　細…『細々要記抜書』　教…『教言卿記』

年月日	場所	光葛流（野田家）の配役	真葛流（上家）の配役	典拠
仁治三（一二四二）正・廿五	＊近真卒す年六十六			手ほか
同・五・七	今出川殿荒序御覧	荒序光葛初度、三十三才		體
同・五・十	今出川殿荒序御覧		荒序春福丸（真葛）初度、十一才 八方八反	古
同・五・十一	今出川殿荒序御覧	荒序光葛第二度	荒序春福丸第二度 二四八説	體・古

同・八・廿八	今出川殿荒序御覧	荒序光葛「但三帖有失錯〈失方角〉」	荒序春福丸第三度 二四八説	古
同・十二・廿	今出川殿荒序御覧	荒序基王光葛御師 四方（※二四八説か）		體
寛元二（一二四四）二・十六	興福寺常楽会		荒序春福丸第四度 二四八説	體・古
同・同・廿三	今出川殿荒序御覧		荒序春福丸第五度 八方	古
同・四・五	今出川邸		春福、元服して真葛と名乗る。	楽
寛元三（一二四五）	＊聖宣この年の内に死亡か			
建長元（一二四九）四・五	関寺龍華会	荒序光葛第三度 四方		體
同五（一二五三）三・廿九	醍醐寺清瀧会	荒序光葛第四度		體
正元元（一二五九）九・一	※行事名不記載 石清水八幡宮	荒序光葛第五度		體
文応元（一二六〇）十・廿八	仁和寺舎利会	荒序光葛第六度 八方		體
弘長二（一二六二）二・十五	興福寺常楽会	荒序朝葛初度、十六才欤 四方		體
同三（一二六三）三・廿五	東大寺舎利会	荒序朝葛第二度 八方・詠		體
文永二（一二六五）二・十五	興福寺常楽会	荒序光葛第七度 八方・詠		體
同四（一二六七）八・	今出川殿荒序御覧		荒序真葛第六度 八方破二反	古
同四（一二六七）八・八	五条内裏舞御覧		荒序真葛第七度 八方	體・古
同・十一・七	御賀習礼	荒序隆親卿息大師光葛 小師朝葛 八方		體
同五（一二六八）正・十二	院御所舞御覧試楽		荒序真葛第八度 四方後八方	古
同五（一二六八）正・十三	院御所舞御覧	荒序隆親卿息御師光葛 八方		體
同・閏正・八	禅林寺殿院舞御覧	荒序隆親卿息八方		體
同・同・廿五	新院御所一院御幸舞御覧	荒序光葛第八度		體
同・二・四	春日社宝前	荒序隆親卿息八方		體
同・同・五	同若宮御前	荒序隆親卿息八方		體
同・八・十六	若宮八幡宮		荒序真葛第九度 八方	古
同七（一二七〇）正・七	石清水八幡宮修正会		荒序真葛第十度	古
同・八・十六	石清水放生会		荒序真葛第十一度「光葛老耄之間代官也」八方	體

同九（一二七二）正・七	石清水修正会		荒序真葛第十二度　八方	體
同十（一二七三）二・十五	興福寺常楽会		荒序真葛第十三度　八方	體
同十二（一二七五）二・十五	興福寺常楽会		荒序真葛第十四度「大衆儀定」八方破二反	古
建治元（一二七五）三・廿三	今出川殿御所	荒序朝葛第三度　八方		體
同・同・廿八	今出川殿御所		荒序真葛第十五度　八方、「先日朝葛御覧之由伝聞之間依令所望申也」	體・古
同・四・九	今出川殿御所	荒序朝葛第四度　四方		體
同・五・廿四		＊光葛卒す年六十六		體
同二（一二七六）正・十五	石清水御節次		荒序真葛第十六度　八方	體
同三（一二七七）正・廿五	院舞御覧		荒序真葛第十七度　八方	體
同四（弘安元一二七八）正・八	石清水若宮童舞次		荒序真葛第十八度　八方	體・古
弘安四（一二八一）八・十二	石清水臨時一切経供養		荒序真葛第十九度　八方	體
同五（一二八二）四・五	石清水臨時一切経供養		荒序真葛第二十度　八方破二反	古
同七（一二八四）四・四	石清水臨時一切経供養	荒序朝葛第五度　八方破二反	大鼓真葛	體・古
同八（一二八五）四・五	関寺龍華会	荒序朝葛第六度　八方破二反		體
同・七・廿一	延暦寺講堂供養		荒序宝珠丸真葛御師　八方	體
同・同・廿九	法勝寺常行堂童舞叡覧		荒序宝珠丸真葛御師　八方	體
同九（一二八六）三・五	西園寺殿舞御覧	大鼓朝葛「勅定」	荒序真葛第二十一度　八方	體
同十（一二八七）四・五	関寺龍華会		荒序真葛第二十二度「大衆儀定」	體・古
正応元（一二八八）二・十五	興福寺常楽会	大鼓朝葛「依衆儀也」	荒序真葛第二十三度　髭取手八方破二反	體
同・五・廿			＊真葛卒す年五十七	體
永仁元（一二九三）七・十六	今出川殿御所	荒序朝葛第七度・八方八反説破二反・髭取手・勅禄手		體
徳治元（一三〇六）二・十五	興福寺常楽会	荒序朝葛第八度・八方破二反・日搔手・大膝巻・囀三度・髭取手長説	大鼓季真	體
延慶三（一三一〇）二・十六	興福寺常楽会	荒序朝葛第九度・八方破一反・大膝巻初段桴返手・蜻蛉返手・髭取手三度	大鼓季真	體

正和二（一三一三）正・三	石清水修正会	荒序朝葛第十度・八方破一反		體
同四（一三一五）二・三	春宮御所御壺内	荒序朝葛第十一度・八方破二反		體
同・三・十三	北山殿舞御覧	荒序朝葛第十二度・八方破二反		體
同五（一三一六）二・十六	興福寺常楽会	荒序朝葛第十三度・四方破一反		體
文保二（一三一八）二・十五	興福寺常楽会		荒序季真初度・「依衆義以朝葛和談之儀舞之・八方但不分明相伝歟之間舞不相似」	體・古
元亨三（一三二三）二・十五	興福寺常楽会	荒序平余丸（葛栄）八方破一反	大鼓季真	體
同・十・一	旬節会	荒序朝葛第十四度・八方破一反	大鼓季真	體
同四（一三二四）二・廿一	北山殿舞御覧	荒序朝葛第十五度・八方「朝葛蒙勧賞譲葛栄」	大鼓季真	體
同・五・三	内裏舞御覧	荒序朝葛第十六度・八方		體
同・十・一	旬節会	荒序朝葛第十七度・八方破一反		體
嘉暦二（一三二七）十・廿六	法勝寺大乗会舞御覧	荒序朝葛第十八度・八方破一反「朝葛蒙勧賞、譲朝栄」		體
元徳元（一三二九）四・廿三	日吉塔供養	大鼓光栄	荒序季真第二度・八方	體・古
元弘元（一三三一）三・六	北山殿舞御覧	荒序源顕家御師葛栄（勅禄アリ。取次真仲・近栄・衆葛）	一鼓季真	體
同・同・九		＊朝葛卒す年八十五（※年齢異説あり）		體
同三（一三三三）十・一	旬節会	大鼓光栄　一鼓葛栄	荒序季真第四度八方	體・古
建武元（一三三四）四・二	旬節会	大鼓光栄	荒序季真第五度・八方破二切	體
同・九・廿三	石清水八幡宮護国寺供養	大鼓光栄　鉦鼓葛栄	荒序季真第六度・八方破一反	體
康永元（一三四二）六・廿・二			＊季真卒す年七十七	體
同四（一三四五）八・廿九	天龍寺供養日晦日御幸	荒序朝栄異説八方破二反　一鼓葛栄		體
貞和四（一三四八）六・廿五	仙洞舞御覧	荒序喜久命丸（俊葛）初度・八方破一反		體
同・七・七	八幡宮宝前依葛栄私宿願	荒序喜久命丸（俊葛）第二度・八方破一反		體
同六（一三五〇）二・十六	興福寺常楽会	荒序葛栄第二度・八方破二反		體
同・二・廿五	将軍家天神講	荒序葛栄第三度・八方破一反		體

貞治三（一三六四）三・廿六	禁裏舞御覧	荒序葛栄第四度・八方破二反　鉦鼓俊葛		體
同六（一三六七）七・一	石清水八幡宮武家御願	荒序葛栄第五度・八方破二反　一鼓俊葛　鉦鼓近栄		體
永和元（一三七五）四・十五	興福寺常楽会	荒序俊葛第三度八方破二反・囀三度　大鼓重葛		體
康暦元（一三七九）六・十八	禁裏舞御覧	荒序俊葛第四度・八方破二反		體
永徳元（一三八一）三・十二	将軍家舞御覧	荒序俊葛第五度・八方破二反・囀三度		體
至徳二（一三八五）五・六			＊真村、楽道を離れる	細
嘉慶二（一三八八）六・一	春日臨時祭童舞	荒序春藤丸八方破二反　大鼓俊葛　鉦鼓正葛　一鼓重葛		體
明徳三（一三九二）八・廿八	相国寺供養	荒序俊葛第六度・八方破二反、「蒙勧賞譲正葛」		體
同五（一三九四）三・十五	興福寺常楽会	荒序正葛初度・四方破二反、大膝巻一段等　一鼓俊葛		體
応永二（一三九五）六・十八	禁裏舞御覧	荒序俊葛第七度・八方破二反		體
同六（一三九九）三・十一	興福寺供養	荒序俊葛第八度・八方破二反　※		體
同七（一四〇〇）九・廿八	石清水八幡宮武家御願	荒序俊葛第九度		體
同十（一四〇三）九・廿八	石清水八幡宮武家御願	荒序俊葛第十度・八方破二反　大鼓正葛		體
同十三（一四〇三）四・十三		＊俊葛困窮の事、足利義満興福寺に扶持を命ず		教
同・同・廿三		＊俊葛卒す		教
同十六（一四〇九）十一・廿一	石清水八幡宮武家御願	荒序正葛第二度・八方破二反		體
同廿四（一四一七）七・廿八	仙洞舞御覧	荒序正葛第三度・八方破二反		體
同廿六（一四一九）九・十二	北野宮武家御願	荒序正葛第四度　鉦鼓藤葛		體
永正九（一五一二）六・中旬		＊豊原統秋『體源鈔』成立。「荒序近代絶畢」と記す。		體

『體源鈔』十三の「代々公私荒序所作事」より、近真が没した仁治三年（一二四二）正月以降、最後の応永二十六年（一四一九）までの、約一八〇年余りの記録の中から、荒序が舞われた日時、場所（行事名）、その折の光葛流（野田家）と春福丸真葛流（上家）の、それぞれの配役を摘記した。また、配役の欄には、その時舞われた荒序の説、秘説などもわかるかぎり記した。加えて、荒序の記録だけでなく、関係する人物の生没の記録なども適宜追加した。

　こうしてみると、鉄笛が指摘するように、近真没後は、たしかに光葛流（野田家）・春福丸真葛流（上家）の二家によって荒序が行われていることがわかるが、光葛・春福丸が記録上最初に荒序を舞ったのは、仁治三年五月十日のことというから、近真が亡くなってまだ四ヶ月も経っていない。これまで述べてきたように、この時期はまだ跋文二さえ執筆されていない。つまり、光葛・春福は荒序どころか、それ以外の陵王の譜さえ手に入れていないと見られる時期であり、聖宣の許で、舞を学んでいた最中のことであったと思われる。彼らは近真が没した仁治三年のうちに、三度荒序の舞を奉仕している。その記録を『舞楽古記』から次に引いてみよう。

真葛初度
同三年（仁治）（一二四二）五月十日春福丸左衛門志 近葛　於今出川殿入道殿公経
　御前舞荒序八方八反 説　大鼓孝時入道　鉦鼓二位中納言殿 実藤
　祗候人々　宰相入道基氏　公番（審ヵ）法印　諸大夫以下
　不及注之　入道殿御感之余御落涙
十一日午尅　又有荒序一二四八説　笛景基　大鼓二位中納言
　鉦鼓孝時入道　一鼓久行　纏頭薄色生絹一領
　春（○）（脱文「福荒序如殊勝思食之由以保房被仰母尼之許有」）入綾手昨今光葛荒序如春福然而其曲不及
　春福云々為悦来宿所人々（々）済

> 「第三ト」（朱筆）
> 同年（仁治三）（一二四二）八月廿八日於今出川殿春福舞荒序二四八説
> 乱序皆悉　破二切　笛景基　大コ二位中納言
> 鉦コ法深　一鼓久助　次光葛荒序但三帖
> 有失錯失方角　春福曲殊勝云々(13)

（括弧内は筆者）

いずれも今出川公経邸での荒序御覧であり、私的な催しであったかと察せられる。うち、五月十日、十一日は光葛・春福の競演で、『舞楽古記』によれば、真葛は「入道殿御感之余御落涙」（五月十日）、「春福荒序、如殊勝思食之由、以保房被仰」（同十一日）ということであり、春福は殊勝であったらしいが、光葛は「其曲不及春福」というから、春福には及ばなかったらしい。

八月二十八日の荒序御覧でも春福は「殊勝」と評価されているが、光葛は「三帖有失錯失方角」と、失敗に終った。こうして明暗が分かれたためか、**表1**に見るように、その後、光葛は十二月二十日に基王の御師として奉仕してはいるものの、寛元二年（一二四四）二月の興福寺常楽会、同月二十三日の今出川殿荒序御覧では、春福がその任に預かっている。

ところが、前述のように、聖宣が没したと思しき寛元三年（一二四五）を過ぎると、しばらく両名に荒序の沙汰はなく、建長元年（一二四九）以降、光葛方ばかりが荒序を舞うようになる。光葛ばかりでなく、その子朝葛も出て来ており、かつ醍醐寺の龍華会をはじめ、石清水、仁和寺、興福寺、東大寺といった大寺の行事で、舞を勤めている。

一方、春福は聖宣生存中の寛元二年（一二四四）二月十六日に舞ったのち、同年四月五日には十二歳で元服して、真葛と名乗るが、その次に荒序を舞うのは文永四年（一二六七）となる。ときに真葛三十六歳。その間、二十年以上も荒序を舞う機会を得られなかったことになる。

近真が没したとき、光葛は三十三歳、真葛は十一才であったから、その年齢差は二十歳以上であった。したがって、近真没後、真葛が光葛に張り合えたのは、聖宣の後見があったことによるものと察せられる。聖宣の死を境に、急に荒序の機会を失ったのは、そうした事情を窺わせるものといえる。翻せば、それは、荒序の継承が、聖宣という指導者・監督者を失い、野放図に行われるようになったことを示すものではないか。

しかし、文永五年八月ころより真葛の所作が増える。同七年八月十六日の石清水放生会の真葛には、「光葛老耄之間代官也」と注記があるから、このころ光葛は老いて舞えなくなっていたらしい。光葛が没し、代わってその子朝葛が出て来てもしばらくは真葛が陵駕している。ただし、真葛と朝葛の記録を眺めていくと、荒序の配役が衆議によって決められることもあった（文永十二年二月十五日興福寺常楽会）。また、朝葛が舞えば、自分にも役を回すよう真葛が懇願して舞っている場合もある（建治元年三月二十八日今出川殿舞御覧）。このあたりなどは、荒序の所作をめぐって、両者が対立していたことを示すものといえる。

また、披露された荒序の説にも着目すると、いずれも八方八返様や二四八説で、つまり光則流の荒序であり（年表中に引いた『體源鈔』では、八方八返様は「八方」、二四八説は「四方」と略記される）、光近流の荒序（八方各一返様・四方各二返様）が舞われた例は一例も確認できない（荒序の諸説については、前章に詳述(14)）。これはどういうことなのか。光近流の荒序は習っていなかったのだろうか。

こうしてみると、近真没後の荒序の記録からは、二家による相承が行われていたこと、両家が対立していたと思われること、行われていたのは一環して光則流の荒序であったらしいこと、などがおよそわかる。ここでは概要を摑む目的で、記録を年表化したが、今後はさらに多くの史料によって、ひとつひとつ丹念に検討してみる必要があると思われる。

ともあれ、福島氏が述べるように、狛の楽統がもし三男春福丸真葛によって継承されたのなら、このような二人による「荒序」の継承が行われたであろうか、という疑問が生じる。

そして、問題は聖宣の後任が見当たらないことである。本書の跋文にも書かれていないし、他の史料にも聖宣の後を継いで光葛・春福丸真葛に荒序以下の秘曲を教授した様子が見えないことである。とくに、前掲『古記』の記録によれば、「殊勝」と讃えられていた春福丸真葛が継承者にふさわしいように見えるが、聖宣の没後しばらくして、光葛方に荒序の配役が集中し、真葛方は皆無という時期があることは、そのことを窺わせる。

つまり、光葛・春福丸真葛は荒序以下の秘曲を途中まで習ったものの、すべてが終わらぬうちに指導者を失い、その後はそのままになったのではないかと想像する。いや、そうでなければ、二家による荒序の相承ということは考えにくいであろうし、聖宣亡きのち、年齢においても、官歴においても光葛に及ばない真葛が、しばらく不遇をかこっていたのは、後見人を失ったことにこそあったであろう。東儀鉄笛は前掲書において、光葛の子朝葛と真葛が、荒序の舞をめぐって争っていたこと、そして、こうした争いが生じるのは、荒序の継承者が二人いるからにほかならない、と指摘する。真葛没後も、荒序の舞をどちらが担当するかは衆義によって決められている（文保二年二月十五日興福寺常楽会）。仲裁が必要だったのである。それは近真・聖宣が、継承者を指名できずに終ったことに由来すると考えられる。

筆者がこう考えるのには、本書『舞楽手記』とともに春日大社に伝存する輪台の詠唱歌と荒序の譜を収載する『輪台詠唱歌外楽記』の奥書に、次のように記されていることも挙げられる。

先師順良房如此雖被記置之
未給真葛童名春福譜皮子中
在之仍功安〔改正応〕十一年春比判官

来臨之時任先師素意令交替
了但依為重書片文書止之
而於彼正文者左近将監季真
所持之歟嫡孫左兵衛少尉久繁
不帯彼譜之間任両人（中御門判官 先師順良房）
所存旨書写件譜畢以此書
可比正文者也

永仁元年九月廿五日威儀師慶誉（花押）

（読み下し）

先師順良房、かくの如くこれを記し置かる、といへども、いまだ真葛（童名春福）に給はず。譜は皮子の中にこれあり。よつて弘安十一年（正応に改む）の春の比、判官来臨の時、先師の素意に任せて交替せしめ了んぬ。但し、重書たるによつて、片の文書はここに止む。しかるを、彼の正文においては左近将監季真がこれを所持するか。嫡孫左兵衛少尉久繁は、かの譜を帯さゞるの間、両人（先師順良房・中御門判官）所存の旨に任せて、件の譜を書写し畢んぬ。この書をもつて正文に比すべきものなり。

永仁元年九月二十五日、威儀師慶誉（花押※真筆）。

（口語訳）

先師順良房聖宣は、（輪台詠唱歌の譜と狛光近流の荒序の譜とを）このように記し置かれていたが、いまだ真葛（童名春福）にお与えになっておらず、譜は皮子の中にある。そこで、弘安十一年（一二八八、正応元年に改元）の春のころ、判官真葛が来訪した折、先師聖宣のかねてからの願いに従い、（近真の遺した譜・文書等を守護する役目を）交代した。ただ、これは貴重な譜であったから、片方の譜（副本）はここに留め置いた。しかし、その譜の証本は、いまは真葛の次男である左近将監季真が所持しているか。（真葛の）嫡孫左兵衛少尉久繁はこの譜を持っていないというので、両人（先師順良房聖宣・中御門判官真葛）のお考えに従い、（久繁のために）その譜を、いまここに書写した。この書をもって証本に代えるべきものである。

永仁元年（一二九三）九月二十五日、威儀師慶誉（花押）。

この『輪台詠唱歌外楽記』については、これまで研究がなく、この奥書はこれまで翻刻、紹介されたことがないようである。譜を含めた全文の翻刻は別稿に予定しているので、書誌・解題はそちらに譲るが、この譜は、輪台青海波の詠唱歌の譜と荒序の譜からなる。うち、荒序の譜（二説）は、光近流の荒序譜である。

その末尾に記された奥書がこの永仁元年（一二九三）九月の慶誉の書写奥書で、冒頭に「先師順良房、かくの如くこれを記し置かるゝといえども、いまだ真葛（童名春福）に給はず。譜は皮子の中にこれあり。よつて弘安十一《正応に改む》年の春の比、判官来臨の時、先師の素意に任せて交替せしめ了んぬ。（原漢文）」とある部分、「交替」という語はわかりにくく、それについてはすぐあとで検討するが、これにより真葛が弘安十一年（一二八八）まで、聖宣が書き遺した「荒序」の譜を受け取っていなかったことがわかる。つまり、光近流の荒序譜については手に入れていなかった。このことは、前述したとおり、真葛らが舞っているのは、八方八返様と二四八説という光則流の説ばかりで、光近流の説は一度も舞われた例を見ないこととも符合する。またそれは光葛や朝葛以下の舞人も同じである。つまり、光近流の荒序の記録が見えないのは、その伝授を受けていないからであったといえる。では、光則流の譜はどうなのであろうか。光則流の荒序（八方八返様・二四八説）については、前掲の年表で確認したように、光葛・真葛の二人は晩年まで幾度もこれを舞っているから、『手記』成立の時点では与えられていなかったが、その後いずれかの時期に手に入れたものと見るのが穏当かと思われる。

そこで注意されるのは、『手記』紙背に、近真・聖宣とも異なる筆跡で書かれた荒序譜で、これは前掲第二章、第三章で述べたとおり、八方八返様、二四八説の光則流の荒序譜で、オモテに荒序譜が欠けていることからすると、後人が加えたものと見るのが穏当であろうとした（第三章）が、跋文一に記されているとおり、『手記』が実際にその後真葛の手に渡ったのなら、『手記』の紙背に、光則流の荒序譜を書き加えたのは真葛自身であったかと推察される。前掲**表1**（三五二頁〜）に見るように、彼は亡くなるまで二十三回荒序を舞っている（八方八返様、二四八説）から、光則流の荒序譜については受け取っていてもよいはずで、真葛が受け取るところの『手記』の紙背に、オモテにはない荒序譜が書かれてあるということは、真葛自身が、その後荒序譜を手に入れ、ここに書き加えたと見るのが穏当かと思われる。

話を奥書の解釈に戻す。「先師の素意に任せて交替せしめ了んぬ」とある部分、「先師」は奥書の後半部分に「先師順良房」とあるから、順良房聖宣のことと解されるが、その「素意」（かねてからの願い、意思）に従って、「交替」したという。この「交替」というのが何を交替したのか、本文中には明示されていないが、奥書中に「但し、重書たるによつて、片の文書はここに止む。しかるを、彼の正文においては左近将監季真がこれを所持するか。嫡孫左兵衛少尉久繁は、かの譜を帯さゞるの間、両人（先師順良房・中御門判官）所存の旨に任せて、件の譜を書写し畢んぬ。」とある。そのまま口語訳すれば、「（交替したが）重要な書なので、片方の文書（副本）はここに留める。しかし、この正本については、左近将監季真が所持しているのであろうか。嫡孫左兵衛少尉久繁の方は、かの譜を持っていないので、順良房聖宣・判官真葛の意思に従い、件の譜を書写した」となるが、季真というのは真葛の二男である。久繁は真葛一男繁真の男で、真葛の孫にあたる（以上前掲狛氏相承系図、三五二頁参照）。真葛の二男が持っていて、長男の孫は持っていないというわけだから、「交替」したというのは、近真の秘書を管理する役目を負っていたのを「交替」し、真葛に正本を渡したということと推察される。

つまり、真葛に正本を渡したのは、「伝授」ではなく、正本を保管する役目を「交替」したためであったかと思われる。また、そのことは、久繁が譜を持っていないので書写したと記すくだりからも、もしそれが伝授譜であるなら、「伝授」と記してよいはずであるが、譜を書写した理由を「持っていないので」と記しているから、これも「伝授」ではなく、譜を保管しながら、後代に伝えるために書写して手渡すということであった、と解される。しかも、近真の没後、聖宣が預かった近真の蔵書は、じつにこの弘安十一年の春まで、真葛には渡されずにあったのである。真葛は同年五月に没しているから[15]、死の間際であったということになる。

こうしたことから、光近流の荒序については、「伝授」されないまま、子々孫々に分写され、譜のみが受け継がれていった、ということであったと考察される。

こうしてみると、福島氏が、「無事にすべての秘説を引き継ぐことができる春福丸の成人まで」（前掲三四三頁傍線部e）とされたのは妥当ではないといえる。

また、福島氏が『舞楽手記』の跋文から「狛の楽統は継承されたのである」（前掲三四三頁傍線部f）とされる部分にも補足が必要であろう。跋文後半で、聖宣は次男光葛・三男春福丸真葛が未熟なのを「愁嘆」していて、秘事の継承を「三宝大明神」に祈願しているから、この跋文が書かれた時点ではすべての秘事・秘説が継承されていないことは明らかで、その点では「継承された」とはいえないことは先に確認したとおりである。真葛はその後、亡くなる直前まで、光近流の荒序譜や輪台詠唱歌の譜を聖宣から与えられていなかったのである。結局、荒序以下の秘曲が、真葛に「すべて」継承されることはなかったと結論される。

また、中原氏は『羅陵王舞譜』の解題に、「春福丸は、仁治三年（一二四二）正月、近真が臨終の床にあったため断絶の危機にあった〈荒序〉を、興福寺僧聖宣の尽力によって、兄光葛（当時三三歳）とともにわずか一一歳で伝授されている」と述べて[16]、注に福島氏の前掲箇所を引いておられるが、「伝授されている」と言いきってしまうと、すべてを継承したかのような誤解も生じよう。

『手記』の跋文二には、近真が荒序を光葛・真葛に「伝授し畢んぬ」（原漢文）とあるから、「伝授」が終ったものと解しがちになるが、そののち聖宣が荒序譜の読み方を教えているから、この「伝授し畢んぬ」（同）は、近真から荒序を「すべてを習い終えた」の意でないことは明らかである。近真は二人の息子に「伝授」した、その二日後に亡くなっているのである。わずか一日の教授で、「荒序」のすべてを習得したと解するのは現実的ではないように思われる。

伝授が行われた当時、近真の病が重篤であったことや、近真の没後、聖宣が二人の息子に指導していることを勘案すれば、近真の「伝授」というのは形式的なものであったと見る方が穏当で、伝授を受けた二人がその技に習熟し得たことを意味するのでなく、したがって、これをもって二人が「荒序」のすべてを相伝し終えたと捉えるべきではないであろう。

つまり、近真は臨終に至っても後継者を指名せずにいたところ、聖宣が近真の許へ向かい、説得した結果、二人の息子に近真自ら伝授するということになったのであるが、それは、近真が屈して後継者を指名したということではなく、二人は未熟なので、いまは譜を伝授するには至らないが、今後教育し、器量を備えたならば、譜を伝授してもよい。その可能性を残すために教えるのなら教えてもよい、というところへ落ち着いたのだと推察される。つまり、後継者は指名できぬという近真と、伝授すべきだという聖宣とが互いに歩み寄り、その狭間に活路を見出したということであったと筆者は解したい。いや、そうでなければ、近真がなぜ一人ではなく、二人に教えたのか、なぜ「荒序」の譜を伝授されていないのに、公けの場で「荒序」を舞っているのか、ということは説明できない。あくまで芸の本質を守ろうとする思いと、社会的、経済的な事情との激しい相克の中で出された、ひとつの結論だったのである。

＊

なお、前掲の福島氏の論考、傍線部（c）において、「聖宣は証人として其の場に臨み」と述べておられるのは、前述の『輪台詠唱歌外楽記』中の「荒序」の譜の奥書に、

　已上八帖一説大略如此殊火急可舞也

　年号ハ近真筆也

　承元三年（一二〇九）十二月廿日伝之証人聖宣在判

（傍線・括弧内は筆者）

と見え、傍線部にあるように、聖宣が証人として伝授の場に立ち会っていたと読めるからであろう。近真とはどういう縁があったか詳細は不明だが、聖宣は狛氏の秘曲伝授について見届ける立場であった。

また、同じく前掲傍線部（d）の「荒序譜は（中略）光時より（中略）譜を作り」というのは、『続教訓抄』巻二下「第十九　或人云ク舞ノ譜ノ名字」に、

　凡左舞譜ハ祖師尾張浜主ガ昔ヨリ侍ラザリケリ。而大夫判官光季ノ時粗シルシ置トイヘドモ曲々帖々ツブサナル事ナカリケリ。爰北小路判官光時童名ノ時ヨリ、光季ノ嫡子ニナルユヘニ、狛家嫡流ノ舞曲、涓埃ヲノコサズナラヒ伝フル間、彼所草ノ譜ヲ本トシテ自筆ニ是ヲ録セラレタリ。平舞、安摩、陵王等ナリ。（傍線筆者）

とある部分(17)の点線部や、『體源鈔』十三所収の狛氏系図の光時の勘物に、「始作舞譜」とあるところ(18)に拠ったものであろう。

おわりに

こうしてみると、本書は、近真・聖宣が春福丸真葛に託す目的で記した「陵王」の舞譜であったが、「荒序」の

教習が終わらなかったから、「荒序」部分の譜は削除して託すことになったものであると推察される。つまり、翻せば、「荒序」ははじめ本書に含まれており、ゆくゆくは伝授するつもりであったと推測される。しかし、それが未遂に終わったのには、光葛・真葛が未熟であったことのほかに、聖宣に死が迫っていた、という事情があった。かくして、光葛・真葛への「荒序」の伝授は道半ばで終焉を迎えることとなった。

つまり、本書は伝授譜ではないと結論される。筆者は、前掲第二章で、それは伝授譜というより、散佚を恐れて子孫に譜を託したという方がふさわしい、と言ったが、ここに述べたように、本書成立の時点では、秘事・秘曲がすべて伝授されていないし、それが叶えられるかどうかは、光葛・真葛の将来にかかっているわけだから、本書を与えることは、舞楽継承の可能性を後世に残すためではなかったか、と推察する。筆者は、『手記』とともに春日社に所蔵する『舞楽古記』について述べた本書第二部第一章の中で、『古記』中に、近真が陵王荒序の伝授・継承について書き残した記事を指摘し、次のように述べた（二二六〜二二七頁）。

書置
於荒序之曲者可伝嫡子一人但若乙子之中有器量
物者可伝置其故者当曲末世ニ此家ニ不絶シテ久敷
令仕朝家也但嫡々流之輩あらんうへは乙子之輩これ
をいとは不可舞若又子々孫々の中ニも習伝こと
なくハ此譜伝取我家之輩経　奏聞以此譜舞
もし次もすへし仍ことにこまかにしるしたるなり
此世のはかなきあすをこせぬことなれハよく〳〵
心しるへき事なりされハこそ其器量ともあら

すしてたもつましくみえん体ニをしゆへからす
をしゆへからす口伝云此曲ヲ習伝事以吉日
三ケ日精進ヲして静所に師弟密々可受也
在判近実判也

（中略）末尾に「在判近実判也」とあるから、原本には花押があったと覚しく、それを別人が「近実」の署名であることを注記したものと解される。「近実」は音通で「近真」、すなわち狛近真だろうか（近真のような地下楽人の名は音通でさまざまに表記されることが多い。大神基政《おおがのもとまさ》の「基政」を「元政」「元正」のごとしである）。

そこで内容を要約すると、――「荒序」の曲においては嫡子一人に伝えるべきである。しかし、嫡子以外のものでも器量のあるものがあれば、そちらへ伝え置くべきである。また、子々孫々の中にもこれを習い伝えるものがなかったならば、他家のものが「この譜」を伝えて舞い、継承すべきである。だから、とくに細かに記したのである――とよめて、「陵王荒序」の継承のあり方について書き置いたものだと理解される。

つまり、近真は、荒序は器量の者一人が継承すべきで、器量の者がいない場合は他家の者が伝えて舞うべきだと述べている。これが近真の意志ならば、死に臨んで光葛・真葛の二人に「伝授」したというのは、二人を後継者に指名したわけではなく、やはり可能性を二人に残すためであったと理解されるのである。二人のうちのどちらかが技術を磨き、跡を継いでくれることに望みを託したということであったはずである。そして、もし光葛・真葛がそれを負えない場合は、器量の者が現われるまで、譜を代々守り伝えていくということも想定されていたと解される。つまり、本書は「伝授譜」ではない。「舞を絶やさないため、可能性のある者に託したもの」、というべきである。二人の教育係であり、近真の蔵書管理を依頼された聖宣が、死後『手記』を真葛に遣わすようにと遺言した点は、まさにそうした近真の意向と符合する。そうしてみると、福島氏が「無事にすべての秘説を引き継ぐことができる春福丸の成人まで」〈前掲三四三頁傍線部ｅ〉と述べられた点はやはり否定される。この、近真の「書置」からは、元服を機にすべての秘説を伝授するという意志は見えない。あくまで「器量の者」に伝授すべきであり、それが叶わない時は、他家の者に継がせよとさえ言っているのである。

では、聖宣の没後、光葛・真葛の二人はどうなったのか。狛氏相伝の秘曲の数々は、そして荒序は、その後どのような道を辿ったのか。本稿では少しそのあたりのことを概観しようと試みたが、細かい部分については、今後もっと幅広く史料を求め、ひとつひとつをつぶさに見てゆく必要がある。詳細は稿をあらためて述べたいが、近真亡きのちの教育者であり、伝授の是非を一身に任された聖宣が没したとなれば、ほかに伝授を見届ける者など誰もいないはずである。前述のように、東儀鉄笛は、光葛は野田家、真葛は上家として分派し、長く嫡流をめぐって争っていくこととなったと指摘しているが、それは、近真・聖宣とも後継者を指名せず〈あるいは指名できず〉、二人に可能性を残したことに起因すると想像する。狛氏のその後を検討する必要がある。

ともあれ、本書成立の過程は、そのまま近真以後の陵王荒序継承の一過程を示すものといえて、貴重な史料だということができよう。

注

（1）「秘伝の相承と楽書の生成（1）――〈羅陵王舞譜〉から『舞楽手記』へ――」、「詞林」四十四号、大阪大学古代中世文学研究会、二〇〇八年十月。

（2）岸川佳恵・神田「春日大社蔵『舞楽手記』翻刻　付解題」（「日本漢文学研究」第五号、二松学舎大学日本漢文教育研究プログラム、二〇一〇年三月）。解題は神田執筆。但し、解題には訂正すべき点があるので、『舞楽手記』については、本書収録の論文を参照されたい。また翻刻は本書第三部に収録した。

（3）「古代文化」第三十四巻第十一号、（財）古代学協会、一九八二年十一月〈原題は「狛近真の臨終と聖宣」〉、のちに

（4）『日本音楽史叢』福島和夫、和泉書院、二〇〇七年十一月に収録。
（5）日本古典全集『続教訓鈔』上巻、正宗敦夫編、同全集刊行会、一九三九年二月、三一八頁。
（6）上野学園大学日本音楽史研究所蔵窪家旧蔵本による。
（7）『楽所補任』同年条による。
（8）本書第一部第一章に述べた宮内庁書陵部蔵十巻十軸本（室町期書写）による。
（9）「興福」第五十号、興福寺、一九八五年十二月。
（10）『金沢文庫資料全書』第七巻、歌謡・声明編（続）、神奈川県立金沢文庫編、便利堂、一九八四年三月、三一七頁の解説による。
（11）翻刻は、『雅楽資料集』第四輯、二松学舎大学二十一世紀COEプログラム中世日本漢文班編、同プログラム事務局、二〇〇九年三月に収録。
（12）宮内庁書陵部蔵伏見宮本『楽家系図』（『図書寮叢刊』伏見宮旧蔵楽書集成三、明治書院、一九九八年三月）、天理大学天理図書館蔵三条西実隆筆本『楽所系図』（天理図書館善本叢書、七十二巻の二、『古道集』二、八木書店、一九八六年三月）、宮内庁書陵部蔵壬生家本『楽所系図』（紙焼き写真による）の三本と『體源鈔』十三所収の「狛氏系図」（日本古典全集『體源鈔』四、正宗敦夫編、同全集刊行会、一九三三年十一月）による。
（13）注（11）の『體源鈔』四、一八一三〜三一頁による。
（14）春日大社蔵本による。全文の翻刻は、本書第三部に収録。
（15）狛近真が建暦二年に著した『羅陵王舞譜』（写本が宮内庁書陵部伏見宮旧蔵楽書に伝来）によれば、荒序には、狛光則流に八方八返様と二四八説が、狛光近流に八方各一返様と四方各二返様の都合四説あり、近真はこれらを相伝した。中原香苗氏に、「宮内庁書陵部蔵〔羅陵王舞譜〕――解題と翻刻――」、「日本伝統音楽研究」第一号、京都市立芸術大学日本伝統音楽研究センター、二〇〇四年三月、及び「宮内庁書陵部蔵『陵王荒序』考――『教訓抄』との関係について――」、『論集　説話と説話集』池上洵一編、和泉書院、二〇〇一年五月がある。詳しくは、本論第二部第一〜三章に述べた。
（16）注（12）の書収録の狛氏系図（一八三四頁）による。

（16）　注（14）の「解題と翻刻」、一〇六頁上段。
（17）　注（4）の書、三〇〇頁。
（18）　注（12）の書収録の狛氏系図（一八三二頁）による。

第三部　資料翻刻

凡例

一、ここには、本編で扱った資料のうち、以下の翻刻を収める。なお、収録にあたっては、共同翻刻者の岸川佳恵氏の同意を得た。

一、井伊家旧蔵『教訓抄』巻第四（彦根城博物館所蔵）　一巻一軸（Ｖ四二）
二、中御門家旧蔵『教訓抄』巻第十（国立公文書館内閣文庫所蔵）　一巻一軸（古三―五六二）
三、神田喜一郎旧蔵『教訓抄』巻第十（京都国立博物館所蔵）　一巻一軸（※番号なし）
四、『舞楽手記』（奈良県春日大社所蔵『春日楽書』のうち）　一巻一軸（書三―三）

一、字体は原則として通行のそれに統一した。

一、虫損や破損、印字できない文字等については□で表記し、その旨を傍注または脚注に注記した。

一、振り仮名、傍注、返り点、句点、鉤点、四声点、朱点、ミセケチ、補入はすべて原本に従った。ただし、神田喜一郎旧蔵本にあるかりがね点はレ点をもって表記した。なお、くり返し記号については、漢字は「々」、片仮名は「ヽ」（一字）、「〱」（二字以上）で表記した。

一、譜字は、なるべく近い字体を採用し、前掲二・三中の打物譜は、無理に翻刻せず、影印を挿入した。

一、本文の文字の配置は原本に合わせた。

一、脚注には、行数と本文の内容に応じた項目、その他注意事項、特記事項を記した。また、虫損等で判読できない箇所は、参考として宮内庁書陵部蔵本（五〇三―二五五）によって該当する本文を示した。

一、原本の紙継ぎ位置は、紙面の末を」で示し、直後の（　）内に紙数を注記した。

一、前掲二、三、四の紙背裏書は、オモテの本文に対応する位置を本文上欄に、矢印で範囲を示した。

一、二、三の紙背文書の笙譜については、曲名のみ掲出し、譜は省略した。

一、井伊家旧蔵『教訓抄』巻第四（彦根城博物館所蔵・井伊家伝来典籍Ｖ四三）翻刻

（原本五行分余白）

●教訓抄巻第四（内題）

●他家相伝舞曲物語　●中曲等

●目録

胡飲酒　□□□（破損）　抜頭

還城楽　菩薩　迦陵頻

蘇莫者倍臚　皇摩（マヽ）麞歟　清上楽

汎龍舟　河南浦　放鷹楽

蘇芳菲　師子　妓楽

小馬形

●序

夫我家ニ●習伝ヘヌ曲ニ侍レハ●定テアヤマリヲホク侍ヘシ●」（第1紙）

目録

04 欠損箇所、諸本「採桑老」。

1 序

但シ舞コソ知侍ネトモ楽ハ相伝タルカニ(マヽ)侍ハ●楽ノ習ニ付テ●大旨略ヲ存シテ注ルシ侍ヘシ●須ハ其家々ヲ●タツネトホラヒテ●コマカニソ●注タリ候ヘトモ●中〳〵ニトリイラヌワレラハカリモ●サタセヌ輩モ侍ケナレハ●ソコノアラワレ侍事モ●ホイナラヌ事ニ侍ハ●只楽ニ習フ所ノ説々●古人ノ物語ヲ少々●注置侍ナリ

＼昔ハ笛工《フエフキ》モ●横《ヨコ》笛吹狛笛吹トテ●各別ニ侍ケレトモ●雅楽允《ウタノセソ》(マヽ)(●○佐セウト読也)古部《コヘノ》正近カ時ヨリ●左右相兼タリ●笙笛吹モ●調子吹楽吹トテ●各別ニ侍ケレトモ●市《イチノ》佐豊原《スケトヨワラ》(マヽ)時光カ時●楽調子ヲ相兼テ侍トカヤ可尋之

●舞人モ昔ハ左右ヲ相兼テ侍ケルニヤ●昔多氏《オヽノウチ》ニモ蘇合青海波ハ舞ケルト申メリ●今ハ胡飲酒採桑老許ソ多氏侍也光高カ時ヨリ左ノ一者ハ定置《メヲカレテ》侍ナリ●然者《ラハ》此道ヲコノモレ(マヽ)ト思ハム輩ハ●何ノ曲ト云トモ●便宜ヲエタランハ●習写

19　允の傍注「左セウト読也」は朱筆。

25　「コノモレ」、「コノモシ」の誤か。

シテ置ヘキナリ●マシテ上臈ノ御中ヨリ下《クタシ》給ハ●古今　」（第2紙）
其ノ例幾《イクソハクソ》ヤ●他家ニモ我家ニモ●シラサル事ヲウカヽヒ
習タリ●楽人ノ中ニモ●楽トモ様々ニ替《カヘ》成シテ侍メ
リ●少々申侍ヘシ●
日記云保延六年十月十日行則始●光時舞習●
安摩渡様●散手破二返●青海波伝受了
天養元□二月十二日●狛行則ハ光時カ許ニ来
テ●央宮楽ヲ桃李花ニ舞様●春庭楽ノ秘説等ヲ
習タリ●真嫡男則近ハ●多年ノ間光近ニ心サシヲ
ハコヒテ●玉樹●渡切仁安二年比●秦王●釼鉾切●青海波●詠習
●其証文●在此家ソレヨリサキニハ●嫡家ノ外●如此ノ曲ハシラヌ
事ニテ侍シナリ●而《ルニ》文治ノ平等院一切経会ニ●
近衛ノ殿下ノ御出アリシニ●則近一者（ニ脱カ）テ●青海波
ノ詠ヲ仕タリケレハ●殿下左楽屋ノ行事●某ニテ
有御尋ニ云●汝家ニハ青海波マ（マヽ）詠ハ●無相伝ノ由●

33　□は「秊（年）」か。
41　「マ」、書陵部本「ノ」。

昔ヨリ聞食《シメシ》置処ニ・誰人ニ習ソヤ・可申相
伝二ト被仰下一タリシニ・更ニ申ノフル方ハナクテ・　」(第3紙)
伝テ候ト許ツフカテ(マヽ)ケル（・光近カ相伝トモサスカニエ申／・上テ・閉口シテソ侍ケル・）
マシテ其以下ノ輩ノ行貞季時達事ハ・ヲシハ
カルヘシ・秘事秘曲名ヲタニモシラヌ体トモナリ・
以一ヲ二可知万ヲ一・多氏舞人ハ・紀氏ノ右舞ヲ習継
タリ・同節近ハ・父《チ、》近久ヲヲキナカラ・多景節ニ
習・同好氏好継ハ・父好節存生ノ時・清原助成ニ
舞ヲ習タリ・是皆世間沙汰可尋・舞人ノ中ニモ
左右如此侍リ・楽人ノ中ニモ・サル事トン候メリ・
楽ニ付申ヘシ・コレヲハ習ヘキ・父祖父ニソヒナカラ・
他人ニ物ヲ習ハ・口惜事也・但諸道皆便宜ニ
ヨル事ナレハ・トテモカクテモ侍ヌヘシ・
＼又柏(マヽ)光近カ・妓女《キチヨ》ノ舞ノ料ニ・大神是光ニ皇麞ヲ
五聖楽習タ□(虫損)ヤ・多好方カ・矢集近元ト申シヽ物□(虫損)・

44「ツフカテ」、書陵部本「ツフヤキテ」。

55「柏」字、「狛」字の誤か。

56 虫損箇所(上)、書陵部本「リシ」。虫損箇所(下)、書陵部本「ニ」。

還城楽ヲ習タルト申サレキ●コレラ体ノ人ノ●イタレルハ●ナンスル人モナシ●又ワロクモキコヘス●タ、人ニシタカヒテ●尋モ問ヘキナリ●カヤノ事●中〳〵ニ人ノワキニ（マカ）ヘタ」（第4紙）キナリ●ヨク〳〵案ヘシ●

●胡《コ》飲酒《イムシユ》　●有別装束　●小曲　●古楽

●一名宴飲楽《エムヲム》

●序二帖●拍子各七　●破七帖●拍子各十四

班蓋蝕《（マヽ）》所作之　●胡国人飲酒酔テ●奏此曲模●其姿乙舞曲●桴《ハチ》者●酒杓《サカヒサコ》曰●此事不詳可尋又云胡国王舞之●仍桴《ハ》笏也云々

或書云　●承和年中奉勅●舞者大戸真縄《マタハ》作之●楽ノ（マヽ）有大戸清上作之　●然者如青海波●此朝ニシテ作改タルカ●又新作《シク》歟《ルカ》●不詳可尋之●又児女子《シチヨシ》牛飼童《ウシカヒワラハ》●酒酔郷《スイキヤウ》　之姿作舞　●謬説歟

舞者●源家ニ留ル●土御門御一家　●楽者●被下坊家●是習伝今有諸家

序二帖●第二帖舞人居秘事内云　破七帖●第二返之末籠二拍子●打三度拍子●是多氏説第三返之頭ヨリ●打一伯子（マヽ）●山村氏之説●

舞五返時●従第二返頭打三拍子　●頼吉《ヨリヨシ》説●第三返末加三拍子●惟季《コレスエノ》　説●打一拍子

2　胡飲酒

02「飲」左上にある声点三つのうち左側と中央及び左下にある声点朱筆。他は墨筆。

05「真縄《マタハ》」振り仮名、原文のまま。「ノ有」、一本「者」。

09「伯」字、「拍」の誤か。

此舞昔ヨリ・右舞人多氏舞・其故不知可尋
＼当曲作法・自右楽屋・渡左楽屋・着装束・左方頗　饗応《キヤウヨウ》シテ・一
坏《コン》ノ酒ヲ勧《ムル》　例也・先奏古楽乱声・(未詳)□使三度・太上天皇
・関白家・御随身勤之法皇之体ハ・廰官・左楽屋来テ・右膝突テ
仰ナリ・然承久二年・水無瀬□《殿》ヒ舞御覧日・御随身某右方仰タリキ・
御随身尾籠ト・上下申キ・
」(第5紙)
舞人出テ乱序一曲ノ後・止テ乱声ヲ一・各祢取《ネヲトル》・如常　＼次
序二帖・有居事＼次破七返・舞踏《フタウ》ヲシテ・如大輪一舞廻・其姿打輪ノ即シ(マヽ)
如此舞テ・七帖ノ終ニ北廻向テ終《ハル》也・而近来・楽七反ニ舞不
合《アハサル》一間・大旨八返・九返吹也・是左舞図心得サル故也・
＼承元二年十月廿四日・吉水大懺悔院御堂供養・在御幸
・仕日在胡飲酒・舞人大宮　亮《ミヤノスケ》・源定仲　・仁平御賀ニ若
君ニテ此曲舞給・年十一　・当日着装束一出給間ニ・メツ
ラシキ(振カ)仮舞アリ・左大鼓鉦鼓ノ中ヲ通《ヲホリ》(マヽ)テ・桙ノ内ヨリ
大鼓ノ面ラ経テ・違《スチカヘ》ニ戌宛(マヽ)ヲ指シテ歩行テ・舞台ヲス
キテ後・立返《タチ》　直《ウルハシク》　登《テ》舞台一・舞始・当曲秘事内云々又失錯歟・其勧賞従三位追テ被仰下

---

13 □、一本「御」。
14 「水無瀬□」の□は、扁「イ」、旁「付」。

入時重破吹・楽屋ニ向時・加拍子・入間度々召返・其時・入綾
舞也
・此内ニ勅禄《ロク》・大鼓《ノ》前《ヘノ》手曰・有秘事・召返サレテ・御殿居
・桴頭《ハチノカシラ》ヲ地《チニ》突《ツク》手
・無□（未詳）秘事侍トカヤ

＼古記云・堀河院御時・多資忠・為山村《ムラ》正貫ニ・被殺害了・仍大旨二道失了
・仍聖主此道ノ絶事ヲ・深依有御歎間・彼資忠之子二人・被
尋出了・太郎ハ十五忠方・次郎十二近方・則令元服テ・以勅定
道ヲ被教　継《ヲシヘツカ》也・右舞ハ東大寺職宰（マヽ）・以紀末延・令習伝・胡飲
酒ハ・右大臣源家ヨリ・下給タリ・採桑老ハ・天王寺舞人《召》・秦《ハタ》公員（マヽ）」（第6紙）
・習写・神楽ハ・兄弟黒戸《クロト》ニ・召居《メシスヘ》テ・令　勅下御・於秘事者
・二男近方ニ
下給タリ・

＼或記曰・昔胡飲酒絶了・嫡男某不伝此曲事ヲ・ナケキテ臥タル
夜ノ正夢ニ・父来テ此曲ヲ教写了・ユメサメテ後・アハレ楽ニ
合テ・コノミ（マヽ）ハヤト思処ニ・可然所ニ管絃ヲセラレ□《ケ》《ヒ》ルヲ・ヨロコヒテ・
無左右此楽ヲ所望シケレハ・即此楽ヲス・ヨロコヒナカラ進出テ・此曲ヲ
舞ケリ・人々目ヲト、メテミケレハ・舞手其姿・父カイキ
カヘリタルカト・ウタカヒツヘシ・仍件男ニ・次第ヲタツネケレハ・正夢ノ
状ヲカタル・道ヲ継コ、ロサシ・アワレナルコトナリトソ申ケル・是八年
代モナシモノウタカヒ侍ト・可然□（未詳）ノ・御日記侍ナリ・仍記之
・可尋不審
無極説也

＼元永元年十二月十五日・最勝寺供養・忠方始・賜勧賞
・一男典（マヽ）節伝

28　□字、書陵部本「差」。
30　「宰」、書陵部本「事」。
34　□は「ケ」の書き損じか。
36　□、書陵部本「人」。
38　「典」、「忠」の誤か。

・一男景節／二男忠成伝云而建永元年九月九日夜・忠成為景節子
・童・被殺害了・又胡飲酒絶了
＼承元々年十一月廿九日・最勝四天王院供養・好方舞
・依勅雅行中将授之・今者上﨟モ二流・定仲三位流・土御門大納言定通・多久行
・雅行三位流・子孫侍従　・多好氏
・惣胡飲酒・上二流・下二流・無念ノ
事也・

・採桑老《○サイシヤウラウ》　　・中曲　別装束　　・古楽
・有四帖・拍子十二
唐作操桑子ニ・其真《ヒ》体老人・携杖着紫浅福（マヽ）微々行身
体如不堪人未古楽秘説云・柏《サシ》（マヽ）竹挿有二説・一者タテサケ（マヽ）ニサス・二者ヨコサマニサス細
（未詳）□サス左頭

・多資忠ウタレタリシ時・此曲絶了・以　勅定召天王寺舞人秦古員（マヽ）・近方所被習写也・
其後天承元年・朝覲　行幸始近方舞・蒙勧賞・即任右近将監・右舞人一二者・相並近衛将監・初例也・
・承暦之比・中宮太（マヽ）原野行啓ノ試楽ニ・飛《ヒ》香舎《キヤウシヤ》ニテアリケルニ・狛光季大平楽大輪之間・大刀ヲ脇ニハサム・多政資採桑老
詠之時・藤ニ係《カヽ》リテ詠シタル・当日ノ興モ甚シ・後代ノ勝事ト申
侍（マヽ）タリ・如此振舞人ニシタカ（マヽ）ヘキ事ナリ・

」（第7紙）

3　採桑老

03「福」、「袍」の誤か。
04「柏《サシ》」、「指」の誤か。
05□、一本「綏」。
06「古員」、「公貞」の誤か。

舞出時用《ヨウス》調子 搔鹿婁如安摩 人係出《ニカウキツ》杖謂之 豊原氏楽人係ハ例也 他氏其氏楽人ナケレハ
人ニモ係ケナリ 舞人出テ 舞台上ヌレハ 係物返入了 其後有拝 拝後止調子

次楽二返

次詠 三十情方盛 四十気力微 五十至衰老 六十行歩宜 七十杖項栄 八十座巍々 九十得重病 有(マヽ)歳死無疑

一説 三十性方静 四十気力靡 五十始衰老 六十行歩倚 七十鬢毛日(マヽ) 八十座巍々 残九十百ヲハ不詠イマウ六ト(マヽ)云

次祢取 如青海波 但楽屋取之 如此シテ又楽一返 又詠祢取 又楽一反 加三度拍子

此拍子上様 古人証云 此楽古楽ナリ 須ク可打古楽楊拍子ニ《ト》イヘトモ 舞姿頗老体ナリ 仍加三度拍子也 以是為習

入時吹調子 鹿婁如先 一説不係之 一説云 舞人出サル祢ハ(マヽ) 鹿婁不搔 大鼓ヲモ不打 此説不可然歟 可花六三九三也

一説云 或記云採桑老之鹿樓ハ知舞人者可打一鼓也舞人取鳩杖ヲ於弓腰乃須万尓一拍子拝シテ頭ヲ突地ニ一鼓又舞踏間各打之 其儀如前

此舞出間 打大鼓三 先大鼓前ニテ腰ノス時一打 次舞台□(未詳)時懸《カヽリ》物ヲ放《ハナツ》時一打 次舞台ノ中半ニ行立テ杖ヲ取直シテ拝ヲ始ムル時一打 或管絃者説云 縵ヲ打上テ出楽屋時一打云 然者四歟出間如此 入時ニハ不打鼓云々

」(第8紙)

加拍子様 一説終帖説(マヽ)第二拍子ニ 打三度拍子 一説第四帖説(マヽ)第三拍子加拍子古老説云説(マヽ)第五拍子ニ 加三度拍子 尤為秘事ニ也

抑此舞作法 昔ニハ今ノ様 皆カハリテ侍 信定シカタク侍

先出入間 一皷ニ鹿婁《ロクロ》ヲ搔テ 今打大鼓ニ事 未出舞人之間 数刻ナリ 近来ハ 舞人好方 笛宗賢 鹿婁包助 大鼓則成ニテ雖見数ケ度ニ 一度モ不用異説キ 而嘉禄元年 八幡御放生会 上卿堀河源大納言通具仰曰 去承暦四年御放生会 上卿堀川右府 採

17「可花六三九三也」は、朱筆。書陵部本に見えず。

18「或記云〜其儀如前」は、朱筆。書陵部本に見えず。□、書陵部本「上」。

21「説(マヽ)」の字、三箇所とも「従」の誤か。

桑老多正助・陵王荒序柏(マヽ)光季・舞・可任其例・依被仰下・採桑老
多好氏・笛大神或(マヽ)賢・大鼓季清・舞出間・用大鼓三打説ニ了・是新儀・
次祢(取脱カ)者夕五引千六由中上中・宗賢吹説如此・今式賢《ハノリ》吹ハ・天王寺
説歟・五千六夕火五引連夕五千六由中引六五火中・是又以舞人声歌・為祢
取説也・雖有已上説々ニ・父宗賢一度モ・不用此説何・今用此説哉・
不可然トカタフキ申物・多々侍キ・於荒序依笛論上了
多好氏者・此由(マヽ)ハ家相伝曲也・然而師伝ヲキラ〳〵シク
ウケサリケルニヤ・承久元年ノ仁和寺舎利会ニ・好
氏ニ可舞ヨシ・被仰付タリシニ・無子細モ不及力ニ候ト
申シタリシカハ・サラハ久行ニ舞セムハ如何ト・被仰下間
・好氏一家三人・仍久行舞・神妙ニ仕タル由ノ、シリキ・賜纏頭
引具退出了　錦衣一重
・此久行之採桑老モ・先祖ニ有相伝ニトモ不聞・三(而カ)近久相伝之
由申・不審ナキニアラサル処ニ・真実ニハ天王寺舞人薗四郎壬広(マヽ)
云物ニ・退走季(マヽ)ニ・舞替《カヘ》タルヨシ・其聞アリ・実不如何可尋
好氏之採桑者(マヽ)ハ・重代ノ曲ナレハ・不審スヘカラサル処ニ・蜜々ニ故
忠秋カ沙汰トシテ・天王寺採桑老舞某語寄《カタラヒヨセテ》人尓ニ近秋カ・童形ノ
時習伝テ・近秋カ手ヨリ好氏ハ写渡云々・両家相伝如此云々・
実不可尋是皆世間沙汰
」（第9紙）
承久二年五月廿九日・閑院内裏御覧・好氏始舞安倍《アヘ》
季清係　同八月十九日・水無瀬殿舞御覧日・久行
始舞・豊原公久係

25「柏」は「狛」の、「或」は「式」の誤か。
28「由」、「曲」の誤か。
33「壬広」、「公広」の誤か。
34「季」は「禿」の、「者」は「老」の誤か。

●其日入時ニ●楽屋ノ本ノ桜木ニ係タリ●昔政資カ藤《フチ》ツホノ(マヽ)
事ヲ●マネハムトシリケルカ●神妙ニハミエスシテ●カタハラノタ
カリケルト時人申キ●政資ハ藤ニ係テ●詠ヲシタリシコソ
目出カリシカ●今入時楽屋ニ●入ラムトスルニ●□(係カ)タリケレハ無其由モ云々●
今ハ胡飲酒採桑老●二流ニナリニタリ●無念ノ事カナトソ
世ニ申ケル●此舞ニハナカム手アト(リ脱カ)云●天王寺ニハ舞侍ヨシ●其
聞ヨリ(マヽ)此方ヘハ渡不渡(マヽ)
不詳可尋

●抜頭《ハトウ》　●小曲　●別装(マヽ)　●古楽
●又髪頭《ハツトウ》　●破　●拍子十五　●掻拍子物
此曲天竺ノ楽也波羅門伝来随一也●舞作者
非詳カ之●一説云沙門仏哲《テツ》伝テ之ヲ置ク●唐招提寺ニ云々●
唐ノ后《キサキ》嫉妬貌云々●未詳出処●古老語云●モ□(ロカ)(虫損)コシ
ノ后●物ネタミヲシ給テ●鬼トナレリケルヲ●以宣旨
楼ニコメウ(マヽ)レタリケルカ●破出給テ●舞給●姿ソ(マヽ)模ト」(第10紙)
シテ●作此舞ニ(マヽ)ヲ　●而無作者　●無后御名　●尤不審々々
●古記云　昔相撲節●有弾《ヒキ》物琵琶●数面箏《コト》数張有之●歌《カ》
男者《ナムハ》●在左方●歌女《カニヨ》在右方●大鼓立数十面●彼ノ時□□(虫損)ハ
八人出舞之●中古来擬節会者略也●　連舞也●

41 □は、「係」の書き損じか。

4 抜頭

01 「抜」左上にある声点二つ朱筆、左中央にある声点墨筆。

07 「ウ」は「ラ」の、「ソ」は「ヲ」の誤か。

09 虫損、書陵部本「抜頭」。

10 「連舞也●」は、書陵部本に見えず。

先以林邑乱声ヲ㆒舞出テ則チ以此乱声ヲ㆒舞乱序ヲ㆒
置桴ヲ㆒時止乱声各祢取《ノヲル》大食調音次破吹《ヲク》(マヽ)目始㆒搔鼓ヲ
者常説行高ノ家ノ秘説云初大鼓三ヲハ四ニ打テ
第四拍子ヨリ古楽ノ四揚《ヨツカヲ》拍子(マヽ)ニ可加拍子㆒ナリ是ハ当《タウ》
曲ノ秘事南向ノ様ヲ舞時打之ヲ㆒則房宿祢ノ
申サレシハ南向(虫損)ミ□キノ様ハ今入綾《ノイリカヒノ》(マヽ)ノ舞手也左寄見右寄見退《シリソキ》テ去上見
(マヽ)見一次ニ桴ノ採テ本末ヲ㆒返シツ、大輪《スウワ》(マヽ)一返是二□(虫損)ヲ
右面懸《ノカヲニケ》左古伏(マヽ)ヲ面懸如打替カ㆒事如胡飲酒破
其後諸伏肘ヲ打テ尻ヘ走テモトリヲテ(マヽ)打テ居《キ》
テ返サシヲス是三コレハ近房将監ノ秘曲習《ナラハ》サル
事カ、セラレ候内也是西《正・ヒ》説ニテ候也
承元四年十二月廿日三井寺舞児興福寺下向之時為被ニ饗応男舞少々侍シ内ニ定近此手ヲ舞キ親父之説頗相違如何又承久二年六月一日院内裏ノ舞御覧侍シニ息男則定□(未詳)手舞又以相違尤不審々」(第11紙)
康和四年三月廿日高陽院内裏臨時楽柏(狛カ)行高□(未詳)(マヽ)乎
舞彼賞任左近将監了

12「目」、「自」の誤か。
14「カヲ」、「アケ」の誤か。
23 □、「此」の誤か。
24 □、「此」の誤か。「乎」は「手」の誤か。

安元二年三月三日後白川院・御賀臨時楽・狛則近此手舞・有賞 任事近（マヽ） 将監了 ・祖父之例云々

・上臈此曲舞給　・四位少将・教長　長承三年内裏ノ上人（マヽ） 舞御覧・令舞給・狛季貞弟子

・此外抜頭・狛季時流　・同光久流　・此流大旨失了 八幡御放生□（未詳）・堂楽終舞・時兼・上元末方・舞不知誰人相伝・

昔ハ四人舞事モ侍ケルニヤ・サル日記候也・今一人舞ニ定了

・還城楽《クエンシヤウラク》　・中曲　・別装束舞　・古楽

・乱序一帖　・囀三度　・破二帖・拍子各十八

此曲者・西国之人好テ蛇ヲ食トス・其蛇ヲ求メ得テ悦フ

姿・不可説ナル　間模《ホムト□テ》（虫損）　其体ト作此舞ヲ之・仍名見蛇楽《ケムシヤ》云々・作者不見不審

無極也 可尋也

・古記云

・此曲唐目録ノニ・入□（未詳）双調曲一　・何代被紗（マヽ）此調子事不見・可尋也

・又云　此舞本者・蛇フ（マヽ）取テ舞・而宇治殿ノ童舞ニ・ヲシヘラレタル時ハ・紙ヲマキ□（虫損）輪《ワ》ニツクリテソ・モタセサセ給タリケル・

又秋ノ舞ノ時・ス、キ女郎花ヲ・折合テ輪ニシテ舞ケレハ・殿下ノ仰ニモ・童舞ノ時ハ・カヤウナルヘシ・マコトノ蛇形ハウトマシ」（第12紙）キ也トソ・御定アリケル・ソレヨリ男舞ニモ・紙輪ヲ今ニモテヰタルナリ・ウルハシクハ小蛇ノカヰマキタルヲ・ツクリタルナリ・

29　□、書陵部本「会」。

5　還城楽

04　□、書陵部本「シ」。

07　□、「ル」の書き損じか。「紗」、「移」の誤か。

08　□、「テ」か。

平等院装束ニハ●イマモ相具タリ
大神晴遠《ハレトヲ》カ家ノ相伝ノ秘曲也●従天一降《フリ》タル面●嫡々相
伝今ニ其家ニアリ●又京舞人近元舞之●八情（マヽ）ニ助方舞之 不知誰人流ト可尋
系図云《ケイツニイワク》（マヽ）●此晴遠逝去了シ●経七日蘇生ヲシテ語云●我淡魔（マヽ）
王ノ御前ニ跪処召問ニシテ云●抑汝者定業有限ハ一但尺迦大
怖（マヽ）御報恩ヲ修スル興福寺ノ常楽会ニ●必有還城楽ノ
秘曲一●然者件秘事ハコト〳〵ク伝授シテ●参タルカ如何●于
時ニ一晴遠答申云●悲哉《シキカナヤ》不知死期一間●今二手ヲツタヘ
スシテ●マイリテ侍ルヨシ申●時ニ大王ヲトロカセ給キ●人ヲ
召テ勘替《カムカヘカヘ》テ●三ケ日ノイトナ（マヽ）ヲ給●于潤（マヽ）浮ニ返テ●件
手ヲ伝ヘシト●蒙仰一テイマヲ（ト脱カ）給ハリツルトテ●サメ〳〵トナ
キテ●嫡男●是遠《コレトウ》呼居《ヨヒスヘ》テ●二手ヲ伝授□（事カ）了●今ノカマツカ、ヘリ オシモトリ手ナリ
サテ三ケ年以後●令逝去了●爰ニ晴遠ヨリ●是光ニテ（マヽ）
嫡子一人ニ此曲ヲ伝来処ニ●是光之時●嫡子光茂 ●二男是私（マヽ）伝
了●仍今ハ二流 成タルナリ

」（第13紙）

13「情」、「幡」の誤か。
20「ナ」は「マ」の、「潤」は「閻」の誤か。
23「ニテ」、「マテ」の誤か。
24「是私」、「是弘」の誤か。

・仁平二年十一月ニ・是光朝勘ニ成了・大衆沙《シ》汰シテ住宅被破損了
・同三年ノ常楽会・依無還城楽舞・十三日試楽日・大衆一者光
時ニ仰付云・不可有是光之免除・而後日還城楽者・柏(マヽ)光久可
舞也件・光久ハ自八幡助方之手・正習伝タル由所申也・衆儀了・然
間是光十四日以長者宣被免除了仍光久不舞雖然光人(マヽ)相伝
各々申・件助方ハ・久(マヽ)元年之放生会舞タリ・然舞人歟・多好方ハ
・由別当近元ト申物ニ・習伝タルヨシ度々物語申シキ・件近
元ハ久安六年ノ放生会舞了・好方ハシ(マヽ)ニテハ不舞之・
・先如陵王・吹小乱声　・大神笛吹様　・又吹林邑乱声
・小部成(マヽ)笛吹様・大神氏ニモ　・放生会ニハ依為林邑終舞・用林
邑乱声也・
・乱序随舞吹之・大旨如陵王・出舞人・舞台之後・蛇置
・楽人末物之役也・
・囀三度
・阿蛇具蛇我恋　・等迹云果　・制鉄果善　・剡敵若剡
・早□(未詳)薩波　・落蛇楽　・顔頂漢曲　・骸蛇楽
・小乱声　・如陵王　・次各祢取　・乞食調《コツシキテウ》音
・次破二切・終帖加拍子　・常一帖舞・半帖加拍子　・入時吹安摩
笛・如陵王　・此舞出入ノ体・如陵王　・而昔ヨリ近来ニテ(マヽ)
此定侍シカ　・是茂カ時ヨリ　・コマカニ躍《ヲトリ》テ出事ハ始《ハシマル》也
・若ハ秘事カ若ハ私今案歟
其氏可相尋者也

35 □、諸本「禮」。
38「ニテ」、「マテ」の誤か。

6 菩薩

」（第14紙）

●菩薩《ホサツ》　●別装束舞　●古楽
●序一帖　●有二説　●破一帖　有二説
是天竺舞楽也●而僧正波羅門僧菩提●幷仏哲師《フテムシ》等《ノ》●化人《クワ》等●此朝《ヘハ》所伝也云々
●先以此曲●登《テ》五台山●欲供養《モフ》文殊師利菩薩之㆒時●白頭翁《ハクトウノヲキナ》相向《テク》云●文殊師利菩薩者●為利益《セムカ》東土之衆生《ヲ》㆒●化生彼国土給了●伝聞《ヘクノヲ》其名行基菩薩《ト》曰《フ》●波羅門来《リテ》此土《ニ》㆒●相逢《テ》行基《ニ》㆒●其時《ノ》百歳許《ハカリノ》老翁有二人㆒●一者自生《ヲムマレシ（マヽ）》㆒●眼眸《マナコシヒテ》不見《ス》㆒●一者自生《リヒシ》㆒●其腰不立《ス》㆒●共言《ニ》語不通●而二菩薩相向《モカウ（マヽ）》●伝此楽時●眼開《キ》腰立《テノ》各舞悦●爰《ニ》波羅門問《テ》云●是二人不知㆓誰人《レ》㆒如何●行基菩薩答《テ》云●是功利天《ノ》之天人●霊山会《ノ》同聞衆●也故《ユヘ》今日向聖人㆒覚知耳《マクノミ（マヽ）》云々●天衆ナリケレト●宿業《ニ》ヨリテ●サルカタハ物ト●ウマレタリケル也●此由《ノ（マヽ）》目出事《ハ》●コレニテヲシハカルヘシ●

舞出様有二説一者吹林邑乱声舞出畢ヌレハ吹
止テ祢取黄鍾調音有二説長《ナカキ》祢取様一説短祢
取様近来用之二者吹笙調子笛ニ壱越調ノ祢取テ吹
道行出也拍子四以一鼓柏子（マヽ）十六為一拍子近来拍子三而近代常楽会
後日ニ用道行トモ此説ヲ不打シレル伶人ノナキユヘナリ
明眼《アキマナコ》立腰《コシ》聞（マヽ）《キノ》此曲故也 」（第15紙）
序一帖拍子八是モ長短《ナカキミシカキ》ノ説アリ長説ハ古説兮（マヽ）不用之謂之大菩薩
短説《カキ》ハ今世ニ用様ナリ拍子ハヲナシカスナリ
破一帖拍子十一此楽以二返為一返是京様従喚頭如（マヽ）拍子古楽揚拍子長説アリ
拍子十四又説拍子十六又十八是者古説大菩薩道行也所習道行
者自《リ》喚頭吹《キ》出テ則始《チメ》拍子十六後加拍子謂如陵王破也
号菩薩之此曲ハタシカナルヘキニ世コトニシトケナクナレリヨク〳〵サ□（虫損）スヘシ
古抄ニ云　唐有菩薩蛮曲何事可尋之
又云　菩薩序破之間有詠大和《ヤマトノ》国橘寺留此詠
橘寺説 南無十方世界諸仏如来供養十種妓楽□（未詳）舞法会成大菩薩衆

22「兮」、「今」の誤か。

27□、「タ」か。

29「橘寺説～菩薩衆」は朱筆。「南無十方」以下、書陵部本なし。□は偏「ネ」、旁「隹」。

●合掌詠

●其詞曰●南無仏法僧礼拝《フツホウソウライハイ》●南無極楽界《コクラ□カヒ》（虫損）会《エ》同聞衆礼拝《トウモンシユライハイ》●是秀長法師説

●又云近来菩薩舞絶了●但大行道時●一鼓《ヲ》打《ニ》●鴨《カモ》ノ

ムナソリノ手ハ●是菩薩舞ノ手也●是舞人能真説《ヨシサタ》（マヽ）也●

興福寺常楽会十六日●可舞此手●仍前頭二人菩薩●懸一段●」（第16紙）

此菩薩舞ハ●コノ世ニハタヘタルヤウニ●ウケ給ハルトコロニ●狛氏ニ季《スヘ》

長《ナカ》入道ト云物アリキ●此舞ヲ令相伝之由●依令申●

於一寺ノ沙汰●菩薩中《ナカ》真教《ヲシヘ》継《ツキ》了●雖然二一切不見《スヘ》二其

舞《ノ》手《ト》一●只入様ノツネナラス●従先頭《リセントウ》一中央《ワウ》ヘ舞入メ（マヽ）

ル●其外無別手一●

●迦陵頻《カレウヒム》　●童舞　●古楽

●序二帖●拍子八　●破三帖●拍子十六　●以二返為一帖常一帖●十末六拍子加拍子

●急●拍子八●度数無定●随舞加拍子

此曲ハ天竺祇薗寺供養日ノ●伽陵頻来舞儀時●妙音

天奏此曲●阿難伝□（虫損）流布矣云々●迦楼賓是梵

31「是秀長法師説」は、朱筆。

7 迦陵頻

05 □、書陵部本「之」。

語也漢土教鳥●此鳥鳴音中●囀苦空無我●常ノ楽我
浄●銅拍子ヲ突《ツク》音●彼鳥音マネフナリ●
＼是僧正波羅門●僧菩薩慈仏哲《テツ》師等ノ●所伝㆒也●伽妻《カロ》
賓《ヒム》件ノ与菩薩共舞見曲是菩薩妙音天降●南
天竺国伝此舞楽矣●爰波羅門僧正□（虫損）伝」（第17紙）
得之後●不留漢土●先本朝伝云々●
＼序常ニハ一返舞　＼破モ一返舞●楽二返　●従第十一狛（マヽ）
子㆒●加拍子●古楽揚拍子略定時●用八拍子●末四拍（マヽ）●加拍子
●又有一説搔連打之　●謂之鳥搔舞手合云々
＼急●拍子八大輪之後●立定時●加三度拍子●不止楽音
●次第舞入●出時●用乱声此舞ハ●大神右舞人本トシテ●
ソナウ又末舞人等知之●舞師ヲスルナリ
●此舞ヲ供《クウスル》様ハ●捧《テ》供花ヲ㆒菩薩●右鳥舞（マヽ）●右蝶舞●対シテ
持参《テル》了●返入時●舞台之上草墩《サウトムニヰ》居ヌレハ●
菩薩ハ中ヲ通テ下了楽止了●次出乱声㆒時●

10　□、「親」か。

舞台ヨリ下《ヲリ》テ●始テ出テ舞ヲ供ス●
此鳥者●極楽世界ニスミテ●仏ヲ供養シタテマツル●
●蘇莫者《ソマクシヤ》　●別装束舞　●天王寺舞之　●古楽
●序二帖　●拍子各六　●破四帖　●拍子各十二
此舞ハ●昔役《エム》ノ行者●大峯ヲ下ヲリ給ケルニ●笛ヲ吹給ケルヲ●山神メテ給テ舞ケルヲ●行者ニミツケラレテ●舌《シタ》ヲ」（第18紙）クヒ出シタルト申伝タリ●件出現ノ峯ヲハ●蘇莫者ノタケト名テ●今ニ在云而聖徳太子●河内ノ亀瀬《カメセ》ヲ通《トヲラセ》給ケルニ●馬上ニシテ尺八ヲアソハシケルニ●メテ、山神舞タル由●近代《チカコロ》法隆寺ノ絵殿説《エトノトキ》侍《ヘル》●御持預《コチノアツカリモ》　申侍●仍不審無極処ニ●或僧云●蘇莫者ノ事ハ●六波羅蜜経ニ具ニ説タリ●仏世界曲ナリ●非□ス（未詳）朝ノ事トニ正ク申キ●以是案之●楽カ天竺楽ニテ侍ヲ●化人タチノアソハシタリケルト●ヲホヘ候也●
舞ハ山神ノ曲更ウタカキナシ可尋
＼序二帖●拍子各六●大鼓●如荒序ニ打之 一説如楽ニ詞打之（マヽ）●破四帖●拍子各十二 □（虫損）拍子用之

8 蘇莫者

10 □、「此」の誤か。

13 □、書陵部本「忠」。

●終帖加拍子 ●如還城楽破●舞出入用古楽乱声也 ●乱声
吹止各祢取 ●盤渉調音 ●入時重吹破 ●加拍子●一説也
＼或書云●本者有急ㇾキ大秦公貞時●令秘蔵間絶了
●古老云此破ヲ六羯鼓十六拍子延吹●昔為急云々●
●抑此破ニ有楽拍子之説ㇾ●大□（虫損）惟季之流ノ●外《ホカ》ノ他伶
人不知之ㇾ也●
＼永保三□（未詳）十月一日●法勝寺九重御塔供養●法用楽ニ」（第19紙）
惟季始吹之●其習云●不吹喚頭●有返吹処●笙時元●自余伶人不吹之
＼保延二年十月十九日●法金剛院御塔供養●錫杖上《ノホリ》
楽ニ●基政吹之●
＼承安三年　日●蓮花王院御塔供養日●当座ニテ楽拍
子可仕ㇾ之由●被仰下ㇾ●宗賢失《ナヒ》東西テ●散々吹了●覚悟ケルナリ
＼建保元年三月廿六日●法勝寺又九重御塔供養ニ●任テ
永保例ㇾ此楽式文ノニアリ●笛吹●宗賢●式賢二人●此楽拍子之説ヲ●
分明ニモ存知セサリケルニヤ●父宗賢ハ申旨モナカリ

---

18 □、「神」か。

20 □は、「季（年）」か。

シニ●式賢カ楽拍子ト云ハ●早□《クク》(虫損)ヲコソイヘトテ●忠拍子ニ
於世カケテ吹ク●父ハ不吹シテアリ●子一人シテ吹テキナ
ラハスハ●ヲトナクテ侍ヘキ也●父ヲサシヲキテ●説ヲ作事●
世末ノワウワク●イロマサリタル事也●上臈ノ御中ニモ●
此楽ノ吹様コソ●先例ニ相違シタレト●聞トカメサセ給
人ノヲハシマサヌ事●返々モ口惜《シキ》也●後ニ予楽拍
子之説ハ●惟季説ハクハ(マヽ)侍□(虫損)《リフキ》ニテ侍物《ル》ヲト
申シ、カハ●其説ハ蒙御定ヲ吹事ナリト陳申ハ●中〳〵ニ無其」(第20紙)
謂之由●時人之沙汰之(マヽ)●都不習伝事露顕了
コノ破十六拍子ニ延●六拍子説ニハ●楽ノ詞ハイトカハラス●大鼓
ツホハカリ替ナリ●楽拍子ノ由利吹説ハ●詞ヲ延ニ吹侍
ナリ●此両説者●今世ニハ予流《カ》ノ外ハ●人更不知之歟●

●陪《ハイ》臚《ロ》破《ハ》陣《チン》楽《ラク》　●別□(未詳)舞●□(天カ)王寺舞之●古楽
●破●用新羅陵王破　●急●当曲吹　●拍子十三
班朗徳所作也●是天竺楽也　而大国法清舎日●於陣内

29–37 各行、原本一字下げ。
29 □、「吹」か。
35 「ハクハ」、書陵部本「カカクハ」。虫損箇所、書陵部本「ス由《ユ》利吹《リフキ》」。

9 陪臚破陣楽
01 「破」左下、右下の声点及び「陣」右上、右下の声点朱筆。他は墨筆。□は、扁「イ」、旁「羔」。「様」の誤か。

奏此曲《ヲ》一・知《ル》死生《ヲ》一云々・此楽七返之時・有《アレハ》舎毛音《シヤモウノコヱ》一・我《カ》陣即《チ》
勝・怨《ノ》陣即《チ》破《ル》・若《シ》我陣無《レハ》此音一・自陣破《ル》・怨《カ》陣則勝云・此舎
毛音・何事哉可尋
・古目録云脂□（未詳）道行云
或人云・楽者波羅門僧正伝《ヘ》来□《タ》（虫損）給・舞者上宮太子・
為《シテ》敵守屋臣《トモリヤノ》・奏此曲之時・有舎毛音・仍自陣勝了・
其模《トシテ》此《ノ》舞所《ヲ》二遺一云々・但太子伝不見
先舞出時・吹林邑乱声・于時一左右舞人十二人出
作輪《ヲ》一立定ヌレハ・袮取吹新羅陵王破・有二説拍子十二説
者・奈良様拍子四者・天王寺・次又吹□（虫損）声・又袮取吹当曲一」（第21紙）
・拍子十二・以楽二返・為一帖・謂之半帖吹説・即伽（マヽ）拍子・如還城楽・次又吹乱声・作輪《テ》一・乱合《ミタレアヒ》（マヽ）
シテ走《ハシリ》入《ル》云々・
・天王寺公元曰・吹乱声此間舞人出降・而作輪舞人立定・止乱声・取音・次吹儘（マヽ）三反・此拍子者・如抜頭・今世如蘇莫者破・
始□（周カ）公定一返後・上拍子・楽三返間舞一返也・舞乍持楯抜鉞舞・粗
似秦王楽・次吹乱声舞人昇降・作輪如初次又取音・次新羅陵王
破・四拍子一反後・上拍子・常儀依楽三返・以此間当舞一反歟・舞礼用
秦王楽破・第二返末執桙之手也・舞手六拍子許也・但多少可右舞
人之心・用同手還舞故也・舞人同等□（虫損）後突之手者・楽人見
舞手吹上（マヽ）之後・突者太平楽終手□（虫損）

---

06 □は、扁「月」、旁「座」。
12 □は「乱」か。
18 虫損（右）、書陵部本「之終依」。虫損（左）、書陵部本「也」。

・次吹乱声・此度有有(マヽ)昇浄(マヽ)不作輪之・入舞・今見倍臚昇降作輪之体疑是破陣楽真麗鵡(マヽ)

貫左右各同体歟

次唐招提寺・四月八日倍臚《ヘロ》会此曲舞・鑑真大和尚・所伝也可尋

・舞人僧・者甲裲襠大刀《カフトウチカケタチヲ》一・□鉾貫侍《タチニホコヲツラヌキテモツ》(マヽ)各小舞人一人相副タリ・笛ハ玉手氏《タマテノウチ》・三鼓之

達吹之一ナリ・大鼓打寺僧謂《ユル》円満寺別当ノ某流歟・自当(マヽ)

前下来楽屋・袈裟威儀ヲ返シテ・打之随大鼓吹笛也・

住僧説云・毎句《マイク》可頻打上拍子ニ・有唱歌・同志《トウ□》(虫損)可同《カトウ》是也・又八多《ヤタ》羅拍子云・推之招提寺倍呂走《ヘロハシル》・トウシカトウノ鼓音ナリト云・

光(ママ)吹乱声・如天王寺不吹新羅陵王破シテ・直ニ吹倍臚曲《ハイロノ》

・不似常倍臚・先目《リ》(マヽ)大鼓一打出セハ・付《テ》其音《ニ》一笛ヲハ付也・抜大

刀舞・七登舞《トフ》云・是謂倍呂走・頗天王寺舞相違・彼寺住僧云・此舞者以此寺・為根」(第22紙)

元彼寺舞之時・光(ママ)数刻吹此曲・其間舞人・廻当前数刻其手差足踏・只用同事也・然後向合舞此曲也・久流廻当前称道行歟・

建仁三年十一月卅日・東大寺□(虫損)ノ唄上楽ニ

林邑楽屋奏《ス》倍臚楽・用忠拍子・尤楽拍子ニテアリタク

侍シカトモ・笛吹不知楽拍子説歟・長慶《チヤヲケイ》ト申ケル物ハ・一向

用楽拍子ケリ・サレハ楽拍子ノ説ノ・世ニナキニハ侍ス・慶雲楽体

---

22 □、未詳。

26 「光」、「先」の誤か。

29 「当前」、原本「當前」。或は「堂前」の誤か。

30 虫損箇所、書陵部本「之惣供養日」。

楽也
皇麞《ワウシヤウ》　有甲　中曲　新楽
破九帖　拍子各十　急拍子（虫損）近代五返歟
此曲者　黄麞《ワウシヤウハ》谷ノ名也　於件谷作此曲一云々　作者不見　古遊
声一帖幷序侍ケレトモ　絶タル間　急ヲ延《ノヘ》吹テ　為道行　出
舞也　掲(マヽ)鼓打様　如道行　古人号ス寄《ヨセ》拍子
破九帖舞　七帖ニテ(マヽ)ハ一帖ヲ返々吹之　八帖有喚頭　九帖
皆替吹加拍子　狛高季説ニハ　七帖ヨリ於世ニセテ(マヽ)　八九帖ヲハ　殊ニ
吹(マヽ)吹云々　今大神氏ニ略シテ（虫損）ヲハ緩ク吹テ
九帖ヲ火急ニ吹テ　即　打三度拍子也　中古ハ皆緩ヲ吹説タリシカ　近代如此舞　無不害(マヽ)アラス
急　拍子廿　近来四返舞　終帖　加一拍子　楚《スワヘ》ヲスツル時ヨリ　加拍子是光高説トテ　有基語説ナリ」（第23紙）
舞師云　道行今世不用　以テ急笛一為ス道行ト一　但其程信　於急可吹不止拍子　序又其舞已絶了　仍不用之一
破一帖舞人礼拝　二帖舞人向来居(マヽ)　但是人若南面之儀(マヽ)也　三帖モ舞有手　四帖初拍子　解錦額云々　一名海老葛
五帖第三拍子　以錦額帯胺《腰》至第六拍子結了
六帖第三拍子　自懐中出甲《ヒ》　七帖第十拍子着甲　八帖四拍子活甲(マヽ)　緒了　九帖有手
急一二三帖已上有手四帖初第（虫損）帖上拍子五六帖

10　皇麞

02　虫損、書陵部本「廿吹十一反又七反」。

08　虫損、書陵部本「舞ハ一八帖」。

09　「皆緩ヲ」の「ヲ」原本のまま。「不害」、「不審」の誤か。

13　「活」、「括」の誤か。

14　虫損、書陵部本「八拍子取梵(楚カ)自半」。

有手●七帖初十拍子并楚●八時(マヽ)□(虫損)者●□(虫損)人之内楽屋
上拍子其程●准公時●但舞人舞入合之時●准急□(程カ)可吹●
此舞於光季則季●雖伝一●依父則高之命●不舞●三郎
将曹●高季舞之今ハ大神右舞人フ(マヽ)舞侍メル●抑祖父●光近
妓女《キチヨ》ニ●令《シメム》習《ハ》一料ニ●是光ニ習ハレテ侍ケル●

●妓女《キチヨニ》教《ケル》説
●一帖礼拝●八帖天汝ヲ纏頭一●九帖於世吹●即加拍子ナリ 左
並《ナミヨリ》寄テ袖カツキ●右並寄テ□(虫損)舞●
●急三返如三台急舞テ●第□(虫損)(拍子カ)左右
捻向テハ●足ヲ踏上ツヽ舞也●
此舞天王寺ニ舞様●大神氏舞様ノ●以外《モンテ》相違シタリ●

●清上楽《シヤウシヤウラク》●惟季相伝譜書●上聖楽云々　●童舞　●新楽ソ(マヽ)
●有四帖●拍子廿
此曲ハ大戸清上最後所作也●自《ミカラ》(マヽ)成愛シテ●以我名●為楽名ト一●」(第24紙)
●或云欲還唐時●作此曲ヲ一●上□(虫損)(作カ)テ有
勅使以名●其曲為名云々●
舞出入用調子●興福寺常楽会●童舞奏之●近来僅《ワツカ》五拍子

---

15 「八」、書陵部本「八入」。虫損、書陵部本「道行」(上)、「侍舞」(下)。

20 虫損、書陵部本「袖カツク如此向四方」。

21 虫損、書陵部本「三切ニ初楚《スワエ》ヲ取テ加拍子」。

11 清上楽

05 虫損、書陵部本「奏諸曲之中殊ニ善作」。

許也●末加拍子　大神氏舞人モテ●為舞師也

●汎瀧冊《ハウレウシ》《リウ(マヽ)》　拍子十八　●童舞　新楽

此曲(マヽ)律書楽《リムシヨカク》　図云《ノツニ》●隋陽《ノヤウ》帝所造ル一也●以当曲一●為破●拍子十八

以散吟打球楽為急一　●拍子十二●□（虫損）○急カ○略五

拍子許也●末加三度拍子●舞出入用黄鐘調々子●当田者(マヽ)●則

水調曲ナリ●尤雖可吹二水調子●依秘蔵不吹之云々　●其様末落居

●詠云●稽首無上諸善道　●妙法一乗無二曲　●開示悟入仏知見
●三□(未詳)三望法善土　●供養香花及音声　●以此微妙殊勝冊(マヽ)
●乗大牛車出三界　●不入他城到宝所　●願共衆生東成仏

近来此詠スル事ハ●ナケレトモ●目出文ニテ侍ハ●注之

変表州ハ●是汎龍舟ノ□（虫損）御説云●

ハムヘウシユヲ奏レハ●南方ヨリ●□（虫損）シ□（虫損）来テ●ア

ツキ事ヲ失ス●此曲漢土ニテハ●有序二帖●拍子十六アリ可尋之

●河南浦《○カナムフ》　●拍子十六　●新楽」（第25紙）

此曲承和大嘗会●尾張連《ヲハリノツラ》●浜主歟作之一●送之●申伝

タリ●而或書云●海浜人舞●今此曲尤故アリ云々●

---

12 汎瀧舟
01「瀧」振り仮名「リウ」朱筆。「冊」、「舟」の誤か。
03 虫損、書陵部本「今常楽(会脱カ)舞之僅ニ序破」。
09 虫損、書陵部本「別読也此古老ノ」。
10 虫損、書陵部本「必ス、」(上)、「キ風」(下)。

13 河南浦
01「浦」左上の声点朱筆。他は墨筆。

・詠云・去北皇辰北天道・八嶋新器鎮万歳・朱南日月賀会□（未詳）・自生無□（虫損）・近来不用之

抑此舞者・興福寺常楽会・□（虫損）ハ・忠

算五師之時・始為テ奉ニ三請三尾張ノ国・熱田《アツタ》大明神被ル

副《ソヘ》行法会一也・其分ノ経ノ楽ノ次ニ・一曲アリ中門草墩《ニサウトム》

居テ・其ノ柷《シクヲ》置ク・其上ニ・敔置《コウヲク》・其姿二様云々・真（マヽ）形・虎形　于時役

人面ヲ着テ・進ミ出テ此ノ□（未詳）形ヲ取テ・袖ク、ミ・随テ大鼓

拍子ニ一舞・先北方・次西方　・次東方　則チ加三度拍子一・舞終テ□（未詳）

置・舞人居《キル》・草尻《ナム□》ヲ懸テ此役人楽人・中臈輩□（魚カ）□（虫損）エミ面ヲ物

一人出・謂フ之蓼摺《タテエリ》・鶏婁《ケイロウ》ヲ懸頸一・以大鼓桴一・是摺舞《リフ》

之・寺役・此間□（魚カ）ノ尾丼ニセホネヲ・蓼摺リ得テ・蓼ニヒタ

シテ心見由《ロミル》ヲシテ・骨ヲタテタルヨシヲシテ・ムネヲ打ッ・于

時ニ両役人退ソキ入リ・ヌレハハ止楽了・

通憲ノ之説クハ・是更ニ非ス舞事ニ也・柷敔謂《シクキヨトイフ》之一・楽ノ之

終リ頭ニ・叩之一鼓之・表多他□（調カ）云々・委有打物部・是モ無

左右ニ事ナレトン・□（魚カ）作ル舞□（虫損）トミユ・

」（第26紙）

05 虫損、書陵部本「第二日十六日法花会」。
11 「草尻《ナム□》」、□は虫損。振り仮名は原本のまま。
11 虫損、書陵部本「作其時ニ着テ二舞咲」。
18 虫損、書陵部本「体此一事ニモカキオハン事」。

熱田《アツタ》明神御饗応ト申モ・マコトニサル事モヤト
ヲホヘ侍ル・コノ事ヒラキカタシ・ナヲタツヌヘシ・
・放鷹楽《ハウエウラク》《ワウ》・拍子十八　・船楽《フナカクノ》之時《ハ》古楽　・新楽
楽談史云・弘仁三年八月一日・楽生奏之・即以猿鳴調一・
于振餅（マヽ）合于此舞時・□（未詳）翔於舞人以・曲節為御
猟之時必雅楽寮・案為□（虫損）
此曲野行幸送之一・舞ノ姿牟子□□（虫損）シテ・左手鷹居《ニヲスヘ》・右
手楚《ニスハヘヲ》持タリ・鷹ナフリノ体歟・弘仁天長承和之野
行幸・送之
・古記云・野行幸奏此曲・而延喜廿年十月十八日臨楽之時（マヽ）・雅楽属□（未詳）木氏・有着鷹飼装束・新羅琴師□（未詳）良実者・着犬飼装束・各奏舞曲・出延喜御記・件舞絶了・仍無装束・中納言藤原卿無実名・調進鷹飼装束云々・
或記云・白河院ノ御位ノ時・野行幸ト□（虫損）事セサセ給テ・
嵯峨野ヘ幸ヒキ・大井川ニ□（虫損）惟
季・鴾首《ケキシユ》ニ放鷹楽《ハウエウ》吹タル伶人ナカリケル間・井戸次官
秋宗ト云・管絃者ヲ召出テ・令着襲《カサネノ》装束ヲ・ノセラ

」（第27紙）

14 放鷹楽
01「鷹」の振り仮名「ワウ」朱筆。
03「餅」、書陵部本「餌《エ》」。□、扁は「糸」、旁は「飛」。
04 虫損、書陵部本「此歌舞」。
08 □、いずれも「船」の誤か。
10 虫損、書陵部本「云」。
11 虫損、書陵部本「奏船楽龍頭ニ」。

レタリケル・当座ノ面目身ニアマリタリト・其日ノ、□（シカ）リ
ケルホトニ・行幸ステニ成時ニ・楽ヲス、ムル時ニ・ヲク病
シテ笛ヲ河ニヲトシ入テ・不吹シテアリケレハ・武吉《タケヨシ》ト云伶
人・ハカ〳〵シクシラサリケレトモ□（虫損）ル也・
初ノ面目・後ノヲコ・浅猿カリ□□（虫損）・大□□（判官カ）□（虫損）未伝
此曲一ヲ給事ヲ・兼テ知テ・浄明院得業・円憲アハレ此
男ハ来スラム物ヲトテ・得業フシ給ハテマチ・給ケレハ
夜半許ニ・門ヲタ、ク物アリ・タレナラント、ハレケレハ・惟
季トナノラレケレハ・門ヲ開テ入ラレタリケルニ・明日野
行幸ニ・放鷹楽ヲ可奏之由・被仰下一・而未伝此
曲一・為ニ令伝授一馳下テ□（虫損）テ・
ヨモスカラ上洛シテ・行幸ニハアハレタリ・惟季一夜ニ・
受テ師説一目出カリケル・秋宗日来ナラシテ・事
闕タル・水火ノ器量ニテ侍ケル物カナ
同記曰・左舞人六人ヲエラレケリ・光季・高季則

17　虫損、書陵部本「如形コトヲナレ（シカ）タリケ」。
18　虫損、書陵部本「ケリ」（上）、「惟季」（下）。
24　虫損、書陵部本「候之由申サレケレハ即伝取」。

季●成兼●恒遠●今一人其体ナカリケレハ●行高ヵ童ニテ●」（第28紙）
年十四ナリケルヲ召出テ●蔵人［　　］（虫損）ニナサセ給テ●
加タリケルナリ●此舞人六［　　］（虫損）●
同記云●此秋宗ハ笛工《フヘフキ》ノ無双ノ物ナリ●堀川院笛ヲ聞
食料ニ●件秋宗ヲ召タリケレトモ●御門ノ御前ニテ●ヲク
シテ●手ヲカ《(ワカ)》ナキ《(ヽカ)》カシテ●終ニエ吹スシテ退出了●
●院此笛ヲ不聞食ヲ一●無本意一ヲホシメサレテ●女房ニ心ヲ
アハセサセ給テ●月夜女房ノ私ノツホネヘ●メシヨセテ
●笛ヲ吹ラレケレハ●女房ハカ［　　］（虫損）所ナリ
吹ケレハ●ヨニ目出タリ仕《(マヽ)》ケレ□●［　　］（虫損）給ハ
テ●日比モ上手トハ聞食ツレトモ●コト《レ》《ヒ》ホトヽハヲホシメサ
サリキット●被仰出一タリケレハ●サハ御門ノ聞食ケル
カト●タチマチニ●ヲクシテエンヨリサカサマニヲチニケリ●御
門ワラハセ御マシテ●アムラクエントソ●異名ニ付サセ給タ
リケル●カヽルヲク病ノ物ニテ●侍ケル●

30 虫損、書陵部本「所ニシテ俄ニ男」。
31 虫損、書陵部本「人事不審ナリ可尋」。
37 虫損、書陵部本「リ聞給ソトテハ、カル」。
38 虫損、書陵部本「ハ」（上）、「御門聞食テ感ニタヘサセ」。

●秘説云●此曲ヲハ放鷹《ハウワウ》楽ト（虫損）
●蘇芳菲《ソハウヒ》●拍子九　●又古楽　●□□（新楽カ）（虫損）」（第29紙）
此曲五月節会●舞御輿之御前《ノ》一《ニ》●是従《リ》弘仁一初《テ》競
馬ノ行幸奏之一●対右狛龍一 ●小馬形乗●蘇芳菲《ソハムヒ》ノ身《ハ》●師子《ノ》
姿タナリ●頭《ハ》如犬頭《イヌノ》一也●□細《ホ(マヽ)チ□タク》シテ面長《ヲモテナカシ》 ●中実装束●如左乗尻《ノリシリノ》
装束也●木帽子《ホウシ》 ●踏懸《フムカケ》 ●糸鞋也●在子二人装束如犬《イヌ》一ノ
●在面帽子
●ハキモノハナシ ●此中実《ナカコ》●楽所末物歟●子者●各従ヲ出（マヽ）乗尻ノ前ニ参
向●奏当曲●向御車《フ》一 ●付御幸●（虫損）ヲ
ハクヒ●右ヲハクヒ●次二度●膝ヲカ、メテハウ●御車光立（マヽ）ナリ●
御車御所寄《ヨリ》畢後●又如先●ハクヒテ還烈《カヘリスル》之時●即加二度（マヽ）拍子

●古記云
●此舞弘仁ヨリ●初テ●競馬行幸奏之●此舞体如師
子●頭有一角《ニ》一●領色金色●其身色●詠子二人●面
形如出色白蒙紺帽子●如犬頭之●
又□（未詳）楽ニモ奏之●ソノユヘニ（虫損）ハ

---

44 虫損、書陵部本「云ヘシ」。

15 蘇芳菲

04「細《ホ□タク》」の□は、「ホ」の書き損じか。

07 虫損、書陵部本「舞ッ体者先ッ身ヲ振テ左」。

14 虫損、書陵部本「古楽トシルシタル物也是」。

古楽ニモチキル時●口伝アリ●加拍子特(マヽ)ニ●初拍子□□(ヲハカ)除テ
第二拍子ヨリ●古楽揚拍子打之●尤為秘事●仁安《ノ》日吉《ノ》競
馬ノ御幸《ノ》舞ニハ●建仁三年《ノ》●七社ノ競馬ハ御幸●蘇芳
菲ノ作法●コトノホカニタカヒタリ●然者《ハ》古キヲ正説トスヘ
シ●仍仁安侲(振カ)舞注置也」(第30紙)

●師子《シシ》

●有序●破●急云々

●（虫損）

此曲御願供養舞　●笛者●小部氏為曲●舞者□(虫損)役也

向西□《方》唱之

●有詠●獅子天竺●飛行自在　●問学聖人●飲食羅刹　●瑠璃大臣●全身仏性　●来期大子●尽未輩車

●毘婆太子　●高祖大臣　●随身眷属　●故我稽首礼

元永元年之最勝寺供養●小部《コヘノ》正清吹之●有勧賞

●任左近将監了生年七十　●着甲《テヲ》一大鼓ノ前《ニ》立テ吹之●日記分明也

\保延二年鳥羽勝光明院供養●小部清延吹之●無勧賞

●従右方楽屋一渡《リテ》●於鼓（虫損）

16 **師子**

01「師子」声点朱筆。

02 虫損、書陵部本「笛与大鼓鉦鼓許也」。

03 虫損、書陵部本「獅子舞」。

04「向西□《方》唱之」は朱筆。□は「方」の書き損じか。

09 虫損、書陵部本「許《ニ》立テ吹之次第如元永」。

建久六年東大寺供養・小部清（虫損）
・以有康相伝一吹之一・着甲《テヲ》・大鼓ノ面立テ吹之・入時ニ甲ヲヌキテ腰ニ付テ入云々・
・大鼓筑前守有康《アリヤス》・大鼓面打云々・或説云・尾張包助打之・有康□（虫損）拍子教許云々・
建保二年七条観喜寿院供養・小部正氏吹之・追蒙勧賞任左兵衛小
年尉了《ノ》以住吉神主長盛《ナカ》之相伝一・吹之・大鼓・権神主津守任国（マヽ）」（第31紙）
打之・長盛孫子也・束帯
・其作法・光祖（マヽ）ニ相違・（虫損）也
・先召ニ左楽行事一・左中（虫損）・（虫損）勅・
作ス楽屋《ニ》一・于時ニ正氏・自楽屋一進出《ミテ、》庭中《ヘ》一引・着甲・袍ノ尻
・中半許《ナカハリニ》行立テ・甲《カフト》ヲヌキテ腰ニ付テ・エホシヲ引
立テ・吹古楽乱声一・其時ニ左師子ヲキテ・登ル舞
台ノ上一・四ノ角《スミ》ヲ拝シテ・正面廻立《ニリ》テ・拝二度之後
・止乱声・古ハコヽニ有詠・次楽吹・序・破・急体ニテ三切吹之・師子舞畢後《テ》ニ・
又着甲《ヲ》一・楽屋還入□・（虫損）・
私所ニテ吹師子例・鴨《カモ》一切（虫損）

10　虫損、書陵部本「京《景》吹之無勧賞」。
16　虫損、書陵部本「法用畢舞之従入調以度（マヽ）」。
17　虫損、書陵部本「将伊時」（上）、「可舞師子之由奉」（下）。
23　虫損、書陵部本「了」（上）、「度々例皆以相違頗非無不審也」（下）。
24　虫損、書陵部本「経会清延吹楽屋之内吹之経頭馬一疋引之」。

天王寺住吉社ニ有師子笛吹ソレハコトノホカノ相違ノ物ナリ
乱声モ別物楽吹様モ大鼓打様モ替タリ《リ》中〳〵本師子ヨリ面白侍ナリ
（原本一行余白）
一　妓楽《キカク》
四月八日仏生会曰《トイフ》　七月十五日妓楽会曰《トフ》
此笛大坂府生則方《オヽハムフサウノリカタ》（虫損）光一方尾張（虫損）」（第32紙）
舞者東大寺職（虫損）也□坂
此舞者聖徳太子之御時従百済国被渡舞師
末摩子云所伝置一妓楽曲也而古老云揚梅神《ヤウハイシム》ノ御相
伝ト云可尋之
先祢取盤渉調音　次調子謂之道行音声或道行拍子曰云々是以為行道立次
第者　先師子　次踊《オトリモノ》初（マヽ）　次□冠次笛吹ホウコ　次打物三鼓二人銅拍子二人
先師子舞《フ》
其詞壱越調音（虫損）哉
次呉公《ココウ》扇持タリ

---

01 **17 妓楽**「妓楽」声点朱筆。
03 虫損、書陵部本「之流一方狛行」（上）、「則元」（下）。
04 虫損、書陵部本「掌紀氏伝之興福寺ニ八大神氏并坂田氏寺役等舞」。
09 □は、扁「巾」、旁「冒」。「帽」か。
11 虫損、書陵部本「似陵王破有喚頭三返 古記破喚頭三返高舞三返口下何事」。
12 「呉公」声点朱筆。

●可吹三返●盤渉調音吹之●紀氏舞人説ニハ●舞人出舞
台後向楽屋●笛吹由スル時●笛吹也　又笛吹ヨシスル時笛止之
●次金剛《コムカウ》
●可吹三返●盤渉調音吹之●或目録●仮蘭●前妻唐女
●ト云名アリ　●是不知可尋
●次迦楼羅《カロラ》
●謂之ケラハミ●拍子十三（虫損）●□
」（第33紙）
還城楽破也●舞人走手舞●
●次波羅門
●謂之ムツキアラヒ●又名桙悦●拍子十一●可吹三返
●壱越調音吹之●
●次崑崙《クロム》
●拍子十●可吹三返●壱越（虫損）（虫損）□□ノヘンツ
●二人打輪持　●二人袋ヲ頂●其後舞人（虫損）
●マカケヲ拍（マヽ）テ●五女之内二人ヲ●ケサウスルヨシス●

15「金剛」声点朱筆。

18「迦楼羅」声点朱筆。

19 虫損、書陵部本「可吹三返而近代雖有別曲」（上）、「吹」（下）。

21「波羅門」声点朱筆。

24「崑崙」声点朱筆。

25 虫損、書陵部本「調吹之先五女燈臚《トウロノヘン》前立」。

26 虫損、書陵部本「二人出テ舞終ニハ扇ヲツカヒ」。

次力士《リキシ》　手タ、キテ出 金剛開引出
壱越調音 火急吹之 可吹三返 謂之マラフリ舞 彼五女ケサウ
スル所 外道崑崙ノ カヲ伏スルマネナリマウカタニ縄
ヲ付テ引テ 件ノラヲ打ヲリヤウ〳〵ニ スル体ニ
舞ナリ
或人云尺迦仏ノ御□（虫損）□是ナリト云
是ナリト云　大鼓鉦□（未詳）
次大□《タイコ》（孤カ）　次大鼓
（以下原本欠）
」（第34紙）

28「力士」声点朱筆。

33 虫損、書陵部本「閑也ヨハヒニマワスルト云ハ」。

34 この一行、書陵部本に見えず。

35「大□」声点朱筆。「次大鼓」、書陵部本に見えず。

二、中御門家旧蔵『教訓抄』巻第十（国立公文書館内閣文庫所蔵）（打物譜）翻刻

※写真は約四八％に縮小

（巻首欠）

一　大鼓●槌字　●鉦鼓●桴字　●和尓部大田麿説

口伝云●掲鼓大鼓鉦鼓等ノ打物者●以テ二八拍子ヲ一●為シテ二父母ト一●自余ノ少（マヽ）拍□（子カ）□（破損）●如□（破損）孫マコノ一ナリ●此様ヲ令テ二存知《ソムチ》一●可為二打物一云々●

●早八拍子

03「●加拍子（譜）」。

05 破損、書陵部本「八」（上）、「子」（下）。

＼此拍子者●中《チウ》ノ早物《ハヤモノ》ニ可打之ヲ一●白柱●北庭楽●五常楽破●春楊柳

等●尤可用之ニ一●

●七拍子　●鉦鼓打様●如八拍子物也●無加拍子事●有蘇合三帖四帖之

08「●一説（譜）」。

09「鉦鼓（譜）」。

10「●加拍子（譜）」。

15「●又説（譜）」。
※紙背に「或管絃者問答師曰」の記事あり。

【裏書】

●六拍子●鉦鼓打様●如早八拍子物也

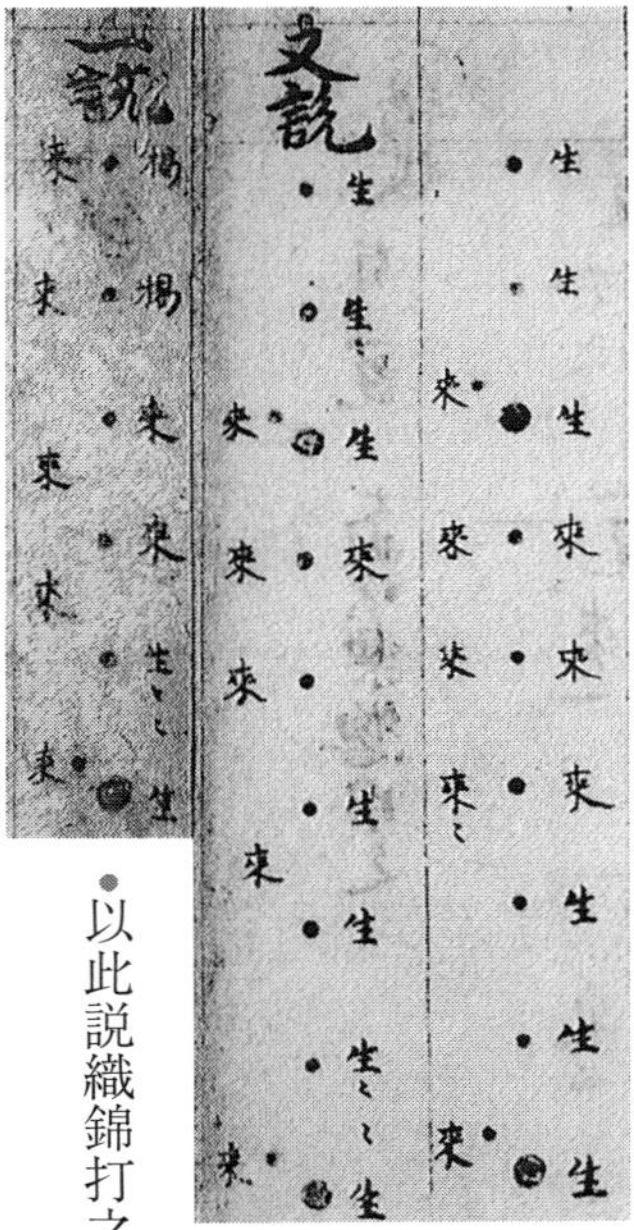

●入破可用之

●急声可用之」（第1紙）

●以此説織錦打之中為秘事

●五拍子●鉦鼓打様如早八拍子物也

此三打者●皆以大曲吹物《フキノモノニ》一●用之一也●七拍子者●有蘇合三帖●六拍子者●凡大曲吹物用之●五拍子者●在皇帝三帖之●

如此ノ打様ヲ●よく手ならして●可打也●

20

18「●又説（譜）」。

19「●一説（譜）」。

21 書陵部本は「又(譜)」とする。

22「●又説（譜）」。

24 平仮名表記は、原本のまま。

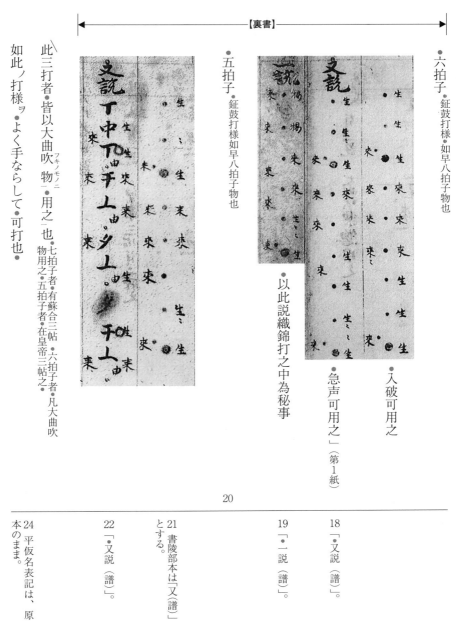

●延四拍子

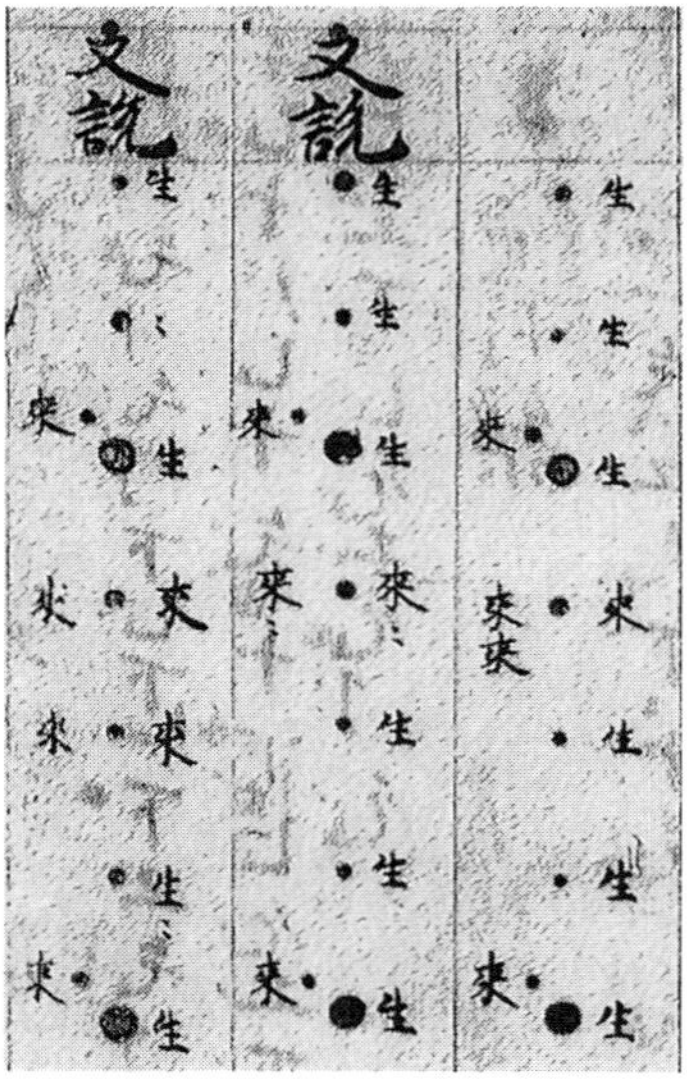

●謂之ヲ●泉郎声●蘇合破甘州用之

●加拍子

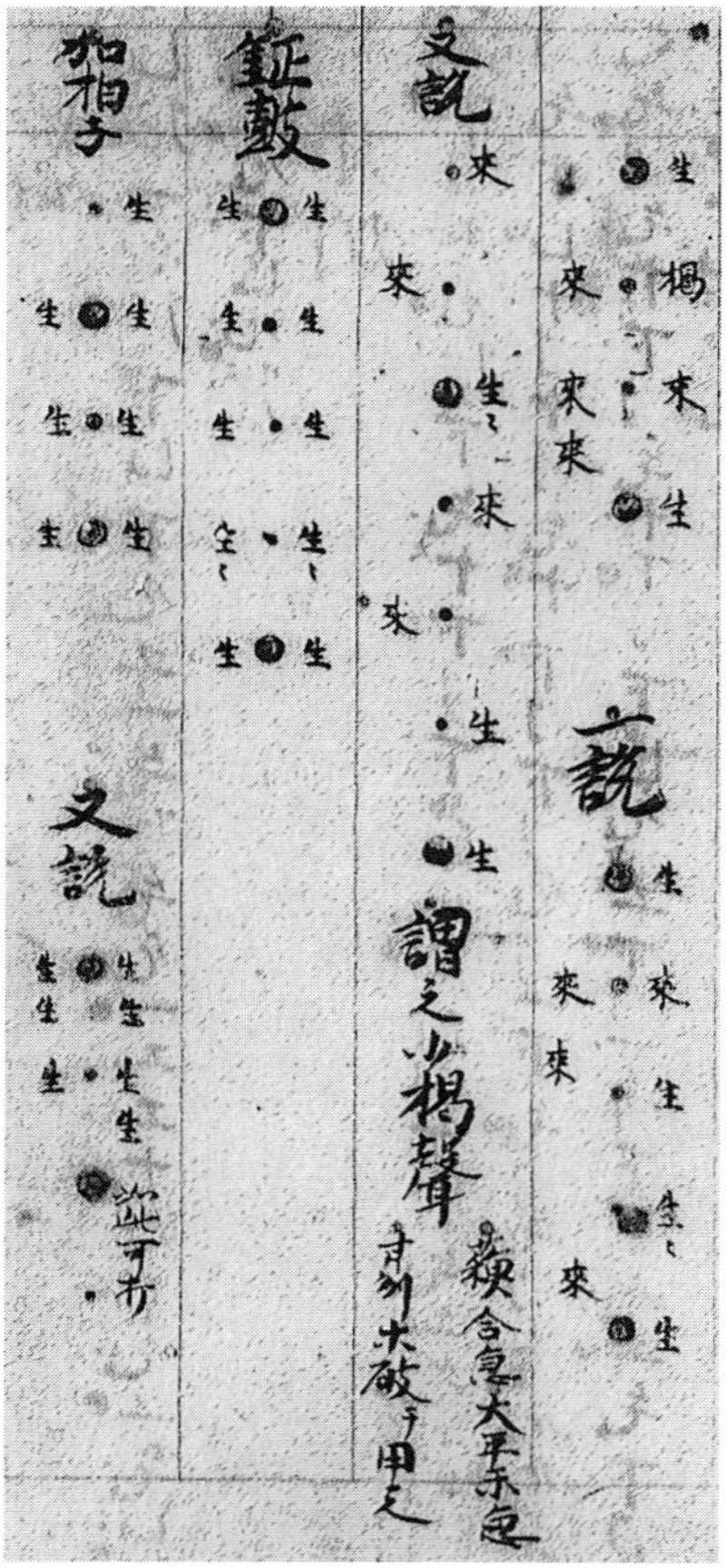

27「●又説（譜）」。

28「●又説（譜）」。

30「（譜）●一説（譜）」。

31「●又説（譜）●謂之少掲声●蘇合急●大平楽急●甘州等破ァ用之」。

32「●鉦鼓（譜）」。

33「●加拍子（譜）●又説（譜）如此可打」。

●早四拍子

●諸急用之

●一説云間《マ》拍子
●一説破《ワリ》拍子云

●三台急用之

」（第2紙）

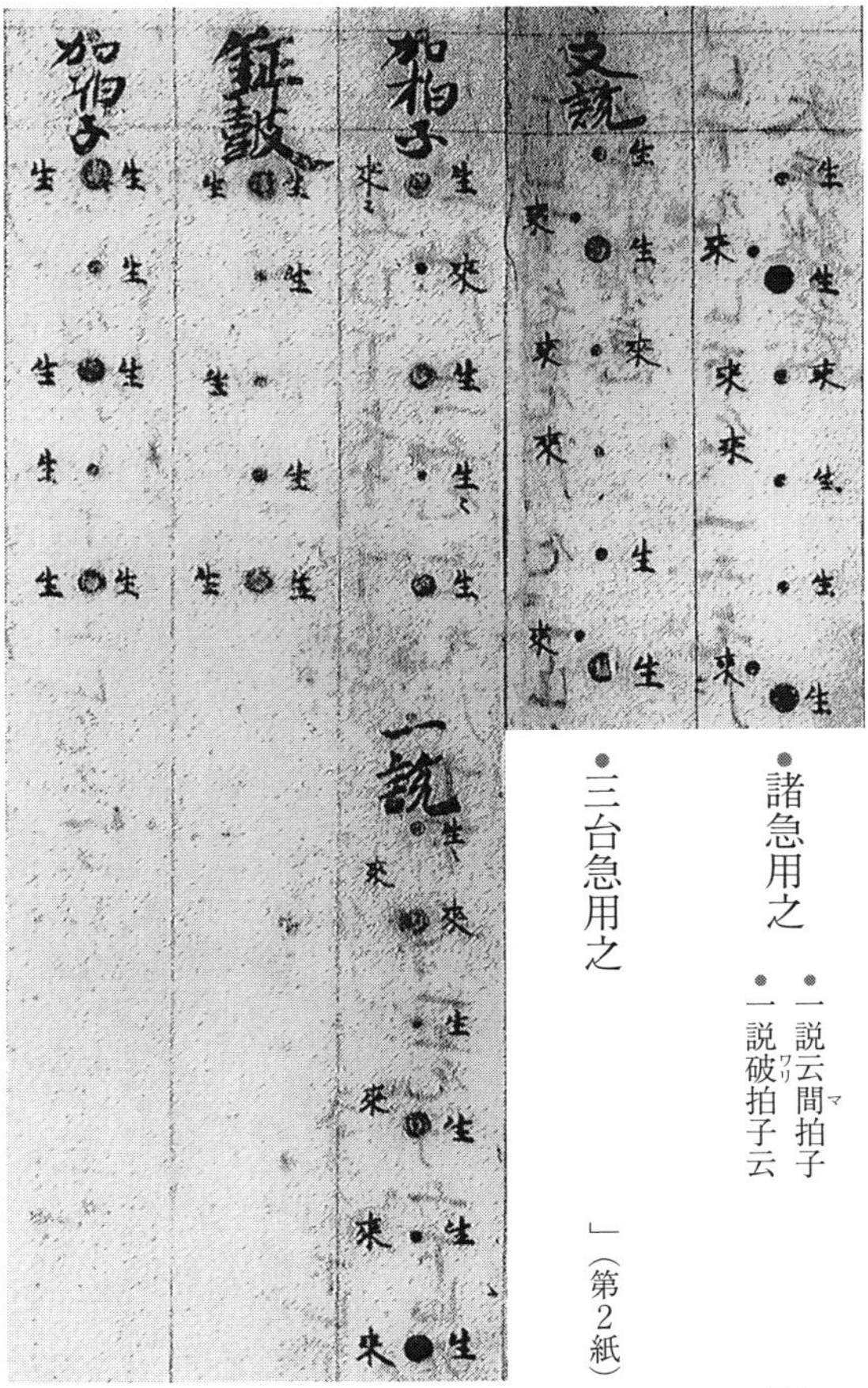

●二拍子

36「●又説（譜）」。

37「●加拍子（譜）●一説（譜）」。

38「●鉦鼓（譜）」。

39「●加拍子（譜）」。書陵部本には、この一行なし。

41「（譜）蘇合三四急打之（譜）●蘇合」。

急間拍子

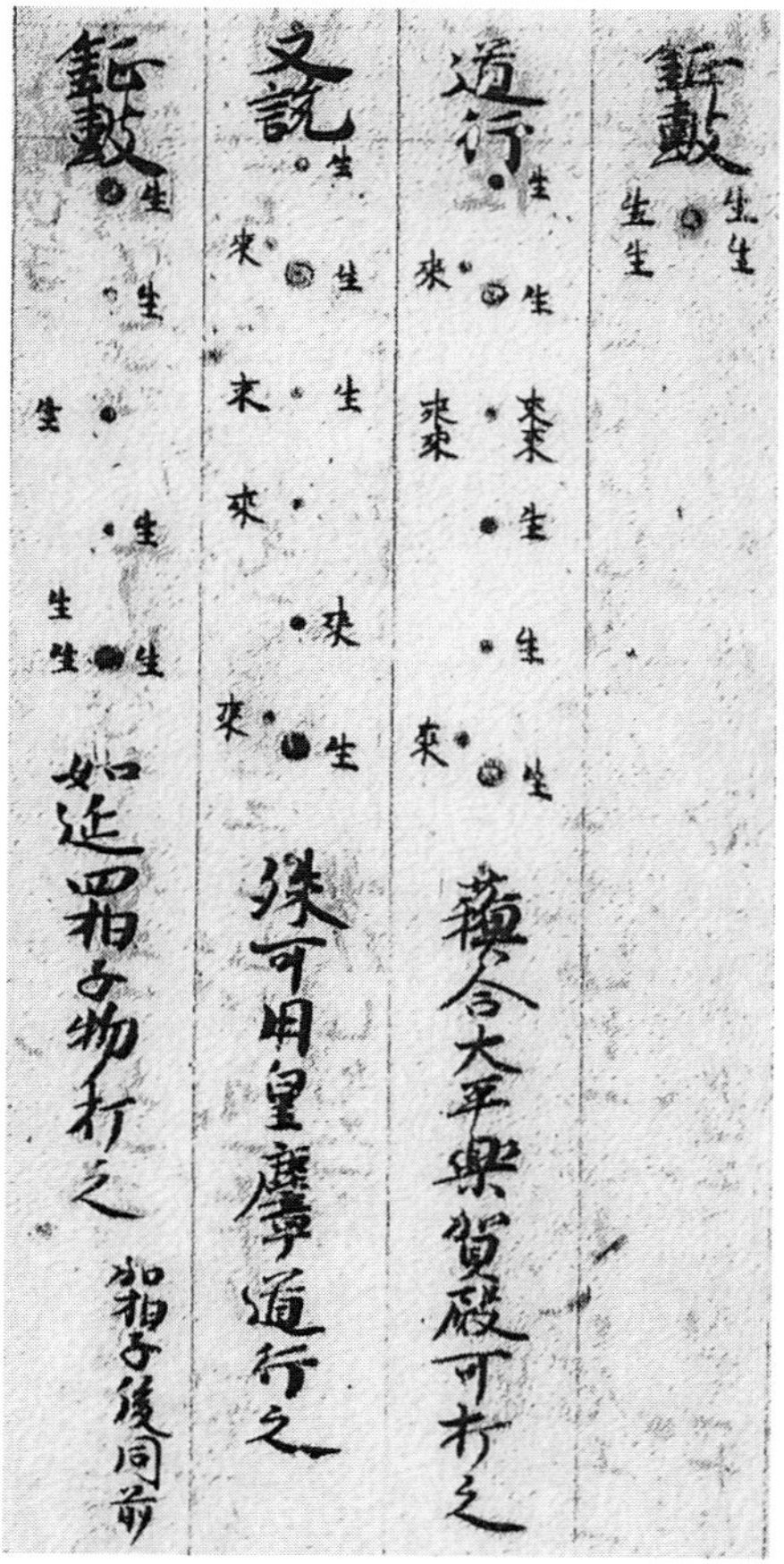

45

口伝云●笙調子ヲ吹テ●笛ニ音取《コエヲトル》時ハ●鞨鼓ニ●阿令声ヲ打テ●生ヲハ早ク拾《ヒロヒ》テ●うちと丶むるなり●

●忠拍子　●八揭鼓打様

43「●鉦鼓（譜）」。

44「●道行（譜）●蘇合大平楽賀殿可打之」。

45「●又説（譜）●殊可用皇麞道行之」。

46「●鉦鼓（譜）●如延四拍子物打之●加拍子後同前」。

48 平仮名表記は、原文のまま。

●以此説殊為秘説

●四拍子打様　●甘州　●蘇合破　●皇麞急等打之

●詠打様●在五常楽

」（第3紙）

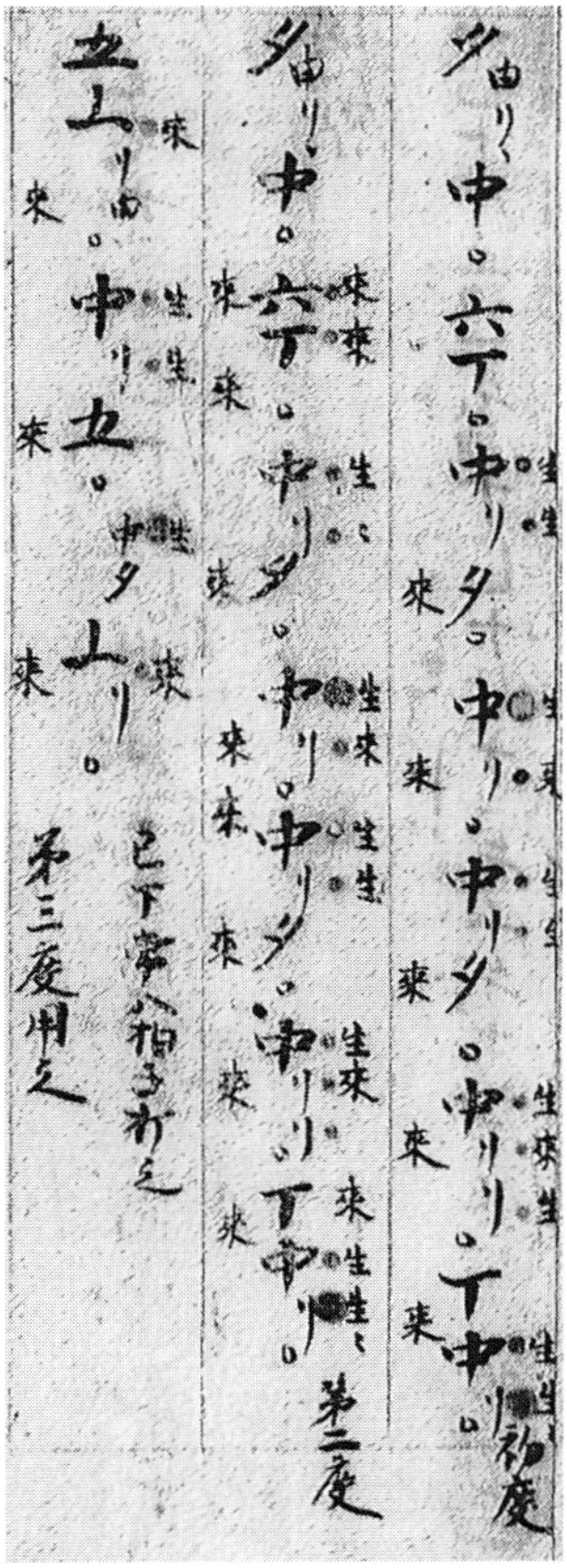

51「●一説（譜）」。

53「（譜）●一説（譜）」。

55「（譜）初度」。

56「（譜）第二度」。

57「（譜）●已下常八拍子打之 第三度用之」。

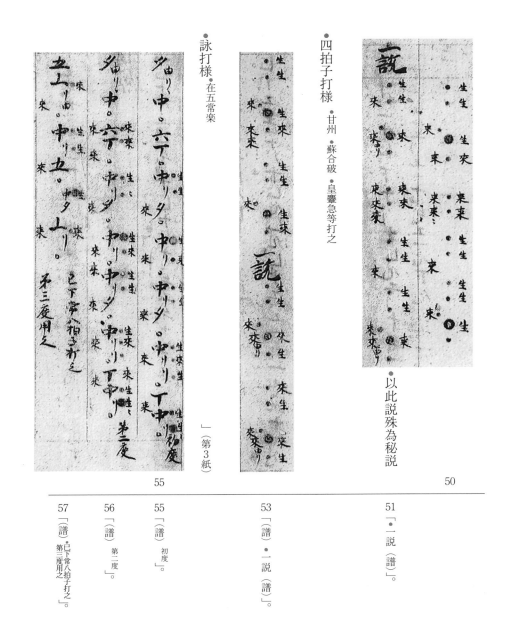

〽行高之流《ナカレ》ニハ●殊《コトニ》以テ此説ヲ一●為ス秘事ト一●他家《タケ》之輩《トモカラ》●更《サラ》ニしらぬゆへなり●常《ツネ》ニハうちまかせたる●破打《ハウチ》ノことく○打《に》へし●

●五常楽急

●加拍子後

●四拍子二ニ破テ打之

〽師説云●此曲ニ有リ二鐺声《コシリノコエ》一●礼音《ラヒノコエ》三カ第三ノ拍子ニ●右枹《ハチ》ヲ不二打合一シテ●右枹ヲ鞨鼓ノ筒《トウ》ノ外《ホカ》ノ●皮《カハ》ヲ打音《ウツコエ》ヲ云ナリ●

●廻忽等物

58–59　平仮名表記は、原文のまま。

67　「(譜)●夜半楽●海青楽●青海波●如此打之」。

●泔洲等物

●皇麞急

●由利吹ニハ●如甘州●但加拍子之時●如三台急ナリ●急吹説
ハ●如普通四拍子物●加拍子之後同前●

●加拍子後

●傾坏楽急　●賀殿急
●勇勝急　●如此可打

」（第4紙）

\凡急ヲ重吹テ《カサネテ》●舞人ノ入ニハ●従《ヨリ》三拍子許一●加二拍子一ナリ●一説ニハ五
拍子云々●実《マコト》ニハ五拍子カ吉《ヨキ》ナリ●古老《コラウ》云●向《ムカウ》二舞人楽屋一之時●加拍子云々

●輪台

69「（譜）●文説（譜）」。

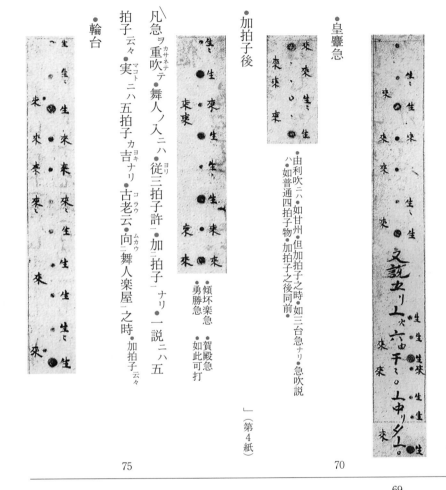

＼智足院《チソク》禅定《ノセムチヤウ》（マヽ）殿下仰《ノヲホセニ》云・輪台五常楽破等ニ・有二撥《リ》転《カヒマロハス》ト云手《イフテ》一・

或管《アルクワム》絃者之《ノ》説ニハ・マクリ手ト云・

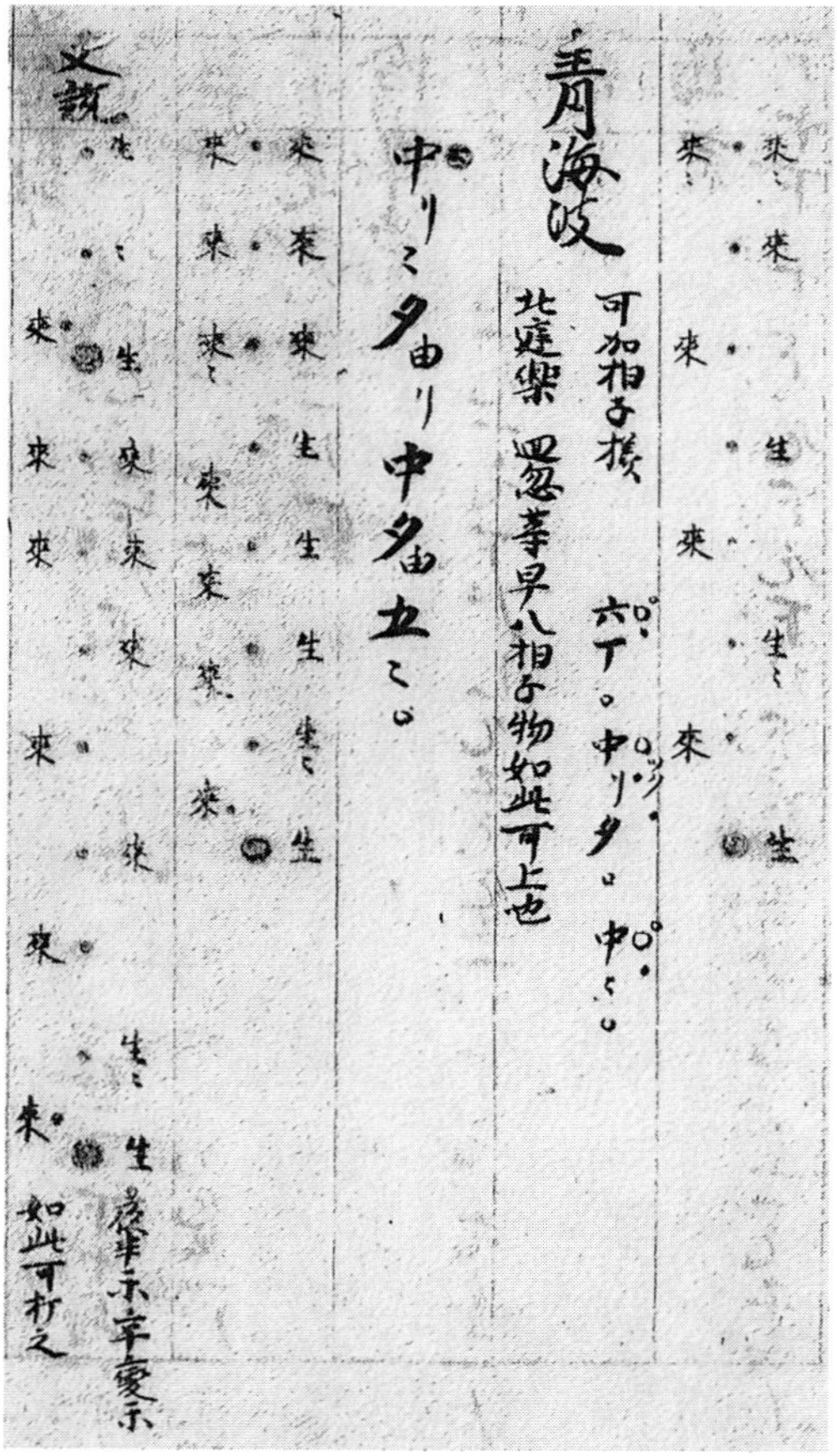

＼口伝云《ニ》・初拍子者・生枹《セイノハチヲ》するほそに・かきなして・可宛《アツ》大鼓一《ヲ》ナリ・

已下ノ拍子・楽ノことはにしたかひて打之・又自《ヨリ》輪台一・移《ウツル》于

青海波時者・如《ク》二蘇合破急之間《アヒタノ》一・以《テ》二打止《ヲ》一・為《ル》此家之習《ト》一ナリ・

或人云此青海波打様・非《アラス》手《ニ》一・只《タヽ》（虫損）随《□タカヒテ》楽詞《ノコト□ニ》（摩損）一・如此打・余楽皆以《ヨノカクミナ》准之一ニ・

81「・青海波可加拍子様（譜）／北庭楽 廻忽等早八拍子物如此可上也」。

84「・又説（譜）・夜半楽・平蛮楽／如此可打之」。

85–86 平仮名表記は、原文のまま。

●蘇合三帖

（原本以下欠。後掲神田喜一郎旧蔵本に続く）

（紙背、応永三年三月八日奥書豊原量秋笙譜）

」（第5紙）

90

〔紙背〕

（笙譜※省略。曲名不明）

酒胡子

（笙譜※省略）

武徳楽

（笙譜※省略）

地久急

（笙譜※省略）

海青楽

（笙譜※省略）

拾翠急

（笙譜※省略）

鳥急

（笙譜※省略）

上無調

三台急

（笙譜※省略）

甘州

（笙譜※省略）

鶏徳

（笙譜※省略）

」（第5紙裏）

五常楽急
（笙譜※省略）
太平楽急
（笙譜※省略）
林歌
（笙譜※省略）
賀殿急
（笙譜※省略）
陵王破
（笙譜※省略）
胡飲酒破
（笙譜※省略）
酒胡子
（笙譜※省略）
武徳楽

（笙譜※省略）

地久急

（笙譜※省略）

（曲名不明※海青楽か）

（笙譜※省略）

拾翠楽

（笙譜※省略）

鳥急

（笙譜※省略）

蘇合急

（笙譜※省略）

白柱

（笙譜※省略）

越殿楽

（笙譜※省略）

」（第4紙裏）

千秋楽
（笙譜※省略）
壹越調渡物
三台急
（笙譜※省略）
五常楽急
（笙譜※省略）
太平楽急
（笙譜※省略）
鶏徳
（笙譜※省略）
甘州
（笙譜※省略）
林歌
（笙譜※省略）

」（第3紙裏）

海青楽

（笙譜※省略）

拾翠楽急

（笙譜※省略）

＼或管絃者問答師説曰

●五鞨鼓有二説　皇帝三帖有二所之

●一説来二生三　●一説来一正四

生四之時如上委細見此抄打物部

（原本二行分余白）

」（第2紙裏）

●六鞨鼓有三説　大曲吹楽惣用之

●一説来三生三　●一説来一生五　●一説来二生四

正四之時略第二生略応《コタヘ》　撥已上

蘇合楽急

（笙譜※省略）

＊「或管絃者」～「略応《コタヘ》撥已上」まで、オモテの本文に対する裏書か。書陵部本巻末の別紙第一紙にも同様の記述がある。

白柱
（笙譜※省略）
越殿楽
（笙譜※省略）
千秋楽
（笙譜※省略）

量秋（花押）

（奥書二行あり※摩損のため未詳）
応永三年三月八日
従五位右近将監豊原□□（朝臣カ）量秋撰

【6】

三、神田喜一郎旧蔵『教訓抄』巻第十（京都国立博物館所蔵）翻刻

※写真は約四八％に縮小

（巻首欠）

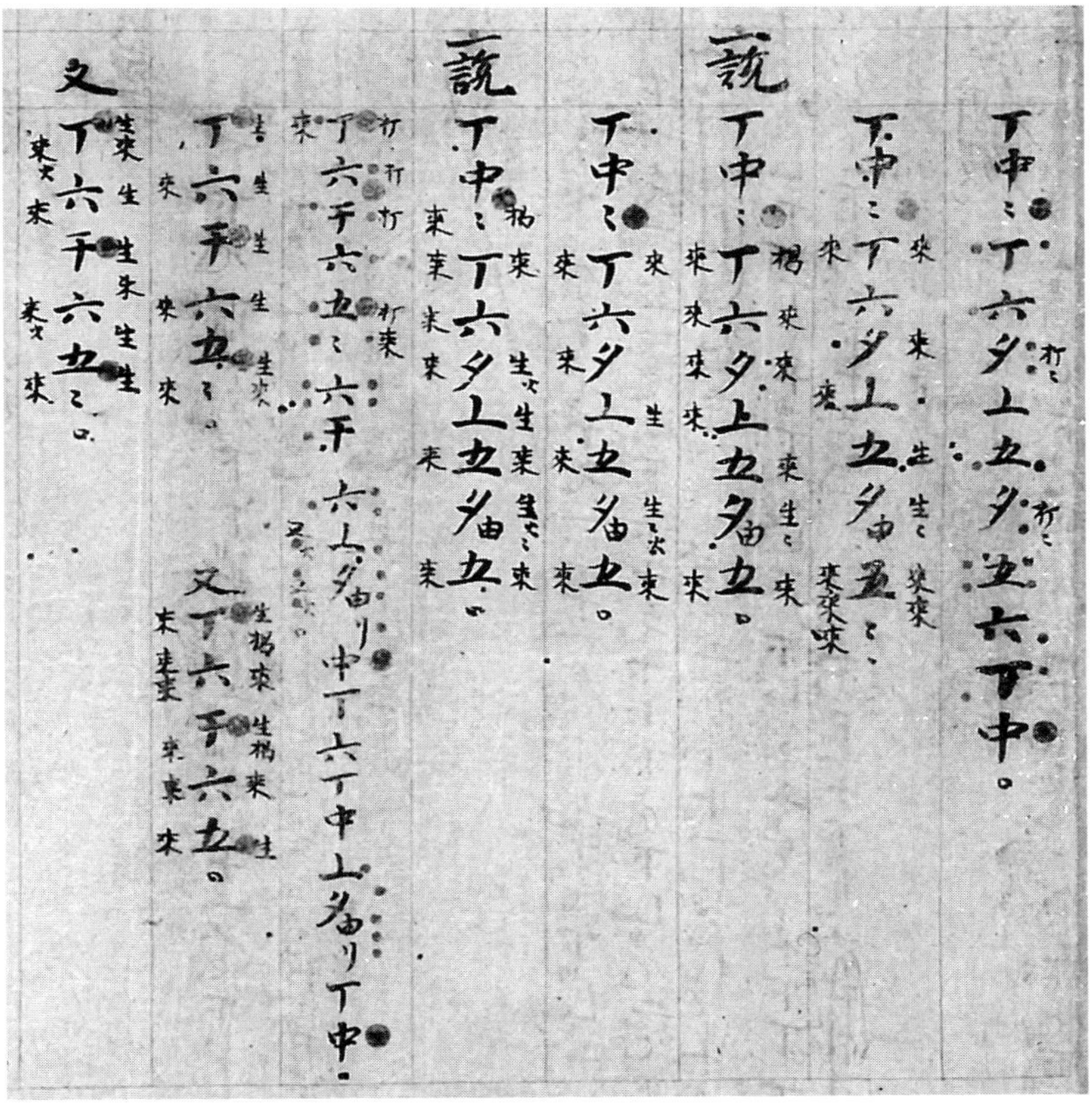

1 八声
2 四箇大曲打様者
3 鞨鼓案譜法　以上欠
4 大鼓、鉦鼓 途中

03「●一説（譜）」。

05「●一説（譜）」。

07「（譜）●文（譜）」。

08「●文（譜）」。

5

●同四帖

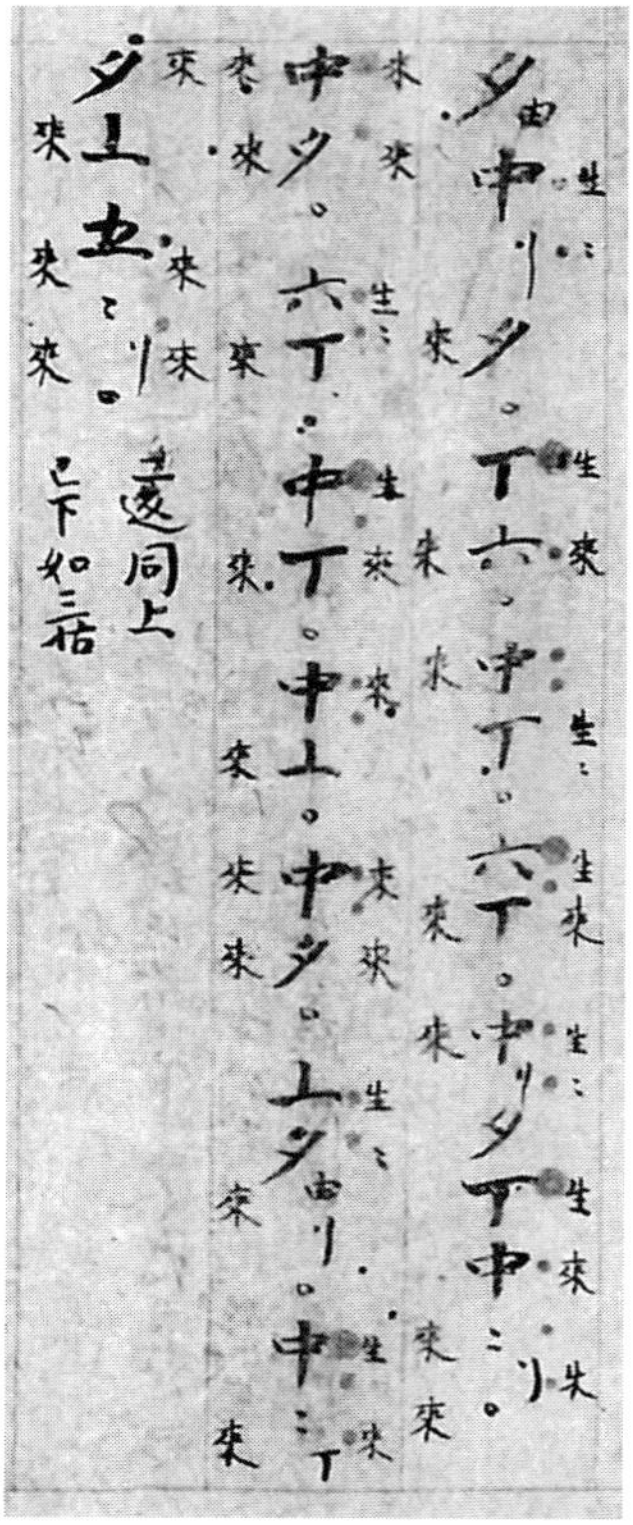

●同唐急

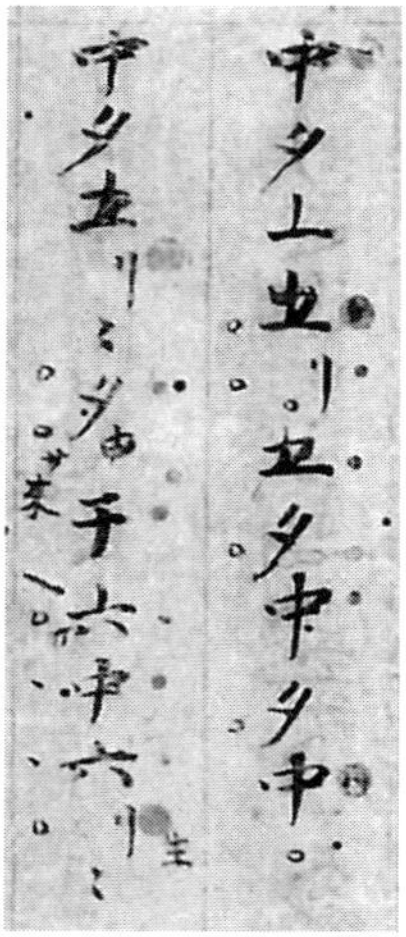

●万秋楽六帖

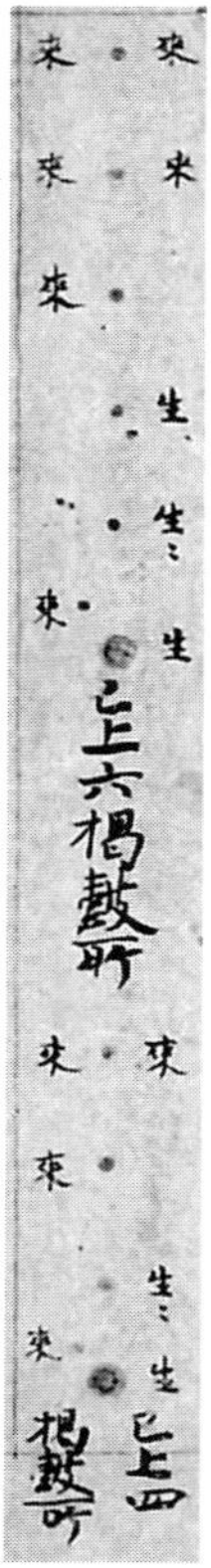

12「（譜）二返同上已下如三帖」。

17「（譜）已上六掲鼓所（譜）已上四掲鼓所」。

●大鼓」（第1紙）

驚《ヲトロキ》拍子者●第五帖乃●第一●第五加三度拍子云ナリ或

管絃者之説云●毎帖乃頭《カシラ》コトニ●一拍子ニ打三度拍子云々● 20

●一●大鼓●槌字●鉦鼓●桴字 01

●此両《コノリヤウ》打物者《ウチモノハ》以和尔部大田麿之説注之

●乱声　●有三●新楽　●古楽　●高麗

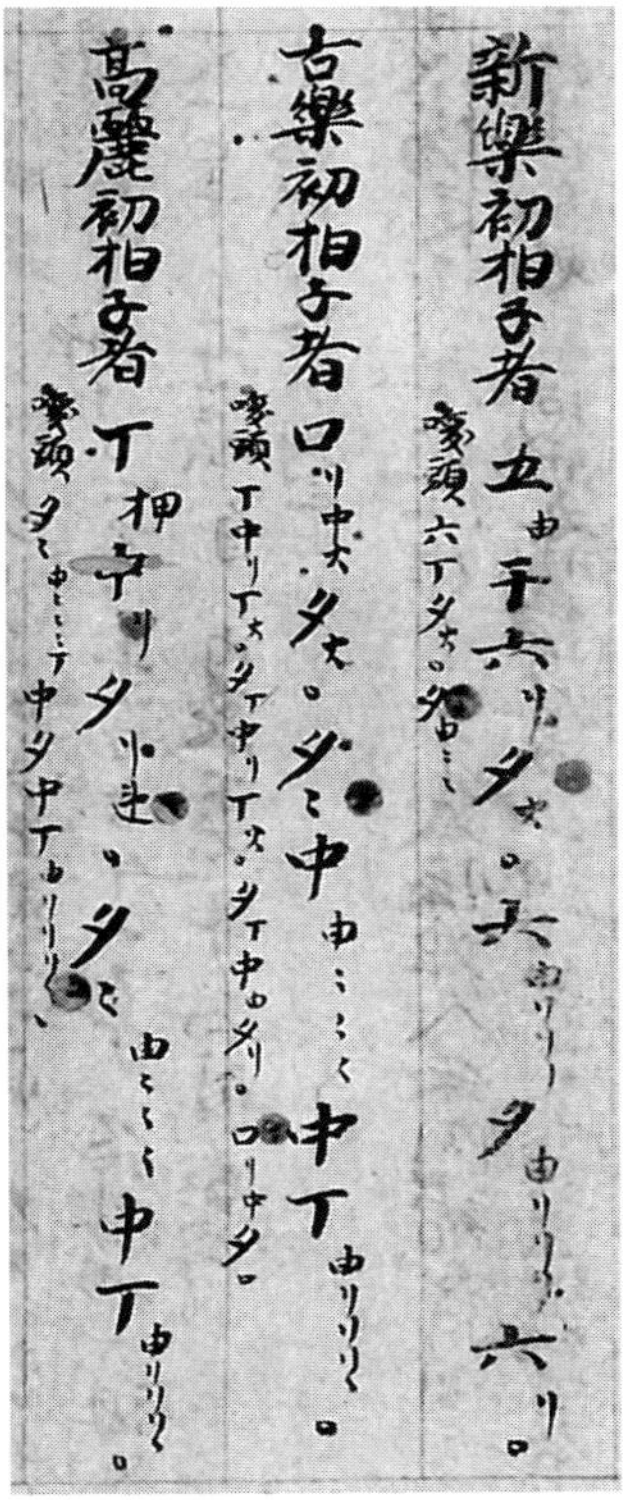

05

先《マツ》三度打立《ウチタチ》テ後《ノチ》●片槌《カタハチ》ニテ打《ウツ》之《ヲ》一●五々連夕由々丁夕五●此詞《コトハ》乃

時●又三度打立也●凡乱声一返ニ打改事ハ●二度ト習《ナラウ》ナリ●鉦鼓ハ

大鼓ヨリ早《ハヤ》ク打也●古楽高麗返《カヘリ》立《タ》ッ●夕々穴《サクノアナ》ニ打改《アラタムル》ナリ●

5　大鼓、鉦鼓

04「●新楽初拍子者（譜）」。

05「●古楽初拍子者（譜）」。

06「●高麗初拍子者（譜）」。

●乱序

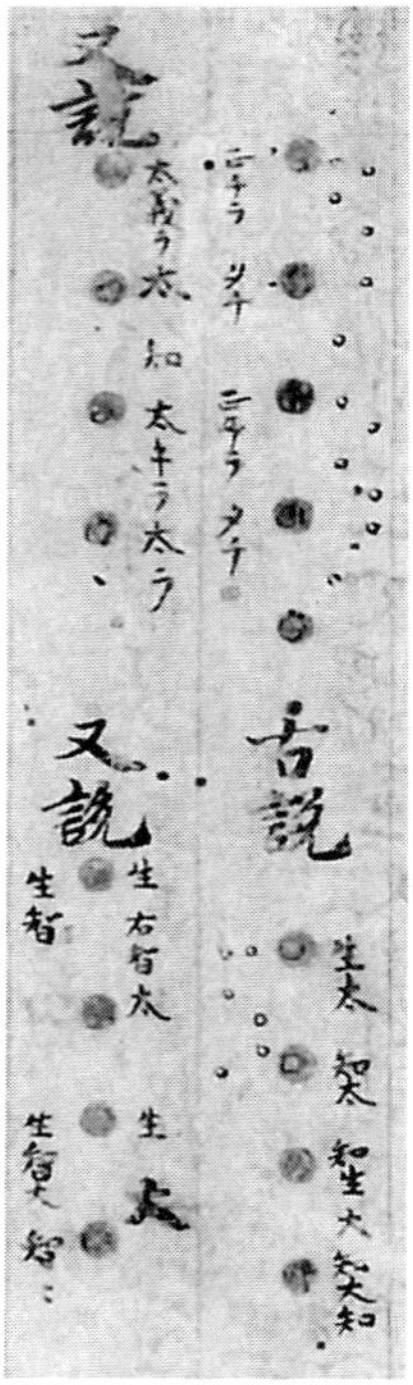

●案摩

●鹿楼

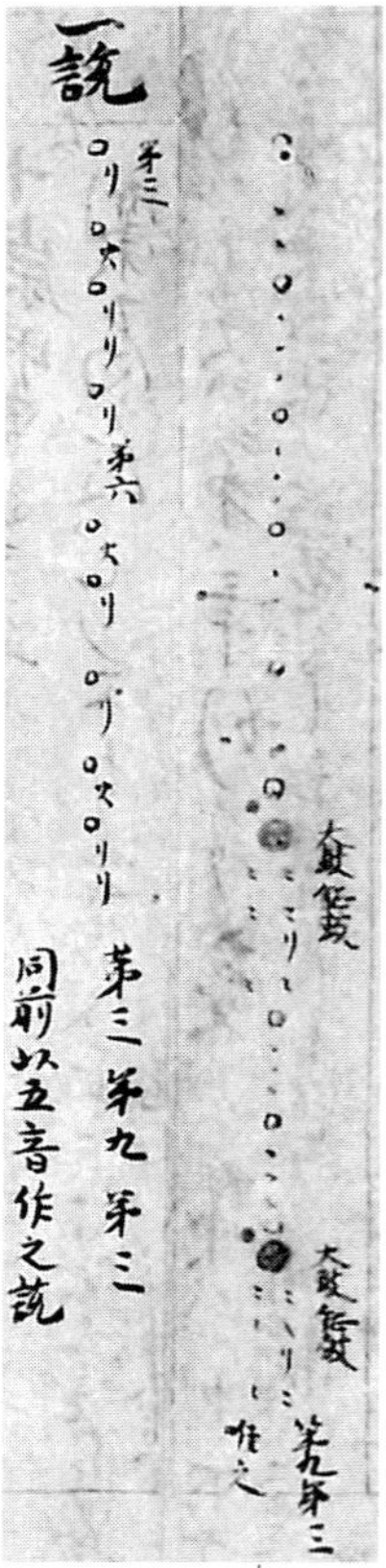

」（第2紙）

師説云●笛《フエ》ヲ吹《フキ》テ息《イキ》ヲつく処《トコロ》ニ●ことに打ナリ●所謂《イハヘル》一鼓一

11「（譜）●古説（譜）」。

12「●又説（譜）●又説（譜）」。

14「（譜）又説（譜）」。

16「（譜）第九第三唯之（マヽ）」。

17「一説（譜）第三第九第三／同前以五音作之説」。

18 平仮名表記は、原本のまま。

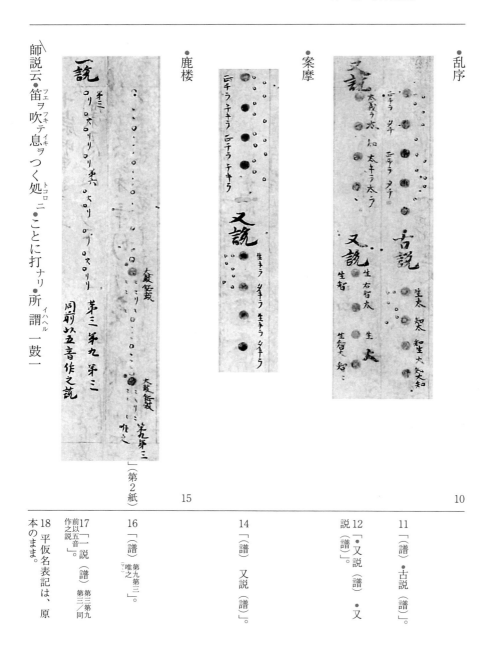

拍子者●似《ニテ》三度拍子ニ●而雌雄《シイフノハチ》枹二拍子●匂《ニホヒハチ》枹一拍子打之ヲ●為大鼓拍子也

●囀鉦鼓

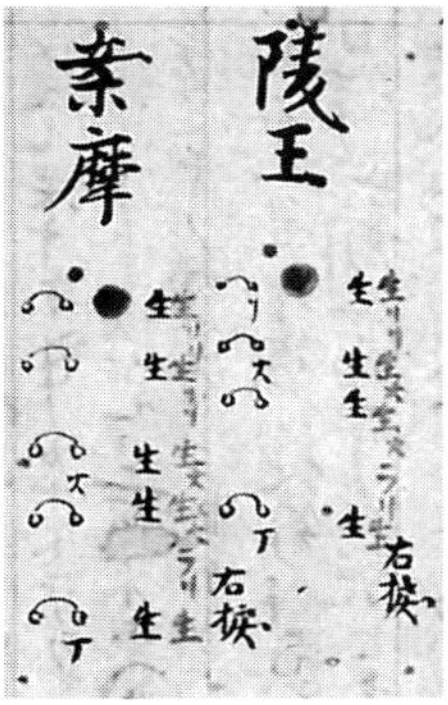

●蘇莫者序

●宛初拍子之後●如此打ハ●為常説●
従第二句打ハ●為古説也●

●陵王荒序

●常可用此説歟●二四八舞時也●
口伝云●以左槌●大鼓ノ打革ニ付テ動●

●又説

21「●陵王（譜）」。

22「●案摩（譜）」。

●同破

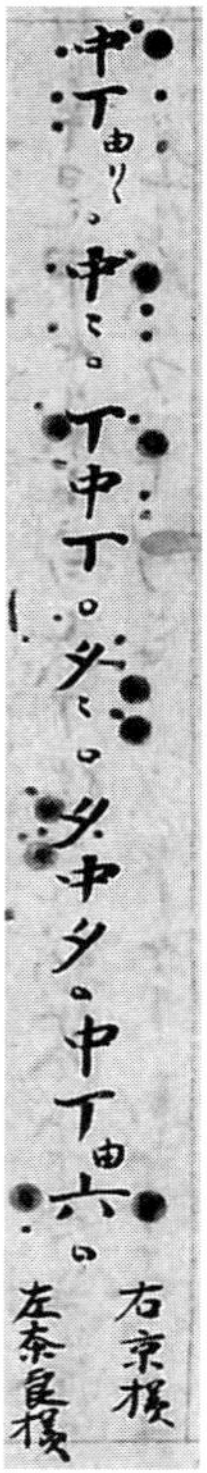

抑《ソモ〳〵》荒序大鼓又説●破《ハノ》奈《ナ》良様《ラヤウハ》者●尤為二秘《ス》事《ト》一●殊可用《ヨウス》二八方

荒序之時一●云々口伝云乱序嗔序《シムショ》荒序入破等●終拍《ヲハリノ》

子ハ●不付《シテツカ》二于《ニ》笛一●見《テ》二舞人乃腰打《コシウツヲ》一●必可打合也●

●見蛇楽破

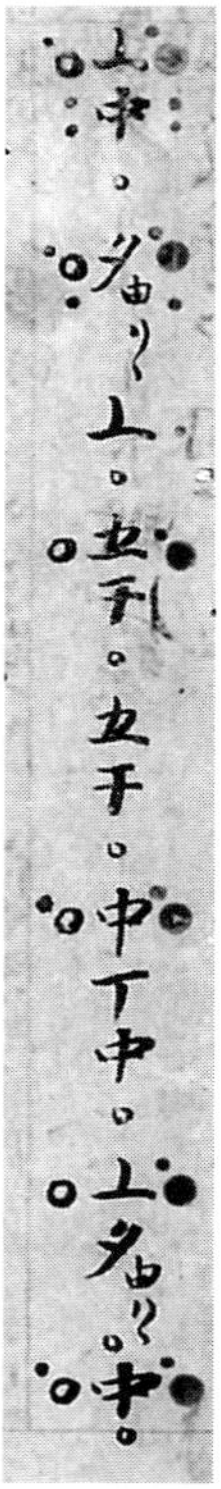

」（第3紙）

●抜頭破

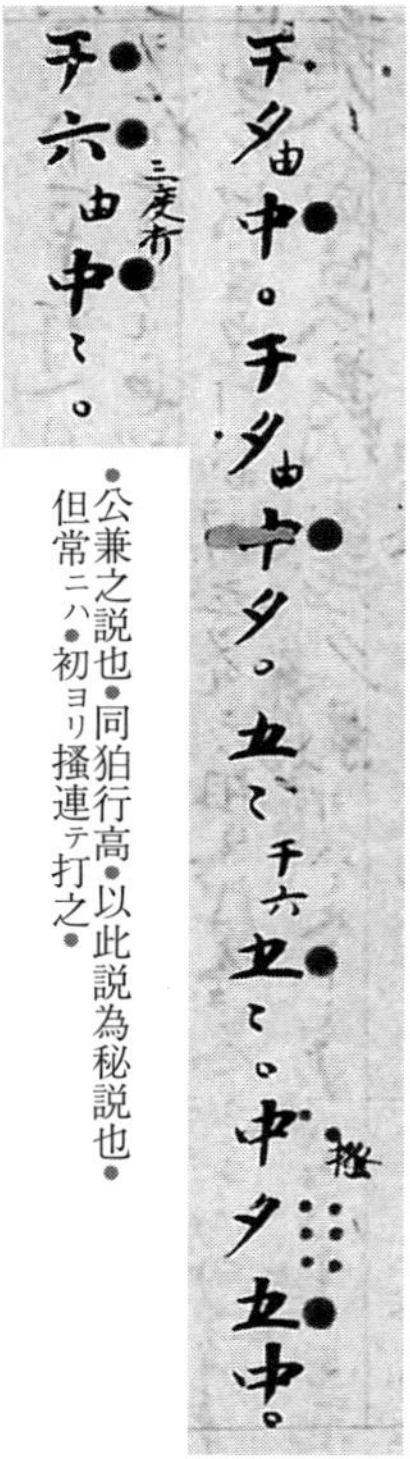

●公兼之説也●同狛行高●以此説為秘説也●
但常ニハ初ヨリ搔連テ打之●

●胡飲酒破

30「（譜）右京様 左奈良様」。

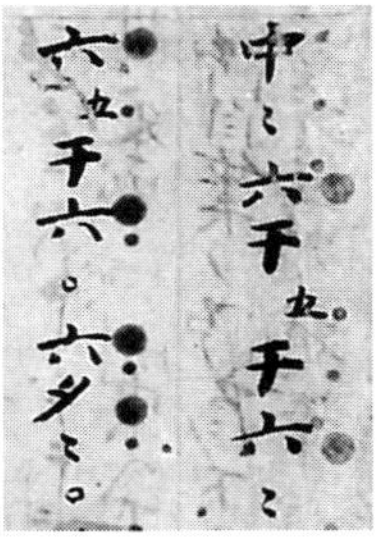

・多氏説・従第二返之始・打三拍子者・舞略五返舞之時用之・

・奈良様説

・山村氏説同之

・伽楼賓（マヽ）破

・大菩薩破

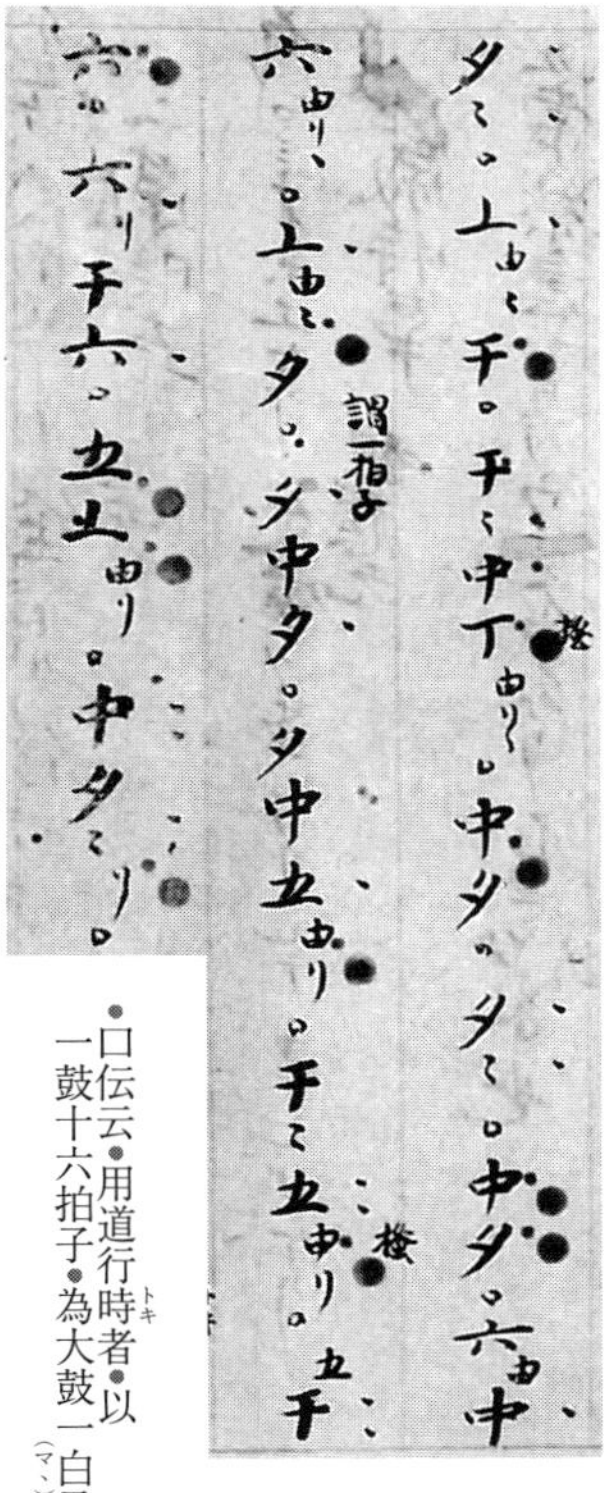

・口伝云・用道行時《トキ》者・以一鼓十六拍子・為大鼓一白（マヽ）子・用

破者・以一鼓拍子八・為大鼓一拍子・

●採桑老

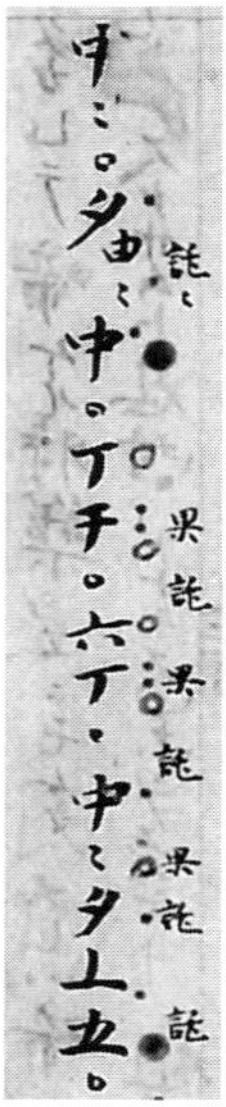

●古楽打●三度拍子
●一鼓揩コ●打三百子(マヽ)

●蘇莫者破●三鼓打様

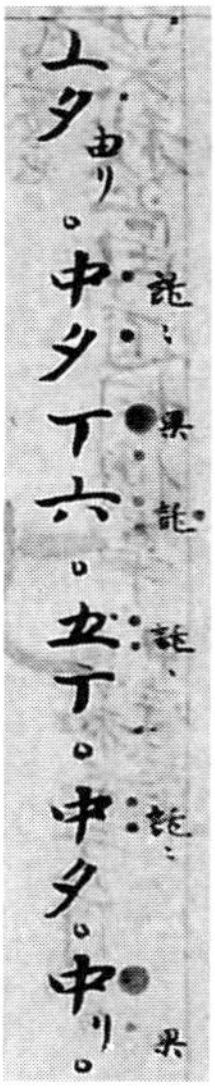

●加拍子様●如還城楽破也●
或管絃者之説●加三度拍子●」(第4紙)

●喜春楽破
●如陵王破搔之●但京様
●古説●打三度百子(マヽ)
●忠拍子時●如還城楽破打之
●忠拍子時雖為新楽加拍子口伝

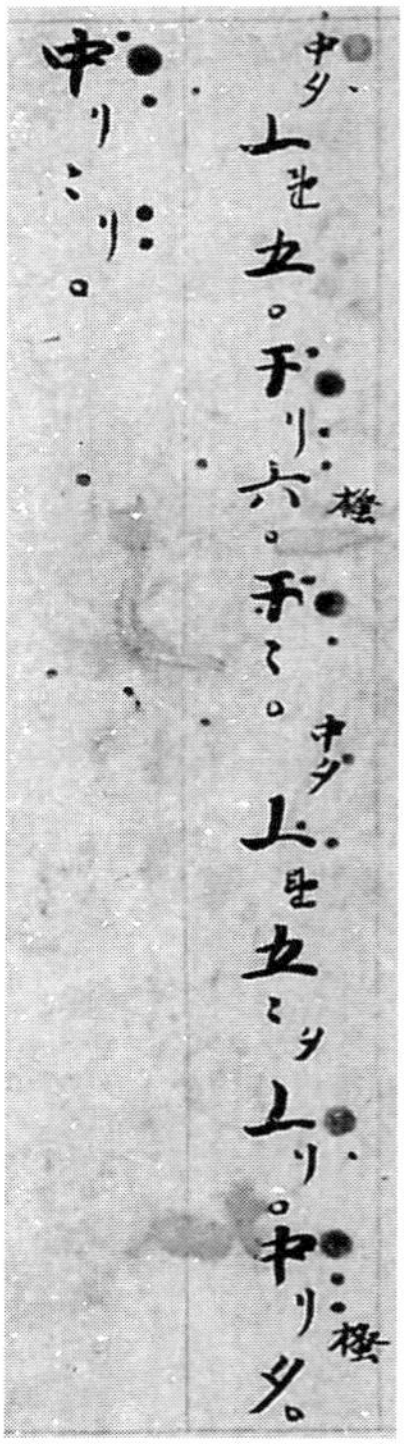

「口伝云謂《イフ》之」●新古楽搔様

●輪□（未詳）褌脱

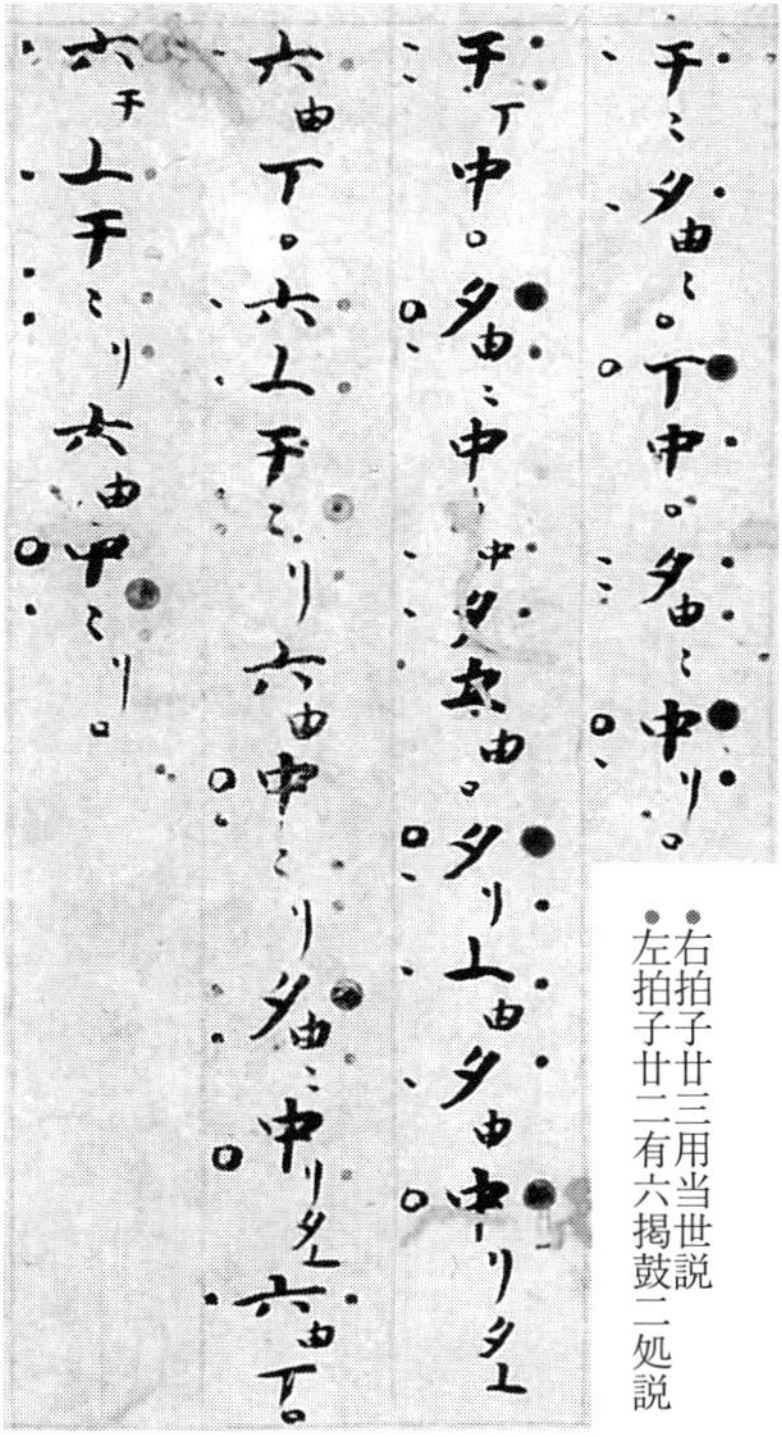

●右拍子廿三用当世説
●左拍子廿二有六掲鼓二処説

師云此楽有多々説●一説□廿二 ●手略吹之一 ●拍子延テ六拍子所二所一●一説廿四●手延吹之 近来不用之

●一説廿三●此説近来用之 加拍子様有六箇《カ》説●一者四拍子搔

●二者●乱拍子一度 ●三度拍子一度 ●三者●鳥搔《トリカキノヤウ》様 ●四者還城楽破打様●但第十五 拍子所ニ

可有籠 拍子 ●此説殊為秘事●五者●一拍子説又云有説口伝為本

●惟季秘説云●加一拍子之時●第十二十四両所●延六拍子●加三度拍子●余家不知之 ●能々可令秘蔵云々●

●有楽拍子之説●此時者一向為新楽物 可加一拍子 ●秘説曰●如胡飲酒破●加三度拍子●第一 為秘説云●

●倍臚

」（第5紙）

59 □は、扁「車」、旁「皮」。通常は「輪鼓褌脱」に作る。

64 □は、書き損じ。

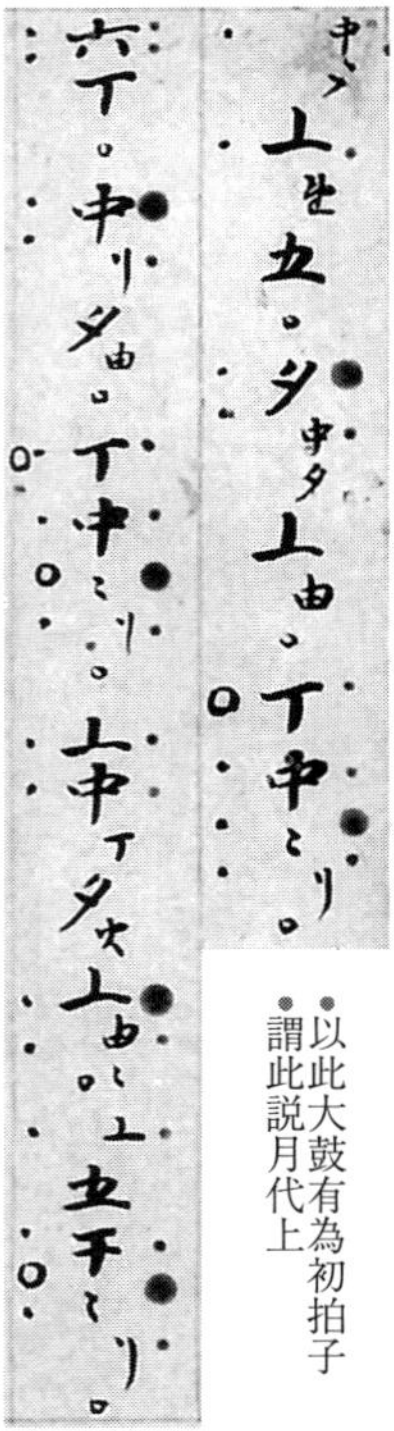

・以此大鼓有為初拍子謂此説月代上

師云拍子十二（一遍十二拍子四拍子説・喚頭吹云／二遍十二拍子八拍子説・半帖吹云）・加拍子之様・有三説

一者・如還城楽破・二者・鳥掻様　三者・抜頭掻・此外唐招提寺《タウショタイシノ》

・倍呂会《ヘロ》ノ舞ノ説・頗《スコフル》異説《イセツ》タリ・謂之《イフヲ》トウシカトウ鼓・又月代上説

ハ・初拍子壺引上也・五拍子ニ宛之・有楽拍子之説・慶雲楽体吹之

・一・揩鼓

・登美是元説《トヒノコレモトカセツ》也・而尾張則成・令相伝之・従則成之手・予所伝置也・

・取音様・革音四度打テ摺ナリ・

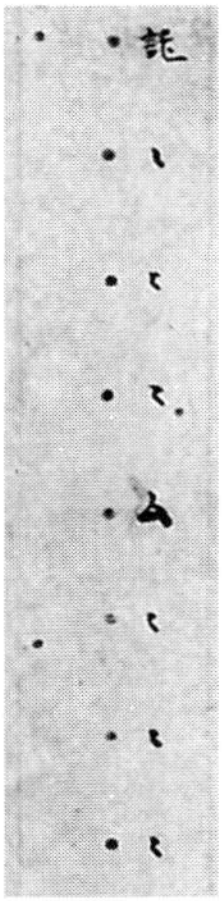

・序調子

6　**揩鼓**

74「三者」、朱点なし。

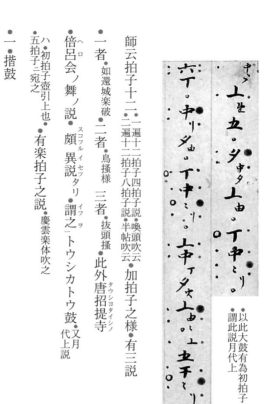

・破吹

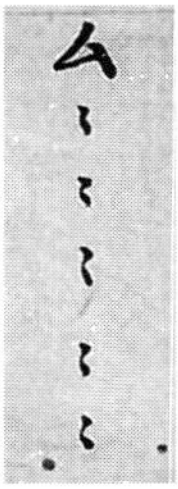

・如此延摺テ・大鼓ノ壺《ツホ》ニハ・早摺成テ託ニテ止ナリ・

・早吹

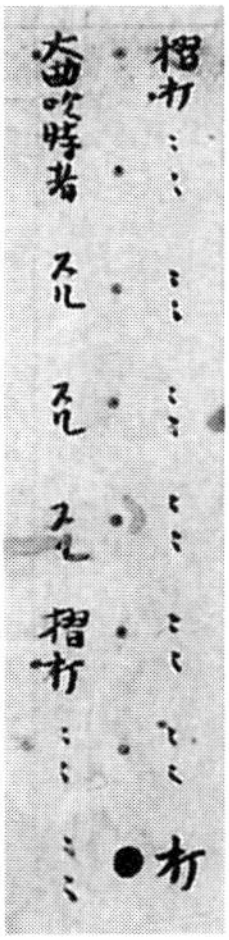

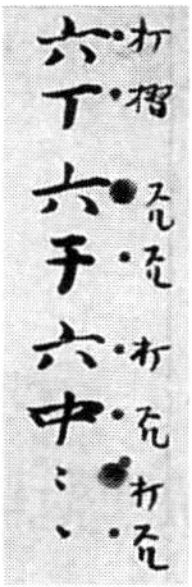

師説云・凡打摺《ウチスリ》々々・更互《サラニタカヒ》ニ摺也・

・一・三鼓

・玉手清貞説《テノキヨサタカセツ》・而治部録(マヽ)玉手近清伝之・従近清之手依智・狛光方伝之・従光方之手・予伝之了・

・取音様

」(第6紙)

7
三鼓

04「(譜)・又説(譜)」。

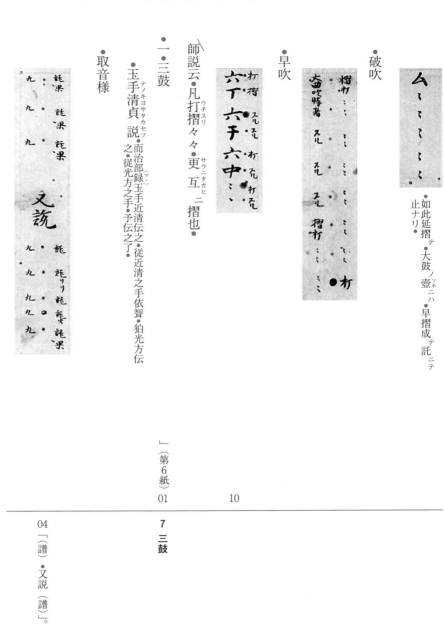

【4】

師説云●左右乱声之間●為得所緩急取音也●

●納序●乱《ミタレ》拍子四

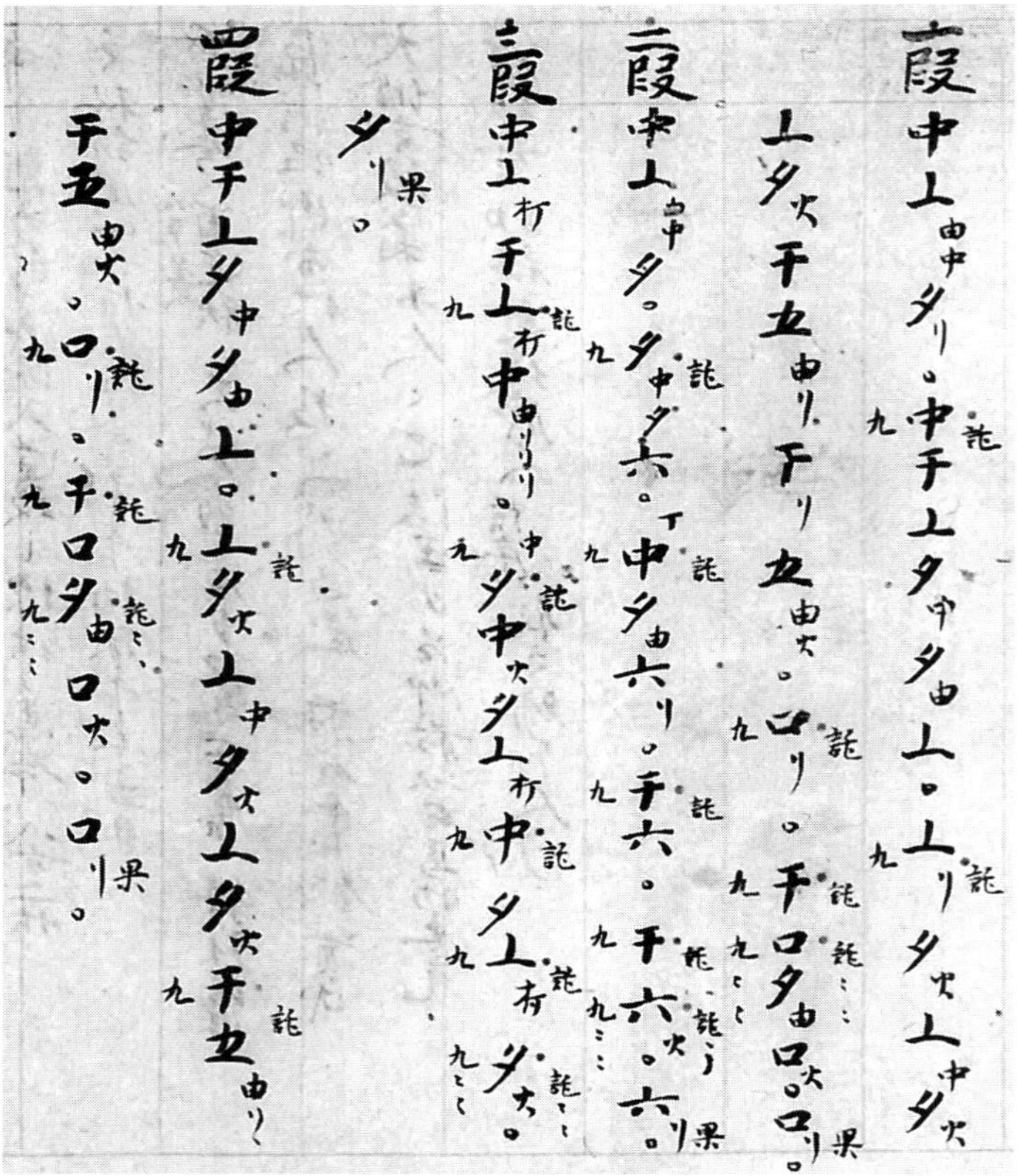

●序吹

07「●一段（譜）」。

09「●二段（譜）」。

10「●三段（譜）」。

12「●四段（譜）」。

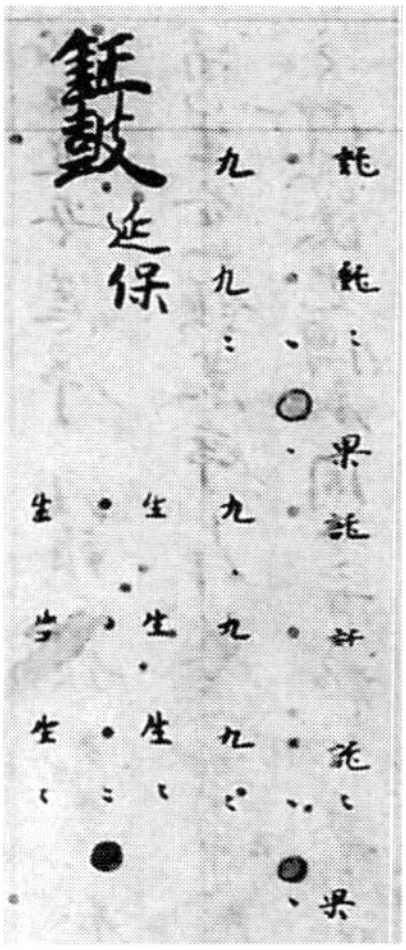

〽師説云●随ニ笛《テ》詞《コトハニ》一●吉々《ヨク〳〵》可延打《ノヘウツ》一也●拍子乃壺《ツホニ》●有ニ長短《チヤウタム》一●新鳥蘇

古鳥蘇之初返様ニ●有宛《アリアツル》三鼓拍子五ニ所●果ヲ突《ツイ》テ待《マツ》●如《ク》

常ノ●四拍子打之云々●

」（第7紙）

●破吹

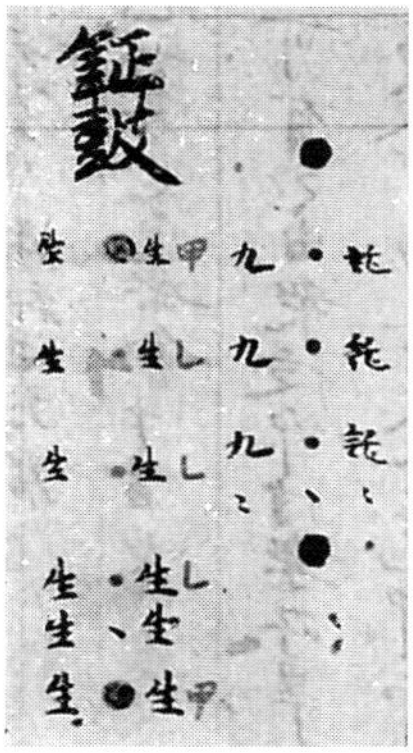

〽口伝云●舞人上舞台時●様々《ヤウ〳〵》成破吹一ニ●其時随笛《テ》詞一●三

鼓ヲハすこしつゝ●早打成ヘシ●

●急吹

16「●鉦鼓●延保（譜）」。

22「●鉦鼓（譜）」。

24 平仮名表記は、原本のまま。

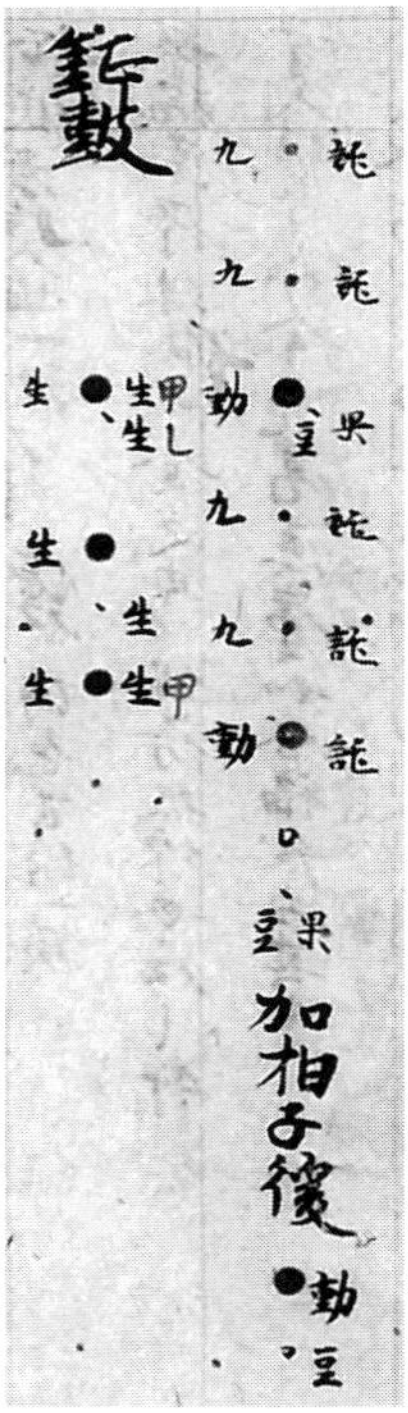

口伝云●右楽者●依テレ無レ定二度数一●随テ舞手ニ一●加二拍子一也●作《ツクル》輪《ワ》舞ハ●輪《ワ》

終《ヲハリテ》立定《タチサタマレハ》●加拍子有《ル》渡《ワタル》手《テ》一舞ハ●渡返《ワタリカヘリ》テ対向《タヒシムカフ》之時●加拍子無如此手●

舞ハ●狛乙《コマカナテ》ヲシテ打返《ウチカヘリ》テ舞時●加拍子是ハ大旨《タシ(マヽ)シ》ハカリナリ●舞ニ

付テ皆《ミナ》家々之説モ●有二相違一●仍難《カタシ》指南《シナムシ》●可付《ツク》二舞人之説一云々●

●納蘇利

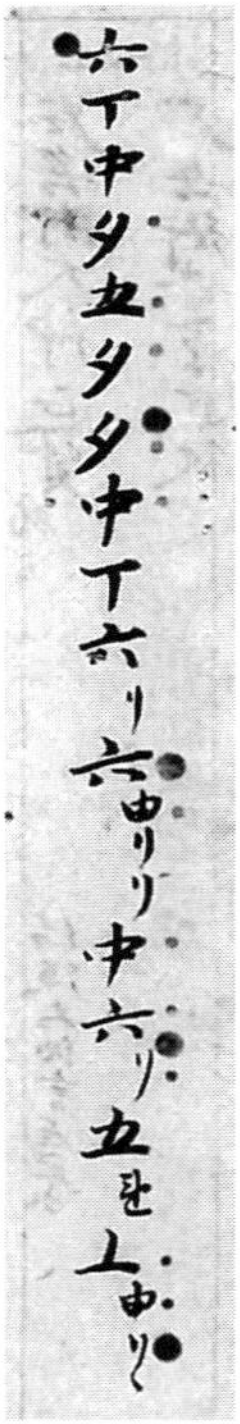

●早吹後

30

26 「(譜)加拍子後(譜)」。

27 「●鉦鼓　(譜)」。

28 レ点はかりがね点。

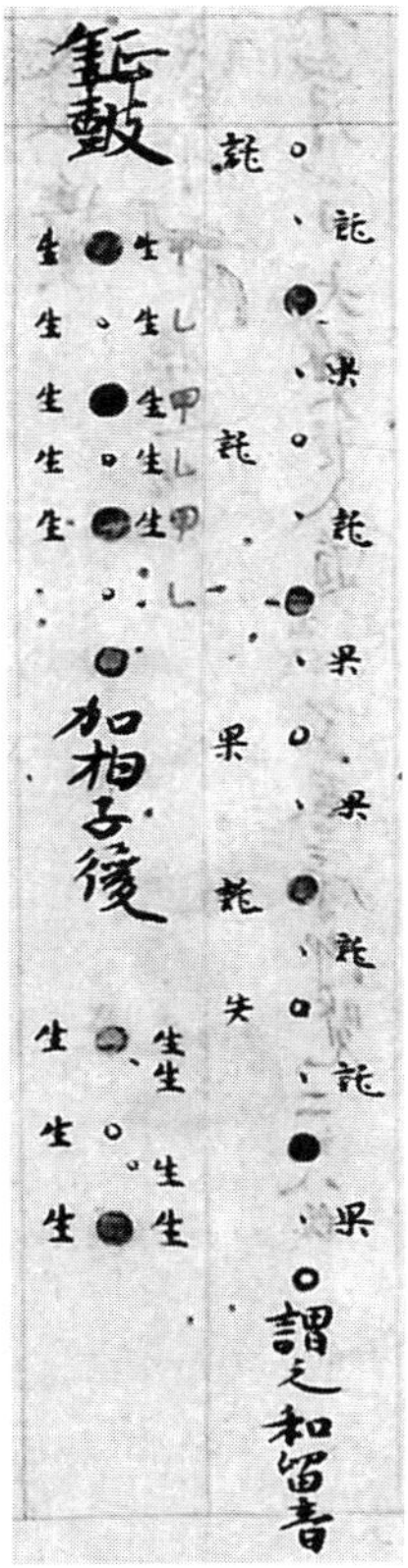

口伝云•果《クワ》ト云音《イフコエ》ハ•指三《ユヒミツ》ヲと、のへて•つくなり•又説云以右手押云•謂之革音」（第8紙）

或管絃者説云•中《ナカ》乃ゆひにて革《カハ》ヲはしく音《コエヲ》云ナリ•

•列行《レツキヤウ》道《タウ》ニ•左楽•新楽•右方•古楽•三鼓打様

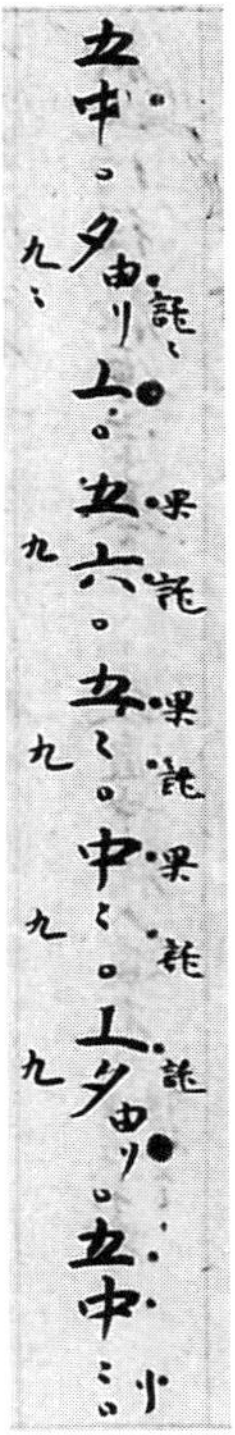

•林歌加拍子後

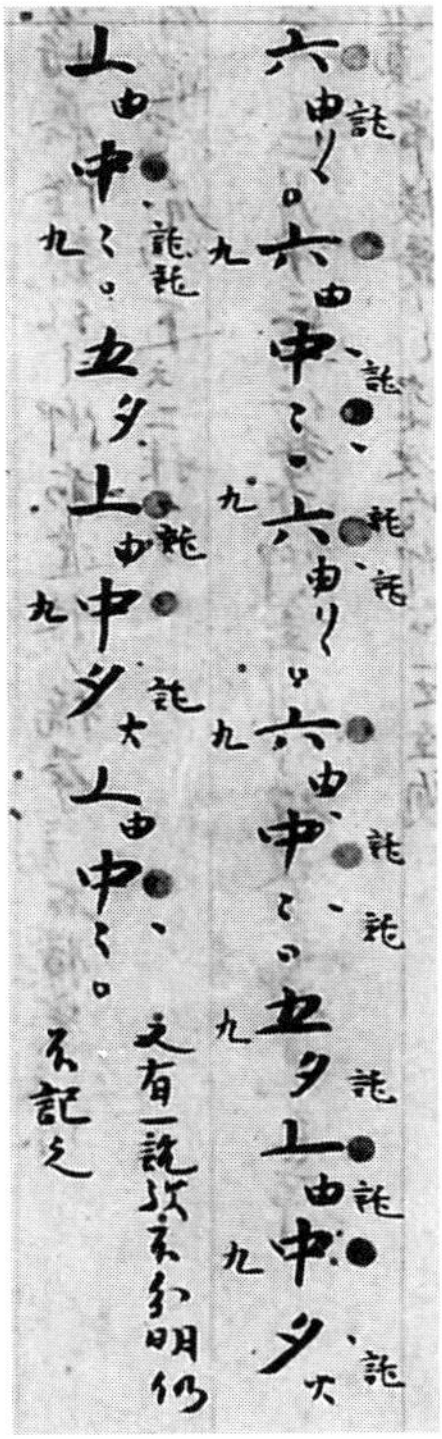

35「（譜）謂之和留音」。

36「•鉦鼓（譜）加拍子後（譜）」。

37-38 平仮名表記は、原本のまま。

43「（譜）•又有一説歟•不分明仍／不記之」。

●一　●鉦鼓
●越王句践所造也
＼後漢書云鉦鼓之声●鉦音征俗云常古●兼名苑云鉦一名鐃女交反
＼口伝云●鉦鼓者●少後左万爾《スコシノケサマニハ》●墉気《モノウケニ》拾《ヒロヒ》タルカ目出《メテタキ》ナリ●高声《カウシヤウ》ニハ
不レ可レ打二之一●又云毎有楽時●対鉦鼓打云●墉《モノウ》ク拾《ヒロウト》云●謂鈴虫囀《イハユルスヽムシノサエツリ》之
＼又云早楽ハ●左右桴《ハチ》ヲ互《タカヒ》ニ拾《ヒロヒ》テ●大鼓壺《ツホ》ニハ雌雄《シイウノハチ》桴ヲ●同音《ヲナシコエ》ニ
令打也●四拍子物ハ●皆《ミナ》鉦鼓ハ拾《ヒロヒ》テ打《ウツ》ナリ●
＼又云蘇合破乃鉦鼓拾《ヒロ》ヒキ●移《ウツル》急之処《トコロ》ニハ●やかて楽詞《カクノコトハ》ヲ●
囀《サエッ》リテ打《ウツ》（虫損）□目出《メテタキ》ナリ●
＼又云四拍子物ニハ●必《カナラス》鉦鼓拾故《ヒロウユヘ》ニ●甘州蘇合破太平楽等●雖《イヘトモ》
延一拾《ノフトヒロウ》之ヲ一●甘州ハ末詞《スエノコトハ》ヲ●鉦鼓囀《サエツル》ナリ●

●一　●打物正楽程《ウチモノ、マサシキカクノホト》事　」（第9紙）
口伝云●延楽《ノヒタルカク》乃早ク成ヲハ●打物乃心得直也●楷鼓ハ摺声●常《ツネ》
ヨリモ永《ナカ》ク●摺延《スリノフレ》ハ被打也●揚鼓ハ初ノ礼桴●三ヲハ凡以不打延
也●後生桴《ノチノセイノハチ》ニ合《アハス》ル●礼桴《ライノハチ》ヲ重《ヲモ》ク打《ウツ》ハ●楽程《ノ□□ホト》ハ被仰《ラル、ヲサヘ》（マヽ）一ナリ●大鼓ハ揚鼓乃

8　鉦鼓

05　レ点、原本はかりがね点。

08　平仮名表記は、原本のまま。

09　虫損、書陵部本「カ」。

9　打物正楽程事

04　「程□□」の「□□」は、

礼生《ライセイ》二枹《フタハチ》ヲ・為《スル》二槌合《ハチアヒト》一ハ・随《シタカヒテ》被《ラル、》仰《ヲサヘ》(マヽ)一也・
＼又云楽ノ程《ホト》はやくなりぬと思はゝ・槌《ハチ》ヲとりのへてやはら
うつ・楽さかるとおほえハ・槌《ハチ》ヲとりしゝめてつよく
うつへし・火急《クワキウ》ニのへも・しゝめも・すれハ楽ノすかた
・聞悪《キヽニク》シ・たゝ吹物《フキモノ》モ・打物《ウチ》モ・同心《ヲナシコヽロ》ニテ・やう〳〵・なをしたつる
か目出《メテタキ》・ナリ心得ス・打物ヲセ、カメハ・ヨソ聞(マヽ)ハワロクテ・楽ハナヲラヌナリ・
＼又云打物者《ハ》・何《イツレ》モ不《ス》定《サタマラ》二勝劣《セウレツ》一・皆以《ミナ》雖《イヘトモ》三為《スト》二大事《ト》一・殊《コト》ニ以大鼓《ヲ》一・為《ス》二第一之
大事《ト》一・因茲《コヽヲモテ》自《ヨリ》レ昔《ムカシ》・至《ニ》レ今《イマ》・名誉之《メイヨノ》管絃者・皆《ミナ》毎大鼓頭(マヽ)瑕瑾有
其数歟・
・王監物《ワウケンモツ》・頼吉　・高橋太《カウキムタ》・能元　・前所衆《サキノトコロノシウ》・延章
・式部大夫《シキフノ》・惟成　・筑前守・有安　・但馬守・家長
＼此等皆以・失錯《シツシヤク》あやまり毎度《マイト》ノ事ナリ・近《チカク》ハ者雅楽属尾張
・則成・其芸《ソノケイ》抜《ヌケテ》レ群《クムニ》・雖三施《ホトコスト》二名誉《メイヨヲ》於一天一・而仁和寺舎利会時・有
皇帝・至《イタリテ》二三帖《ニ》一・打《ウチ》二落《ヲトシ》大鼓一二了・皆雖《(虫損)□□イヘトモ》三存《ソムスト》二相伝之説一・臨《ノソミ》時《トキニ》其誤此
多・槌合《ハチアヒ》之長短《ノヘシヽメ》・異説《イセツ》之邪正《シヤシヤウ》・実《マコトニ》以難《カタキ》弁《ワキマヘ》一者歟天下第一之逸物《イチフツ》・」(第10紙)

「ホト」の書き損じか。
04-05「仰一」の一点に対応する二点なし。中世に多く見られる一点の単独使用。
06-10 平仮名表記は、原本のまま。
12 レ点、原本はかりがね点。
16 平仮名表記は、原本のまま。
17 レ点、原本はかりがね点。

代々《ヨヽ》即《スナハチ》如此・既末代《マツタイ》ノ・あやう乃我等《ワレラ》ハ・輙《タヤスク》不可取《トル》二大鼓之槌《ハチヲ》一・也
＼又狛近房カ・大原僧正御房ニテ・春楊柳ヲ正体ナク打タリシ也・
＼安部季遠カ・吉水僧正御房ニテ・双調楽渡物大鼓打損了・
＼同季清・同処ニシテ天王寺乃・童舞御覧乃侍シニ・皇麞
破乃初拍子・打五拍子了・笛・音頭宗賢・付笛近真侍シニ・宗賢モ直《ナヲシ》エス予《ヨ》
第三拍子ヨリ直《ナヲシ》了・如此人コトニ僻事《ヒカコト》アルナリ・是等カ打損ハコトハリナリ・サマテ乃逸物ニアラサレハ・
＼木幡《コハタノシユキヤウ》執行・忠明管絃の方ニ・とりいらさりしかとも
・大鼓打乃方□（虫損）ハ・得《エタル》名ヲ逸物ヲ・長谷乃僧正御房ノ童
舞之時・一度モ・失錯《シツシヤク》あやまりなし・
＼興福寺侍・助遠雖《イヘトモ》無二楽才《ナシトカクサイ》一・大鼓ハ目出《メテタ》ク打シニよりて・於二
春日社一ニテ・妓《キ》女舞乃ありしにハ・乍《ナカラ》置《ヲキ》二名誉《メイヨ》之伶人《レイシム》一
等・被打《ラレウタセ》于助遠タリキ・
＼祖父《ソフ》・光近安元御賀ならしに・青海波乃ありしに
・大神基賢第二切ヲ吹損《フキソムシ》了・而光近不付二笛詞一・シテ
付《ツイテ》二舞手《ニ》一・テ（マヽ）打《ツ》二大鼓一・第三切ヨリハ・以二声歌一直《ナヲ》シテ・舞楽う

20　平仮名表記は、原本のまま。
26　平仮名表記は、原本のまま。
27　虫損、書陵部本「二」。
28-30　平仮名表記は、原本のまま。
32　平仮名表記は、原本のまま。
34-36　平仮名表記は、原本のまま。

るはしく・とをりたりける・如此心しらひ乃あ
りて・打物モすへきなり・
養父《ヤウフ》・則房元久二年十一月廿八日・吉水前《ヨシミツノセム》大僧正御房」（第11紙）
報恩講《ホウヲム》・万秋楽破・忠拍子ニアリ当上《タウシヤウ》当下《タウカ》乃・笛吹損《フキソム》シテ・楽ノ
散々《サムく》ニなりしを・半帖ヨリ声歌ヲシテ・加拍子了仍楽直《ナヲリ》タリ
キ・其日《ソノヒ》採桑老・忠拍子アリ・加拍子様

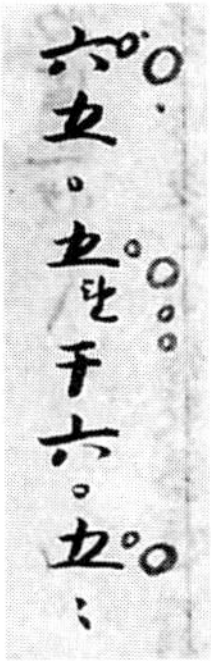

・如此打タリシカハ・一座《サ》乃諸人感《モロヒトカムス》之ヲ・
・如此高名恥辱・雖有其数・悉令日記事・無遑筆跡・
大旨許ナリ・是以人ノ才覚トシテ・可令存知也・

（原本一行余白）

・一　・予打物仕事
「鳥向楽蘇合急加拍子事」
承元三年十一月七日・殷富門女院・於安井殿百日御舎利
講結日《ケツ》ニ・有ニ管絃一・笙・中納言隆衡 小将隆仲・篳篥・入道重季・笛・修理大夫 公頼
・琵琶・孝道・箏・児一人 僧一人・打物地下・鞨鼓・近久・大鼓・近真
・鉦鼓・光綱・盤渉調・万秋楽破・自半帖加拍子・鳥向楽・自半帖加拍子 六鞨鼓突拍子

39 平仮名表記は、原本のまま。

10 予打物仕事

02 傍注朱筆。

蘇合急 間拍子処打 元作拍子 御講以後 大納言入道 隆房 召上近久

近真 打物有二御感《カム》一 其後慶忠僧都 読経《トキヤウ》 次入道殿 朗詠

次竹林楽 加三度拍子 其後近久可レ仕二風俗《フソク》一之由 雖被仰一 老耄《ラウモウ》 無《ナキ》

術《シユツ》之由申テ 不仕之ヲ

「倍臚扶南加拍子事」

同十五日御室御所 於大聖《シヤウ》院之御堂一 有御講 笙 隆仲小将 宝珠丸

篳篥 忠行少将 宗融上座 笛 式賢 弟子尊観 琵琶 国通少将 孝道 箏 敦通少将

鞨鼓 近久 大鼓 近真 鉦鼓 久行 平調忠拍子楽等 有《リ》二其員《ソノカス》一」（第12紙）

倍臚打四拍子説 搔拍子一度 三槌一度 加拍子了 扶南打十二拍子之説 初十拍子 四拍子物

加一拍子了 後二拍子 八拍子物 加三拍子了 下高座 廻忽 従第五拍子 加三度拍子 返《カヘリ》立口《タツクチ》ヲハ六

鞨鼓ニ 加突拍子 朗詠 国通 伊勢海 隆仲 次勇勝急

次風俗 国通 近久 次三台急

「陵王破加拍子事」

同十二月五日 仁和寺舎利会 有両院御幸 一院 女院 有童舞 左賀殿 右地久

甘州 林歌 已供養舞 入調 蘇合 古鳥蘇 太平楽 狛桙 陵王 納蘇利 於《テ》二大床《ヲホユカニ》一

公卿殿上人 有二絃管（マヽ）一 地下楽人右楽屋 皆寄付 当上故也

琵琶二条大納言 定輔 笛藤（マヽ）居中納言 実教 笙四条中納言 隆衡

10　傍注朱筆。

17　傍注朱筆。

●箏頭中将●経通　●篳篥藤少将●忠行　●地下●笛家長 比巴孝通（マヽ）

在楽屋●依《ヨテ》二御定一●大鼓近真打《ウツ》之　●任古記●打右大鼓之面●且付当 上音頭●且童舞遅速ヲ見テ●

楽程ヲ 定料也●　●蘇合一帖●七拍子　●道行●加三拍子　●陵王破●打奈良様

●大鼓一モ不打損仍当上当下●頗《スコフル》有二御感一云々●

「胡飲酒大鼓事」

建保二年二月十四日●七条女院之御願《コクワン》歓喜寿《クワンキシュ》院供養●

有胡飲酒●舞人●好節　●序二返●破七返依御定●近真打大鼓

●乱声ノ打止槌 序付舞打之　●破七返之内●第二返之末二拍子●加拍子

舞人入時　向《ムカムテ》二楽屋一●乙《カナツル》二入綾《ヲ》一之時●加拍子了舞入之後 ●好節モヨロコヒ申キ●伶人 等目出カリテ●面々讃之●

「参音声加拍子事」

同四年十二月廿日●一院御所●高陽院小御前 上北面乃人々●櫛合《クシアハセ》乃

勝負《セウフ》乃風流《フリウ》ニ●奏二舞楽一事アリ●先参音声万秋楽破　」（第13紙）

●鶏婁忠綱 ●一鼓清則 雞婁一曲之後●向《ムキテ》二御前一居●右膝突●立時加拍子●古楽揚拍子 近真教所 秘事ナリ

●舞人●左忠綱●清実●朝成●仲朝 右清則●宣仲●信説●政則　●鞨鼓孝通（マヽ） ●三鼓兵庫頭　笙●孝俊　篳（マヽ）●右衛門 大夫

●笛●家長●大鼓●醍醐児春若●鉦鼓●源蔵人大夫●舞師二人●左近真 右久行

25　傍注朱筆。

29　傍注朱筆。

兼楽屋候・振桙・左忠綱 鎮詞教奉了・右清則 桙前居事教之・次渡競馬・此間奏狛
龍急・大鼓近真打之・打唐拍子之・次輪台二人・忠綱・清真・青海波・朝成・仲朝・右新末
鞨四人・大史二人・六位二人・退出音声・崑崙急・打唐拍子・已上大鼓皆以打了・
「皇帝一具大鼓打事」
同五年二月十六日・夜依ニ宿《シュク》願《クワン》一於《シテ》ニ・春日御社一荒序舞・舞人近真
・笛・景基・笙・忠秋・大鼓・景賢打之舞終後・皇帝一具シテ
令《ムヘシマイラシ》進ト儀《キ》テ奏《ソウシ》キ・遊声一帖・序一帖・卅拍子・破六帖・大鼓近真打之一ツモ不損ス・壺打・愚身高名・何事然之乎・
「右大鼓事」
同五年十月十四日・一院女院御熊野詣之時・於ニ新宮《シテ》一有《アリ》ニ舞
楽一キ・雖《イヘトモ》為《スト》ニ左舞人一・依御定《ニ》一・近真・打《ウツ》ニ右大鼓《ヲ》一・古鳥蘇ノ序
打様・汗（マヽ）音引・納曽利破従・第三大鼓・加拍子急成テ後舞人輪シテ
向《ムカヒアフ》合時・加拍子了任《マカセテ》ニ古老之伝《ニ》一・打之《ツ》ヲ・貴《クキ》賤《セ》驚《ヲトロカス》ニ耳目《シホク》一・追《ヲウテカフル》蒙ニ御感《カム》一了・
「輪鼓褌脱大鼓」
同六年十二月三日・閑院内裏・有船楽・西釣殿行幸殿上人地下楽
人等乗之・平調々子及入調了・輪鼓褌脱之時・大神景賢云可加
【3】
一拍子而予思ハク船楽ならぬ時・一拍子つねならす況船楽
也・此事予ヲ心みむとするか・又はちをか丶せんと存カト・思《シ》
維《ユイ》シテ搔《カ》□（虫損）つ丶けの・古楽物ニ上了《アケ》・景賢ハ本意《ホイ》相違《アヒタカ》ヒタリキ・
」（第14紙）

37　傍注朱筆。

40　傍注朱筆。

44　傍注朱筆。

45–51　書陵部本は、45行目「・平調々子及入調了」の後、50行目「・箏敦通」～51行目「・廻忽」、45行目「・輪鼓褌脱之時」～50行目「頗仰御感了」の順になっており、京博本とは異なる。

天気《テムキ》ハ目出仕《タリト》●有ニ御感一云々 ●伶人退散之後●近真慶雲楽可仕 笛ニ之由依有 勅定●忠拍子吹了
以頭中将雅清●頗仰《ス》ニ御感一了● ●人数●箏敦通 ●鞨鼓康光 笙忠秋好秋 ●篳篥季国
●笛景賢景基●大鼓近真●鉦鼓有賢
●万歳楽●三台急●甘州●輪鼓褌脱●勇勝急●廻忽
「打鞨鼓事」
同四日●西 釣殿《ニシノツリトノ》 行幸依ニ召一近真●月花門之内ニ候《サフラウ》●可令食《（マヽ）》
鞨鼓料也●笙敦通 ●笛景基●大鼓康光 ●鞨鼓近真 ●鉦鼓忠茂 ●平調々子●次五常楽
●詠鞨鼓●破撥転《カイマクルテ》 手 ●急 鐺《コシリノ》 声打●次甘州●泉郎打●次慶雲楽
●忠拍子鞨鼓 打之 此間日向介●俊元スイ参《シタリ》●召出《サレテ》何事《ナニコト》カ
一葉《イツノウ》（マヽ）ニテアルト御尋アリシニ●見舞《ミマイ》コソ第一ノのうに候へと申タ
リシカハ●可舞一之由●依被ニ仰下一●忠茂●前立納蘇利舞 後立俊元見舞ス 諸人《ショニムヲ》驚《トロカス》 耳目《シホクヲ》一
●入興《シウケウ》無レ極者也●其後近真ヲ●近ク召寄《メシヨセ》テ●猶《ナヲ》可仕ニ鞨鼓一之由●被
仰下●仍●蘇合三帖●破急乃●説々仕了 ●甚有御感●其後楽所候●
「春楊柳大鼓事」
又酉 剋許《トリノコクハカリ》ニ●依召参常御所之南面●各円座給居 ●大鼓●近真 笛●景基 ●鉦鼓●忠茂
●天皇●御琵琶 ●女房弾 ●笙●敦通 ●箏 女房 時々敦通 ●掲鼓●康光 ●御遊アリ●平
調●永隆楽 忠拍子 ●春楊柳 早吹鳥掻 加拍子 ●皇麞 ●破急 其後被止ニ打物一
之後●琵琶箏許《ハカリ》ニテ楽共《カクトモ》アリ●万歳楽●甘州●廻忽●輪□褌（未詳）

文脈から考えると、書陵部本の方が妥当か。
46-48 平仮名表記は、原本のまま。
52 傍注朱筆。
56 平仮名表記は、原本のまま。
58 「無レ極」のレ点、原本はかりがね点。
60 傍注朱筆。
63 □は、扁「車」、旁「皮」。

脱●勇勝急●林歌●五常楽急●楽共殊目出之間●及落処也（マヽ）●各《ヲノ〱》令

退出《タイシユツ》一ヲ●以為家中将一●召返シテ●近真ニ目出五節ノ櫛《クシ》五下給了●

●棒目上令退出了●次景基忠茂ニ同給了云々●」（第15紙）

【2】

「篳篥吹小調子事」

承久元年正月十四日●依召一参常御所一●左舞人ノ年有二御尋一●

●光真已下老若狛氏●悉令申上了●次可聞食近真之篳篥之由●雖三蒙《フルト》勅定一●

不吹二此管《コノクワン》一シテ●経《ヘ》二年序多《ネムシヨヲヽク》其上不持《モタス》二篳篥一之由●令申上

畢●爰《コヽ》ニ被下一御物一ヲ●只《タヽ》如形一可仕之由●重《カサネテ》有御定一●其上者●無二子細一

可仕之由●令申上領状了●御物篳篥之舌●年々モ不知古物ニテ●イカニモ不叶ヲ●ヤウ〱ニコシラヘシメシテ●吹ナラサムトスレハ●ス、トノミナリテ●ウルハシキ音ナシ●仍心中ニ願ヲ立テ●年来ソコハク乃功ヲイレテ●今日名ヲ失コト●心ウキコトナリ●氏御神楽所ノスクウ神●タスケサセ給へト●祈念シタリシカハ●スコシ篳篥之音似タリキ●

●天皇●御鞨鼓●女房●箏●宰相中将経通●笛

●少将敦通●笙●孝時●大鼓●康光●鉦鼓●近真●篳篥平調々子

●万歳楽自第六加拍子●三台急●五常楽急破●倍臚八拍子之様加大鼓●其後可

仕二小調子之一由●有勅定●度々《タヒ〱》雖申《トシ》二辞退《タヒ》一●更無《サラニナシ》二御承引《シヨウイン》一●仍又願立●無違乱可令吹給之由●祈念了

●先居直《マツヰナヲリ》テ●左右乃膝突《ヒサヲツキテ》●吹二爾取ヲ一●三帰心《クヰノコヽロ》ナリ其後●小調

子二返●返様吹了●次三拝シテ●如本一居《ヰ》●主上《シユシヤウ》ヨリ始《ハシメ》マイラセテ●公卿

67　傍注朱筆。

殿上人殊有二御感一●雖二面目無極一●かゝる大事候《サフラハ》サリキ●忠身ノイミシキニアハス
●如此事ニハチヲカヽヌ（マヽ）●ハヒトヘニ春日大明神マホラセ御スユヘナリ●カタシケナキ事ナリ●いかにも人ハ●信ヲさき
として●みやうかをねかうへし●
「胡良子大鼓事」承久二年正月十日●内裏御遊始双調々子●呂律楽●并催馬楽如常
●天皇●御琵琶●帥大納言定輔●声歌●宰相中将経通●箏
●六角少将敦通●笙●二条小将資雅●拍子●右少将惟平（マヽ）●笛」（第16紙）
●藤少将盛兼●篳篥●式ノ御遊之後●加二打物一●鞨鼓●兵衛尉蔵人孝時
●大鼓●近真●鉦鼓●一﨟判官康光●万歳楽●忠拍子卅拍子後十拍子加三ト拍子●甘州
●忠拍子第二返之頭ヨリ加三拍子三拍子之後止了●廻忽●第二返之除初拍子第二拍子ヨリ加三拍子也●三台急
●第二返始四拍子以後第五拍子ヨリ加一拍子　胡郎子●依有二説●不打始拍子而初拍子●打落シッサ、ヤク而孝時云●是ハ有存旨不打也失錯ニハアラスト●申ケレハ●
主上ヨリ始マイラセテ●尤有興云々●
「賀殿大鼓事」承久二年八月廿日●依テ勅定ニ召二光真ヲ一●被二写影《ウツエイヲ》一●大炊御門殿
●其次ニ聊《イサヽカ》有二舞御覧一●鞨鼓●御所●笛●近真●大鼓●所衆康茂
●鉦鼓●忠茂●賀殿●光真●涓元《布衣》（マヽ）破二切●第二帖末二拍子加拍子●急三切●第二帖第五拍子加一拍子
以光時之説●以《テ》二膝《ヒサ》拍子一●康茂ニ打《ス》之《ヲ》一●右林歌●好氏●涓元（マヽ）如常　加拍子様

79-81　平仮名表記は、原本のまま。
82　傍注朱筆。
90　傍注朱筆。

笛ヲ仕ナカラ・大鼓ヲ教《ヲシヘ》テ打二之一タリキ・仍以外蒙二御感一了・

「皇帝大鼓事」
同三年二月十五日・興福寺常楽会ニ・別当雅縁ノ上童児《シヤウトウチコ》二人
・入調楽屋ニ来《キタリ》テ・弾絃《タムス》一・琵琶・箏至テ二皇帝之時一・依テ二大衆之儀定《キチヤウ》一ニ
・近真打二大鼓一・任大田《ヲヽタ》麿《マロ》之伝《カツタヘ》・遊声《ユセイ》ノ打《ウチ》二大鼓ヲ一了・

「団乱旋大鼓事」
同十六日・法花会団乱旋・大鼓又打了

「万秋楽大鼓事」
同十七日別当房後朝《コウテウ》・万秋楽大鼓又打了・序一帖半・後半帖異説打了
・破四帖・一・二・五・六帖・第五帖ノ・半帖ヨリ於世吹ニテ・六帖乃第七拍子
口穴ヨリ打三度了・舞人三人渭元布衣・光真・定近・則定雖為近真舞人四人之内・依無大鼓依衆儀打之・

「採桑老事」
承久二年五月廿九日・好氏之・採桑老御覧之日・以テ二

」（第17紙）

勅定一近真打二大鼓一・任《マカセテ》二本説一・以五音之鹿楼ヲ一・打之一・并付
秘説・第五拍子ヨリ・加三度拍子了・今ハ鹿楼《ロクロ》ノ大鼓之様ハ・舞
人楽人聊《イサヽカ》モ・不二存知一見侍ナリ・

「鞨鼓事」
同四年二月廿八日・於一院醍醐童舞御覧・高陽院殿・東西広御所楽屋
・中門立唐大鼓鉦鼓・関白殿・右大臣公継・内大臣公経御簾中
・大床・師大納言定輔・四条大納言隆衡・左衛門督実信

95　傍注朱筆。
98　傍注朱筆。
99　傍注朱筆。
102　傍注朱筆。
106　傍注朱筆。

●大宮大納言実氏●宰相中将雅清●六条三位家衡●已上直
衣楽屋所者　●笙●敦通中将●摩尼王●篳篥●盛兼中将●兵庫頭信繁●笛●前右馬頭公広
●琵琶●右馬頭光俊●兵衛大夫孝時●木工権頭孝通●菊若●箏●兵衛佐家定●有若●殿上人●帽（マヽ）元但可立牆代●殿上人
三人束帯●童舞人左右各六人●男舞人定近光成　近真●右好氏好継　久行
●鞨鼓近真以光俊●今日可打鞨鼓一●委《クワシク》可被聞食一料ナリ●仰付
了●悉任了頗御感了●三鼓利清●笙　忠秋●篳（マヽ）季国●笛式賢定賢●大鼓景康
●鉦鼓季清也●輪台　近真光成児二人●青海波児舞之●牆代●笙敦通●篳（マヽ）盛兼
●笛公広●琵琶菊若●童舞者●左　賀殿　蘇合　三台　太平楽　散手　陵王●右　地久　古鳥蘇　皇仁　狛桙　貴徳　納曽利
●男舞抜頭定近●新末鞨好氏好継　久行景康
「鞨鼓事」寛喜三年九月廿九日●於佐々木野《シテサヽキノ》御所二●大殿下如法経
十種供養●文治三年九条殿御□（虫損）●天童十八人●弁僧正定亮（マヽ）児ナリ所者人（マヽ）●笛
藤居（マヽ）二位公頼●笙別当□□（虫損）●箏源中将師季●篳篥」（第18紙）
梅小路少将実俊●笛中御門中将宗平兵衛尉蔵人家清●大鼓但馬前守家長●琵琶
馬助入道存時（マヽ）●御簾中ニ女房弾□（琵カ）（虫損）琶箏
地下●鉦鼓好氏●鞨鼓近真　文治三年則近打之●而モ相伝之器量●御尋アリテ所被召也●笛景基

118　傍注朱筆。
119　虫損、書陵部本「例」。
120　虫損、書陵部本「実有」。

●笙近秋●篳篥季茂●先調子●盤渉調●次発《ヲコス》楽●鳥向楽忠拍子大鼓散々打之

●次●宗明楽●笛等違了忠拍子不加拍子●次伽陀●次秋風楽●一返忠拍子●伽陀●次採桑老●一返忠拍子末四拍子加拍子

●伽陀●次蘇合三帖●伽陀●次同四□（帖カ）（虫損）●常説両帖□（虫損）籠拍子●伽陀●次同五帖●序吹打三拍子

●伽陀●次同破急●伽陀●次蘇莫者破●末四拍子加拍子●伽陀●次輪台●青海波

●伽陀●次白柱●伽陀●次竹林楽●次登高座ニ●万秋楽破只拍子●導師●聖覚法印

●下高座●千秋楽　任文治之例□□□□（感秋楽入カ）（虫損）目録了●而今度ハ大神氏笛吹等●依不吹感秋楽●公頼二位殿可令吹給ニテ●入目録了●俄四帖替了

●凡予《ヨ》者ハ●雖為二不肖《フセノ》之物《モノト》一●於《シテ》二当道舞曲吹物打物一

者●云二公庭一●云二私所□（トカ）一●事外之無二失錯《シツシヤク》僻事《ヒカコト》一●者《ハ》更非《サラニアラス》二

身之高名《ミノカウミヤウニ》●偏宿運《ヒトヘニシユクウ》□《シム》（虫損）□●令二守護《シユコシ》一御《ヲハシマス》故也●可貴々々《タムトモヘシ》●

（原本一行余白）

天福元年癸巳十月　日以自筆令書

文保元年丁巳八月　日以自筆令書写之兼秋

（原本一行余白）

奥渡物譜（豊原量秋筆、端裏書カ）

（原本一行余白）

」（第19紙）

---

126 虫損、書陵部本「打」。

132 虫損、書陵部本「神ノ」。

奥書

〔紙背〕

【紙背1】（以下、本文同筆）

＼嘉禎四年戊戌三月十三日弁僧正定豪　舞童被渡興福寺
同十四日依大衆之儀又渡之児共皆帽(マヽ)衣色々水干狩襪ナリ依衆儀
一者定近可打鞨鼓二者近真可仕大鼓之被仰付了仍近真打＼三台破ヲ
末二拍子加拍子是成通卿秘説也　＼次抜頭公兼之秘説打之貴賤興入及流涙了云々
＼次甘州　舞間加一拍子如常入時加三ト拍子謂之道行打是季秘説也
＼次陵王　破第二切加拍子奈良様之説舞児不存知此説間拍子不合
此説ヲ不令教訓故也
　　抑及七旬大鼓之便(マヽ)不可勤仕事也雖然依誰(マヽ)背衆儀憖取
　桴ヲ向大鼓イヘトモ東西モ不覚於一拍子不可為尋常爰
　無違(マヽ)礼為喜悦処ニ面目甚条アマリサヘ名誉ヲホトコス
　テウ忠事ニアラス大明神ノカケリマシ□□《マシ》(未詳)タリケルニヤ貴々〱
＼仁治二年四月廿四日今出川太政大臣入道殿往生講打大鼓事

＊本文（オモテ）と同筆。01-19 書陵部本の【別紙第二紙】に同様の記述がある。

11「□□」は、「マシ」の書き損じか。

〵蘇合一帖十二拍子如常但不打留桴ヲ為本説而無舞故ナリ

〵三帖如常但序吹大鼓ヲ引上テ打序吹ノ始ニ不打留桴ヲ一ニハ有返吹様故ニ

二ニハ一帖ノ留大鼓不打故也古老説

〵唐急拍子廿一説打之仍喚頭二返ノ次首ヨリ加拍子廿一ノ間拍子之聞料之

越天楽急加三拍子如胡飲酒破此楽常ハ可加一拍子也三度拍子船楽説ナリ

然而依為下高座ノ楽一打此説了導師礼盤ヨリ下テ本座ニ向時加拍子　」（第17紙裏）

以是為下高座之習也

（原本以下余白）

【紙背2】（以下、本文同筆）

記録　」（第16紙裏）

●寛治五年相撲節●或賭弓云々

成兼陵王舞荒序之時膝突居不知荒序舞故也

笛吹不分明　但惟季　正清等間也忠四切吹云々

（原本二行分余白）

＊記録
本文（オモテ）と同筆。

【紙背3】（以下、本文同筆）

●私所荒序舞記

保延二年三月七日御室舞御覧

依召各参南院　光時 基政 忠時 光近

先散手　光近　序破各一返　貴徳　忠時

次抜頭　四位少将教長

次陵王　光時　在荒序　破一返　納曽利　忠時

荒序笛　権中将忠基吹之　打物御室僧達打之

同三年十一月十八日能（マヽ）野別当法印長範堂供養　大法会 秋津云所

同十九日彼別当之許請定仍各渡　近方 光時 忠時 光近 行光 季時 光元 時行 兼元

依有別催 光時陵王舞　如乱序常 在荒序 入破一切舞之 但依無荒序吹大鼓許ニ天舞之

光近打之　中々殊勝感無極也 仍在纏頭女房装束一具給

右納曽利　近方　纏頭同之

●保延元年九月十三日　夜半許舞之

於住吉社依宿願狛光則陵王　荒序　破一返

私所荒序舞記
＊本文（オモテ）と同筆。

大鼓光時打之　笛行則　但乱序破許也

●同十月二日

宇治於離宮宝前依宿願光則陵王有荒序云々

大鼓則助打之云々

●長承三年閏七月廿四日　」（第15紙裏）

有市杣（マヽ）於一宮御前光近陵王如形有荒序

大コ光時　笛行光　納ソリ包則

●長寛二年閏十月廿三日

於中川山寺光近陵王有荒序

笛光久可吹由頻所望申セトモ不吹之　大鼓許舞之

（原本二行分余白）

【紙背4】（以下、本文同筆）

●荒序旧記

天治元年正月廿九日賭弓

勝負舞陵王於枇杷殿着装束　光則　乱序皆悉　荒序八切　入破二切　納ソリ留畢

依　院宣陵王始舞之依右勝五度延事

楽人　笛清延　笙時秋　抑時秀吹荒序此不足言不当也仍則被止了

同二年正月十八日賭弓

勝負舞陵王光時　乱序皆悉　荒序八切　入破二切　納蘇利楽許止畢

依申乞元政一鼓打存旨不足言云々可打大コ由各雖申不承引

楽人　一鼓元政　大コ助貞　笛清延　笙時秋　鉦コ時秀　篳篥貞時不吹荒序

大治二年正月廿日賭弓元政荒序吹初大治四年正月七日八幡修正舞人光時

勝負舞陵王光時　乱序皆悉　荒序但清延七帖吹落仍舞残畢

納ソリ忠方近方　依弓持納ソリ舞也

楽人笛清延　笙時秀　篳篥貞時不吹　大コ助貞　鉦鼓友光　一鼓行貞

長承元年八月廿二日内裏舞御覧余舞有多々雖然略了

陵王光時　乱序皆　荒序八切　入破二切

次又陵王光近　破二切　次又陵王則助　破二切

此舞御覧偏両三輩器体御覧合料云々面々殊勝体等頻有御感

同二年三月六日賭弓

頭中将殿依御奉行召天上口光時仍参勤於今日者陵王荒序者 」（第14紙裏）

八方様幷可尽曲由被　仰下者也仍比巴殿清延会合依先例

舞楽合畢雖然五帖以下頗有長短以外ニ舞多楽少也

勝負舞陵王 光時　乱序如常　嗔序　大膝巻　此次舞口伝也尤可秘云々 荒序八返　以外有相違　入破二切　第二帖ニ異説舞

楽人一鼓 則友 大コ 助貞 笙 時秋 笛 清延 篳篥 包次不吹 鉦コ 則助

同二年三月七日内裏舞御覧

抑今日舞御覧者昨日陵王御感故云々 陵王以後散手貴徳安摩舞之

陵王 光則 乱序 如常 破 一反 納ソリ 忠方

又陵王 光時　乱序皆悉 入破二切 依御定在荒序 二四八説 殊面出思食被仰下了

又陵王 則助 入破二切 又陵王 光近 入破二切 納曽利 元秋 時高

楽人 元政一鼓　重貞　助貞　清延笛　時秋笙　助種大コ　時行　則元 包元　成貞　包則

同二年三月廿六日内裏殿上人小弓合勝負 一番射手頭二人

射手殿上人小弓十番三度下也　其後勝負舞

陵王 光則 乱序如常 荒序 但五帖許舞　入破二切

納ソリ 忠方 近方　楽人 元政 時秋　自余打物舞人勤之
同三年二月廿日院舞御覧今日同内裏有舞御覧種々舞共
抑今日舞御覧 光則之陵王可有御覧故雖然依有故障
於荒序大膝巻中止了然者　五人陵王可有御覧由定了
一番 則助 破二切　二番 光□(則カ) 同前　三番 光近 同前　四番 光時 同前
五番 行貞 同前　但行貞陵王失礼度々不足言也
舞人 元政 清延 時秋 時行 貞時 助種 公弘 光元 忠(マヽ)
（原本一行分余白）
同三年後十二月十四日舞御覧 惯(マヽ)元冠舞御覧 左右二手舞
勅定曰今日荒序五人可有御覧者也可存旨由頻被仰下了
爰伶(舞)人等奏聞曰同日両人例未承及者歟度々申上了
猶雖無先例希代勝事為未曾有見物重被仰下所也
雖然道中最曲朝家宝物也為綾(マヽ)代経道罷成因縁作(マヽ)由申上
」（第13紙裏）
仍被止了　又陵王納曽利五人可有御覧
一番 陵王 光則 破一切　納ソリ 忠方

二番　陵王 光時 破一切　　納ソリ 近方

三番　陵王 則助 破一切　　納ソリ 忠時

四番　陵王 光近 破二切　　納ソリ 成方

五番　陵王 藤侍従 為通 破二切　　納ソリ 源大夫師仲

次抜頭 四位少将教長　　納ソリ 元秋 時高

保延二年正月廿三日舞御覧

光近荒序可有御覧故也　先陵王以前散手光近貴徳忠時

陵王 乱序皆悉　荒序八帖　入破二切　納ソリ 忠時成方

依無荒序笛吹時秋笙許舞之 極大事也 楽人助種成正為景

陵王以後於惃（マヽ）元舞甘州北庭楽傾坏楽　右地久皇仁林歌

同二年二月九日舞御覧　今日種々舞秦王七返依仰也

光近荒序八方様御覧故也以長承之例聊舞手合了楽不足

陵王 光近　乱序 小膝巻　嗔序 大膝巻　荒序 八切　入破 二切

元政 元秋 成正 為景 近成　納ソリ 近方 成方　此外舞多々

同二年三月十日賭弓 去八日聊在舞御覧依召基政基方参先散手光時 序破各一反　次陵王光近荒序入破二切　次抜頭四位少将教長

勝負舞陵王光近初度　乱序皆悉　荒序八切　入破二切　納ソリ忠時成方

楽人光時　基政　清延　時秋　助種　貞時　包次　季時員差

抑雖参基政不吹笛立隠了仍清延吹之

去九日舞御覧之次抜頭四位少将教長次陵王藤侍従為通大膝巻破一返

同年三月十二日殿上賭弓射手念人殿上人皆□（直）衣（未詳）

左集会所宮侍出御之後参音（マヽ）鳥向楽近方子童着装束一皷打之

」（第12紙裏）

射手別当殿　頭中将季成　中宮権亮経定　四位少将公能　源少将憲俊

藤侍従為通

念人宰相中将重通　権中将忠基　左中弁公行　大宮権亮俊隆能登守

一﨟判官束帯清高　行事蔵人修理亮信範員差也

楽人光時　基方　公広

参音声之間一皷童従中門入内打之其後射手幷念人皆悉着座

左失（マヽ）取所衆也

右集会所左近陣於西中門　吹双調々子　次桜人歌拍子取左兵衛督中納言宗輔束帯

射手右兵衛督宗能　宰相中将公教　四位少将教長　中務少輔行通

---

67 □は、「直」の書き損じか。

源大夫師仲　大宮侍従光忠
念人頭弁宗成　四位少将経宗　安波守季兼　式部大夫有教　若狭守
因幡権守雅重　行事蔵人右衛門尉経国　員差
楽人忠時　助種　光元
渡南殿前参各着座　其後三度下射畢左勝
次勝負舞陵王藤侍従為通着装束舞之　乱序　荒序　破二切抑荒序師依　院宣去年光則教奉之其間種々有助別紙記之
荒序笛忠基中将吹之
納ソリ源□□（虫損）師仲大宮侍従光忠　但納ソリ装束依左取隠乍直衣舞之失（マヽ）取瀧口
仁安三年正月十九日賭弓
勝負舞陵王光近　乱序如常　荒序但末二帖楽不足　入破二切
納ソリ　好方　忠光
楽人　笙利秋　笛元賢　篳篥末遠　大コ包助
治承二年正月十八日賭弓
勝負舞陵王　光近　皆悉舞之
楽人　笙利秋　笛宗賢　大コ包助　鉦コ季安

---

85 虫損、『羅陵王舞譜』「大夫」。

建暦二年四月八日舞御覧
三宮御前依　院宣於前大納言家定輔　二条室野(マヽ)南御所
荒序被合楽心見　先於温元(マヽ)有舞　左賀殿 近真 右地久 久行　破一反急三反 入綾次有更居突
次陵王　乱序悉囀　嗔序　荒序八帖 二四八様 入破二切舞生年卅六初度
着装束　三井寺装束ヲ私相具参之　楽舞殊勝合了
楽人　笛宗賢　笙忠秋初度　大コ家長兵庫頭　一鼓近久
鉦コ好節　久行可舞納ソリ臨時留了
」(第11紙裏)
建保四年六月廿七日内裏舞御覧問(マヽ)院殿
竹(マヽ)台北向舞之御簾之内　主上　三宮　関白殿　座主御房
西御所女院　院女房　御見物　大床公卿　前大納言琵琶
藤大納言師経　左兵衛督有雅　右衛門督範朝　宰相中将経通 箏
修理大夫公頼 笛　六条三位家衡 笙
先振桙左光真 右好節　賀殿有更居突　地久　蘇合如常　古鳥ソ(マヽ)
三台　皇仁　甘州五帖　林歌　北庭楽三帖　狛桙衣冠袖ク、ル
陵王近真　乱序如常 囀　嗔序之次大膝巻舞但有先例云々 荒序八切 入破二切
納ソリ好氏 好継　今日舞人楽人交名在別紙

94「室野」、「室町」の誤か。
98「問」、「閑」の誤か。
99「竹台」、『羅陵王舞譜』「御台」。

荒序 笛景基初度 笙忠秋 大コ景賢給ヘシト云々 抑今日荒序大床公卿之吹而景賢二人吹無例由訴申上了ハ留了

（原本一行分余白）

建保五年正月七日依 宿願於八幡宮寺有荒序

先光真一人案摩舞纒頭重 次輪台宗近光方 青海波光真近真 初度

新末鞨好節好氏有賢 次陵王近真纒頭三重 乱序 大縢巻 小縢（マヽ） 囀 荒序 入破二切

納ソリ好節二重好氏一重 笙忠秋呂一重給 笛景基同一重給

大鼓景貞 但今度荒序五帖二句吹落シテ楽不足也

七八帖不合舞手散々抑今夜荒序去長承三年正月七日光則舞

同年二月十五日常楽会有荒序

抑今日陵王近真政所横比給大旨如去年舞御覧 但依見光宗志大縢巻之内

今二手不舞之 荒序五六帖異様手柚（マヽ）替舞之

笛景賢権政所横比給初度 笙忠秋東室給 大鼓式賢大鼓有曲嗔序諸桴打之メツラシ説也□荒序種々曲打之

仍与笛大鼓頗相違之間舞非神妙也納ソリ好氏東比（マヽ）院横比給久行 元興寺同給 」（第10紙裏）

同十六日夜於 春日御宝前有荒序依年来宿願也

117「柚」、「袖」か。
118 □、『羅陵王舞譜』「云々」。
119「比」、「北」か。

陵王近真第五度 舞如八幡宮先奉幣ノト権預延忠 与舞楽神妙合殊勝々一重給了

笛景基生衣一給之 笙忠秋綿衣一給之 大皷景賢綿衣一給之

今夜事於事神妙也然者 皇帝一具可有由依催申各吹之

大皷近真 鞨コ包助 鉦コ宗利

於当社荒序幷皇帝之曲未及聞希代勝事也

承久二年九月十九日水無瀬殿ニ天 一院舞御覧荒序

陵王近真第六ト 如本体舞之 依院宣光近之説ヲ仕了

笛 前右衛門督藤原親兼 右近将監大神式賢弟子

大コ 但馬守源朝臣家長打之 散位大神景賢弟子

笙 左近将監豊原忠秋

抑御笛二帖ヲ 被吹落了仍舞ツカサレテ第八帖舞止了

其間楽ト 舞トノ長短雖難合ト 如此正二位中納言之笛

令給事依無先例神妙舞合了愚身高名也不可有

披露事此上女房以京極局蒙 御感上無子細者歟

依荒序御感召御前重御衣給 菊五ニ紅単衣

131「ツカサレ」の「サ」にミセケチあり。

四条少将藤隆親取之御前遣水ノ橋本ニ天右膝突天係

左肩退袍尻ヲ下天ニ一拝了

仁治元年十二月十三日仁和寺御室御所神殿舞御覧荒序

陵王近真常様舞之第七度於御前在経（マヽ）頭

笛　右兵衛尉大神景貞　初度

笙　蔵人侍従藤原宗基　敦通中将入道弟子豊原利秋相伝云々

大鼓右近将監大神景基

同二年二月十五日常楽会荒序舞依寺家別仰八方八返之様舞了

陵王近真第八度大膝巻二手　踦取手　普通乱序略之

荒序八帖八方八返様入破異説　纏頭横鼻（マヽ）五寺家賜一拝

笛　景基横鼻（マヽ）一領　笙近秋横鼻（マヽ）一領六条三位家衡下給了

」（第9紙裏）

大鼓　延賢

納曽利　好氏横鼻（マヽ）一領

同年四月四日大政大臣入道公経家荒序御覧二四八説

陵王近真第九ト大膝巻　囀踦（マヽ）手　荒序八帖入綾手舞之有纏頭二衣侍従大納言為家

139「経」、「纒」か。

144「踦」は、鬚の異体字か。

笛　右兵衛(マヽ)大神延賢初ト
笙　右兵衛(マヽ)豊原近秋
大鼓　孝時入道法名法深　祢取之時打大鼓了失錯也
同三年五月十日春福丸左衛門志近葛　於今出川殿入道殿公経
御前舞荒序八方八反説　大鼓孝時入道　鉦鼓二位中納言殿実藤
無笛孝時用昌歌(マヽ)　重舞二四八説
祇候人々宰相入道基氏　公審法印　諸大夫以下不及注之
入道殿御感之余御落涙
十一日午剋又有荒序二四八説　笛景基　大鼓二位中納言
鉦鼓孝□(時カ)(虫損)入道　一鼓久行　纏頭　薄色生絹一領
春福荒序殊勝思食之由以保房被仰母尼之許
有入綾手昨今光葛荒序如春福然而其曲
不及春福云々為悦来宿所人〱済々
同年八月廿八日於今出川殿春福舞荒序二四八説
乱序皆悉　破二切　笛景基　大コ二位中納言

151・152「右兵衛」、『羅陵王舞譜』「右兵衛尉」。
156「昌歌」、「唱歌」の誤か。

鉦コ法深　一皷久助　次光葛荒序　但三帖有失錯
失方角　春福曲殊勝云々
寛元二年常楽会十五日吹皇帝畢同十六日荒序
可有之由衆徒仰付楽所畢仍春福丸先
蘇合之時参大乗院御桟敷入見参有種々仰
進宿徳之時春福出立楽屋此舞後有陵王
」（第8紙裏）
乱序ニ鬚取手舞畢荒序者八帖二四八説破二切
欲帰入之処依召参堂前者（マヽ）座寺家之下良専
僧都之上不経程立座即□帰（未詳）於楽屋乙入綾
凡於今度者無答舞　笛景基　笙近秋　大皷景貞
鉦コ近安　荒序　纏頭□（虫損）領　光葛　出代給畢
笛笙各一領荒序之時装束者即大政入道殿
之御沙汰也帽衣　同廿三日於今出川殿荒序以下
鬚取手為被御覧帽衣ニヒトツラ（マヽ）ユハル即以此体
舞了雖為新儀依入道殿之仰仕了荒序ハ八方二帖

173「者」、『羅陵王舞譜』「着」。
174 □は、「帰」の書き損じか。
176 虫損、『羅陵王舞譜』「三」。
179「ヒトツラ」、『羅陵王舞譜』「ヒムツラ」。

之秘説同四六帖之帖合掌手勅禄手悉尽畢
笛景基　笛〔如本笙歟〕近秋　大鼓中納言左衛門督実藤　鉦鼓法深
一鼓信経御出仕人数　大政入道殿　前右大臣殿実氏
大納言殿公相等人々也陵王了召御前以右馬助忠光
纏頭舞勅禄越後蔵人信房取之賜下人了

（原本以下八行分余白）

」（第7紙裏）

185

（第六・五紙裏余白）

【紙背5】（以下、豊原量秋筆）

故英秋松若丸童名也当道相伝事貞和三年正月九日甲（マヽ）時誕生

先一歳時事

メノトニイタカレテ啼《ナキ》ケル時楽ヲタニモ聞ヌレハ啼ヤミテトロ〳〵トナリテ
ネイリニケリスカサムト思時ハカナラス楽ヲ吹ナリ　祖父龍｜秋ノ名ヲハ付給ケリ
我名ヲユツリテ付ル也ト云々其後二歳ニテ八幡宮社参シテ高良ノ松童テ（マヽ）（體源抄「ニテ」）名

付了コレモタカハス松若《ト》付了アリカタキフシキノ事也

二歳時事 同四年

笙ヲキタル所ヘハイヨリテ笙《ニ》トリ付《テ》吹ケレハ無子細ナ□（虫損）（體源抄「リ」）ニケリ八幡《ニテ》名付了

三歳時事 五年

笙《ノ》竹ノ名《ヲ》ヨミオホエケリ　文学《ヲモ》コレヨリシテヨミシリケリ

四歳時事 観応元

唱歌《ニテ》五常楽急習《テ》ウタウ（マヽ）（體源抄「イ」）ケリ不思儀事也

五歳時事 同二

楽八習《テ》ウタウ也二月廿八日左衛門志《ニ》ナリ了又我《カ》吹タルホトノ楽《ヲハ》目六《ニ》カキ譜《ヲ》カキテ拍子《ヲシ》《サ》ケリサウヰナカリケリ

六歳時事 文和元

楽廿オホエテウタウ也七歳《ニテ》当家《ニハ》笙始《ヲ》シツケタル間ソレヨリサキニハ笙吹事ナキ《ニ》ヨリテ竹名《ニテ》ウタウナリ此年ノ十二月十二日《ニ》父成ー《秋》関東ヘ下向畢鎌倉殿左馬頭殿基ー氏御笙御師《ノ》タメニ将軍家 御自筆ノ御書《ヲ》下サレテメサル、間下向仕了又我吹タルホトノ

楽ヲハ笛ニテモ篳篥比巴箏ニテモ吹引スルヲハ三手トモキカス何楽トソキ、シリケリ

七歳時事同二

笙始祖父《ソフ》龍ー教始給ケリ十二月廿日也笙ハ将軍家ノ御笙達知門ニテ吹畢同日ニハカマキ有之叔父《ヲチ》信ーノハカマヲキル其後関東ヨリ鎌倉殿ノ御ヒタ、レヲ給キセラル、也将軍家ヨリ笙始目出思食テ御馬一疋引下サル眉目之至也　松若丸引出テ立タルヲ祖父代官ニ志師秋ヲリアイテウケトル也右舞人久成笛吹景朝景茂久景右舞人嫡家也ヲハシメトシテハウハイトモ面々来也中御門宰相家宗重同少将殿宗泰有入御酒エンコウシヤウシテ詠曲トモ有之久成立テ舞了引出物遣之又三宝院ノ御弟子御方ホウチ院殿ヨリ御訪有之武家大高伊与守殿ヨリモアリ下鴨ノ社務ヨリモ有

八歳時事同三

」（第4紙裏）

正月ニ将軍家ヘ参ス志師秋両人参　御前ニテ五常楽急ヲ吹畢御感アリテ小袖一重下サル、也志ニハ銀鋏一下サル、也閏十月ニ父隠岐将監成秋関東ヨリ上路シ畢下向シテ上路マテハトリツメテヲシユル人モナクシテ楽ノカスモミチユカス父上テヨリヒキツメテヲシユル也松若

申ケル陵王破太平楽急キ、トリタレトモイマタ不吹候フキテキカセ申
サムト申テ吹ケリ気入手ツカイ拍子合スコシモ心ニカ、ル事ナク言語道断也
其外楽ヲヲシユルニモト吹タル人ノワスレタルヲ習カコトクヲシユル所ヨリモサキ
ノコトハヲ吹ソヘケレハ習事シンクサラニナシタメシスクナキコトニ申アイケリ
大鼓ヲ打タキヨシ申ケルホトニヲシヘテ侍ケレハ拍子合ハチ合ニコ〳〵アイ〳〵ト
打ケレハキ、ツタユル人ハフシキノ事ニソ申ケリ楽ナラスヨム事モ
カク事ニモタメシスクナキホトニソスキタリケリ

九歳時事同四

楽六十三吹タリケルホトニ祖父仰云楽カスト申器量ト申イマハ秘曲不可
有子細トテ六月廿日蘇合被授畢将軍家ヨリ御馬一疋下給面目之至也
細川相州ヨリタンシ十帖ノ上ニソメカタヒラ二スヘテヲクリ給ル也師阿闍梨兼秋次男也ヨリ
タンシ十帖ニチヤワンノコキ一スヘテヲクラル、也父成丨秋衣一出也祖父引出物ニハ馬一疋
衣一タンシ十帖叔父信丨扇ノ上ニカタヒラ一　父成丨秋タンシ十帖ニカタヒラ一　引出物如此
其後(虫損)(體源抄「悦」)□事セメントテ将軍御所ノ近習ノ人々山下左京亮舎弟四郎左衛門尉
曽我兵庫助村上掃部助其外面々ニ来ケリ秘曲相伝之由関東ニ被聞食テ

鎌倉殿ヨリコトサラ秘曲始ニテ目出被思食ケレハヌシニニアイテ侍ニトテ御笙始ニ
アソハサレタリケル小笙ヲソ上セラレテ下シ給ケリ面目無極者也此蘇合序十二拍子
五拍子ヲハ習テヲク
ヲハキ、トリテ吹之　三帖五帖破急ハモト習タリタ、四帖ハカリ相伝スル也四帖ヲ一反ウケワ
タスウケ、ル時ニハシメテ習ヤウニモナカリケレハフシキニトモ思テトコロ〳〵オホユルカト
トイテ吹ケキカント申ケレハヤカテ吹ケリコトハノ一モヲチスホト拍子無相違スルリ
ト吹ケレハタメシモナキ事カナトテフシキカリケリ父《成秋》此四帖ヲ相伝シケル時
一反ウケワタシテヤカテ吹ケルニ二所オホヘサリケルヲナヲサレテ二度メニハ無相違吹タリ
ケルヲコソフシキノ物カタリニハ申ケルニコレハチウコヘタル事ニテソ侍ケル祖父御所々
ニテモ申サレケルハカ、ル物ヲハ他家ニモ当家ニモイマタキツ（、脱カ）タヘスト申ケル
十月廿一日マテ六調子吹畢楽七十三吹之此内春鶯囀序同鳥声菩
薩序庶人三台コレハ一手モ不習シテキ、トリ了此外イツレノ楽モ大旨
半分三分二ハミナ〳〵キ、トリ了又空調子ヲキク事ナニ、テモツキナラ
シウチナラシケルヲコヘノヒ、キノタヘヌサキニ聞之十度ニ七八度ハ
タカハスタマ〳〵ハツレヌルモソハノ調子ヲ聞侍也将軍家天神講参
其外所々楽ニ出也ミル人コトニイ《ケ》タイカリフシキカラストイフ事ナシ

又父成―秋関東下向了霜月廿八日立了

十歳時事延文元年

父成―秋関東下向之後ハシミ〳〵トトリツムル人モナケレハ稽古モ不沙汰也」(第3紙裏)
サリナカラ楽カスハ次第ニミチ行ケリ祖父龍―関東へ成秋モトヘ申下ケルハ
松若丸万秋楽事器量ト申楽数ト申イツレノ秘曲ヲ相伝ストモイタ
ハシカラヌ事ニテハ候ヘトモ年レイ心ニカヽリ候イカ程モ冥加ノ候ヤウニトオホ
ヘ候ヘハ今年ハ斟酌候ヘカシト存候ハイカヽ候ヘキ左右ヲキヽ候テヲスヘ(マヽ)ヘキヨシ仰下
サルヽ也成秋御返事ニ申仰コレモイカヽト存候ツルニカヤウニ承候畏入万秋楽□(虫損)(體源抄「ハ」)
明年ニテアルヘク候ト申上也サル間万秋楽ハ無相伝也又八月十五日始テ歌ヲ
ヨムナリ中御門宰相殿同少将殿龍―秋師秋面々ヨミ侍ナリ

十一歳時事同二

(原本一行分余白)

楽カス次第ニ道行六月中マテニ百十五吹之七月四日父成―秋関東ヨリ
上洛同廿六日ニ万秋楽相伝セサセ畢祖父ニタンシ十帖ニ小袖一重馬一疋出
叔父信―タンシ十帖小袖一父成秋馬一疋其後酒アリ御所ノ女房上ラウ

タチ御入アリ又次ニ中御門少将殿団乱旋有御相伝其夜自　内裏山科中将殿
御承リニテ松若丸成秋被召了両人参上先松若丸吹セラレケリ平調々子
三台急万歳楽楽拍子此楽ヲ仕畢頗有御感面目之至也次成秋ニ六調子ノ
形コト〳〵ク調子一ニ楽一ソヘテ可仕之由被仰下之間仕了又次日廿八日山科殿御承ニテ
種々有御感コレホトノ面目ハアラシト人々申ケリ同十月十五日八幡放生会ノ
御ツナニ付童ニテ浄衣ヲ着同十二月廿七日元服エホウシオヤ祖父龍ーモトイ
ヲトリアクル事叔父信ーシソク師秋引出物祖父小袖一　太刀一振　叔父信ー
扇ニソメ物スヘテ　イトコ師秋カマクラエホウシカケ一スチ返引出物也祖父ヨリ
扇ノ上ニキヌ一ヒキ　冠ヲハ自　内裏下給畢面目之至也

十二歳時事同三

正月十六日八幡宮御節出仕始束帯八幡神人依閉籠正月朔日ニハ無之
自十六日年始神事也　同廿五日将軍家天神講元服以後始テ参右舞之
時打鉦鼓陵王乱声乱序以下打之鉦鼓ノ打始也
同六月十五日但延引十八日今熊野六月会ニ祖父代官出仕了
同廿三日　甘州只拍子相伝之父成秋ニ習了

同七月七日　禁裏御楽元服之後始参所作カラ頗有御感
同九月　日　皇帝団乱旋一度ニ相伝之畢
　　十三歳時事同四
三月廿五日任右兵衛尉　同廿九日　内裏御楽ニ　龍丨秋　信丨秋　師秋
景盛英秋イマタ御楽ハシマラサルサキニ出御有テ御簾ヲアケラレテ実秋兵衛
尉ノ拝賀ニ楽可仕之由直ニ蒙　勅仍千秋楽ヲ一人シテ仕了

」（第2紙裏）

同九月十五日　内裏御楽鉦鼓始ニ打之同十月二日　内裏御楽大鼓始打之
同十二月十日　内裏御楽鞨鼓始打之
　　十四歳時事同五
七月八日蘇合四帖只拍子所相伝也ツイテニ甘州只拍子ノ奥書ヲ書入了
　　十五歳時事康安元
四月十日　荒序相伝祖父入道殿龍覚所被授也　叔父信丨秋ノ奥書モトル
曲ノ主斯道棟梁タル間トル也　父成秋奥書モトル同十一日ニ父成秋奥書ヲトル
　　以上
如此十五歳ニテ当道ヲキワムル事兼秋清秋子ト英秋両人也其外先代モ不聞マシテ

末代之事難有事也彼兼秋於此道達者マムタクカタヲナラフル人ナシ秀逸
ト申モヲロカナル事也当流荒序所作モ曩祖好ー秋忠秋子依非器不及相伝仍豊秋
故自中御門宰相家宗ー雅相伝申了彼宰相家ハ仁治年中ニ於御室御前荒序奏之了
上﨟荒序（余白）事也其時所作人笛景貞景基子舞近真大鼓景基等也然間
量ー秋所作事次第望申処一代断絶ニヨテ又政秋依訴訟申無被免楽所候奉行度
以政秋為師匠間取奏之云々不便次第仍清ー秋豊秋一男既三代所作断絶雖然故兼秋之時理運
之由申トヲシテ正和五年常楽会所作了歳卅歳也是殊堪能之至也此英秋彼兼秋
ニヲトル事不可有者歟当流ノ栄昌殊彼兼ー秋御恩也此道ノ執心之仁彼御菩提ヲ
可奉訪者也難有〳〵也不可有外見者也矣

応永元年七月十日従五位下行右近衛将監豊原朝臣量秋（花押）

【紙背6】（豊原量秋筆）

渡物譜盤渉調也

賀殿急

（笙譜省略）

陵王破

（笙譜省略）

胡飲酒破

（笙譜省略、以下欠損）

」（第1紙裏）

四、『舞楽手記』（奈良県春日大社所蔵『春日楽書』のうち）翻刻

底本　春日大社蔵『舞楽手記』
校本　国立公文書館内閣文庫蔵『荒序譜（二）』
　豊氏本家蔵『荒序舞譜』
参考　宮内庁書陵部伏見宮家旧蔵『羅陵王舞譜』（略称「宮」）

（題簽題）
「舞楽手記第二段起」
（以下、内閣文庫本・豊家本による）
（乱序第五段名大膝巻第二段途中より）

突左右手右下左膝突｜｜〔替左下〕（宮）左膝突替右下左膝突｜〔替○立天〕（宮）
西向天右桴懸右肩左印懸右肩右桴懸右肩左右足縮｜（補注1）〔躍天〕（宮）
南向天小踊右足前左足後居右膝突●左伏肘打右桴腰突以桴右
上見如日書手□〔早如〕（宮）｜本左伏肘腰突伏肘｜｜｜｜〔ヲ下左右手ヲ右〕（宮）
下左膝突替左下右膝突替右下左膝突替立｜｜〔天右足掻〕（宮）
桴末右手上桴本左手下如双《サウ》龍舞急随拍子早頻二（朱筆）
南寄天北廻向後尻走左右手左右腰付天上見

01～19　底本から分離した断簡あり。翻刻は、中原香苗氏「〔資料紹介〕「春日楽書」断簡二葉について」（「語文」百輯記念号、大阪大学国語国文学会、二〇一三年十二月）参照。

第三段

北向天如初桴出目懸前走居右膝突如以前平踊天諸去肘丨（補注2）〔以桴懸〕（宮）

左肩右膝突替以印懸右肩左膝突替以桴懸左肩

右膝突替立時（補注3）巽躍向天前走口伝エ躍乍居（マヽ）蹐走立々漸起也小躍右足踏左足踠（マヽ）右足跂天

左伏肘打時以桴腰突腂天桴下伏肘下違後見還天□□本〔早如〕（宮）

成天右廻寄天北向天下天上見

第三段六号少膝巻初段也　常舞之

北向天如大膝巻前走居右膝突如以前以桴舞台地立左腰付

以桴右上見桴崎天上又如本桴立又小躍居右膝突左足袍丨丨〔尻跪上〕（宮）西躍

向諸去肘又小躍打覆已上乍居躍也立天如北向居丨丨〔右膝突●但〕（宮）

左伏肘右腰付西見様如書日手如本直天伏肘下天以右桴地

布突天立

（以下、春日本による。以下、狛近真筆）

第二段

東向天右寄右足左足右伏肘打右足踏左手指印丨丨丨（補注4）

腂天引上火又腂時同左右手足〔右〕〔下〕ヲ踏放置●左伏肘打天北直

22　以下「　」内朱筆。

向以右桴打腰右去肘桴崎上左足跂天睇天引上火又睇

時同左右〔「左」「下」〕手足踏放置●左右手ヲ上ヲ下ヘ返又右手指天伏肘

打桴崎下西直向左手指印方右足跂天睇〔天〕（底本摩損、内閣・豊家より補う）引□□（底本破損、〔上火〕（宮））又

睇時同左右〔「右」「下」〕手足ヲ踏放右ヘ違下右踏左跂躍替左踏右膝折右桴ヲ

印上置由シ天此間東廻向左廻披天睇天右見坤一寄延寄

睇天見天南二寄火連北廻向天左伏●肘打時以右桴

打構腰伏肘下天上見

第三段名終手之

北向天如初桴出目懸前走間左右手披天合天左下左足（此手ヲ見天笛吹止也）

右下右足躍違左廻東向天北違打右手披右足●睇天見天

南一寄延寄又睇天見天巽二寄火連北廻向天〔左伏〕（補注5）肘

打時以右桴打腰伏肘下天上見」（第1紙）

乱序大略如此舞手略時者雖何所欲舞止時必可舞此手則楽吹止畢

囀有詠其詞極秘蔵事也

第一段

北向天右足踏天右桴指天艮寄右足左足早寄右伏肘打左足桴崎下

左手指印方右足跂天腓天引上火又腓時同右左「右」手足「下」ヲ

踏放置●左伏肘打天以右桴打腰右去肘桴崎上左足跂天

腓天引上火又腓時間右左「左」手足「下」ヲ踏放置●右左手〔ヲ〕（底本破損、豊家より補う）上ヲ

下返又右手指天伏肘打桴崎下左手指印方右足跂天

腓天引上火又腓時同右左手○（足踏放右左手）右桴崎下指　左印胸間　右違○下右足踏　左足踠此間「打延打火打火打延打」

楽屋掻一鼓謂之鹿婁

囀調《マヽ》　阿刀胡児《アタウコシ》「アタレコシン」　狛光則家説「披露説」　光近家説同我等胡人此〔詞〕（底本破損、内閣・豊家より補う）披露説也　非正説

躍替左踏右膝折右桴ヲ印上置由シテ披右足●「正コ」●「声」此所大鼓一拍子

打之腓天見天艮二寄「声　声」火連腓天「声」北一寄「声」南廻向間　常説先一寄延寄次二寄火連也

囀詞　胡釼上浪《コケンシヤウラ》　狛光則説　吐気如雷　〔狛光〕（底本破損、内閣・豊家より補う）近説

左伏肘打時ニ以右桴打腰伏肘下天上見

【9】

第二段

南向天以前右伏肘ヲ持上天右足踏出天「左」右（ミセケチ朱筆）（補注6）去肘打天　」（第2紙）

左足跂天腓天引上火又腓時同右左「右」「下」手足踏放〔置〕右〔左〕（補注7）手ヲ

上ヲ下返右桴ヲ指天伏肘打桴崎下左手指印方右足

【8】

跂天睇天引上火又睇時同左右手下右足踏放置●左伏肘

打天以右桴打腰右去肘桴崎上左足跂天睇天引上火

又睇時同左右「下」手「左」足踏放置●左右手上ヲ下返又右桴

【7】

指天伏肘打桴崎下左手指印方右足跂天睇天引

上火睇時同左右手足踏放左右手右桴崎下指左印胸間右違下右足踏右足跂(左足)(宮)

此間楽屋搔一鼓謂之鹿婁「打延打火打火打延打」

囀詞　踏石《フムテイシヲ》(朱筆)於　光則家説　我採頂雷光近家説吐

【6】

如雷気権説●躍替左踏右膝折右桴ヲ印上置由シテ披右足●此

所大鼓一拍子打之「正コ」●「声」睇天見天　坤二寄「声声」火連睇天「声」南一寄　常説先一寄次二寄火連也

【5】

北廻向間

囀詞　如泥野　光則家説　踏石如泥光近之家説

左伏肘打時ニ以右桴打腰伏肘下天上見

次打出乱序之大鼓後次笛吹也口伝云号嗔序　名小乱序

又[云]舞人西向時笛吹始云々

(底本未詳、内閣・豊家より補う)

嗔序

」(第3紙)

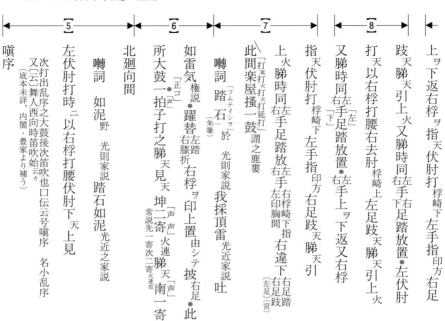

（以下、底本欠。内閣文庫本・豊家本により補う）

第一段

（補注8）右桴指天寄天伏肘打東向左印指加天右足下也　是小乱声指也

西向天左伏肘持上右足踏右去肘打桴末上＼但常陵王時左足引上踠放左足高引

上天隨大鼓拍子踷躍踵小躍其間西向天左手ニ天踦取（補注9）是名踦取手常陵王不取之

坤向天右手ニ天踦執左桴持南向天手踦取躍留左右手「左」「下」

足踏放置右桴ヲ指天折天左手指印方右足跂天睇天

引上火又睇時同左右手「右」「下」足踏放左右手右桴崎下指左印胸間右違下

右踏左跂躍替左踏右膝折右桴ヲ印上置東直向左廻由〔披〕右足（内閣「一」。豊本より補う）

睇天見天南一寄延寄又睇天見天巽二寄火連北廻

向天左伏肘打天以右桴打腰伏肘下天上見

第二段「是以嗔序本名之」

（以下、春日本による）

早睇天西寄天諸去肘右足前搔＼号名踵廻左踵ヲ立天左廻（底本摩損、内閣より補う）〔火急〕北向●天

以去肘手打左右膝●乾向天桴立右上右足坤向左上右足巽向右上左足東

向左右上足北向躍右足持上右上●又躍左足持上左上●後躍去天三依寄天

上見

抑師説云八方八返之可舞荒序時者嗔序之次舞大膝巻是第一秘説也又云二四八之様可舞時モ極曲思ハ、舞是又一口伝也

71「踦」字、「鬚」の異体字か。

不可用常云々蹄執手常陵王時不舞此手有荒序日必可舞
此手者不可有披露古人説云彼蹄取事珍時可執之此記尤大切事也

北向天如初桴出目懸前走間左右手披天合天左下左足右「見此手笛吹止也」

下右足躍違左廻東向天北違打右手披右足●睇天見天

南一寄延寄又睇天見天巽二寄火連北廻向天左伏肘

打時以右桴打腰下天上見

嗔序大旨如此雖何所欲舞止時可舞此手　次第如乱序也
則楽吹止畢

【4】

（春日本、以下聖宣筆）

●入破第二帖　加拍子　四反近代二反ナリ
当曲揚拍子謂之約拍子以一鼓為節有二説
口伝云入破能略定時半帖舞時者自第五拍子上約拍子」（第4紙）

北向天諸伏肘打天高踊右足左足披天高踊右足左足「有説」小諸去肘左足小踊左引上

諸手下○退左足踏退左○去肘●右足跂桴腰突●踠踏天押足艮寄右見面肩

二寄連寄天東廻向天左右手合天搔披●左足搔●左踵踏天

左右手高上天左右膝打天左右少去肘打天北○並寄左右足又南返

寄左右足左伏肘打各桴ヲ末久利天右去肘●左足跂左腰付●又左足

踠踏天押足艮寄左見面肩一依寄天西廻向天違天

【3】

左去肘打替●右足跂桴腰付●又右足踠踏天押足乾寄右見面肩

一寄依天違天東廻向天右去肘打替●左足跂右腰突●又左足踠
踏天押足艮寄左見面肩一依寄天西廻向天違天
左去肘打替●左足跂桴腰突●左足踏右足自南左廻右手右下躍
替北違肘由右足引上右手披右足二依寄天北向天左伏
肘右桴腰打伏肘下天上見●又如元持上天左足踏右」（第5紙）
足踏左右手右下躍替天北違時由右引上右手披天二依
寄天北向天左伏肘右腰打伏肘下天上見●

●半帖

北向天睇前寄左右足左伏肘打天右去肘打替右足桴
高天上目懸左腰付又伏肘打左足桴腰付右足「有説」高踊左足右足●又如先
前寄左足右足左伏肘打天右去肘打替右足桴高天上目懸左腰付又「有説」
伏肘左足桴腰付右足「有説」高踊●左足右足●左足踏右足踏天西向天
南違肘躍替天右足引上随上拍子小躍坤向天左右手披天
左伏肘打替●桴腰付●躍替天左足引上随上拍子踊「有説」南向天
東違肘躍替●天●右足引上随上拍子小躍巽向左右手披天

左伏肘打替●桴腰付●躍替天左足引上随上拍子小躍東
向天北違肘躍替●天●右足引上火急小躍右手披右足南
二依寄天北向天左伏肘打右桴腰付伏肘下上見●●伏肘
持上天左足踏右足踏天左右手右下天躍替天北違肘
由右足引上右手披右足二依寄天北向天左伏肘右腰打
伏肘下天上見●」（第6紙）
北向天如初桴出目懸前走間右左手披天合天
左下左足右下右足躍替左廻東向天北違天
右手披右足睇天見南一寄延寄睇天巽
二寄火連北向天左伏肘打時右桴腰付伏
肘下天上見
已上手者　乱序終并真嗔（マヽ）序終用也此入破之　終舞事非常説　光則家舞也　光近家不舞之」（第7紙）
（本文一行余白）」（第8紙）

●入破第二切異説
二帖頭　一帖終〔加〕舞（底本破損、内閣・豊家より補う）　古人説者第三帖手歟件帖絶了　仍抽出名異説舞云々不分明

北向天諸覆乙打天高踊左足右足披天高踊已上一説従換
頭此手舞不加拍子直自入破之初可上拍子也
以右桴懸右肩以左印懸左肩各二度諸手披天打
覆天尻趨天左右腰付天上見（朱筆）●右足踏天艮一寄
左足右足諸覆乙打天二依寄天東向天諸（補注10）□乙●右足掻以下同也
●半帖頭
北向天睇天前寄天左覆乙打天右（補注11）□乙打替右足
左伏肘打右桴腰付高踊●左足右足●又前寄天左覆乙打天桴天上目懸也左腰付
右（補注12）□乙打替右足桴天上目懸左腰付躍居右膝突以桴地突
以桴懸右肩左膝突替以印懸左肩右膝突替●立天
左足踏以下同之
已上於異説者荒序大膝巻之時可舞手也自余時不可舞之殊大膝巻作合手也能々可令秘蔵也」（第9紙）
●入綾手　大鼓前舞之　又楽屋前可随所様也
南向天右手桴方丁（補注13）□乙打天左寄左足右足概合朱
雀儒趨天左踵立天左右手披指天左右膝打天北廻向

火急左足進天北向前儒趨小踊居如大膝巻平
躍諸去肘打天桴以懸右肩左膝突以印懸左肩右膝突
以桴懸右肩左膝突西躍向天桴末右手桴本左手採天
上下振替随大鼓拍子乍居平躍南向天立天左右手ニ天
土突天毛都利ヲ打天左〔右〕腰付天上見入了（底本未詳、内閣・豊家より補う）
●勅禄手向御前舞之
右膝地突懸左肩立天左右手合如桴笏持尻儒趨左
肩懸印右膝突桴地立後躍立●左右肩懸桴左膝突
後躍立●左○肩懸印右膝突桴地立已上三拝之由●云々西躍向桴一説桴本末採天廻也
中許採右手取如落尊手振天左右膝火急突替随大鼓拍子●南向
立朱雀儒趨左右手披合天左右腰付天上見●片躍入也
抑当曲者継尾張浜主生年百十五承和末死了之伝至狛氏一者光高「永延之比歟」
百四十許歟抑御堂関白殿「長保比歟」御時御子宇治殿頼―令舞陵王曲御上東門院御賀時
入綾手舞御時依有御感御師光高初任左方一者件曲賞也又御舎弟頼宗令舞納蘇利給有勧賞云々　仁平二年鳥羽院御賀試
楽日家成卿若公被舞陵王入時召御前賜御衣　関白殿令纏頭御若公懸肩退一曲乱序中手ト云々大床上依無例雖有陵王入
」（第10紙）

手御師狛光時不奉教然間父卿倦也云々下庭之時父卿
取御衣於砌拝之　件舞曲入手者希代事也仍普通不可舞地
下之輩被宣下了」（第11紙）

●破第二切半帖異説　　光季老耄之後舞之古老云

此説者昔破第三切也用此説之時可打奈良様上様

北向天桴指天寄天西向左廻伏肘打右足左伏肘打
加左足左右膝打腰付（ミセケチ朱筆）右足前走天落居●北向天印指天寄天
東向右廻伏肘打左足右伏肘打加右足左右膝打腰付（ミセケチ朱筆）左足
前走天落居●左足踏右足踏天西向天桴末下取
成右上左下随拍子躍右足引上坤躍向●天●桴末上取成
右下左上躍左足引上南躍向●天●桴末下□天躍如先巽躍
向●天●桴本上ニ天躍如先東躍向●天●桴末下天
躍天披天南へ二寄依天左伏肘打天右桴ニ天」（第12紙）
腰ヲ打天上見●左振寄右振寄左振寄天桴
搔合天前走天諸手披天●合落居之後終次
第如常」（第13紙）

166　□は片仮名「ニ」を塗沫。

(本文一行余白)

(以下、底本欠。内閣文庫本・豊家本により補う)　」(第14紙)

故判官《近真》去正月廿五日早世之後者●陵王荒序事披《テ》
譜《ヲ》卒向《テ》春福幷光葛等○《授読様了》一(補注14)向沙汰之(補注15)於《ニ》本譜者成春福
分《ニ》畢大事文書等置所以外無四度○《計》之間或火事或
盗人旁有其恐之間書出《イタス》　此秘譜《ヲ》写本者故判官
自筆也○《少分ハ予書之》乱序之中大膝○《巻》以前者不書之人皆知及之故也
入破初帖又以不書之於其外秘譜者《ニ》為令不絶当曲《ヲ》以
方便《ヲ》書写之聖《ヲ》宣死亡之後者可遣春福之許《ヘ》穴賢々

故判官蒙　勅許事

承元三年十二月廿日逢《テ》于光則第三代之息狛光行《ニ》習
荒序畢《ヲ》●乱序嗔序囀大膝巻小膝巻等之説不残一手習了
翌年春就故帥大納言家《定輔》経　奏聞曰　陵王荒序
者当家重代之秘曲也爰光近之家嫡光真不習終荒
序之間●一道之秘蹟忽断絶●仍近真就狛光行習
荒序畢●兼又以先祖伝来之譜秘可写舞光近之

荒序之由懇望之●早預明時之恩許●欲継祖父之秘
芸云々●此事叶　叡慮遂建暦二年壬申四月八日忝蒙
勅許之後●光則光近二家之荒序留于近真一
人之徴身畢●彼奏聞之状者●愚僧草案清書畢●
承久二年水無瀬殿舞御覧之日者依　院宣舞光近
説畢之由秘譜之裏近真○記之《説》

【1】

（以下、春日本による。以下、聖宣筆）
仁治三年正月~~廿五~~十五日（以下、小字）ヨリ故判官近真病悩追日次第有増ニリウ一雖
然二無荒序伝授之沙汰一仍光葛参テ三蔵院僧正御許ヘ二可授荒序ヲ一
之由可被仰触近真之旨申入仍宗誉律師奉書ヲ遣近真
許返事不可叶之由也重良願房為使者被仰遣之処尚以故障
廿二日ニ　愚僧以病中之身罷向寄近真之許（ミセケチ朱筆）以道理申子細之間
扶病患授荒序於○光葛并春福丸二人子息畢出看病之諸人聖宣
之外妻女并左近将監近継許者有其座春福ハ十一歳也自拭涙

習之事次第哀傷満胸荒序譜ハ極秘蔵之故○自昔以作文字
書置之聖宣一人知此ヲ之間或付仮名或読聞ス之ヲ荒序以下
秘曲云大鼓鞨鼓之説云当家甚深之故実心之所及雖欲授
渡光葛者不入心而期明日春福者少年而無其弁愁歎如何
願蒙　三宝大明神御冥助延十年之寿命必欲継舞
楽之秘事若所願無僻事者柱（枉カ）可蒙　神感矣　（花押）

（本文一行余白）

保安三年三月卅日賭弓　光則舞之　荒序三帖　入破半帖
　依大雨也
天治元年正月廿九日賭弓　光則荒序皆悉　笛清延　笙時秋
　乱序悉　入破二切
同二年正月十八日賭弓陵王光時荒序皆悉　入破二切　納ソリ楽許
　一鼓元政　大コ助貞　笛清延　笙時秋　正コ時秀
大治二年正月廿日賭弓陵王光時清延依吹残楽荒序舞七帖　笛清延
　笙時秀　大コ助貞　正コ友光　一鼓行貞

長承元ー八月廿二日内裏舞御覧 陵王光時　皆悉荒序
八切　次陵王光近 破二切　次則助破二切三人器量御覧
料也面々殊勝々々
同二年三月六日賭弓 陵王荒序八方様可仕之由被仰下仍
於枇杷殿与清延参会舞楽合了然間五帖以下舞ハ多楽少
陵王光時 楽人一鼓則友 大鼓助貞 笙時秋 笛清延 正コ則助 」（第15紙）
同二年三月七日内裏舞御覧 陵王光則乱序如常 破一反
次陵王光時 荒序　又則助 入破二切　又陵王光近 同上
一鼓元正 笛清延 笙時秋 大コ助貞
同二年三月廿六日内裏小弓勝負射手殿上人 陵王光則乱序
如常荒序五帖舞 入破二切　楽人元政　時秋　打物自余舞人
同三年二月廿日院舞御覧為光則陵王御覧也然而故障
一番則助破二切二番光則同前三番光近同前四番光時同上
五番行貞同上 但行貞陵王為不足言 楽人 元政 清延 時秋
以下不及注也

同三年後十二月十四日舞御覧　勅定云今日五人荒序可有御覧
云々列テ申止了　一番陵王光則破一切　納ソリ忠方
二番光時破一切　納ソリ近方　三番則助破一切　納忠時
四番光近破二切　納成方　五番藤侍従為道破二切　納源大夫師仲
抜頭四位少将教長　納元秋時高
保延二ー正月廿三日舞御覧　陵王光近荒序皆悉　納忠時成方
笙許ニテ舞時秋
同二ー二月九日舞御覧　秦皇七反　荒序光近　笛元政
（本文一行余白）
」（第16紙）

〔紙背〕

（修補奥書、異筆）
明治三十年十二月修補之
官幣大社　春日神社
」（第16紙裏）

【紙背1】（聖宣筆裏書）

故判官近真荒序舞事

建暦二ー四月八日依院宣於三宮御前在舞　荒序二四八　破二切

生年三十六　笛宗賢　笙忠秋　大コ家長　一鼓近久　正コ好節

建保四年六月廿七日内裏舞御覧閑院殿御台北向　陵王荒序　」（第15紙裏）

（本文一行余白）　」（第14紙裏）

【紙背2】（荒序二四八説二帖か、以下異筆。狛真葛による追加か）

南向天左右　腰突□（補注16）左右□（補注17）乙打右足　懸右肩右足躍足引上□（破損）〔懸〕（宮）

*上欄に「二帖」と墨書アリ。同筆。

左同各二度左ノケ右□（補注18）乙違天　懸右左□（補注19）ニシリツマタツ天踞　跂天

北佃向天右披天覆乙打天下上瞰百　」（第13紙裏）

三帖

東向天左覆乙打天縮踏躍右踏天右膝折　右乙右足左乙左足

各左右足摭踏天桴拌印末天高上天右振左同

各三度足摭右手下□（補注20）乙打天左寄天概合天

朱□（雀カ）儒趨左右披天覆乙打天踏違東違乙打天披左覆乙以右手

まくりて覆乙ニ入天右腰付天上見百

四帖

東向天寄天左右手ヲ披天打天右覆打左足随手踏躍天

懸左手肩下右足踏右同左足各二度左覆乙打右足

右手（補注21）□乙打右寄左右左寄右（マヽ）右桴末久利天　」（第12紙裏）

右手指見　右寄退趨天右覆乙打天左右腰付天

上見百

五帖　」（第11紙裏）

東向大膝巻桴本左覆乙採末ヲ桴右手天

乙下天右足引上天踏躍倫天従北西向天桴披天

左右腰付上見　三帖舞也

六帖　四帖舞也

七帖

南向右手ヲ下（補注22）□乙打右左　右寄概合天朱雀儒趨次ニ

東向天左肩懸下西向懸右肩下右右各二度

右腰付天左躍寄左右右躍寄右右桴末採右手
桴本採左手右左足係躍踠天桴ヲ振違天
従東振伷天至于本方右左披天合天退趨左右手ヲ
披腰付天上見●

八帖

南向天左寄左覆乙右足右□(補注23)乙打替躍替也
□高見をくて(マヽ)桴日付如元左覆乙打天桴
右腰付腓天偏身ふりて伸天上見右手
折巽向左手折加天高踊一坤向かた□□□(た、くカ)
右手下□(補注24)乙打右寄右右概合朱雀儒
趨天右左手合天披天踏摭天北伷向左覆乙打天右手
腰打天上見●

」(第10紙裏)

(本文一行余白)

【紙背3】(荒序八方八返様、以下異筆。狛真葛による追加か)

□、書き損じか。

八方八返やう

一帖

北向天右手ヲ披差天朱雀儒趨《マヘヽヒキハシリ》此間懸左ノケ左肩下

右手右肩下左右各二度走留天概《カキ》合天左

躍寄右躍《ヲトル》寄右左足右覆乙打右足

西向躍《ヲトル》右覆乙打天左足東躍《をとる》向左右足右覆乙

打天桴末方採《トル》天左覆乙振替上下各三度右左

縮片躍左右手胸間付天玄茂趨天上見百

二帖

乾向天右足踏天朱雀儒趨左右《アカル》手覆乙打天

又□《ノケ》(補注25)乙打天左見《ル》右見天伸《ノヒ》天右左手右左膝打天　」(第9紙裏)

(以下料紙の断ち落としにより見えず)

入破[　　　　　　]　」(第8紙裏)

右覆《フセ》乙打加天玄茂趨左右手腰付天上見●

三帖笛一

西向右左天指天左ふる左足右ふる右足各三度

片躍右手肩上置右足引上左手肩上置左足引上
右左足各三度一又一所二度睇《ヲチヰテ》天概合天（マヽ）米雀儒趨天走留
高踊如破二帖初二度右左肩桴印方懸上茂趨天」（第7紙裏）
下天上見●

四帖

坤向天右婁乙左同右同各片躍左覆乙打天右手□（補注26）
桴末採《トル》天右足引上天西躍踀向右左覆乙打直《ナヲシ》天左右足
引上天南向躍○又左右上直《ナヲシ》天伸《ヒッシ》（マヽ）向桴ノ本末ヲ□措《ヲク》（書損ジ）
執成天面形《カタ》《ケイ》ノ上ニ高《タカ》上天玄茂趨天下上見●

五帖楽長之

南向左寄左覆乙打右□（補注27）乙打天替天右足
高見をくて又如元左覆乙打天桴腰付天睇儒
身ヲ振天伸天朱雀儒走天走間懸左手肩
下右手肩下如此各三度右左手腰付天左躍寄
右躍寄左右足

右手桴《ハチ》末採上下ニふりかへて右左覆乙打天玄茂
趨天上見●
　六帖四帖舞也
　七帖三帖舞也
　八帖笛六
」（第6紙裏）
艮向右左手ヲ披天掌合朱雀儒趨天走留天
右左手ヲ披天覆乙打高踊右左足懸印肩右膝つく
懸肩桴左膝突殊火急躍居替各二度
其間足踏随手如《コトシ》大膝《ひさ》巻也桴末ヲ上下替
成天各二度後北向天左右覆乙打玄茂走天
朱雀躍片寄《ヨテ》右覆乙打居右膝突
（本文数行余白）

【紙背4】（聖宣筆裏書）
入破半帖舞例保安二年三月卅日賭弓依大雨荒序三切光則舞之
」（第5紙裏）

（本文余白）

」（第4紙裏）

【紙背5】（以下、紙背5～9狛近真筆裏書）

（「囀第三度舞様」途中）

下天桴差天北向□廻（補注28）伏肘打天左印指天右足［引上］（宮）（料紙断ち落としにより見えず）下天

又左伏肘打天西向左廻右○手桴ヲ「□□ウツ」（破損）（補注29）去肘打加天左足引上天［下天］（宮）（破損）又桴

指天南向□廻（補注30）伏肘打天左印指天右足引上天下天●躍替

左踊右膝折右桴ヲ印上ニ置由シ天○披右足（朱筆）此所ニ大鼓一拍子落居天

見天退三寄依天西廻向天左伏肘○打時以右桴打腰伏肘

下天上見　向四方如此舞了左伏肘ヲ持上天南向［右］（宮）（破損）桴ヲ

去肘打天左足引上随拍子躍下也

【紙背6】

一説

東向天合掌シ天右見左見天詠詞囀右得《ニエタリ》士力《シリョクヲ》一

西向左廻合掌シ天左見右見天詠詞囀左得鞭廻《ニエテフチヲメクル》 コノ詠本譜ニナシ
ワタクシニ勘也用否心ニアルベシ
□(花押あるか)

【紙背7】

口伝云
崎《マヽ》(鬚カ)取手者荒序舞時ニ必舞也但御賀□(破損)若君ノ
陵王被舞ニハ必ス此手ヲハヲシヘマイラスル也左右ノ
ヒンツラヲ拍子ニアハセテナツルヲ曲トスヨク〱カク
スヘシ

【紙背8】

一説　北向 阿刀胡児《アタレコシン一説》《アタウコシ一説》
南向 我採頂雷《カサイチヤウライ》

南向 ●胡鈫上浪　初度
北向 吐気如雷《ハイテキヲコトシライノ》　第二度
(朱筆)「踏石如泥《フンテイシヲコトシテイノ》」

(本文一行余白)

【紙背9】

返蜻蛉手

南向天左足ニ書合天右手桴方下去肘打目□（補注31）□左足□□（補注32）」（第3紙裏）

左足踏進天左右手合天披左足一説右見天右寄天桴□（補注33）前引走躍天右足踏左蹄放時左右手破其体如鞠蹄

腓天巽三依寄天西廻向天右伏肘打天下天上見了「左膝付」○持上天左手

指天合天披右足腓天乾《イヌイ》三依寄天東廻向天左伏肘打天下天上見

右桴腰打又持上天右手指天合天披左足腓天艮□□□（破損）〔三依寄〕（宮）一説西向南廻

又此段常舞人不知之

向右伏肘打天下天上見左腰付○左右手ヲ左ヘ下左足右ヘ下右足

躍違□（虫損）〔右〕（宮）廻東向天北違肘右足持上由右手披右足腓天見南

一寄延寄巽二寄火連北廻向天左伏天肘打□□（破損）〔時以〕（宮）右桴打

摂腰伏肘下天右見○早速桴出ニ付天右寄右足書合天

此所名蜻蛉一説ニハ大膝巻内舞也

乾向天前走左踵立天左右手ヲ高指天左右膝打天左ヘ火

一説北向天前寄踵《キビス》立

急廻天艮向桴右肩懸印左肩懸南三依寄天北廻向天左右腰付

上見」（第2紙裏）

桴返了」（第1紙裏）

補注

(1)「足縮｜」部分、内閣は「足縮」、豊家は「足縮｜」とする。宮は「右縮躍天」とする。
(2)「諸去肘｜」の「肘」の字、内閣は虫損注記、豊家より補う。
(3)「口伝エ躍乍居」の「エ」字にミセケチして「二」と改む。
(4)虫損注記部分、豊家本筆者は「方右足跂天欤」と疑問を付す。
(5)底本破損。豊家による。ただし、内閣「右｜」、宮は「左伏」。
(6)底本破損。豊家による。
(7)底本破損。内閣・豊家による。
(8)豊家本、「右桴指天……」の直前に「一説」とあり。
(9)豊家本は、「但常陵王時左足引上踠放」とする。
(10)「諸□乙」部分、□字は未詳。下の影印参照。
豊家は「諸去肘」とする。
(11)「右□乙」部分、下の影印参照。
(12)「右□乙」部分、下の影印参照。
(13)「丁□乙」部分、下の影印参照。
(14)「一向沙汰之」部分、豊家欠。
(15)「譜《ニ》者」部分、内閣は「｜之」とする。
(16)「腰突□左右」部分、□字は破損。宮は「腰突天左右」
とする。
(17)「左右□乙」部分、下の影印参照。
(18)「左右□《ノケ》乙」部分、下の影印参照。
(19)「□天」部分、□字は破損。宮は「肩天」とする。
(20)「下□乙」部分、下の影印参照。

(10)

(11)

(12)

(13)

(17)

(18)
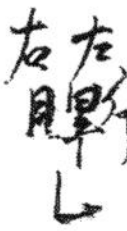
(20)

(21)「手□乙」部分、下の影印参照。
(22)「下□乙」部分、下の影印参照。
(23)「右□乙」部分、下の影印参照。
(24)「下□乙」部分、下の影印参照。
(25)「又□《ノケ》乙」部分、下の影印参照。
(26)「右手□」部分、□字は破損。宮は「右手ニ天」とする。
(27)「右□乙」部分、下の影印参照。
(28)「北向□廻」部分、□字は破損。宮は「北向左廻」とする。
(29)「□□ウツ」部分、□字は破損。宮は「腰打」とする。
(30)「南向□廻」部分、□字は未詳。宮は「南向左廻」とする。
(31)「目□左足□足」部分、□字は破損。宮は「目懸左寄左足右足」とする。
(32)「□□」部分、□字は修補により不鮮明。宮は「前走」とする。
(33)「桴□」部分、□字は破損。宮は「桴出天」とする。

(21) (22) (23) (24) (25) (27)

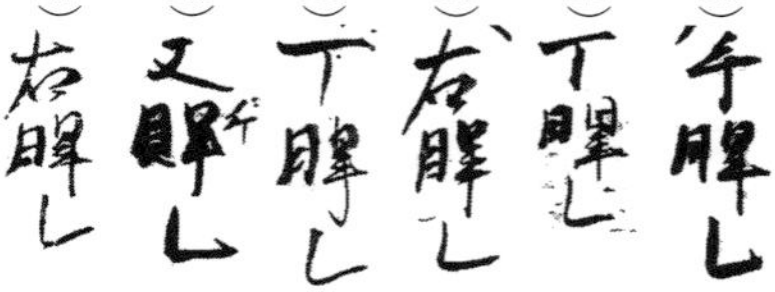

おわりに――今後の課題と展望――

いざ、『教訓抄』の研究をはじめてみたところが、ＣＯＥプログラムの活動に参加させていただくこととなり、『教訓抄』のみならず、その周辺の『春日楽書』や『続教訓鈔』にも手を伸ばすこととなった。序文でも述べたように、当初は『教訓抄』の研究で、諸本・筆者・成立・影響関係・内容等の課題を目的とする総合的なものを構想していたのである。

したがって、これまでの論考を『教訓抄』の研究として見た場合には、誠に道半ばという体裁になる。しかし、これを中世楽書という枠組みで捉えた場合には、中世を代表する楽書といえる『教訓抄』『続教訓鈔』の諸本研究や、『春日楽書』のいくつかについて筆者・成立の問題を考察し、共同で行った翻刻を発表することができたから、これら三書の今後の研究に向けた基礎としての成果は得られたのではないかと推察する。いま、この段階で論文をまとめることになったのはそのためである。

そこで以下に、今後の課題と展望とを述べて本書のまとめに代えたい。

一、『教訓抄』について

1、古写本について

本書第一部第二章で扱った神田喜一郎旧蔵本については、その後、『続教訓鈔』の研究の関連で、曼殊院所蔵の

『教訓抄』『続教訓鈔』（合十一軸）を読んでいて気がついたことがあるので、ここに簡単に触れておきたい。

この神田本は文保元年（一三一七）の豊原兼秋の書写奥書を有し、奥書に花押がないから兼秋筆とは断定されないものの、紙背に兼秋の子孫量秋自筆と見られる記事があることから、兼秋筆の可能性が高いと推察されるものであるが、兼秋・量秋の子孫にあたるのが、室町時代を代表する楽書といえる『體源鈔』の著者豊原統秋である。『體源鈔』は『教訓抄』『続教訓鈔』『楽家録』とともに、一部の研究者の間で日本の「四大楽書」などと称されている楽書でもあるが、『體源鈔』には『教訓抄』が多数引かれており、とくに舞楽に関する記事は大半が『教訓抄』をそのまま引いたもので、『體源鈔』における『教訓抄』の影響は非常に大きいといえるが、豊原氏である統秋がどのようにして狛氏の『教訓抄』『続教訓鈔』を手に入れられたのかは従来明らかになっていない。

ただし、曼殊院所蔵の『教訓抄』（巻二・三・七零本）と『続教訓鈔』（残巻）の合十一軸の古写本のうち、『続教訓鈔』は、著者狛朝葛自筆本を量秋が書写した旨の奥書を有し、花押が真筆と見られるから、量秋自筆本と認められ、量秋に伝えられたものと解される。したがって、神田本とともにかつては量秋の所蔵であったと考えられるが、この曼殊院本の紙背の記事の一つである、量秋自筆の『明徳五年常楽会日記』や『宮寺恒例神事八幡宮次第略記』、神田本紙背にある量秋自筆の『故英秋当道相伝事』が、『體源鈔』に引かれており、そこには、次のようにある。

明徳五年常楽会日記

（中略）

右会式、久不被行、雖無用記、厳重会此道繁昌事在之加披見者。尤可為才覚者歟。仍載之此記量秋自筆写之

宮寺恒例神事八幡宮次第略記量秋自筆写載之

（中略）

英秋当道相伝事　貞和三年正月九日申時誕生　量秋記之

（中略）

右之記者量秋自筆ニ被書置之心、於末代守之、（後略）　（傍線筆者）

いずれも傍線を付したように、量秋自筆本より引いたことを記しており、[1] 統秋が参照した『教訓抄』『続教訓鈔』は曼殊院本や神田本であったかと推察される。

なお、曼殊院には、豊原氏の手になるかといわれ、『體源鈔』に同文記事を多く有する楽書『曼殊院所蔵佚名楽書』二巻も伝わっており、[2] 曼殊院には豊原氏の蔵書の一部が収蔵されているようである。いずれも、『體源鈔』の編纂・成立を考える意味で、興味深いことである。

また、同院には藤原師長撰の箏譜『仁智要録』、琵琶譜『三五要録』の写本もあるという。[3] 同院の音楽資料の調査が望まれる。

2、近世以降の写本について

本書では古写本の研究に終始したが、近世の写本にもこれに次ぐと思われる善本がいくつかあるようである。山田孝雄は、日本古典全集の『教訓抄』解題において、同書の底本に用いた、東京帝国大学蔵旧正親町家蔵巻子本について、

　奥書なけれど徳川初期に近き写本にして最も信をおくに足る。然れどもこの本は巻一、巻四、巻八の三巻を欠くは惜むべし。

とし、またその欠巻の底本に用いた鷹司家旧蔵本について、

其の第五巻の末に寛政二年（一七九〇）書写の奥書ありて、この本も亦巻三、巻七の二巻を欠き、その他も多くは巻首に欠

（西暦は筆者）

失あり。

　以上二本は共に原本の面影を髣髴せしむるに足るものあり。

と指摘しつつ、

と評価する(4)。

　このうち、正親町家旧蔵本は現在東京大学総合図書館に蔵し、鷹司家旧蔵本は宮内庁書陵部に蔵する。筆者もこの二本については、界線の引き方、行取り、改行の位置など、古写本に共通する部分が多く、江戸期の写本ではあるが、古態を留めるところがあると推察する。また、山田の解題では触れられていないが、国文学研究資料館寄託の田安徳川家蔵本も、冊子本ながら、本文は誤りが少ないように思われる。つまり、近世の写本にも優れたものがあるようであり、今後の本文研究のためには、近世の写本の調査が欠かせないであろう。

3、編者狛近真について

　編者狛近真については、人名辞典の類や『教訓抄』の解題に触れられている程度で、これに真っ向から取り組んだ研究はほとんどない。唯一、東儀鉄笛の『日本音楽史考』「第四期鎌倉時代の音楽、七・楽舞の継承第一」に、数頁にわたって、近真の伝と年譜とを記しており(5)、しかも『春日楽書』その他の資料を渉猟して、狛氏における楽の継承問題を絡めての記述は、最新の研究かとも思われるほどに要を得たものである。ただ、大正年間の著述ゆえか、典拠が明記されていない箇所や、こんにちではさらに補足できる箇所もあり、今後そうした作業が必要であろうかと推察する。このことは次項に述べる成立の背景を考えるうえでも必要になるであろう。

4、成立の背景について

成立の背景については、夙に、山田孝雄が日本古典全集の『教訓抄』解題で、『舞楽府合鈔』序文と『教訓抄』序文とによって、

> （※『教訓抄』編者近真の）長男次男は共に道を伝ふるに堪へず、三男近葛は当時僅かに二歳（近真の歿する時に十一歳なり）なりしかば、道の中絶せむことをおそれ、子孫の志あるものをして之を継がしめむが為に予め之を記載して伝へむとした　（※印以下は筆者注）

と指摘され[6]、家の断絶を恐れ、子孫の志あるものに伝えるため、文献というかたちに残したと考察されている。植木行宣氏も、日本思想大系『古代中世芸術論』の解説で、

> （近真の）長男光継は関東に住して職を棄て、次男光葛は狂して道に執せず、三男近葛（のち真葛）はわずかに二歳にすぎなかった（舞楽符合鈔）。この家芸断絶のおそれが『教訓抄』撰述の直接の動機であった

と述べておられるが[7]、こちらでは、単に「家芸断絶のおそれ」が「動機であった」と述べるにとどまり、山田のように、子孫の志あるものに伝えるためであるとまでは言及していないが、その方向性は同じである。

一方、福島和夫氏は「狛近真の臨終と順良房聖宣」で、近真の死の間際に生じた後継者問題を、『春日楽書』のうちの一巻『舞楽手記』跋文その他の資料を渉猟して、そこに聖宣という興福寺僧が関わっていたことを指摘された[8]。ただし、氏は近真の跡を襲ったのは三男真葛（もと近葛、童名春福丸）であったとされ[9]、『教訓抄』は真葛誕生が動機であったと述べておられる（『日本音楽教育事典』「教訓抄」項）[10]。これは、近真に後継者がなく、まだ見ぬ子孫の志あるもののために遺したと見る山田・植木の説と対立する。また、このことは、前項に指摘した東儀鉄笛の『日本音楽史考』に指摘するところとも異なる。東儀は、「荒序」は嫡流一人が継承するべきを、近真没後は光葛方は野田家、真葛方は上家を立て、「荒序」を交互に舞っていることを史料を追って論じ[11]、これは近真が後継者を指名しなかったからであるとする。編纂の動機、成立の背景については見解が分かれているわけで、これについ

ては今後追究したい。

因みに筆者は、東儀のいう野田・上の分立が、光葛の男朝葛をして『続教訓鈔』を撰述させた動機に関係するものと想像している。次項6にも述べるが、それゆえに『続教訓鈔』は『教訓抄』の説に対する反論、異説を挙げて論じるところがあるのだと思われる。『続教訓鈔』は、『教訓抄』に続く意識ではなく、『教訓抄』に取って代わろうとする意識で編纂されたのではないだろうか。今後、近真没後の継承者問題を再検証する必要があるであろうし、『続教訓鈔』編纂の背景も課題である。

5、先行の楽書について

『教訓抄』に影響を与えた先行の楽書については、宮崎和廣氏が、「春日楽書」中の一巻『楽記』を挙げておられる(12)。『楽記』は、近真の父光近由来の口伝等を、近真の兄（のちに養父）光真がまとめたものであり、『教訓抄』と同文関係にある記事を含むもので、近真はこれを参観したものと見られている(13)。

これに加えるならば、藤原師長編纂の『三五要録』と、『仁智要録』との関係が注意される。

『三五』は琵琶譜であり、『仁智』は箏譜であるが、各曲の譜の冒頭に、その曲の構成、出自、来歴、口伝などが記されており、それが『教訓抄』のそれと一致するところが散見される。次頁に、『三五』の一節とそれに対応する『教訓抄』の文を摘記してみると、『三五』には『教訓抄』と同文、あるいは同内容の文が散見される。はたして、『教訓抄』が『三五要録』から引いたものなのかどうか。あるいは同原拠の可能性もあろうか。今後考えてみたい問題のひとつである。

『三五』『仁智』の編者藤原師長（一一三八〜九二）は、関白忠実の孫、左大臣頼長の次男で、一位太政大臣に昇った貴顕であるが、琵琶・箏・朗詠・今様・声明と、音楽の才に恵まれた当代随一の音楽家であった(14)。

『三五要録』巻第五（宮内庁書陵部蔵 伏見宮家旧蔵、伏九三一）

皇帝破陣楽〈遊声一帖無拍子又度数无定
　舞人行立了弾止他曲遊声准
此可知序一帖拍子卅但件序本四十拍子也于時
半帖拍子廿而除棄十拍子之後以十四拍子為半
帖是承和御時与諸葛中納言所被定也見類聚
箏譜　破六帖拍子各廿　合拍子百五十
略時序弾廿拍子若十六拍子破不弾三四両帖
舞入時吹調子類聚箏譜備中守源政長説舞
了将入時又吹遊声但不打末拍子　大曲
新楽
南宮横笛譜云今案序半帖拍子必可有廿而
只有十拍子准余曲不相似今問案内昔尾張
浜主伝云此舞序初四十拍子也而遣唐使時舞生
還本国時忘八拍子也仍除棄十拍子今遺半
帖只十拍子此事雖不慥説古老所伝也又昔
善舞此曲者有中務大輔清原瀧雄造酒正高
階黒雄命婦
石川色子等〉　（傍線筆者。〈 〉内は小字双行）

『教訓抄』巻二、「皇帝破陣楽」（宮内庁書陵部蔵 五〇三―二五五）

（※以下、上欄傍線部に対応する箇所）
「承和御時、諸葛中納言奉勅、序一帖拍子三十、以十六拍子
為半帖定了。」
「舞人ノ入時ニ上調子ヲ吹。備中守源政長ト云ケル人ノ説
ニハ、出入トモニ遊声ヲ吹ケル。今世ニハモチヰス。」
「而外従五位下尾張連浜主伝云、コノ舞ノ序、ハシメハ四
十拍子ナリ。シカルヲ、遣唐時舞生、還本国時、忘末八拍
子タリシニヨリテ」
「昔此曲善舞者、中務大輔清原瀧雄、造酒正高階黒雄、命
婦石川色子。」

近真（一一七七～一二四二）とは直接の交渉があったとは思えないが、前述の興福寺僧聖宣が、師長のもとで『三五』『仁智』の編纂に携わったといわれる藤原孝道の甥にあたり、聖宣を介して、『三五』『仁智』、あるいはその典拠となった資料を手に入れられた可能性があるのではないかという（福島氏示教）。

両者の関係について、今後詳細に検討することで、なぜ、地下の楽人であった近真が、十巻の大著を編むことができたのか、考えてみたい。

6、後代への影響について

『教訓抄』の後代への影響については、現在筆者がもっとも興味を持って取り組んでいるテーマであり、発端は、福島氏が『教訓抄』と、江戸前期成立の楽書『楽家録』との比較を提案されたことであった。その話は筆者が次項に述べる『続教訓鈔』の研究へと発展し、中世文学会で発表することともなったために、その後途絶えてしまったが、今後は鎌倉・南北朝期成立の『続教訓鈔』と、室町前期成立の『體源鈔』十三巻との比較も合わせて行い、『教訓抄』の影響が後代の主要な楽書にどのように及んだかを具体的に検討してみたいと考えている。

見通しをいえば、『続教訓鈔』は、『教訓抄』に漏れた他説・異説を『教訓抄』の説と併記して批判的にこれを論じる傾向があり、『體源鈔』は『教訓抄』『続教訓鈔』の記事をほとんど無批判に引用しているのが特徴である。とくに楽曲に関する記述はほとんど全文を『教訓抄』、または『続教訓鈔』に依拠している。また、『楽家録』は別冊総目録に引用書目を列記するが、『教訓抄』の名は見えない。『楽家録』は、『教訓抄』の記事を、『続教訓鈔』や『體源鈔』から孫引きし、これを分類、整理して、五十巻に及ぶ大部の雅楽事典ともいうべきものに仕上げているのである。

いずれの楽書も、『教訓抄』に大きく依存しており、『教訓抄』の記事のほとんどが利用されている。こうしたことから、『教訓抄』の後代への影響は極めて大きかったといえる。『體源鈔』『楽家録』にあっては、『教訓抄』の存在なくしては成立しえなかったであろう。また、その引用態度から、それぞれの編纂方針や編纂意図も窺われるものと思われる。

二、『続教訓鈔』について

『続教訓鈔』については、そもそも『教訓抄』との関係追究のために着手したものであるが、その前に混入記事の問題を解決する必要があった。そこで、第一部第三章において、まず日本古典全集の底本の伝来を辿り、曼殊院蔵本が祖本にあたるのではないか、との見通しを示した。次いで、同第四章では、実際に曼殊院本との比較を行い、たしかに曼殊院本が古典全集本の祖本と見られることを示し、曼殊院本に『続教訓鈔』とともに合写されている諸書（『教訓抄』、『豊原信秋日記』、『宮寺恒例神事八幡宮次第略記』、佚名楽書等）が混入した理由を考察した。また、混入記事を除いた、現存する『続教訓鈔』の巻次を追究した。

『続教訓鈔』については、関連する説話文学、中世文学との関係は、諸氏に論考があるが、『続教訓鈔』自体の研究は『教訓抄』以上にほとんど進んでいない。伝本については、最古の写本であり、現存諸本の祖本と見られる曼殊院本の翻刻がなされておらず、これにはこれまで知られていない逸文もある。

また、現存する近世の伝本には、十三冊本、十一冊本、七冊本、四冊本など、構成の異なる伝本が存し、近世において、祖本と見られる曼殊院本の写本から、どのようにしてこのような多様な伝本を生じたのかは明らかでないところがある。

著者朝葛の伝と、彼が『続教訓鈔』編纂に至った経緯もほとんどこれまで知られておらず、東儀鉄笛が『日本音楽史考』に、朝葛の伝と年譜とを記しているのみであろう。[15] 今後はこれに続く論が俟たれるといえる。

三、『春日楽書』について

『春日楽書』については、論文中にも述べたように、そもそも共同で翻刻に着手したものであり、筆者が研究を担当させていただいた『舞楽古記』『舞楽手記』について私見を述べたに過ぎないが、その中で『春日楽書』とは何かについて追究することができたように思う。すなわち、『春日楽書』については、福島氏が、『日本古典音楽文献解題』の「春日楽書」項に、

興福寺に伝存したが、明治の社寺分離の際に他出。幸い明治二十九年現存七巻のみ春日神社に収納した。狛近真（一一七七～一二四二）の臨終に際し、順良房聖宣に託し春福丸真葛に伝えた楽書類（『教訓抄』をも含むか）が母体と考えられる。後増補し、狛系の一大楽書群を形成、その中核が興福寺本談義屋に置かれたものであろう。

と執筆され、近真の蔵書を中核として成った楽書類であろうと指摘しておられ、[16] それが『春日楽書』の伝来に触れた唯一の指摘であったが、まず、『古記』については、これが近真から聖宣を経て、近真の三男真葛、真葛の次男季真へと書き継がれた「荒序」の記録であることが明らかになった（第二部第一章）。

また、『手記』については、近真と聖宣とが真葛のために書写した「陵王」の舞譜であり、聖宣没後、真葛の許へ遣わすよう言い置かれたものであった。また『手記』の筆跡から、『楽所補任』が、近真、聖宣、狛有久と書き継がれたものであったことを論じた（以上、第二部第三章）。

つまり、『古記』『手記』『楽所補任』に共通しているのは、近真と聖宣がこれらの編纂に関わっていることであ

り、『手記』については、近真から聖宣、聖宣から真葛へ伝わった楽書であること、『古記』については、さらに真葛からその子季真へと伝わったものであることが明らかになった。『手記』については、真葛ののち、誰に伝わったのか、『楽所補任』については聖宣、有久ののち、誰が伝えたのか明らかでないが、これらが一具の楽書として伝わっている事実よりみて、『春日楽書』は、近真・聖宣から真葛、真葛から季真へと伝わった楽書類ではなかったかと想像される。

そして、興福寺僧禅実の日記『細々要記抜書』至徳二年（一三八五）六月九日条に、季真の孫真村が、楽道から離れるに際し、先祖代々の荒序譜並びに文書を春日社本談義屋の経蔵に奉納する文書の写しがあるのを指摘し、この一部が現在春日社に蔵する『春日楽書』ではないかと推察した。

そうして、これに付け加えるならば、この奉納から現在までの『春日楽書』の所在についても、おおよそ次のように推測することができる。詳しくは別の機会にまた論じることとしたいが、概略を示せば、まず昭和七年に春日社が編纂した『春日神社記録目録』に、『春日楽書』の伝来を次のように記す。

> 当楽所補任弐巻附属楽書五巻ハ奈良方楽所ヨリ社家ニ伝ヘ再転シテ興福寺々務一乗院ニアリシガ明治維新ノ変革ニ依リ再転シテ民間ニ落チ京都市山田茂助ヨリ明治二十九年十一月末購得之巻物ニ作ル[17]

これによれば、当初は奈良方楽所より春日社々家に伝えられたもので、その後興福寺一乗院へ移り、明治維新後は民間に流出。京都の古書肆聖華房（山田茂助はその主人）より再び春日社へという経路を辿ったと知られる[18]。明治二十九年に購入後、巻物に作るとあるが、それは『手記』巻末の紙背に明治三十年の修補奥書がある（本書第二部第二章に既述）ことと符合する。

またこの『記録目録』によれば、維新直前には興福寺一乗院にあったという。なるほど、『群書類従』巻第四十七に翻刻を収録する『楽所補任』延宝八年（一六八〇）太秦昌倫書写本の奥書に、

正本者巻本ニテ御座候。右之補任 永久元年御座候裏如右御座候間。此所ニ書入申候。

延宝八庚申十二月廿日書写之畢

正本奈良春日之御蔵在之　太秦昌倫

と見え[19]、原本（〔正本〕）は延宝八年当時、春日社の「御蔵」にあったものと知られる。平出久雄所蔵の『楽所補任』（江戸期写）奥書にも、

右之楽書者自春日社本談義屋出（後略）

とあって[20]、江戸前期には春日社本談義屋にあったものと理解される。また、上野学園大学日本音楽史研究所に蔵する窪家旧蔵の『楽所補任』一冊（江戸前期、寛文十年写か）にも、

此一冊者南都春日本談儀屋ニ有之（後略）

と見えて[21]、やはり原本は春日社本談義屋にあった。本談義屋は、春日社の経蔵で、「御蔵」というのも、この本談義屋のことと解される。春日社の社殿絵図によれば、現在の宝物殿のあたりにあった[22]。宮崎和廣氏によれば、江戸後期の寛政三年（一七九一）に興福寺・春日社一帯を焼く大火事で焼失したとのことであるから[23]、明治維新前夜には興福寺一乗院にあったというのは、本談義屋焼失前後に移管されたということであろうか[24]。

こうしてみると、『楽所補任』を含む『春日楽書』は江戸前期にはすでに春日社本談義屋にあったことは明らかで、そうしてみると、前述の真村が本談義屋に奉納して以来、長く春日社本談義屋にあり、江戸後期の本談義屋焼亡後は興福寺一乗院、明治維新後は民間の手を経て春日社へ戻り、今日に及んだものと推測できる。畢竟、『春日楽書』は近真から聖宣を経て、真葛からその子孫に渡った楽書が、その末裔真村に至って楽道から離れることとなり、春日社本談義屋に奉納されたものであったわけである。

なお、この『細々要記抜書』所収の記事については、一般には藤原重雄氏の「都市の信仰――像内納入品にみる

奈良の年中行事――」（『中世の都市』東京大学出版会、二〇〇九年五月）においてはじめて指摘されたとの認識が広まっているようであるが、筆者が同資料をはじめて指摘したのは「春日大社蔵『舞楽古記』概論」（『雅楽資料集』第四輯、二〇〇九年三月、本書第二部第一章に収録）においてである。何気なく、『史料綜覧』を眺めていた折のことであり、それは二〇〇七年四月二十一日のことであった。その翌日から筆者は突如体調を崩し二年近く病臥することとなり、その間苦悶しながら執筆することになったのでよく覚えているが、これは『春日楽書』という資料が何者であるかを明らかにする発見だったかと思う。

因みに、近年、『春日楽書』という名称に対して、「興福寺にあった楽書であるから、「春日」という冠称を付けるのは適当ではない」「狛系楽書群と呼ぶべきである」という意見を耳にするが、これについては、次に示すように、ある誤解から生じたものと思われるので、ここに正確なところを記しておきたい。

まず、『春日楽書』というのは、現在春日社に蔵する楽書の意で、斯く呼んでいるのであり、旧蔵者名を冠して呼んでいるものではないことである。資料名に現蔵者の名を冠することは、広く行われていることであるから、そのこと自体に問題はないであろう。

また、この楽書は、前述のように、春日社本談儀屋に奉納された楽書の一部と見られるわけであるから、その伝来や旧蔵者名に因んだ名称としても『春日楽書』が妥当ではないかと思われる。

因みに、福島氏は、前掲の『日本古典音楽文献解題』の「春日楽書」項に、『春日楽書』の由来を、「興福寺本談義屋」に所蔵されていたものとしておられ、櫻井利佳氏も、

> 窪家旧蔵〔楽人補任〕奥書には、「此一冊者南都春日本談義之屋ニ有之／仍大乗院御門主信雅依仰令拝借書写畢／寛文拾庚戌年林鐘吉辰　甲斐守狛宿祢光逸」とあり、この春日本〔狛系楽書群〕が興福寺本談義屋に伝来したものであることが記されている。

と執筆され、「興福寺本談義屋に伝来した」としておられ[25]、興福寺に由来するという説はこれらから出たもののようであるが、櫻井氏が右に引いておられるように、窪家旧蔵の『楽所補任』には、「春日本談義之屋」とあり、また前述の『細々要記抜書』にも、「春日社本談義経蔵」と記してある。このことから、「本談義屋」は旧来より「興福寺」のそれではなく、「春日社」の施設と認識されていたことが知られ、春日社の本談義屋に伝来したものと解すべきである。平出久雄氏・宮崎和廣氏も本談義屋は春日社のものと認めておられる[26]。

一方、これを「狛系楽書群」と呼ぶべきとの意見については、そもそも「狛系楽書群」という名称は、福島氏が東洋音楽学会第三十三回の講演（一九八二年）において、次のように述べられたというのが嚆矢であったようで、これの原稿によれば、そのように解するのは誤解かと思われる。

> 興福寺の楽人である狛氏の諸楽家（上、辻、窪、芝等）の楽人、及び興福寺を中心とする南都諸寺の僧侶等によって撰述され、伝えられた多数の楽書類が諸所に伝存する。私はこれらの資料、即ちその成立、内容、伝来等よりみて狛氏の楽統に属すると考え、「春日楽書」を中核とし、その外周に諸家本を配する大資料群を形成するものと想定し、これを「狛系楽書群」と称することにする[27]。

これは、先に引いた櫻井氏の解説中に紹介されたものであるが、これは繰り返すように講演の原稿であって、当日これがそのまま読み上げられたものか、わからない。が、これによれば、『春日楽書』を中心に、狛氏の各楽家に所蔵される狛氏周辺で成った楽書全体を包括して、斯く呼ばれたものであり、『春日楽書』単体を指していわれたものではないといえる。狛氏は、他の楽家に比して早くから楽書を編纂し、結果として多くの楽書を出してきたから、現在諸方に狛氏の楽書が伝存している。だから、それらを包括して「狛系楽書群」と呼ぶについては差し支えないと思われるが、前述のように、『春日楽書』は狛真村によって春日社に奉納されたと見られる楽書であり、明確なまとまり、由来をもった楽書であると思われるから、これを他と混同すべきではない。

もっとも、福島氏のご発言は、藤原氏や筆者が、前述の『細々要記抜書』の記事を指摘する前のことであり、『春日楽書』が、真村によって春日社に奉納されたものであり、他の狛氏諸家の楽書とは伝来を異にすることが明らかでなかったころのことであった。前述の櫻井氏の発言も同じである。福島氏が現在どのようにお考えなのか、筆者は伺っていないが、新しい資料が発見されたことによって、いまはこうした捉え方を改めるところに来ているのではないかと思われる。

＊

『春日楽書』の翻刻と研究については、福島氏が以前から取り組んでおられる『楽所補任』を除けば、残すところは『輪台詠唱歌外楽記』（以下『輪台』）の一巻のみとなった。この『輪台』は、二〇〇九年に翻刻を完成させ、磯先生の大学院の研究指導の時間に発表させていただいた（二〇一〇年六月二十三日）。その後、『方丈記』成立八百年に伴う、国文学研究資料館の研究プロジェクト（二〇一一〜一三年）への参加[28]などがあって、論文執筆が遅れてしまっているが、早く発表できるよう努めたい。

『春日楽書』については右のように、当初の翻刻の目的は達成しつつあるが、その諸本の研究については、課題が少なくない。

『春日楽書』は、従来春日大社所蔵の七巻が、現存諸本の祖本と見られており、その中には編著者の自筆原本もいくつか含まれているが、これの写しの系統と思われるものに、従来十二冊本系統（上野学園大学日本音楽史研究所蔵窪家旧蔵）と二十二冊本系統（内閣文庫蔵ほか）とが指摘されている。ただし、春日本（七巻）と十二冊本、二十二冊本は、その名称のとおり巻数冊数が異なっており、所収書目にも異同がある。これをどのように考えるか。従来は、春日本はもともと十二冊本や二十二冊本のように大部であったものが散佚して数を減じ、七巻になったと解されている。しかし、十二冊本が寛文十年（一六七〇）頃の写本であるのに対し、二十二冊本は寛文六年（一六六六六）の写本であるから、両者はわずか四年の間に書写されたものということになる。にもかかわらず、一方は十二冊、もう一方は二十二冊であり、収録書目も重ならないものがいくつもある。だから、従来の考え方にはやや無理があると思われるのであるが、これまではこの十二冊本と二十二冊本は同一の祖本から出たものとの前提から、無理に春日本・十二冊本・二十二冊本の三つを対応させようとされてきた。

しかし、二十二冊本については、『国士舘日録』等によって、それが『本朝通鑑』編纂のために、林鵞峰が狛高庸に書写させ、奥書を書いたものであって、その書写の過程は『日録』等に明らかである(29)。詳細は別稿に指摘することにするが、同書によれば、二十二冊本は、「興福寺」に所蔵する「七巻七冊」の計「十四巻」からなる楽書を二十二冊に分写したものであるとのことである。つまり、二十二冊本という形態は林鵞峰らの手によって作られたものであり、二十二冊本の親本は「興福寺」所蔵という「七巻七冊」の、あわせて「十四巻」の楽書、すなわち七軸の巻子本と七冊の冊子本からなる楽書であったと解される。七軸の巻子本とは、現在の春日本七巻七軸と数が同じであり、春日社の写しが興福寺にあったのか、それとも当時は春日社と興福寺はほとんど一体であったから、春日社本談義屋経蔵に保管されていた原本が、興福寺を通して江戸幕府へ提出されたものか、未解明であるが、現存の七巻が『日録』にいう「七巻」と同じものか、あるいはその写しであることは認めてよいように思う。問題は、残る七冊が現在春日社にも、興福寺にも見当たらないことであり、散佚してしまったものかと思われる。しかし、このことによって、二十二冊本がその装訂、構成・順序等は別として、春日本の江戸初期の姿を反映するものだとはいえそうである。

一方、十二冊本については、現在上野学園大学日本音楽史研究所窪家旧蔵楽書に伝存するのみであるが、この窪家旧蔵本は、福島氏の解題では一冊欠の現存十一冊とされているのであるが(30)、筆者は現存は九冊で、残る二冊は十二冊本ではないと考えている。この点はいずれどこかへ発表したいが、じつは十二冊本は完本が確認できないので、その書目の全容が明らかでない。かつては平出久雄や興福寺一乗院門跡の水谷川家にそれぞれ写本があったようであるが、平出没後の現在はその蔵書の行方がわからず、水谷川家旧蔵書も戦後は民間に流出したらしく、いずれも現在の所在が確認できない[31]。つまり、十二冊本については、書目を確認できないのである。ただし、二十二冊本と重なる書目について比較してみると（そのひとつ、『舞楽古記』については、第二部第一章で検討したが）、行取りや脱落・誤写の様相が一致せず、直接の関係は認められない。また、同様な理由から春日本とも直接の関係はないと結論される。したがって、その一部が春日本を祖本とするものであることは確かであろうが、春日本からどのような経緯を経て十二冊本が生じたのかはまだわからない部分が多い、といえる。

以上のように、『春日楽書』諸本相互の関係については問題が少なくなく、なお追究を必要とする。ゆえに、筆者はまず祖本と見られる春日本から着手し、江戸期の写本は後回しにしたのであるが、『春日楽書』にはこうした問題があることを、近いうちに詳しくまとめておきたいと思う。

*

以上、甚だ雑駁ではあるが、本論のまとめと今後の見通しとについて述べた。

楽書は研究されて日が浅い。また研究者人口も少ないから、課題は山積というよりは、「宝山ニイリテ、手ヲムナシクシテイデナムトス」（『教訓抄』序文より）という状況に近い。研究されていない資料が山のようにあるかわりに、研究の手がかりとなるものは少なくて、右往左往することもあり、また資料の調査・翻刻から始めなければならないことも多い。

しかし、どうにかして、この「難物」[32]を少しでも明らかにし、諸分野の研究に貢献することができたら、と考えている。

注

（1）いずれも日本古典全集『體源鈔』四、正宗敦夫編、同全集刊行会、一九三三年十一月。引用箇所は、『明徳五年常楽会日記』が一五八一～八七頁、『宮寺恒例神事八幡宮次第略記』が一三八五頁、『英秋当道相伝事』が一五九九頁。

（2）青木千代子「曼殊院所蔵佚名楽書と體源鈔」、「国語国文」第五十二巻第九号、京都大学文学部国語国文学研究室編、中央図書出版、一九八三年九月、に原本の調査結果（書誌）と翻刻（一部）があり、同「曼殊院佚名楽書　解題・翻刻」、「日本音楽史研究」第七号、上野学園大学日本音楽史研究所、二〇一〇年十月、に全文の翻刻がある。

（3）注（2）のうち、前者の論考に指摘されている。

（4）日本古典全集『教訓抄』上、山田孝雄校訂、正宗敦夫編、同全集刊行会、一九二八年四月。巻頭の「教訓抄解題」五頁より。

（5）磯水絵研究室編「東儀鉄笛著『日本音楽史考』翻刻（二）――第四期 鎌倉時代の音楽 七、楽舞の継承（第一）――」、『雅楽資料集』第四輯、二松学舎大学二十一世紀COEプログラム中世日本漢文班編、同プログラム事務局刊、二〇〇九年三月、二九四～九九頁。

（6）注（4）の書、巻頭の「教訓抄解題」二頁。

（7）『古代中世芸術論』（日本思想大系二三）林屋辰三郎編、岩波書店、一九七三年十月、七五一頁。

（8）旧題「狛近真の臨終と聖宣」、「古代文化」第三十四巻第十一号、（財）古代学協会、一九八二年十一月。のちに、改題して『日本音楽史叢』福島和夫著、和泉書院、二〇〇七年十一月に収録。

（9）注（8）に同じ。

（10）日本音楽教育学会編、音楽之友社、二〇〇四年三月、三〇八頁の「『教訓抄』」項に、「じつは前年に生まれた三男春福丸、後の真葛（一二三二―一二八八）の存在が直接の動機になったと考えられる。事実上不可能である口伝による直接伝授に代えて、せめて書き記すことによって楽統、秘説存続の可能性を残すことにあった。その意味での『教訓抄』であった。」と述べておられる。

（11）注（5）に同じ。

（12）「『教訓抄』の撰述資料に就いて――『楽記』を巡って――」、「大学院研究年報」第二十号、中央大学文学研究科、一九九一年三月。
(13)注(12)の論文、及び櫻井利佳「春日大社蔵『楽記』について　付、紙背〔打物譜〕翻刻」、『雅楽声明資料集』第二輯、二松学舎大学二十一世紀COEプログラム中世日本漢文班編、同プログラム事務局刊、二〇〇七年三月。
(14)『平安時代史事典』下巻、角田文衛監修、古代学協会・古代学研究所編、角川書店、一九九四年四月、二一九九・二二〇〇頁、「藤原師長」項(福島和夫氏執筆)。
(15)注(5)の翻刻、三〇五・三〇六頁。
(16)岸辺成雄博士古稀記念出版委員会編、講談社、一九八七年九月。
(17)官幣大社春日神社社務所編、一九二九年七月刊。
(18)因みに、平出久雄の「『楽所補任』私考」(『東洋音楽研究』第二輯、東洋音楽学会、一九三七年六月刊/第一書房、一九八五年十二月復刻)五四〜五五頁に、羽塚啓明所蔵の山田寿旧蔵本の奥書を紹介するくだりがある。

右楽所補任正本二巻ヲ以校正処也　但正本二巻春日神社宝庫ニ納者　明治元年維新之際社家ノ手ヨリ流出セシ者ト察ラル　今春不図我手ニ落　長ク家ニ留ント欲スレ共貧家之企及ヘキニ非ス　不得止他ニ売却シ只此校正一本ニ留置而已　正本納処未定他日確定之上左ニ記ヘキナリ

明治二十九年九月廿日校了　聖華主人寿

右正本弐巻 明治二十九年十一月三十日 奈良県古沢明府之以好意

春日社宝庫再納保存之　延年山田寿再識

春日神社現在の楽頭堀川佐一郎氏の談によればこの識語のある本は二冊あり、一本は山田氏自筆のもので、他の一本はそれを謄写したものであって、羽塚氏御所蔵のものは後者であるとのことである。山田氏は奈良の有名な古書店の御主人であるが今は故人となられた由である。

明治二十九年十一月、山田寿は『楽所補任』の正本を春日社に納めたということであるが、それは前出『春日神社記録目録』に明治二十九年十一月購入とあるのと一致する。なお、平出は山田寿を「奈良の有名な古書店の御主人」というが、「聖華主人寿」というのは京都の有名古書肆聖華房主人山田茂助のことで、寿はその字である(日野俊彦氏示教、井上和雄「聖華房主人と其の周囲」、日本書誌学大系4『増補 書物三見』青裳堂書店、一九三九年五月初版、一九七八年九月増補版より)。

(19)『群書類従』第四輯、続群書類従完成会、一九三二年十月初版、一九七九年十二月訂正三版第四刷、二一七頁上段による。

(20)注(18)の平出論文、五五頁。

(21)登録名称は「[補任]」。拙稿「上野学園日本音楽資料室蔵書目録　雅楽関係史料目録稿」(『雅楽資料集』資料編、二松学舎大学COEプログラム中世日本漢文班編、同プログラム事務局、二〇〇六年三月刊)、九四頁、003の(1)参照。

(22)『春日権現験記絵注解』神戸説話研究会編、和泉書院、二〇〇五年二月、所引の春日神社境内図による。

(23)宮崎氏は注(12)の論文で、前掲の福島氏の『春日楽書』解題を引き、「中世以来興福寺に保管され、寺内の本談儀屋に置かれていた」としつつ、「但し、中世以来、現在迄所を移す事なく本談儀屋に置かれていたかに就いては若干問題が残る」として、寛政三年(一七九一)に本談儀屋が火事で焼けたことを指摘(『閑窓自語』上巻九〇)。東京大学史料編纂所蔵『興福寺記録抜粋』所引の『春日楽書』中の一書『楽記』の記事の識語に「南都一条院御門跡家蔵本写之／延宝戌午歳　活陽新謄本」とあることから、延宝六年(延宝戌午歳、一六七八年)には興福寺一乗院にあって、寛政三年の火事を避け得たのではないかと考察しておられる。この寛政三年の本談義屋焼亡の事は、注(22)に引いた春日神社境内図にも「寛政三亥年／九月焼失」と見える。

(24)宮崎氏は注(12)の論で「寛政三年時に本談義屋に置かれていたのであれば、今日の伝存を見ぬ筈である」として、延宝六年(一六七八)に興福寺一乗院にあり、それゆえ焼失を免れたと推測しておられるが、あるいは火事の中救出されたのが現存の七巻で、もとはもっと多かったであろうそれが減じたのは間に合わず焼失してしまった可能性もあろうかと考える。なぜなら、『春日楽書』の原本が延宝六年に一乗院にあったのなら、『群書類従』に所収の太秦昌倫本『楽所補任』の奥書に、「正本」は延宝八年(一六八〇)に「春日之御蔵」にあったという点と合わなくなるし、当の一乗院は明治維新の門跡廃止後、水谷川家となるが、『補訂版国書総目録』に「楽書　十二冊　水谷川家」と見えて、これは『春日楽書』十二冊本の写本らしく思われる。因みに、水谷川家旧蔵書は第二次大戦後民間に流出、近年宮内庁書陵部に水谷川家旧蔵の楽書が収蔵されたが、それには『楽所補任』や『管眼集』、『打物譜』など、「春日楽書」の一書と見られる本が含まれているということである（池和田有紀「調査報告　当部新収水谷川家旧蔵本について」、「書陵部紀要」第五十八号、宮内庁書陵部、二〇〇七年三月）から、水谷川家（一乗院）の「楽書十二冊」は「春日楽書」の写しであった可能性が高い。なお、平出蔵の『春日楽書』は、奥書により、大乗院門跡の仰により狛光逸が書写し、門跡主に差し上げたものであることがわかるが、大乗院の方にも写しが伝わっていたことになる。

(25)　注（13）の櫻井氏の論文、二五一頁。

(26)　平出久雄氏は注（18）の論文に述べておられ、宮崎氏は注（12）の論に書いておられる。

(27)　注（25）に同じ。

(28)　「大福光寺本『方丈記』を中心とした鴨長明作品の文献学的研究」

(29)　『国士舘日録』寛文五年九月二日条～同六年正月二十五日条、『右文故事』巻十一、寛文六年正月条、『泰平年表』寛文六年正月条など。

(30)　『中世の音楽資料——鎌倉時代を中心に——解題目録』（上野学園日本音楽資料室第十回特別展観）、上野学園日本音楽資料室刊、一九八六年十月、付録の「春日楽書三本対照表」。

(31)　注（24）の池和田氏の報告による。

(32)　正宗敦夫が編著、日本古典全集『続教訓鈔』下、同全集刊行会、一九三九年四月の「続教訓鈔の奥に」（一六頁）の中で楽書の翻刻・校訂等のことを「斯かる難物はなみ〳〵の努力ではどうにもならぬものである」と述べている。

初出一覧

第一部 『教訓抄』『続教訓鈔』の研究

第一章 『教訓抄』の古写本について

『雅楽資料集』第三輯（二松学舎大学二十一世紀COEプログラム「日本漢文学研究の世界的拠点の構築」日本漢文資料 楽書編）、同プログラム中世日本漢文班編、同プログラム刊、二〇〇八年三月

＊二〇〇七年二月十三日の教訓抄研究会（同プログラム中世日本漢文版主催）での発表に基づく（於上野学園大学日本音楽史研究所）

第二章 神田喜一郎旧蔵の『教訓抄』について

（第一節から第三節）

旧題「神田喜一郎旧蔵の『教訓抄』について」、「中世文学」第五十六号、中世文学会、二〇一一年六月

（第四節から第七節）

旧題「神田喜一郎旧蔵の『教訓抄』について　続考」、「東洋音楽研究」第七十六号、東洋音楽学会、二〇一一年八月

＊いずれも、二〇一〇年五月三十日の中世文学会平成二十二年度春季大会での発表に基づく（於法政大学市ヶ谷キャンパス）

第三章 『続教訓鈔』の混入記事について　その一――日本古典全集底本の伝来と曼殊院本――

旧題「『続教訓鈔』の本文批判に向けての一考察——日本古典全集の底本と曼殊院本——」、「中世文学」第五十九号、中世文学会、二〇一四年六月
＊二〇一三年六月二日の中世文学会平成二十五年度春季大会での発表に基づく（於日本大学文理学部キャンパス）
第四章　『続教訓鈔』の混入記事について　その二——曼殊院本と日本古典全集本の比較——
書き下ろし　＊前掲第三章と同じ口頭発表に基づく

第二部　『春日楽書』の研究

第一章　春日大社蔵『舞楽古記』概論
『雅楽資料集』第四輯（二松学舎大学二十一世紀COEプログラム「日本漢文学研究の世界的拠点の構築」日本漢文資料 楽書編）、同プログラム中世日本漢文班編、同プログラム刊、二〇〇九年三月
第二章　『舞楽手記』諸本考
旧題「春日大社蔵『舞楽手記』検証——『舞楽手記』諸本考——」、「日本漢文学研究」第五号、二松学舎大学日本漢文教育研究プログラム、二〇一〇年三月
第三章　『舞楽手記』筆者・成立考　その一　付、春日大社蔵『楽所補任』の筆者について
『論集 文学と音楽史——詩歌管絃の世界——』磯水絵編、和泉書院、二〇一三年六月、旧題「『舞楽手記』筆者・成立考　付　春日大社蔵『楽所補任』の筆跡について」
第四章　『舞楽手記』筆者・成立考　その二——跋文二の解釈と、狛近真以後の荒序継承について——
書き下ろし

第三部　翻刻資料

一、井伊家旧蔵『教訓抄』巻第四（彦根城博物館所蔵）翻刻

『雅楽資料集』第四輯（二松学舎大学二十一世紀ＣＯＥプログラム「日本漢文学研究の世界的拠点の構築」日本漢文資料 楽書編）、同プログラム中世日本漢字班編、同プログラム刊、二〇〇九年三月

二、中御門家旧蔵『教訓抄』巻第十（国立公文書館内閣文庫所蔵〔打物譜〕）翻刻

『雅楽資料集』第四輯（同前）

三、神田喜一郎旧蔵『教訓抄』巻第十（京都国立博物館所蔵）翻刻

『雅楽資料集』第四輯（同前）

四、『舞楽手記』（奈良県春日大社所蔵『春日楽書』のうち）翻刻

「日本漢文学研究」第五号、二松学舎大学日本漢文教育研究プログラム、二〇一〇年三月

あとがき

本書は、第三部の翻刻を除き、二〇一四年六月に提出した博士論文を、ほとんどそのまま収録したものである。凡例も、序跋も、刊行にあたって若干の手を加えたところはあるが、ほとんど同じである。もう二年半以上が経ってしまっていて、しかも所収論文の中でもっとも古いのは、二〇〇六年の論文であるから、それはもう十年以上も前のものになる。校正をしていて、いまならこういう言い方はしないだろうというところに何度も出くわし、嫌な思いをしたことである。そうしてまた、このことも書いておきたかった、あのことも言っておきたかったということも多い。が、それらについては、修正したり、書き足したりしなかった。大きく手を加えれば、体裁が崩れ、再び全体の統一をはからなければならないからであり、またそうすれば、提出した博士論文とは違うものになってしまうからである。

ただ、ひとつ断っておきたいのは、筆者の研究方法のことである。本書所収の論文は、諸本研究、筆者、成立の研究などの基礎研究が主体である。だが、明確にしておきたいのは、諸本研究なくして文献の研究はありえないこと。そして、「序にかえて」でも述べたように、筆者が目指しているのが『教訓抄』の総合的な研究であって、本書収録の論考は、いずれもそのための地ならしであるということである。

大学院に在籍していた折、筆者は恩師磯水絵先生の『胡琴教録』の演習のほかに、半田公平先生から『新古今略注』、山崎正伸先生から『後撰和歌集』の演習に参加させていただき、研究方法を学んだが、いずれもまずは底本の翻刻に始まり、校本との異同の確認、校訂本文の作成、語釈、口語訳、解釈・鑑賞というのが一連の流れであった。これは文献を研究するときの基礎である。筆者は、これをそのまま自分の研究にもあてはめているだけである。ただ、『教訓抄』の場合、底本にすべき善本がどれなのかさえ当初は明らかでなかったから、諸本の調査・研究から始めたというわけである。あるとき、山崎先生から、自分が一生付きあうような作品は、全文自分で翻刻して、総索引を作ることと教わったが、そのとおりだと思うのである。

国文学の分野では、著名な作品については、すでに各種校本・総索引が整備され、注釈書も陸続と発表されているから、中には、諸本の調査・研究、まして校本や総索引の作成などというのは、もうすでに過去の仕事という認識を持たれている方もおられるかもしれない。しかし、伝本の新出は常のことであるし、膨大な研究が蓄積された著名な作品であっても、諸本のことは絶えず問い直されなければならない。ましてや、楽書は、昭和初期に刊行された日本古典全集が基本テキストであるから、その点本文の研究は八十年から九十年滞っているということになる。いまだに江戸後期に刊行された『群書類従』が使われている楽書もあって、それは百五十年以上手つかずということになるだろうか。だから、楽書についてはまず諸本の研究から手を付けることになったのである。

諸本研究が最終的な目的なのではなくて、『教訓抄』の内容研究が目的であり、そのための基礎研究にあたるのが、この十年の筆者の研究であったということである。このことは、博士後期課程に進学した当初から描いてきた構想であった。

＊

最後に、どうしようもない学生であった筆者を拾ってくださり、今日までご指導いただいている磯水絵先生には、感謝してもしきれません。ただただ、心から先生の暖かいご指導に御礼を申し上げるばかりです。『教訓抄』の研究という課題を与えてくださった福島和夫先生、拙稿の抜刷をお送りする度にご教示賜った藤原重雄先生、博士論文の審査で数々のご教示をいただいたスティーヴン・G・ネルソン先生、稲田篤信先生、高山節也先生には、これまで大変お世話になり、あらためて感謝申し上げます。また、磯ゼミの先輩である田中幸江さんや、櫻井利佳さんはじめ上野学園大学日本音楽史研究所の方々、母校二松学舎大学の方々には、今日までお世話になってきました。この場をかりて心からお詫びと感謝とを申し上げます。そして、この十数年余、いつもそばで苦楽を共にしてくれた岸川佳恵さんにもここで御礼を言いたいと思います。

なお、本書はＪＳＰＳ科研費　JP16HP5031の助成を受けました。

本書の刊行をご快諾くださった和泉書院の廣橋研三社長には、さまざまな面でお世話になりました。ここにあらためて御礼申し上げます。

二〇一六年十二月

筆　者　識

索　引

凡　例

＊人名索引と書名索引を設けた。
＊人名・書名とも明治維新以前のものを対象とした。
＊項目は音引きとし、五十音順に配列した。
＊第三部の資料翻刻は、従来未翻刻で索引のなかった神田喜一郎旧蔵『教訓抄』巻十の紙背裏書２～５、及び『舞楽手記』を対象とした。

人名索引

ア　行

カ　行

サ　行

タ　行

ナ　行

ハ　行

マ　行

書名索引

サ　行

タ　行

ナ　行

ハ　行

マ　行

ヤ　行

ラ　行

■著者紹介

神田邦彦（かんだ くにひこ）

二松学舎大学大学院博士後期課程修了。

博士（文学）。

専攻は、中世文学、説話文学、日本音楽史。

現在、二松学舎大学文学部非常勤講師。

単著『山鹿文庫本発心集――影印と翻刻、付解題――』新典社、二〇一六年六月。

最新論文「狛近真の陵王荒序相伝――荒序秘曲化の時期と背景の再検討に向けて――」、「藝能史研究」二一四号、藝能史研究会、二〇一六年七月。

研究叢書482

中世楽書の基礎的研究

二〇一七年二月二〇日初版第一刷発行

（検印省略）

著者　神田邦彦

発行者　廣橋研三

印刷所　亜細亜印刷

製本所　渋谷文泉閣

発行所　有限会社和泉書院

大阪市天王寺区上之宮町七－六

〒五四三－〇〇三七

電話　〇六－六七七一－一四六七

振替　〇〇九七〇－八－一五〇四三

ISBN978-4-7576-0824-5　C3395